霍姆斯與百年中西法學

霍姆斯
與百年中西法學

蘇基朗、於興中、蘇壽富美　編

香港中文大學出版社

《霍姆斯與百年中西法學》

蘇基朗、於興中、蘇壽富美　編

© 香港中文大學 2022

國際統一書號 (ISBN)：978-988-237-242-9

出版：香港中文大學出版社
　　　香港　新界　沙田‧香港中文大學
　　　傳真：+852 2603 7355
　　　電郵：cup@cuhk.edu.hk
　　　網址：cup.cuhk.edu.hk

Justice Oliver Holmes:
His Jurisprudence and Century-Long Legacy in the East and West (in Chinese)
　Edited by Billy Kee-long So, Xingzhong Yu, and Sufumi So

© The Chinese University of Hong Kong 2022
All Rights Reserved.

ISBN: 978-988-237-242-9

Published by The Chinese University of Hong Kong Press
　　　The Chinese University of Hong Kong
　　　Sha Tin, N.T., Hong Kong
　　　Fax: +852 2603 7355
　　　Email: cup@cuhk.edu.hk
　　　Website: cup.cuhk.edu.hk

Printed in Hong Kong

目　錄

第三部：霍姆斯法律思想的比較研究

第四部：霍姆斯對新實用主義法學的影響

前　言

　　小奧利弗・溫德爾・霍姆斯 (Oliver Wendell Holmes Jr.，1841年3月8日–1935年3月6日)，是美國法學家，1902–1932年擔任美國最高法院大法官。[1] 他以簡潔精闢的司法意見和懷疑一切的態度聞名於世，是美國最高法院歷史上被引用最多的大法官之一，尤其是對公民自由和美國憲政民主的意見；也是美國普通法傳統中最有影響的法官之一。霍姆斯以90歲高齡退休，也創下了美國聯邦最高法院最年長法官的無敵紀錄。

　　霍姆斯在漫長的職業生涯中，贏得了幾代法律人的愛戴和欽佩。他把自己的同事都稱為「弟兄」(brethren)。當他從最高法院辭職時，他的「弟兄們」給他寫了一封由大家聯署的信，信的部分內容是這樣說的：「我的朋友，您淵博的學識和哲學在司法意見中得到了充分體現，而這些意見已成為經典，豐富了法律文獻及其內容……，雖然我們失去了日常陪伴您的特權，但關於您始終如一的仁慈和慷慨的天性的最珍貴的記憶與我們同在，這些記憶將永遠是本法院最寶貴的傳統之一。」[2]

　　但同時，霍姆斯又是一位頗具爭議的人物。他的法律理論經常被稱之為沒有道德的利益至上主義。首席大法官塔夫脫 (William Howard Taft，1857–1930) 曾抱怨說：「他的意見很短，而且幫助不大。」喬治華盛頓大學法學教授傑弗里・羅森 (Jeffrey A. Rosen) 這樣總結霍姆斯的觀點:「霍姆斯是一個冷酷無情、見利忘義之人,他蔑視大眾,蔑視他曾投票支持的進步法律。」[3]

霍姆斯的學術生涯並不算長。1864年秋天,他進入哈佛大學法學院。具有諷刺意味的是,他沒有任何明確的使命感。他甚至考慮過從醫,但被他父親反對。他在不同的場合說,「總督(指他父親)……給我上了螺絲釘,讓我去法學院」,或者說是把他「踢」進了法學院。霍姆斯在法學院的經歷很不愉快。他發現在沒有靈感的課程中所呈現的法律傳統是停滯不前的,而且是以狹隘的先例為中心的。而法律的科學、哲學或歷史往往被輕視了。[4]

1866年法學院畢業後,他進行了常規的出國「朝聖之旅」,訪問了英國、法國和瑞士,結識了各種傑出人士。1867年,他獲得了律師資格,並作為幾家事務所的成員從事法律工作15年。1870–1873年,他擔任《美國法律評論》(*American Law Review*)的編輯。他編輯了大法官詹姆斯·肯特(James Kent,1763–1847)的經典調查《美國法釋義》(*Commentaries on American Law*,1873)第12版。1882年1月,在布蘭代斯的努力下,霍姆斯被任命為哈佛大學法學院為他設立的韋爾德法學教授(Weld Professor of Law)。但同年12月,他又接受了麻薩諸塞州最高法院的任命。他知道出任法官是他的命運,也最能讓他發揮影響法律發展的職能。也因為此事,哈佛法學院幾位教授對他頗有微詞。

霍姆斯的學術著作其實並不多,他一生寫得最多的是司法判決,計有800多份。[5]其次是演講和書信。學術專著只有《普通法》(*The Common Law*)一書。而最著名的演講是〈法律的道路〉。1880–1881年,霍姆斯應邀在波士頓洛厄爾研究所(Lowell Institute)講授普通法,並從這些演講中發展出《普通法》一書(1881)。霍姆斯在此書中,將他早先關於普通法歷史、英國和美國的司法判決的文章和演講匯集成一個連貫的整體,從一個執業律師的角度對其進行了解釋。他在該書中重申了1880年他在一篇對蘭德爾論合同法的書的評論中所表達的對法律的核心見解:

法律的生命不是邏輯，而是經驗。不管你承認與否，對時代需要的感知、盛行的道德和政治理論、對公共政策的直覺，甚至法官與同胞所共有的偏見，對人們決定是否遵守規則所起的作用都遠遠大於三段論。法律體現了一個國家在許多世紀中的發展歷史，不能把它當作包含在教科書中的公理和推論來對待。[6]

霍姆斯認為，為了知道法律是什麼，我們必須知道它曾經是什麼，以及它傾向於成為什麼。我們必須交替地參考歷史和現有的立法理論。但最困難的工作將是在每一階段將兩者結合成新產品。就其內容而言，法律在任何特定時期的實質內容，幾乎與當時人們所理解的方便的東西相對應；但它的形式和機制，以及它能在多大程度上發揮出預期的效果，則在很大程度上取決於它的過去。

對律師來說，什麼是法律？是法官在特定案件中的所作所為。法律是國家在必要時通過暴力強制執行的東西。法官決定在何時何地動用國家武力，而現代世界的法官在決定懲罰何種行為時，往往會參考事實和後果。在這裡，霍姆斯和奧斯汀一樣，作為士兵的經歷在有形無形地影響著他們對法律的看法。法官的決定，隨著時間的推移，決定了所有人都受其約束的行為規則、法律義務。法官沒有也不應該參考任何外在的道德體系，當然也不應該參考神所強加的體系。

自1881年以來，《普通法》一直在不斷印刷，至今仍然是對法學的重要貢獻。霍姆斯在其最早的著作中確立了一個終生的信念，即法官的決定是自覺或不自覺地以結果為導向的，反映了法官所來自的階級和社會不斷發展的風氣。霍姆斯據此認為，法律規則不是通過形式邏輯推導出來的，而是從人類自我管理的積極過程中產生的。他的哲學代表了對當時主流法學的背離。主流哲學即認為法律是一個有序的規則體系，而從這個體系中可以推導出特定案件的判決的法律形式主義。霍姆斯試圖有意識地重塑普通法，將普通法現代化，使之成為適應現代生活變化的工具。因此，他被歸入哲學實用主義者之列。

霍姆斯認為，在憲法規定的範圍內，人民有權通過他們選出的代表選擇制定任何法律，無論好壞。他指出，「明確而現實的危險」這一概念是限制言論自由的唯一依據。「檢驗真理的最好標準是思想在市場競爭中使自己被接受的能力……，這無論如何都是我們憲法的理論。」又說「如果說憲法中有任何一項原則比任何其他原則更需要我們去堅持的話，那就是思想自由的原則……不是那些同意我們的人的思想自由，而是我們討厭的思想的自由。」[7]

霍姆斯的法律思想開創美國本土法律理論傳統之先河，自成一體，獨具特色，影響深遠。這當然與實用主義哲學的誕生有直接的關係。實用主義哲學作為一門新學在美國問世後，使得美國人在哲學理論上得到了提升。18、19世紀時美國被看作是蠻荒之地。其最初的司法官員一般由神職人員兼任。而法律法規都是從英國、歐洲借鑒而來。事實上，整個文化，包括哲學、文學等都是直接來源於歐洲。直到馬克‧吐溫、惠特曼等優秀作家出現後，美國才有了自己的民族文學。同一時期美國的哲學界、文學界才開始逐漸地形成所謂的「美國精神」。實用主義對美國來說是非常重要的哲學，但是後來因為產生了邏輯實用主義、語言分析哲學，以及各個學科融合後產生的解釋學、系統學以後，實用主義慢慢被人遺忘，直到20世紀末的復蘇。

有人認為，百年來的現代法哲學乃發端於霍姆斯的名文〈法律的道路〉。[8]百年以後的今天，歲月的流逝並未使其思想的魅力有所減少。[9]他的判例影響了後來的美國法律思想，包括支持羅斯福新政的司法共識，以及具有影響力的法律實用主義、批判性法律研究、法律與經濟學等學派。《法律研究雜誌》(The Journal of Legal Studies) 將霍姆斯確定為20世紀被引用次數第三多的美國法律學者。[10]

無論如何，霍姆斯是一個接地氣的人。霍姆斯對自己似乎有很清醒的看法。他有一句話很經典：「年輕人啊，我成功的秘訣在於我很早的時候就發現我不是上帝」。[11]據說他曾說：「感謝上帝，我是一個品味低下的人」。[12]他在〈法律的道路〉中寫道，「我們不可能人人都是笛卡爾或康德，但我們都想要幸福。而幸福，據我對許多成功人士的了解，我確信僅僅靠做大公司的顧問和5萬美元的收入是無法贏得的。一個足以贏得幸福這個大獎的聰明人，除了成功之外，還需要其他食糧。法律之所以會引起普遍關注乃是由於它更為深遠、更為普遍的層面。正是通過它們，你不僅能在你的職業中成為大師，而且將你的追求與宇宙連為一體，捕捉到無窮無盡的回聲，一瞥其深不可測的進程，而得普遍法之一斑。」[13]

霍姆斯的思想在中國的遭遇頗具戲劇性。20世紀30、40年代吳經熊等人以十分敬畏的心情將霍姆斯的一些著作譯介給中國學界。那時，中國學界對西方學界的理論抱有非常敬仰的態度。霍姆斯、斯坦姆勒、龐德等人的理論被奉為經典，一時間成為頂禮膜拜的對象。中華人民共和國建國以後，政治領導層於1950年代在中國法學界發起了一場批判國民黨「舊理論」的運動。批判的對象包括西方憲政主義、三權分立理論、司法自由裁量權、無罪推定等。許多學者把批評的重點放在美國實用主義法律理論上，因為他們把實用主義與國民黨的法律哲學聯繫在一起。而且，實用主義在當時被馬克思主義批評家認為是資產階級法律理論中最反動的代表。在反對「舊理論」的運動中，成為批判對象的學者有霍姆斯、龐德，以及將實用主義引入中國知識界的胡適。1978年以來，事情又發生了意想不到的變化。隨著中國的改革開放，以及重新認識西方學界和學者的需要，霍姆斯等人的思想再次引起了中國學者的興趣。而這一次的認識也達到了新的高度。從本書的附錄可以看出，近年來出版的研究霍姆斯的中文文章已經有相當可觀的數量。而且，從質量上看，這些文章已不像以前一味地鼓吹，或者不加分辨地批判，而是以一種相對客觀的態度來認識霍姆斯及其思想。

應該指出的是，儘管中國學者對霍姆斯的研究已經取得了一定的成果，這些成果大體上仍然停留在譯介的階段。澳門大學在2020年舉行兩次小型學術會議，一次於2020年1月8–9日在澳門大學召開，另一次則於2020年7月13–14日線上召開。會議的主題是「中國學者

論霍姆斯與百年中西法學」，旨在探討百多年來霍姆斯大法官頗具爭
議的法律思想和理論對中西方學者及法律思想的影響。我們把這兩次
會議的成果結集成這本文集，在一定意義上正是為了把霍姆斯的研究
提升到一個更高的層次，即從譯介走向研究的台階。

∽

　　本書分為四部：第一部為霍姆斯法律思想的理論來源；第二部為
霍姆斯法律思想的主題；第三部為霍姆斯法律思想的比較研究；第四
部為霍姆斯對新實用主義法學的影響。

　　第一部收入的文章有明輝〈霍姆斯法律思想的生成與漸變（1864–
1902）〉。該文指出，作為美國法律史上一位里程碑式的人物，霍姆斯
大法官的司法意見、法律觀念及其相關思考對美國法律思想的塑造與
發展產生了深刻的影響；而作為一位人生經歷極富傳奇色彩的人物，
霍姆斯法律思想的形成與發展也是一個受諸多因素影響的漸進過程的
產物。除了其晚期法律思想的最終成熟之外，霍姆斯早期法律思想的
生成也不容忽視，大體上可以分成三個階段：（1）法律知識的學習積
累（1864–1880）；（2）法律理論的初步總結（1881–1882）；以及（3）法
律思想的漸次轉變（1883–1902）。在此一法律思想的生成與轉變過程
中，既有智識層面上受到普通法傳統的薰陶與影響，也有司法層面對
美國法律現實的洞察與反思，上述階段與諸種因素對霍姆斯大法官法
律思想的轉變及最終的成熟均具有至關重要的意義。

　　史大曉〈歷史觀念與法律：霍姆斯的經驗〉指出，在既有的對霍
姆斯的研究中，從歷史角度對霍姆斯進行研究的文獻並不豐富。該文
以 19 世紀這樣一個「歷史的世紀」為背景，刻畫了霍姆斯和歷史相互
成就的一面，也描述了霍姆斯思想中消解歷史的因素。文章進而以霍
姆斯為例，探討了歷史與法律之間的重要關聯，指出在當今複雜的世
界情勢下尤其需要加強某種普遍的歷史觀念。

　　第二部收有於興中〈霍姆斯論科學與法律〉、邱昭繼〈霍姆斯的法
律預測論與美國法律現實主義的發展〉、翟小波〈霍姆斯的憲法觀

點〉，以及蘇基朗和蘇壽富美〈叢林憲法權利觀：從霍姆斯到吳經熊的譜系學〉。

於興中的文章嘗試理解霍姆斯筆下的科學可能有什麼含義，即他的「law in science」和「science in law」各自表達的意思。文章指出，這兩個「law」的含義是不同的，前者指規律，而後者則指法律。廓清了霍姆斯關於科學與法律的基本概念以後，文章在第三部分著重指出了幾種可能影響霍姆斯關於科學與法律見解的資源，包括霍姆斯曾參加過的形而上學俱樂部、科學方法在法學研究中的運用，以及社會達爾文主義的影響。值得注意的是，霍姆斯雖然被認為是反（形式）邏輯的，但他並不反對科學方法在法學中的應用。他和蘭德爾分別代表了理性主義的法律科學觀和經驗主義的法律科學觀。霍姆斯在他的著述中透露出一種見解，即普通法本身就是一種科學。本文對此做了簡短的探討。

邱昭繼的文章指出，霍姆斯是美國法律思想史上開拓性的思想家。他有力地回應了那個時代佔據主流地位的自然法學、歷史法學、法律實證主義和法律形式主義，與這些法學流派保持了距離。霍姆斯在美國祭起了反形式主義的大旗。他的法律預測論預示了法律現實主義的產生。「法律的生命從來不是邏輯，而是經驗」成為美國法律界最著名的名言。法律現實主義的社會學之翼與個人習性之翼的分野，源於他們側重霍姆斯所說的經驗的不同方面。社會學之翼強調法官對時代的感知、道德和政治理論，個人習性之翼強調法官的直覺和偏見。布賴恩‧萊特試圖用奎因所提倡的「自然主義」哲學為法律現實主義尋找哲學基礎。他認為法律現實主義是一種自然化法學。

崔小波的文章對霍姆斯的憲法觀點作出精到的介紹。這些憲法觀點包括：第一，法律的本質體現在法院對公共力量的決定和運用中，而這種公共力量來自主權者。第二，憲法是為觀點全然不同的人們制定的，是有機的、活的制度；對憲法的解釋不應訴諸某種現成的理論。第三，憲法權利有明確的、不可侵犯的保護核心，這些核心權利體現了人們為之犧牲的原則；憲法權利也有模糊的邊緣地帶：在這些地帶，立法者有很大的意志形成空間。第四，法院在審查國會立法時要審慎、自制，但法院必須要糾正相關的憲法錯誤，而且要盡快、盡多地解決相關的普遍性、一般性問題。本文對霍姆斯的言論自由理論做了較詳細的介紹。

蘇基朗、蘇壽富美的文章從文本分析和實證的進路，集中分析了霍姆斯晚年對自然法的批判，以及他的理念被吳經熊繼受的過程。文本方面，集中在兩方面。其一是他最後公開發表的一篇題為〈自然法〉的文章。其二是吳經熊 1928–1936 年間的文章和致霍姆斯書信。目的首先是通過解讀文本，展示霍姆斯反自然法的基調正是叢林心態的社會達爾文主義，並且將之應用於法律，尤其是憲法權利觀，這裡稱之為「叢林憲法權利觀」，從而反映霍姆斯對近代西方天賦人權及自由主義民主憲政主流話語的顛覆性衝擊。其次，通過吳經熊繼受霍姆斯的文本，展示了繼受的具體過程。不特說明霍姆斯跨社會的影響力，而且可以反證本文對霍姆斯〈自然法〉的解讀。

第三部收有王婧〈普通法傳統與社會利益調整：從霍姆斯到龐德〉、張芝梅〈霍姆斯的實用主義與其他法學流派：從法律科學化的視角看〉，以及唐曉晴、勾健穎〈霍姆斯與薩維尼佔有論的歷史意義〉。

王婧的文章指出，19 世紀末 20 世紀初，社會轉型使得美國普通法陷入危機，體現在普通法應對社會變革的機制以及法律至上理念兩個方面，並最終指向法學的科學性問題。霍姆斯開創性地指出，法律應該調整現實的利益衝突而不是關注抽象的邏輯，為此法學研究要區分法律與道德，注重歷史與理論，引入社會科學的研究方法。龐德進一步明確了社會利益的概念，主張以此為媒介實施社會控制，同時指出法律調整社會利益的可能性與限度。龐德堅持普通法的有機變革與法律至上傳統，主張法律人在通過法律實施社會控制過程中佔據主導地位，其觀點有別於霍姆斯。

　　張芝梅的文章追溯了霍姆斯與美國諸多法學流派的淵源，並且指出，以往的研究更多強調這些法學流派之間的差異以及把霍姆斯歸於哪個流派更合適上。辨析不同流派之間的差異固然重要，但它們之間的聯繫同樣值得關注。這些思想流派和霍姆斯可以通過他們都力圖使「美國的法律和司法更加科學」這一目標聯繫起來。他們的分歧在於對「法律科學應該是什麼樣的」以及「如何使美國的法律和司法更加科學」的認識的不同。這些法學流派的思想是交叉關係。基於這種認識，將霍姆斯歸為哪種主義並不重要，主義之爭也不太重要，重要的是他們為美國法律的科學化貢獻了什麼。

　　唐曉晴、勾健穎的文章回顧了霍姆斯和薩維尼法律思想的聯繫。作者認為，在19世紀末，霍姆斯對以薩維尼為代表的德國佔有理論發起衝擊，以普通法歷史的視角進行探究，促進了英美法系佔有理論體系的構建，將佔有理論的發展向前推進了一大步。但不可否認的是，現代佔有理論的基礎在於薩維尼將羅馬法以來凌亂的佔有素材整理為較具邏輯的體系，成功地將佔有獨立於所有權之外。霍姆斯與薩維尼均認同佔有的實質既是權利又是義務，但以此為起點，霍姆斯在實用主義的導向下對佔有心素、保護佔有的理由、佔有的取得和維持等核心問題提出了與薩維尼不同的意見。比起批駁薩維尼的佔有理論，更重要的是霍姆斯選擇跳出羅馬法，回歸到普通法的歷史與變化，以構築真正屬於普通法的理論體系。法學需要立足自身所處法域，霍姆斯與薩維尼在各自時代與社會現實的導向下探究佔有理論，最終更是達成了澄清不同法概念、推進實證法體系的意義。

　　第四部收有蔡琳的〈論塔瑪納哈的現實主義法理論：兼與霍姆斯現實主義法學比較〉和艾佳慧的〈從霍姆斯到波斯納：法律實用主義的推進、局限與偏離〉。

　　蔡琳的文章探討了塔瑪納哈教授對實用主義法學的貢獻，及其與霍姆斯法律思想的比較。塔瑪納哈教授以一般法理學為研究對象，試圖結合美國實用主義的理論資源回答「法律是什麼」這個重要的法理學基本問題。文章分為四個部分，分別闡明了塔瑪納哈實用主義的哲學基礎；繼而介紹塔瑪納哈之「一般法理學」的提出與其「一般法理學」的基本理論研究框架；第三部分則介紹與評述塔氏現實主義法理論的內容以及「法律作為一種社會建構」的法概念；最後通過對比塔瑪納哈與霍姆斯的觀點，討論他的現實主義一般性法理學是否可能獲得理論上的成功。

艾佳慧的文章比較了霍姆斯和波斯納法律實用主義的異同，指出了兩者之間的聯繫和差別。霍姆斯的法律實用主義有四個面向：預測理論、反本質主義、道德分離說和法律經驗論。作為後繼者的波斯納在以上四個方面都有理論推進，不僅如此，其更在美國司法實踐的基礎上開創了波斯納牌號的實用主義法理學。不過，從霍姆斯一路演進到波斯納的法律實用主義，有其自身無法迴避的理論局限性和可能的理論斷裂，波斯納的理論推進也在價值理論、法律科學觀和法律經濟學方法論上存在對霍姆斯的嚴重偏離。

以上各篇論文從不同的角度，以不同的風格，探討了霍姆斯法律思想的不同側面，有的側重於抽象理論的概括，有的聚焦於個別概念的分析，有的則著重研究具體問題。合而觀之，這些文章勾勒出霍姆斯法律思想的一個大概輪廓。更重要的是，這些文章也代表了中國學者對霍姆斯法律思想的研究水平和最新見解。霍姆斯之於中國學者並不陌生，早在20世紀初霍姆斯的著述就被介紹進入中國。但是，專題研究霍氏思想的著述尚屬少見。本書在一定意義上為研究霍姆斯的思想、美國法律思想史，乃至法理學史作出了些許貢獻。為了便於讀者進一步了解霍姆斯的法律思想及對其思想的研究情況，本書在正文之後附有三份近年來出版的相關書目。編者非常榮幸地推出這本集合眾人智慧於一時一地一人的專論，與同道中人共享。

編者謹識

2020 年 1 月 20 日

注 釋

1　關於霍姆斯的生平、著述及影響，請參閱《大不列顛百科全書》「霍姆斯」詞條
　　(https://www.britannica.com/biography/Oliver-Wendell-Holmes-Jr/The-Common-
　　Law)，或維基百科「霍姆斯」詞條 (https://en.wikipedia.org/wiki/Oliver_Wendell_
　　Holmes_Jr.)。並請參閱 Albert W. Alschuler, *Law Without Values: The Life, Work, and
　　Legacy of Justice Holmes* (Chicago: University of Chicago Press, 2000)；Thomas Healy, *The
　　Great Dissent: How Oliver Wendell Holmes Changed His Mind—and Changed the History of
　　Free Speech in America* (New York: Metropolitan Books, 2013)；Sheldon M. Novick,
　　Honorable Justice: The Life of Oliver Wendell Holmes (Boston: Little, Brown and Company,
　　1989)。

2　見前引《大不列顛百科全書》「霍姆斯」詞條。

3　Jeffrey Rosen, "Brandeis's Seat, Kagan's Responsibility," *New York Times*, July 2, 2010.

4　見前引《大不列顛百科全書》「霍姆斯」詞條。

5　見前引維基百科全書「霍姆斯」詞條。

6　Oliver Wendell Holmes, Jr., *The Common Law*, ed. M. Howe (Boston: Little Brown, [1881]
　　1963), p. 5. 中文為編者所譯。

7　Oliver Wendell Holmes Jr., "Dissenting Opinion," United States v. Schwimmer, Supreme
　　Court of the United States 644 (May 27, 1929): 279.

8　Albert Alschuler, "The Descending Trail: Holmes' Path of the Law One Hundred Years
　　Later," *Florida Law Review* 49.3 (July 1997): 353.

9　比如，2000–2020年間出版的有關霍姆斯及其法律思想的英文著作就有40多部。
　　2020年11月在 HeineOnline 的一次搜尋，搜得過去10年關於霍姆斯法律思想的
　　文章有50多篇。見書末附錄3。

10　Fred R. Shapiro, "The Most-Cited Legal Scholars," *The Journal of Legal Studies* 29.S1
　　(2000): 409–426.

11　"Oliver Wendell Holmes, Jr. Quotes," https://www.brainyquote.com/quotes/oliver_
　　wendell_holmes_jr_385883.

12　請參閱前引《大不列顛百科全書》「霍姆斯」詞條。

13　Oliver Wendell Holmes Jr., "The Path of the Law," *Harvard Law Review* 10 (1897): 457,
　　478; and in *The Essential Holme: Selections from the Letters, Speeches, Judicial Opinions, and
　　Other Writings of Oliver Wendell Holmes*, ed. Richard Posner (Chicago: The University of
　　Chicago Press, 1992), p. 177. 中譯文為編者所譯。

第一部

霍姆斯法律思想的理論來源

第 1 章

霍姆斯法律思想的生成與漸變（1864–1902）

明　輝

一、引言

　　無論是作為一名普通讀者還是一位專業學者，如果對美國的司法史、法律史或者法理學感興趣的話，那麼，或許會得到許多候選人物的推薦，其中最有可能的公約數就是霍姆斯大法官。

　　近百年來，霍姆斯之於美國法律界和學術界而言，彷彿始終是神一般的存在。當其他人還在遵循著「生活的經驗時，指引他〔大法官霍姆斯先生〕的卻是哲學家的謙謹和詩人的想像，至少在法律的王國中，他就是那位『即將成為國王』的哲學家。」[1] 自其在世時起，諸多法律學者便開始了對霍姆斯大法官本人及其思想的不同視角或層面的學術研究和理論探討，在共識與爭辯構成的緊張關係中，始終推動著美國法律思想和法律理論的深化與流變。然而，其中多數研究更多地集中在霍姆斯晚期——或者更準確地說，就任美國聯邦最高法院時期（1902–1931）——的司法哲學與法律思想，[2] 而較少關注霍姆斯早期的法律思想及其淵源與轉變。[3] 可以想見，如果想要從思想的生長或者動態的視角來認識和理解霍姆斯的整體（不一定是自洽或系統的）法律思想，那麼，這樣的研究狀況是容易導致偏頗或者隔膜的。

　　有鑑於此，本文嘗試以人物的人生歷程為主要敘事線索，從霍姆斯就讀哈佛大學法學院伊始，至離任麻薩諸塞州最高法院法官（1864–

1902），逐一梳理、歸納霍姆斯早期不同階段關於法律的思考、觀念的生成及其潛在的轉變，其間或有一些初步分析和詮釋，以期為讀者更深入地理解霍姆斯後期或者整體法律思想提供一個思想生成史的參考。

二、投入「法律的海洋」（1864–1880）

（一）學生時代：在哈佛法學院學習法律（1864–1866）

1864年內戰結束後的那個秋天，霍姆斯進入哈佛法學院，從而開啟了一位傳奇法律人跨越半個多世紀的「法律的道路」。如果將一個人的法律道路劃分成前後幾個階段的話，那麼，此一時期應該算是霍姆斯走上法律職業道路的預備階段，也就是以法律知識與理論儲備為主的學習階段。

根據當時學院課程的記錄、霍姆斯與友人的書信往來，以及不同學者的考稽梳理，在哈佛法學院讀書期間，霍姆斯至少從課程學習與專業閱讀兩個方面開始努力，正式走進了法律的世界（參見表1.1）。

在哈佛法學院的學習時期，霍姆斯的課程學習和深層閱讀，無疑對其法律思想的形成及表達產生了深遠的影響。例如，梅因（Henry S. Maine）的《古代法》打開了霍姆斯此後不斷勤奮探索的學術視野；梅因才華橫溢的啟迪，「即便不是霍姆斯在《普通法》中努力嘗試的近因，也至少對其中的結構體系產生了至關重要的影響。」[4] 在這裡，需要注明的是，當時的哈佛法學院（1855–1868）僅有三名教師 —— 派克（Joel Parker）、帕森斯（Theophilus Parsons）和沃什伯恩（Emory Washburn）——他們都是執業律師，完全採用18、19世紀傳統的法律教學方法；[5] 學生無需考試，只要按時聽課，便可取得法律學位；同時，法學院為學生開設模擬法庭，教師擬任法官，學生模擬法庭辯論。經過不到兩年的專業法律訓練之後，1866年6月，霍姆斯取得了哈佛法學院的學位證書。儘管如此，在哈佛大學讀書時期，年輕的霍姆斯表現出一種對於貴族知識階層傳統的宗教與倫理關注，這是與生俱來的；他始終關注「正確與錯誤的重大問題以及 …… 人與上帝的關係」。[6]

表1.1 霍姆斯早期課程學習與閱讀書目[7]

哈佛法學院的課程或教科書	閱讀書目
01 *Stephen on Pleading* (the first-year subject)	01 Blackstone's *Commentaries on English Law*
02 Greenleaf on *Evidence*	02 Kent's *Commentaries on American Law*
03 Parsons on *Contracts, and Mercantile Law*	03 Maine's *Ancient Law*
04 Jones on *Bailments*	04 Story's *Commentaries on the Constitution*
05 Byles on *Bills*	05 Benét's *Court-Martial*
06 Smith's *Leading Cases*	06 Austin's *Jurisprudence*
07 Allen's *Massachusetts Reports*	07 Austin's *Lectures on Jurisprudence*
08 Adams on *Equity*	08 Mill's *Dissertations and Discussions*
09 Washburn on *Real Property, Arbitration, Wills and Administration, and Criminal Law*	
10 Tudor's *Leading Cases on Real Property and Conveyancing*	
11 Parker on *Agency, Equity Jurisprudence, and Constitutional Law*	

（二）學術時代：在法律期刊編研法律（1867–1880）

在離開校園後，霍姆斯先從事了一段時間的律師執業，在就任麻薩諸塞州最高法院法官之前，他曾經與他人合作或者獨自在州法院代理過32起訟案，但「學習法律並不能命定地保證一個人成為律師。實際上，它可以提供一塊轉向另一職業的跳板。」[8]故而，霍姆斯開始嘗試從另外一條道路（職業）——從1870年開始在《美國法律評論》（*American Law Review*）從事期刊編輯工作——走進法律的世界。在此期間，就個人的努力而言，除了撰寫大約60篇書評、編者案及法律彙編簡報之外，霍姆斯堅持從事並完成了一項艱辛而扎實的學術性工作——也就是對詹姆斯·肯特（James Kent）的《美國法釋義》（*Commentaries on American Law*，

1826–1830）第12版的編輯，此一獨特經歷對霍姆斯早期法律文章的撰寫和法律思想的形成至關重要。[9] 從時代背景來看，當時的美國剛好進入了一場「法典化運動」的高潮階段，既有堅定的宣導者與支持者，也有強勁的反對者和質疑者，他們圍繞著「普通法的法典化」展開了一系列激烈而緊張的思想爭辯。或許，也正是這樣的思想環境與個人道路的切合，給霍姆斯早期法律思想的獨立生長提供了豐沃的土壤。

興起於19世紀20年代的美國「法典化運動」，從根本上主張「法律本質上是權力和意志的產物」或「普通法具有政治性」；對此，反對者則強調法律的「科學」本質，旨在「把政治從法律、把主觀性從客觀性、把外行推理從法律職業推理中分離出去」，從而在法典化的宣導者與反對者之間展開了幾乎貫穿整個19世紀的思想論戰。[10] 在此一過程中，法律職業者努力使法律變得非政治化，這些努力的後果之一即開創了法學界的「著述傳統」（treatise tradition），其中最具代表性的就是肯特的《美國法釋義》，例如，強調私法規則的科學性，促進法律的邏輯性、體系性，嚮往建立客觀的、與政治無涉的法律觀念。[11]

（三）發表法律論文與書評

此一時期，霍姆斯先後發表了一系列法律專業論文和書評，不僅幫助他奠定了堅實的法律理論基礎，也直接體現了其早期的法律觀念、思想傾向以及潛在的變化。根據不完整統計，將這些論文和書評列舉如表1.2。

除了部分書評外，從這一時期發表的論文來看，大體上可以將霍姆斯關於法律的思考劃分成兩個階段：（1）法律的分析實證主義（legal positivism），以及（2）法律的歷史主義（legal historicism）。前者主要以表1.2中的第01篇和第05篇為代表，後者則主要體現在1873–1880年間發表的文章中，這些文章共同構成了霍姆斯隨後的「洛厄爾講座」以及《普通法》的主體內容或者理論基礎。

表 1.2 霍姆斯早期發表的論文與書評（1870-1880）

	文章	期刊	卷（頁）	年份
01	Codes, and the Arrangement of the Law	*American Law Review*	5 (1)	1870
02	Book Notices[12]	*American Law Review*	5 (539)	1871
03	Misunderstanding of the Civil Law	*American Law Review*	6 (37)	1871
04	Book Notices	*American Law Review*	6 (723)	1872
05	The Arrangement of the Law — Privity	*American Law Review*	7 (46)	1872
06	Book Notices	*American Law Review*	7 (318)	1873
07	Great Britain — The Gas-Strokers' Strike	*American Law Review*	7 (582)	1873
08	The Theory of Torts	*American Law Review*	7 (652)	1873
09	Possession	*American Law Review*	12 (688)	1877
10	Common Carriers and the Common Law	*American Law Review*	13 (609)	1879
11	Trespass and Negligence	*American Law Review*	14 (1)	1880

三、「觀念的種子」破土而生（1881-1882）

在洛厄爾學院（Lowell Institute）[13] 以「普通法」為主題發表的系列演講，在 1881 年 3 月結集出版，成為了霍姆斯的第一部、也是唯一一部嚴格意義上的法律學術專著——《普通法》（*The Common Law*）。迄今為止，這部法學著作仍被當代學者譽為「美國法律學術史上最為重要的專著」。[14]

從《普通法》的目錄中，大致可以看出霍姆斯在嘗試建構普通法的歷史法學理論框架時所選擇闡述的基本主題，具體包括：責任的早期形式；刑法；侵權法——侵害與過失；欺詐、惡意與故意——侵權法理論；普通法中的受託人；佔有與所有；合同法——歷史、構成要素、無效的與可撤銷的〔合同〕；繼承——死後繼承；生前〔財產〕轉讓，等等。[15] 正如他在《普通法》的序言中談到的，霍姆斯所選擇的僅僅是有必要「闡明一般理論的主題」，儘管受演講的時間與形式所限，主題的編排「肯定或多或少有些隨意」，但總體而言，這部著作確實是

「為了實現長期以來存在於其腦海中的計劃而撰寫的」。相對於此前相同主題的零散文章或系列演講而言，霍姆斯又重新加以編排、補充和修訂，因而增添了許多新的內容。即便如此，他仍然強調「我所提供的是一種理論，而不是一套資料彙編」。[16] 此處所謂的「理論」正是霍姆斯本人在19世紀70、80年代意欲闡釋的普通法理論。故而，本節意在沿著上述普通法主題所構成的基本脈絡，[17] 梳理與解讀霍姆斯所闡釋的普通法理論，進而透視其中所孕生的普通法精神。

關於為何要撰寫這樣一部法學著作，或質言之，撰寫這部著作的初衷是什麼，霍姆斯本人曾經在私人交往中向他的朋友解釋過。在致一位友人的信中，霍姆斯談及那一系列最初發表於《美國法律評論》上的、後來構成《普通法》主體內容的法律文章：

> 在撰寫這些文章時，我是打算間或地歸納普通法的基本原則與概念，並且對之進行一種全新的且更具根本性的分析 —— 也是為了構建一種全新的法理學或者撰寫關於普通法的首部全新著作。[18]

因此，與當前某些學術界流行的做法 —— 即將一些曾經發表或未發表的彼此具有較少或完全沒有邏輯關係的文章編輯起來，再加上一個嘩眾取寵的宏大標題，便當作學術專著 —— 不同，霍姆斯在撰寫那些學術文章時便已經形成了一種學術自覺，即圍繞普通法的基本原則與概念，構建一種完全不同於盎格魯—美利堅法律傳統、特別是不同於自然法學與分析法學的法理學。當然，事實上，體現構建一種全新法理學的英美法學者的初步嘗試具體體現在了他的這部《普通法》中。在此，值得注意的是，《普通法》也可以視為霍姆斯在此前約十年法學理論研究的總結或者法律思想的結晶。

在《普通法》中，霍姆斯所探討的首要問題便是「法律責任」問題 ——「民事與刑事責任的一般理論」，並以此為透視點而展開了對普通法精神的歷史研究。為什麼選擇「法律責任」作為理解普通法精神的起點呢？霍姆斯的回答是，因為「迄今為止，相對於那些規制侵害行為的規則而言，涉及他人或物所致損害的原初責任規則很少得到過認真的考慮」，[19] 並且自英格蘭「判例彙編開始出現以來，普通法發生了許多變化，對於現在所謂的主流理論的研究在很大程度上屬於一種對發展趨勢的研究」，所以「追溯至責任的早期形式並且從那裡開始討論，將是有益的」。[20]

(一) 法律責任的早期形式

在《普通法》的開篇，霍姆斯首先追溯了法律責任的普通法淵源。在此，霍姆斯通過舉例而展開了對法律責任概念及內涵的細緻分析。例如，如果有人飼養了一隻兇猛的動物，這隻動物在逃離主人控制之後傷害了鄰人。儘管主人能夠說明本人對於動物的逃離沒有過錯，但他仍然應當承擔責任。據 19 世紀流行的分析法學家的觀點而言，由於當事人 (主人) 飼養了具有此類危害他人之危險的動物，雖然在動物逃離時他沒有直接的過錯，但他對飼養此類動物具有間接的過錯，「一個人對因自己的過錯所造成的損害應當承擔賠償責任」。[21] 然而，霍姆斯認為，這種解釋儘管有一定道理，但卻並未能闡明法律責任的真正內涵。另外，他還列舉了雇主替雇員承擔損害賠償責任、規制一般海事損害案件的法律以及英格蘭刑事訴訟程式中對致人死亡之工具的闡釋意義等等。為了闡明類似情況下法律責任的真正內涵，霍姆斯認為，有必要考察「那些古老而獨立的法律制度」，諸如古羅馬的《十二表法》等。

在現代社會中，每個人都有責任控制自己的牛不侵入他人的土地，或者，在注意到自己飼養的牲畜或者動物有傷人之可能性的情況下，便對這些牲畜或者動物的傷人行為承擔賠償責任。霍姆斯指出，此處的問題在於，這些合理的現代法律規則與早期的英格蘭普通法或者古羅馬法是否具有某種聯繫。在經過詳細的歷史考察 (參見表 1.3) 與分析之後，霍姆斯認為，普通法中關於法律責任的基本原則在很大程度上源於古代羅馬法。因此，從歷史角度而言，普通法與羅馬法具有非常緊密的聯繫。

表 1.3 古代法律制度的歷史考察 [22]

人物/時期	出處/法律	民族	制度內容
01 《聖經》	摩西律法	猶太人	如果一頭牛用角牴死了一個男人或女人，那麼定要用石頭砸死這頭牛，並不得吃它的肉；但牛的主人應當免除責任。
02 普盧塔克	《梭倫傳》		一條狗咬了人之後，應當被交出，並縛於一根四腕尺長的圓木上。
03		希臘人	如果一個奴隸殺死了一個人，他就應當被交給死者的親屬。
04 ──柏拉圖	《法律篇》		如果一個奴隸傷害了一個人，他就應當被交給受害方，由受害方隨意役使他。
05 ──			如果（奴隸的）所有者拒絕交出該奴隸，那麼他就要賠償這一損失。
06			如果一個無生命之物致人死亡，應當將其拋出邊界，並且應當進行補償。
07 /	《十二表法》		如果動物造成了損害，（動物的所有者）要麼交出該動物，要麼賠償損失。
08 蓋尤斯	《法學階梯》	羅馬人	上述規則也適用於家子或者奴隸的侵權行為。
09 /	阿奎利亞法		在其知情的情況下，主人應當為其奴隸實施的特定違法行為承擔人身責任。
10 /	撒利克法	日爾曼人	如果某人被家畜殺死，那麼該家畜的所有者應當給予一半的賠償，並將該家畜交給原告以抵償另外一半。
11 680年	肯特法		如果任何人的奴隸殺死了某一自由人，無論他是誰，均由其主人支付100先令，交出殺人者。
12 7世紀晚期	伊尼法	盎格魯──撒克遜人	如果一個西撒克斯奴隸殺死了一個英格蘭人，那麼擁有該奴隸的人應當將其交給領主和族人，或者支付60先令以贖回其生命。
13 /	蘇格蘭法	蘇格蘭人	如果一匹野馬或者不聽馴服的馬違背某人的意願而馱其過溪水或者河水，並且碰巧該人溺水而死，那麼該匹馬就應當歸國王所有。
14 1133年	普通法	英格蘭人	如果我的狗殺死了你的羊，就在該事實發生之後，我會將狗交給你，你無需向我追索。

此外，值得注意的是，霍姆斯對普通法進行如此繁複的歷史考察的「目的和意圖在於說明，為現代法律所熟知的各種責任形式源自普通的復仇背景」，並且他認為，儘管並不完全適用於合同領域，但「在刑法和侵權行為法中，它卻具有第一位的重要性。這說明，那些責任形式源自一個道德基礎，源自某人應當受到譴責這一觀念」。[23]

（二）刑法的一般原則與理論

在《普通法》的第二篇演講中，霍姆斯著重闡釋分析了刑法的一般原則。作為刑法的核心構成要素之一，霍姆斯首先檢討了刑罰的目的。通常認為，刑罰的目的主要是：(1) 為了改造罪犯，(2) 為了防止罪犯和其他人再實施類似的犯罪，以及 (3) 為了報償。在上述三種不同的刑罰目的的理論中，霍姆斯認為，改造罪犯顯然不是刑罰的唯一目的，而對於預防和報償理論，儘管仍然存在著爭論，特別是在德國偉大的哲學家黑格爾與康德之間存在的分歧，但「大多數說英語的法律人或許仍然會毫不猶豫地接受這一預防性理論」。[24] 依據這一推斷，霍姆斯指出：

> 預防似乎成為了首要的且唯一普遍的懲罰目的。如果你做了特定的事，法律將施以特定的痛苦，因而意在為你提供一個不做那些事的全新動機。如果你仍然堅持去做的話，法律就不得不施以那些痛苦，以使其威懾力可以繼續為人所信。[25]

從上述闡釋中可以推論認為，「預防性理論」中的「法律」僅僅將個人視為一種實現目的的手段或者工具，因而，在刑事責任中，更多地應當關注公共福利或者普遍福利，而非個人利益，也就是「對個人的考慮服從於對公共福利的關注」。[26] 為了進一步論證上述觀點，霍姆斯緊接著又舉出了幾項法律原則來加以解釋：其一，在將殺人作為保全自己生命的唯一方法時，故意剝奪他人生命，是不應當受到懲罰的；

其二，對於法律的無知並不是違犯法律的理由。通過上述分析，霍姆斯認為，無法僅僅通過衡量實際個人與單獨犯罪是否相稱來最終徹底確定刑事責任，而應當主要考慮公共福利或者普遍利益。[27]

經過上述分析與闡釋，霍姆斯對刑法的目的做出了一般性概括：

> 刑法的目的僅僅在於引導對規則的外部遵守。所有的法律均被導向易於感知的事物狀態。無論法律是通過運用強力而直接引致那些狀態，如借助士兵的保護而使房屋免受暴徒的滋擾，或者出於公眾用途而徵用私人財產，或者依據一項司法判決而絞死某人，還是借助人們的恐懼而間接引致那些狀態，其目的同樣均為一種外部結果。[28]

在此基礎上，霍姆斯繼續論證了檢驗法律責任的標準，並且認為，這些檢驗「標準不僅是外部的，而且也是普遍適用的」，並且「與特定人的動機或意圖中的罪惡程度無關」。由於法律責任應當建立在行為的應受譴責性之上，所以這些外部的或者客觀的檢驗標準只能是「普通人」——「具有正常智力與合理謹慎之人」的標準。[29] 在通過具體分析了諸如謀殺、縱火、盜竊等犯罪行為，霍姆斯詳細地探究了體現於具體犯罪行為中行為人的主觀心理狀態，諸如惡意、故意、動機等，並且最終總結了普通法背景下關於刑事責任的一般理論：

> 其一，從本質而言，所有行為本身都是無關緊要的；
> 其二，在典型的實體性犯罪中，那些行為之所以構成犯罪，是因為該行為是在可能會造成法律所試圖預防的某種損害的情況下予以實施的；
> 其三，在此類案件中，檢驗行為是否構成犯罪的標準，就是根據經驗所揭示出來的在那些環境下伴隨該行為而生的危險的程度；
> 其四，在此類案件中，當事人的犯罪意圖或者實際邪惡，是完全不必要的；

其五，在一些案件中，如果這是一個謹慎人所無法預測到的後果，那麼在行為實施時的環境之下，必須實際上可以預測到該行為的後果，據此，應當受譴責性成為了犯罪的構成要素之一；

其六，在一些案件中，在語詞的通常意義上，實際惡意或者故意也成為了犯罪的構成要素之一。[30]

（三）侵權行為法的概念與理論

在普通法的歷史背景下，霍姆斯在第三、四篇演講中詳細闡釋與分析了侵權行為法中一些重要的基本概念與原則。他強調指出，之所以採取這種論述的進路，是為了發現在侵權行為法中是否存在構成所有法律責任的共同基礎；如果存在的話，這個基礎又是什麼。正是試圖通過這樣的努力，霍姆斯嘗試揭示普通法中民事責任的一般原則。儘管從理論而言，侵權行為法與合同法的法律責任存在著非常明顯的區別：侵權責任並非當事人事先在合同中約定的，而是因侵權行為造成的損害而產生的。但是，在普通法中，卻無法找到此類一般性理論。霍姆斯極富洞察力地指出，「法律並非始於理論。法律也絕不會創設理論」，並且認為，在普通法的歷史演進中，隨處充溢著曲折反覆與潛移默化的作用。人們所能做的僅僅是，從中發現並證明法律發展的趨勢。而這種法律發展的趨勢，實際上是一個從無數案例中不斷歸納總結的事實問題。[31]

為了探求侵權行為法中全部責任的共同基礎，霍姆斯主張，應當考量侵權行為人承擔其行為風險的基本原理，而不是去關注他的侵權行為實際上所導致的結果。因為「侵權行為法中充溢著道德術語」，[32] 所以通過列舉與分析大量普通法歷史上的案例，霍姆斯詳細闡釋了侵權行為法中的這些常用術語或者概念，諸如不當行為、惡意、欺詐、故意、過失等等。同時，他還提出了兩種關於非故意損害（unintentional harm）的普通法責任的理論：其一，是奧斯汀基於「法律命令理論」所主張的「此類責任僅應以個人過錯為基礎」；其二，是為一些偉大的普通法權威所接受的「依據普通法，個人應當承擔自己行為的風險」。[33] 隨後，霍姆斯先後從類推、理論或原則、訴訟程式、先例等幾個方面，對第二種理論進行了正反兩個方面——贊成與反對的論證——的仔細考察。

在經過對於諸多相關案例及基本理論的歷史考察與分析之後，霍姆斯認為，判斷侵權行為的基本標準應當是「審慎人」（prudent man）的標準，而任何法律標準都應當為人們所熟悉和了解。對此，霍姆斯做出如下解釋：

> 法律的標準是普遍適用的標準。法律並不考量那些極為多元化的性格、智力與教育因素，而正是這些因素導致某個特定行為的心理特徵在不同的人之間呈現如此巨大的差異。基於許多充分的理由，法律並不試圖像上帝那樣看待人們。……法律通常依據應受譴責性（blameworthiness）確定責任，但此項規則也受到無法考量性格上的細微差異的局限。質言之，對於普通人——具有普通智力與審慎的人——而言，法律考量哪些行為應當受到譴責，並據以確定責任。[34]

據此，霍姆斯認為，一方面，法律推定或者要求個人具有避免損害鄰人的能力，除非存在某些能被證明的清晰而顯著的能力欠缺的情形，諸如盲人或精神病人等；另一方面，法律並未一般地規定某人對非故意傷害（unintentional injury）承擔責任，除非某個具有此項能力之人可以並且應當預見到這種傷害的危險，或者，某個具有普通智力與預見之人應當對其行為承擔責任。然而，值得注意的是，法律僅僅在感知的範圍內發揮功用。如果法律所要求的是諸如明確的行為與疏忽之類的外部現象，那麼它將完全不會關注內心的良知現象。只要一個人是在規則範圍之內行事，便可以具有隨意選擇的邪惡內心。質言之，法律的標準是外部的標準，並且，無論法律如何考量道德因素，都僅僅是為了在法律所允許的和不允許的身體的運動與靜止之間劃出界限。法律真正所禁止的以及唯一所禁止的，就是位於該界限不當一側的行為，而該行為是應當受到譴責的，或者相反。[35]

此外，對於這種評判侵權行為的法律標準，霍姆斯又從理論層面補充解釋了以下幾個問題：其一，任何法律標準都必定是應當在同樣情況下適用於所有人的標準，而不存在特殊的例外情況；其二，任何法律標準都必定能夠為世人所熟悉和了解；其三，如果法律標準完全是一種外部行為標準，那麼人們就必須始終自擔風險地遵守此種標準。[36]

（四）財產法律制度與理論

根據《普通法》的目錄編排順序，在接下來的第五篇、第六篇演講中，霍姆斯依次詳細論述了普通法中的財產法律制度，並且自始至終地發掘與探究其中所蘊含的不斷流動的普通法精神。

霍姆斯選擇通過研究普通法中關於受託人（bailee）[37] 的法律制度來理解普通法的佔有理論，原因恰恰在於「不論在哪個法律體系之中，對於主流佔有理論，我們均可以在該法律體系對待受託人的模式中找到它的檢驗標準」。[38] 首先，霍姆斯以盜牛這一非法佔有他人財產之行為為例，考察了古代日爾曼人的法律狀態。關於盜牛的行為，5世紀的薩利克法與阿爾弗雷德大帝時期的盎格魯—薩克遜法均規定：

（1）如果被盜之牛在3日內被找到，追尋者只要宣誓該牛的遺失是違背本人意志的，便有權牽走並佔有該牛；
（2）如果被盜之牛在3日後被發現，在其願意的情況下，被告人便可以通過宣誓來抗辯權利請求人遺失（牛）的事實。

對此，霍姆斯認為，這是一項關涉財產救濟的法律程式的規定，而該法律程式的啟動與執行均源於權利請求人，儘管具有法律效力的依據僅僅是他關於違背本人意志之遺失財物的誓言，並且據此推斷認為，在古代日爾曼法中，宣誓與適用該法律程式的權利是建立在佔有（possession）而非所有（ownership）之基礎上的。[39] 質言之，這種自力救濟（self-redress）實際就是古代日爾曼人的法律對違背本人意志喪失之財產所提供的救濟方式與手段。

在上述對古代法狀態的追溯與分析的基礎上，霍姆斯憑藉其非凡的想像力與創造力得出了以下幾個推論：其一，對於所有者（或委託人）委託於他人（或受託人）之動產，在該動產被第三個不當地據為己有的情況下，有權對該不當行為提起訴訟的適格當事人只能是受託人而非委託人；其二，如果受託人將其掌控的動產出售或者轉讓給第三人，那麼該動產的所有者只能起訴受託人而非第三人；[40] 其三，正是由於所有救濟手段均歸於受託人，所以受託人即負有不使委託人財產或者利益受到損害的義務。此外，在界定受託人之法律責任時，霍姆斯指出，受託人對財物之遺失（例如被盜）沒有過錯，並不能成為受託人承擔責任的阻卻事由或者免責事由，原因在於，既然受託人本人便可恢復遺失之財物，那麼他就理應承擔上述義務。[41]

然而，為什麼這種理解與解釋不同於現代的法律理論呢？在霍姆斯看來，主要原因在於，隨著時間的流逝，在上述理由逐漸消失的同時，財物所有者卻取得了佔有者（受託人）的法律地位，從而有權對不當取得他人財物之人提起訴訟並獲得救濟，但受託人之嚴格責任卻依然保留下來，只是因為法律中保留了此類規定。[42] 因此，霍姆斯認為，這就是導致原因與結果倒置的根源所在，因此純粹的邏輯推理在忽視規則演進歷史的同時往往會造成對規則本身的誤讀。這也是霍姆斯法律實用主義理念形成的主要理路之一。

在追溯了古代日爾曼法中受託人法律制度之後，霍姆斯轉而考察自「諾曼征服」後英格蘭法（亦即盎格魯—諾曼法）佔有法律制度與理論的歷史演進過程。霍姆斯認為，德國法學家的佔有法律理論完全出自羅馬法，除了羅馬法之外，他們對於其他法律體系（包括英格蘭法）一無所知。因此，霍姆斯試圖通過探究與闡釋一個全新的、未曾經過哲學思考的法律體系，來澄清英格蘭法的獨特歷史傳統與制度累積。

以普通法中的受託人為切入點，霍姆斯通過對一系列重要的普通法法官——諸如佈雷克頓（Henry de Bracton）、格蘭維爾（Ranulf de Glanville）、利特爾頓（Thomas Littleton）、霍爾特（John Holt）、漢克弗德（William Hankford）等人——的法律解釋，以及年鑒、案例彙編的歷史考察，詳細分析了自 11 世紀以來英格蘭法中的財產法律制度，並且得出了如下推論：其一，與薩利克法的規定相類似，英格蘭法對不當佔有財物之行為的法律救濟或者訴訟程式，也是建立在佔有而非所有的基礎之上的；其二，如果委託人將財物交由受託人保管，而受託人卻將財產出售或者贈與給第三人，那麼第三人便因此而取得對該財物的財產權利，委託人不得對該第三人提起侵害之訴（trespass），但卻可以通過請求返還動產之訴訟令狀（writ of *detinue*）而獲得充分的救濟；其三，任何財物的佔有者，不論是否受人委託以及應否承擔責任，除了受託人，還有財物的拾得者，均可以對除了財物的真正所有者之外的任何干涉其佔有之人提起訴訟；其四，在普通法理論中，一方面，受託人均享有真正的佔有權，並可以依佔有權而獲得救濟，另一方面，委託人可以提起回復佔有之訴的理由並不在於委託人享有佔有權，而更多的是由於歷史遺留的殘跡；其五，如果財物被他人不當佔有（如盜竊、搶奪等），那麼無論是否具有過錯，受託人均應當對委託人承擔絕對責任，即補償委託人的財產損失。[43] 此外，在同一篇演講中，霍姆斯運用同樣的研究方法，還專門考察了普通法中涉及公共承運人（common carrier）的法律規則[44]的演進過程。[45]

通過對普通法中受託人與公共承運人法律規則的演進過程的歷史考察，霍姆斯總結認為，依據古代日爾曼人法律程式的性質，必然形成與發展出類似的法律規則，而上述歷史考察也表明，與在其他方面一樣，英格蘭人也遵循了自己民族的傳統。[46]

　　如果說，在《普通法》的第五篇演講中，霍姆斯從實踐層面詳細考察了普通法中具體財產規則的演進並從中作出了總結性歸納，那麼，在第六篇演講中，霍姆斯開始從理論層面詳細論證普通法中的佔有 (possession) 理論以及其他相關的法律概念。

　　霍姆斯從一個英美法律人的視角指出，普通法體系並不是僅僅關注法律的實用性，而忽略了法律制度的哲學或者理論基礎。基於這種宏大的視角與眼光，霍姆斯梳理並簡要分析了德國哲學家或者法學家——特別是康德 (Immanuel Kant)、黑格爾 (Georg W. F. Hegel)、薩維尼 (Friedrich C. von Savigny) 以及耶林 (Rudolph von Jhering)——的理論學說及其對法律的影響，試圖運用比較研究的方法，達致下述目的：作為一種遠比羅馬法更為發達、更為理性也更為有力的法律體系，普通法體系並不需要依賴德國哲學家或者法學家所主張的哲學或者理論學說來予以正當性或者合理性的解釋。[47]

　　德國哲學家與法學家曾經對下述問題進行過激烈的討論，即關於「佔有」是屬於事實抑或權利的問題。對此，霍姆斯認為，法律上的權利即是允許運用某種自然力量，並且可以在某種條件下借助公共力量而得到保護、返還或者補償；因此，只要佔有權得到保護，便屬於一種與尋求相同保護的所有權同等的法律權利淵源；同時，每一種權利均是依據法律而界定的某個或者多個事實的後果；基於上述分析，「佔有」即指示著依據法律而界定的一系列事實，並且隱含著法律使佔有人在該特定情形下處於優勢地位。在霍姆斯看來，諸如佔有、財產權、合同等法律複合概念 (legal compounds) 均可以類似的方式解析為事實與權利、原因與後果。[48]

　　在研究普通法中的「佔有」時，霍姆斯主張從最初取得佔有之時展開分析，因為這樣可以比較清晰地看到構成佔有的全部事實要素。某人為了取得佔有，必須與佔有物件和其他所有人存在一種特定的自然關係，而且還必須具有一個特定的意圖 (intent)。上述這種自然關係與意圖即是構成佔有的事實要素，也正是霍姆斯意欲展開研究的物件。一方面，關於與佔有物件和其他人的「自然關係」問題，通過幾個典型案例的分析，霍姆斯指出，對佔有物件享有的足以構成佔有的權力，與不足以構成佔有的權力之間的區分，僅僅是一個程度問題，權力界線可以在不同的時間和地點依據佔有人獲得的對佔有物件的權力之程度以及獲得的對抗其他人的權力之程度而予以劃定。另一方面，關於構成佔有之「意圖」，霍姆斯認為，德國法學家的理論——特別是德國人在康德哲學或者後康德哲學的影響下解釋羅馬法的理論——是無法令人滿意的，因而拒絕運用這種羅馬法標準來解釋佔有之法律性質。於是，霍姆斯進而主張，在普通法理論中，法律對佔有所要求的意圖就是排除他人干涉的意圖。

就佔有的後果或者性質而言，霍姆斯主張，在某一行為構成佔有之後，或者說，只要對某物取得佔有，佔有人就獲得了對抗其他所有人的權利，除非出現了某些足以剝奪該項佔有的事實或者情況。此外，原本適用於動產的法律規則，隨著時間的流逝，也逐漸適用於土地。具體而言，即對於土地之（在先）佔有完全可以通過提起侵害之訴而對抗其他人或者取得法律救濟。[49] 之後，霍姆斯還簡要論及了雇員與雇主的關係、代理以及所有（ownership）等相關法律概念與理論。

（五）合同法理論

在接下來的三篇演講中，霍姆斯對普通法中的合同法理論的歷史、[50] 構成要素以及法律效力等問題展開了詳細的考察與論證，從而進一步探究隱蔽於制度演進過程中的普通法精神。

在《普通法》的第七篇演講中，霍姆斯首先考察了早期普通法中的幾種典型的合同形式。其一，是承諾誓言（promissory oath），但在現代普通法中，已經不再具有任何私法上的意義了，儘管仍然予以適用，但僅限於公務人員就任公職或者普通人取得某種特定身份時的儀式，例如法官或者陪審員的宣誓以及歸化公民的入籍宣誓等。其二，是保證（suretyship），在現代合同理論中，保證僅僅是一種附屬性合同關係，是附屬於某個主合同關係而存在的；而在古代法中，保證似乎源於糾紛衝突當事人一方所提供的人質（hostage）。在許多古代法律中，可以找到下述規則：被指控實施不當行為的被告人，要麼提供一個擔保人，要麼被監禁。此處的擔保人的地位便類似於人質。在刑事訴訟與民事訴訟分離之後，上述擔保人即演變成了刑事法律中的保證人（bail）。這種保證之起源的歷史表明了它是普通法中最早出現的古代合同形式之一。其三，是債務（debt），也是一種古老的合同形式，並且早期的金錢債務之訴實際上就是一種追償金錢的權利主張的普通程式。澄清這一點，有助於理解構成現代合同法的某些具體規則。[51]

接著，霍姆斯轉而考察在英美合同法中的重要概念「約因」（consideration）的演進過程。在普通法理論中，只有存在約因，某項承諾——無論是口頭形式還是簡單書面形式——才具有法律上的拘束力。傳統上，通常認為，此項規則是衡平法院從羅馬法中借來的，在經過衡平法院的修訂後，適用於普通法之中。但霍姆斯對上述觀點提供了質疑，並且認為通過考察金錢債務之訴有助於釐清這個問題。

在早期的金錢債務糾紛中，如果被告否認債務，那麼原告若欲勝訴，就必須以當時的法律認可的方式來支援自己的訴訟請求，具體方式包括決鬥（duel）、文書（writing）與證人（witness）。霍姆斯認為，決鬥方式很早便被放棄，故應重點研究依據文書與證人而進行的對債務糾紛的審判。通過對英格蘭法早期的判例集和判例彙編的考察，霍姆斯發現，運用證人審判方式的案件似乎僅限於因買賣或者借款而導致的權利主張。在格蘭維爾時代，唯一的合同訴訟就是追償債務之訴，而不用憑藉書證而獲得賠償的也僅僅是追償債務之訴。然而，將證人誓言作為結案的全部依據，並不是一個令人滿意的審判方式，故而，在法庭上，呈示能夠被認定為被告所簽發的承認債務的書面證據，特別是在印章普及之後，得到了普遍的接受與認同。[52]

　　至此，將不得不面對一個關鍵性問題：約因是如何在追償債務之訴中逐漸形成的？霍姆斯逐個分析了自愛德華三世至亨利六世時期的多個典型案例，從而釐清了約因規則的完整發展過程。在第一階段，追償債務之訴是追回應得金錢的唯一救濟方式，此時，尚未形成約因理論；在第二階段，約因規則開始以其早期形式──承諾人獲得某項收益──而被引入普通法中，並且適用於除封印合同（covenant）之外的所有合同形式；在第三階段，約因理論得到進一步發展，甚至明確表達為接受承諾之人所遭受的損害。之後，霍姆斯又以同樣的方法考察了封印合同與簡約之訴等相關問題，並且在考察過程中詳細分析了約因理論的深入發展與演變。[53]

　　在完成對普通法中合同的歷史考察之後，霍姆斯進而詳細分析了在普通法理論中合同的構成要素，即約因（consideration）與承諾（promise）。如前所述，對於某項承諾而言，交付即構成一個充分的約因，例如支付原本承諾的1,000美元。然而，判斷某一行為內容是否構成約因，則取決於當事人對它的處理。霍姆斯指出，提出與接受某項約因的目的僅僅是為了使承諾具有約束力；從實質意義上言，依據約定的條款，約因是作為承諾的動機或者誘因而被提出和接受的；反之，承諾也必須是作為提供約因的約定性動機或者誘因而被作出和接受的。因此，約因與承諾應當構成彼此互惠的、約定性的誘因。[54]

　　在普通法理論中，通常而言，具有法律約束力的承諾的唯一普遍後果，並不取決於承諾人對其承諾之事件或者行為所具有的掌控能力之程度。質言之，只要承諾人所承諾之事件或者行為沒有發生，依據普通法，承諾人（或者訴訟中之原告）就應當以其一定範圍內的財物賠償因該事件或者行為沒有發生而給接受承諾人所造成的損害。需要補充的是，在普通法中，僅就承諾之構成而言，除了具有一方當事人的保證（assurance）或者要約（offer）之外，還必須具有對方當事人的接受（acceptance）。之後，霍姆斯又簡要考察了一些涉及雙方合同的特有問題，以佐證普通法中的約因以及合同理論。

　　在討論與分析了合同的構成要件以及合同成立的法律後果之後，霍姆斯在《普通法》的第九篇演講中詳細考察了合同法理論中的兩種特殊情況：無效合同（void contract）與可撤銷合同（voidable contract）。

　　在普通法傳統上，通常認為，合同無效的原因在於錯誤（mistake）、虛假陳述（misrepresentation）或者欺詐（fraud）。然而，霍姆斯卻主張上述幾種情形僅僅是戲劇化的表現形式而已，實質上，導致合同無效的真正原因在於合同的基本構成要件的缺失，具體體現為以下三個方面：其一，是僅存在一方當事人，或者說，沒有第二方當事人；其二，是合同雙方當事人所指涉的物不同；其三，是合同中關鍵性術語的意指實際上存在矛盾。通常而言，只要具備基本的構成要素，合同即獲得成立，故而合同並不會因構成要素之外的其他原因而導致無效。[55]

　　正如霍姆斯所言，「法律的區分基於經驗而非邏輯。因而，法律並不要求人們依據數學式的精確程度從事交易行為」，[56] 因此，合同的存在形態不只是有成立或者不成立，在某些情況下，合同也可以是可撤銷的。質言之，某項合同成立與否，完全取決於合同一方當事人的選擇。對此，霍姆斯認為，如果關於合同內容的陳述是善意的，那麼該項合同就具有約束力；但是，如果關於合同內容的陳述是欺詐性的，那麼該項合同就是可撤銷的。[57]

（六）繼承與財產轉讓理論

　　近代的轉讓理論在很大程度上依賴於繼承的概念，因而，霍姆斯在第十、十一篇演講中詳細地考察並闡述了普通法中繼承的概念及相關理論。就繼承理論而言，一般又可以分為死後繼承（successions after death）與生前轉讓（successions *inter vivos*）兩種理論。

　　在《普通法》第十篇演講的前半部分——「死後繼承」中，通過考察在羅馬社會初期羅馬家庭的結構與地位，霍姆斯試圖釐清並且闡明繼承理論中的幾個基本概念，例如遺囑執行人（executor）、繼承人

(heir)、接受遺贈人 (devisee)，等等。在總結以往理論的基礎上，霍姆斯總結認為，在羅馬法和日爾曼法的發展初期，家庭始終是社會的基本單位。在羅馬法體系中，當家父死後，繼承人便獲得了處分自己財產的全部權力，據此便可以容易地理解繼承人對死去之家父的繼承。基於法律的目的，羅馬的繼承人逐漸被視作與被繼承人具有同一人格而加以對待。正如霍姆斯所言，現代遺囑執行人的特徵源自羅馬法上的繼承人；而遺產管理人 (administer) 僅僅是後來針對沒有遺囑或者基於其他原因而缺失遺囑執行人時，由制定法擬制遺囑執行人而引入的概念。[58]

遺囑執行人對立遺囑人的全部動產享有法定所有權 (legal title) 以及財產轉讓 (alienation) 的權力，原因在於，就法律意義而言，遺囑執行人是在代位行使立遺囑人之權利。通過比較研究，霍姆斯得出結論認為，普通法中的遺囑執行人與羅馬法中的繼承人之間具有相當的相似性。[59]

然而，在普通法體系中，遺囑執行人與遺產管理人例證了概括繼承制度的存在，但他們並不繼承所有類型的財產，而僅僅繼承動產；如果屬於未依遺囑分配的不動產，則全部歸屬於繼承人，並且不動產繼承規則也區別於動產分配規則。在普通法中，繼承人並不屬於概括繼承人。大致在12世紀，格蘭維爾及其效仿者均未將繼承人之責任局限於其所繼承的財產範圍之內；約13世紀，正如佈雷克頓所言，繼承人僅將其義務局限於其所繼承的財產範圍之內，並且在諾曼及其他地區也出現了此類限定。[60]

此後，霍姆斯又分析了人格 (persona) 的概念，進而指出，每一個繼承均體現了某種不同的人身關係；而且，每一份可繼承的地產既包含著一個不同的人格，也屬於一份不同的繼承地 (hereditas) 或者遺產 (inheritance)，並且可以由一個人或者多個人一起繼承。

綜上所述，霍姆斯總結認為：其一，在現代英格蘭法中，繼承人的主要特點源自諾曼征服後不久即確立起來的那些法律，與此同時，繼承人是一個極為寬泛意義上的概括繼承人；其二，之後，繼承人的諸多功用轉給了遺囑執行人，於是，繼承人之權利與義務僅僅局限於不動產；其三，對每一份可以繼承的地產或者遺產的繼承均是單獨的，而不是可被視作整體的被繼承人之權利總和的組成部分之一。[61]

在霍姆斯看來，探究與分析普通法中的繼承理論，有助於理解財產轉讓理論。為了進一步理解財產轉讓理論，霍姆斯在該篇演講的後半部分與第十一篇演講——「生前 [財產] 轉讓」中，首先詳細地考察與分析了羅馬法、日爾曼法與盎格魯—薩克遜習慣法的歷史殘跡，因為他認為，日爾曼法和盎格魯—薩克遜法是「普通法的祖先，支撐著這座法律大廈的一側」。[62] 一方面，在早期的日爾曼法和羅馬法中，保留了許多家庭所有權的痕跡；另一方面，語詞內涵的改變反映了法律制度的演進過程，例如「概括繼承人」(heres)，該詞起初意指死者財產的繼承人 (successor)，之後擴展至臨終受贈人 (donee mortis causa)，後來在更寬泛的意義上指普通受讓人 (grantees in general)，甚至「繼承」(hereditare) 一詞也包含了土地轉讓的意思。在早期羅馬法中，由於受家庭關係的影響，繼承人與死亡的被繼承人之間的關係僅限於父系血親之間，後來裁判官 (praetor) 通過擬制的方式將繼承的利益擴展到其他一些血親範圍之內。之後，財產轉讓並不僅限於世襲繼承，既可以採用合同或者購買的方式，也可以通過繼承或者遺囑的方式。查士丁尼的《羅馬法大全》清晰地表明，此類財產收益已經擴展適用於不同情況中的購買人。據此，霍姆斯認為，在不斷演進的古代法中，每個法律上的財產轉讓關係，或者預設某個繼承關係，或者預設某個對繼承關係的類推可以擴展適用於其上的關係。[63]

最後，在依次詳細分析英格蘭法中的時效、遺贈、保證、地役權、地租以及用益權等重要法律概念與制度理論的基礎上，霍姆斯歸納總結認為，通過對不同地域古代法律的歷史考察，可以較為清晰地發現，在某種權利得以形成之事實環境或者條件無法同時轉讓時，純粹的權利轉讓是很難真正實現的；通過法律擬制的轉讓，似乎僅僅例證了下述觀點：在某種意義上，受讓人實際上就是讓與人的準繼承人。[64]

四、開闢「法律的道路」（1883–1902）

1882年12月，霍姆斯突然辭去了哈佛法學院的教職，接受了麻薩諸塞州最高法院法官的任命，並於1883年1月3日就職。實際上，這也是霍姆斯在接受哈佛大學教職之前對自己職業選擇的保留和始終堅守的期待。從後來的視角來看，此一事件不僅是霍姆斯職業生涯的一個重要轉折，更應該為其法律思想的蛻變提供了一個不可替代的契機。

相對於期刊編輯或者大學教授而言，在法官眼中，法律所呈現出來的樣態、在社會中發揮的功用以及背後隱含的現實利益、衝突與妥協（或者不可妥協），應該是有很大不同的，特別是在以判例法為主導的英美法律傳統背景中。或許，正是這種職業身份的改變以及因而帶來的觀察視角與經驗的變化，對霍姆斯法律思想產生了又一次較強的、甚至是根本性的影響，儘管這樣的影響可能是在一個不那麼短暫的時間段裡默化而成的。

（一）司法意見

在麻薩諸塞州最高法院任期（1883–1902）內，霍姆斯大法官總共撰寫了1,291份司法意見（每年撰寫司法意見數量，參見表1.4），年均64.55份。在就職後的第四年（1886），霍姆斯發表了第一份反對意見（dissenting opinion）。

表1.4 霍姆斯在麻薩諸塞州最高法院任期內每年撰寫的司法意見數量[65]

年份	司法意見份數	年份	司法意見份數
1883	38	1893	72
1884	44	1894	46
1885	63	1895	59
1886	51	1896	63
1887	43	1897	73
1888	51	1898	61
1889	56	1899	100
1890	52	1900	80
1891	72	1901	105
1892	51	1902	111
1883–1892	521	1893–1902	770
		1883–1902	1,291

　　根據哈里・施賴弗（Harry C. Shriver）編輯的《霍姆斯的司法意見》（*The Judicial Opinions of Oliver Wendell Holmes*）一書中的類型劃分，大體上可以將霍姆斯大法官在麻薩諸塞州最高法院期間發表的司法意見劃分成如下法律主題領域：立法自由、言論自由、資本與勞工、權利法案、合同義務的違反、誠實信用條款、根據聯邦憲法和州憲法的正當程式以及其他憲法案例。[66] 下面，本文嘗試通過幾個案例的簡要分析，歸納梳理霍姆斯大法官在一些特定法律領域中的基本觀點與法律思想。

1. 合眾國訴佩里案（Commonwealth v. Perry）

　　該案源於麻薩諸塞州議會1891年通過的一項原本旨在保護紡織工人的州法，該法規定，因工作中的瑕疵而「強制處以罰款」，或者剋扣工人薪資，是非法的。在本案中，雇主佩里（Perry）因剋扣受其雇傭的紡織工菲爾丁（Fielding）的薪資而被起訴。麻薩諸塞州最高法院裁決，該州法因侵害契約義務而侵犯了公民的基本權利，故而違反了該州憲法，同時還援引了《權利宣言》第一條關於「取得、佔有和保護財產」的不可剝奪的權利之規定；諾爾頓 (Knowlton) 大法官在法庭意見中寫道：「（該權利）包括簽訂合理契約的權利。」最終，麻薩諸塞州最高法院以判決的方式，廢除了該項旨在禁止雇主對雇員處以罰款或者剋扣薪資的州法。

對於該項裁決，霍姆斯大法官表示異議，並且在反對意見中寫道：

> 首先，如果此項法令是違憲的，正如多數方所解釋的那樣，我認為，應當更為狹義地在字面意義上解釋，進而修訂該項法令。從字面上來審視此項法令，如果雇主只是承諾為有瑕疵的工作支付某一合理價格，或者支付某一低於應當支付給完整工作的價格，並且，實際上也支付了那一價格，那麼，此項法令就沒有被違反，並且，也不存在對於薪資的限制。但是，我同意，應當更為廣義地解釋此項法令，並且應當予以採用，從而禁止明顯的規避行為，因為我的觀點是，即使如此解釋，就我所聽到的任一觀點而言，此項法令依然是合憲的。[67]

在該案中，實際上涉及的是作為司法機關的州最高法院與作為立法機關的州議會的憲法許可權以及彼此之間的權力邊界與衝突問題。在這個問題上，顯而易見，霍姆斯大法官不贊成法院對於議會立法權的干預，質言之，法院應當充分尊重憲法賦予議會的立法權限。故而，在反對意見中，霍姆斯大法官進一步強調：「制定合理法律的權力，隱含地禁止了不合理法律的制定」，如果假定「憲法的建構是正確的，並且像一位政治經濟學家那樣來說，我會同意譴責此項法令，但是，我並不願意或者不認為我自己有權依據那一理由來推翻立法」。[68]

在「合眾國訴佩里案」判決一年後，麻薩諸塞州最高法院對州議會的一項提議法案——授權市鎮政府可以購買、銷售和分配作為燃料的煤炭和木材——展開了合憲性審查。首席大法官菲爾德與艾倫、諾爾頓、莫頓及拉斯羅普大法官認為該法案不具有合憲性，而霍姆斯繼續秉持其在「合眾國訴佩里案」中的法理觀念，認為「如果可以用錢使某一公共機構能夠無差別地為公眾提供滿足一般需求的物品，……其目的都是公共性的」，那麼「我就找不到任何理由來否認立法機構所享有的制定本案所涉法案的權力。此類立法的需求或者便利，並不是我們（法官）應該考慮的問題」。[69]

2. 對授予女性選舉權的州法案的合憲性審查

1894年，圍繞一項旨在授予女性在村鎮和城市選舉中享有投票權的法案，麻薩諸塞州眾議院向州最高法院提出了一些質疑。為了回應這些質疑，霍姆斯大法官發表了一份司法意見。在該司法意見中，霍姆斯大法官表達了如下觀點：

(1) 憲法創設的是一個代議制的政府（和一個享有立法權的州議會），而不是一個純粹的民主政治；

(2) 除非憲法有明示或者默示的保留，否則，立法機構（州議會）都享有完整的立法權；在解釋憲法時，我們應該牢記，憲法是一個政府的基本架構，因而不得草率地將我們自己的觀點或者僅僅源於歷史實踐的隱含的局限（性）灌注其中；

(3) 霍布斯（Hobbes）為了英王查理斯一世的利益極力提倡他的觀念，而麻薩諸塞州憲法的目標之一，就是拒絕霍布斯的理論——人民向主權者的屈服是終極的；

(4) 就像禁酒法一樣，任何事物都無法禁止立法機構（州議會）就該法案創設一項地方選擇權。質言之，將該法案交由某一城市或者村鎮的多數選民投票決定。[70]

3. 邁考利夫訴新貝德福德市案（McAuliffe v. New Bedford）

在該案中，原告邁考利夫（McAuliffe）是新貝德福德市警察局的一名警員，發表了一些政治言論，並且還曾經是一個被禁止的政治委員會的成員。1892 年，在經過聽證會後，市長根據該市警察條例第 31 條之規定「警察機構的任何成員不得以任何藉口，無論為任何政治之目的，索取金錢或者任何援助」，免除了原告的警察職務。對此，原告提起訴訟，並且聲稱：（1）市長的裁定不能構成其免職的事由；（2）該警察條例之規定因侵犯了原告表達政治觀點的權利而無效。

對於該案，霍姆斯大法官發表了司法意見，主要觀點如下：

（1）原告可以享有談論政治的憲法權利，但卻沒有任職警察的憲法權利；

（2）在雇傭關係中，雇工是根據提供給他的合同條款接受雇傭的，因而不得抱怨對其言論自由或者遊手好閒的限制。同理，城市可以對在管控範圍內規定任何合理的任職條件。……在我們（法官）看來，此一條件是合理的；

（3）根據警察條例第 24 條之規定，該案本該先由警務委員會進行調查。但是，自 1890 年法案通過以來，……我們（法官）毫不懷疑市長有權先親自聽審所有涉及警員免職的案件。[71]

據此，麻薩諸塞州最高法院駁回了原告的上訴請求。

4. 合眾國訴大衛斯案（Commonwealth v. Davis）

在該案中，1895 年，被告人大衛斯（Davis）在波士頓公園（the Boston Common）公開發表了一些言論，因而被判處違反了波士頓城市法令；該法令規定，未經市長允許，「任何人不得」在公園「……發表任何演講」。對此，大衛斯辯稱，該法令因侵犯憲法賦予公民的基本權利，故而是違憲的。

對於該案及被告人的訴求，霍姆斯大法官發表了司法意見，主要觀點如下：

（1）此類〔城市〕法令是符合憲法的，在我們（法官）看來，確定無疑。如果說該法令違憲，那就意味著，即便立法機構意圖賦予該法令以效力，也是徒勞的；

（2）作為公眾的代表，立法機構可以且實際上對公眾使用（諸如公園等）此類地方進行管控，同時還可以且實際上將這樣的管控〔權〕委託給城市或者市鎮；

（3）立法機構絕對或者有條件地禁止在公路或者公園內公開發表演講，與私人房屋的所有者禁止〔他人〕在自己的房屋演講一樣，都不屬於對公眾成員權利的侵犯；

（4）在不涉及所有權的情況下，立法機構可以通過停止對公共設施的使用，來終止公眾進入公共場所的權利。因此，立法機構可以採取較為輕緩的措施，將公共場所限制在基於特定目的的公共使用；

（5）該法令的通過……是為了對公共場所的使用進行適當的限制；

（6）可以將該法令解釋為，無論是演講、政論，還是佈道，在波士頓公園向所有選擇走近並聆聽的人發表的論文，都屬於公開演講。[72]

據此，麻薩諸塞州最高法院駁回了被告人的抗辯請求。

（二）演講及其他

與其就任麻薩諸塞州最高法院的同一時期，除了撰寫司法意見之外，霍姆斯大法官也在慶典或者聚會上發表了一些演講或者致詞（參見表1.5），其中也或多或少地包含或者反映了此一時期霍姆斯本人的一些重要的法律思想和觀念。

表 1.5 霍姆斯發表的演講或致詞（1882–1902）[73]

標題	內容	時間
01 戰爭中的哈佛大學	哈佛大學畢業典禮上對主持人的答覆	1884 年 6 月 25 日
02 法律，我們的情人	薩福克律師協會晚宴上的演講	1885 年 2 月 5 日
03 對榮譽的熱愛	耶魯大學畢業典禮上的演講	1886 年 6 月 30 日
04 法學院的功用	哈佛大學 250 周年紀念，在哈佛法學院聯誼會上的致詞	1886 年 11 月 5 日
05 學問與科學	哈佛法學院紀念蘭德爾教授協會晚宴上的演講	1895 年 6 月 25 日
06 /	布朗大學畢業典禮上的致詞	1897 年
07 法律的道路	波士頓大學法學院新大廳落成典禮上的演講	1897 年 1 月 8 日
08 約翰·馬歇爾	對馬歇爾就任首席大法官 100 周年紀念日休庭動議的答覆	1901 年 2 月 4 日

在表 1.5 所列的演講和致詞中，便包含了那一篇廣為引用和流傳的演講——〈法律的道路〉（1897）。在這篇演講中，他的首要目的便在勸導法科學生「恰當地研究和掌握作為一項具有能夠充分理解的限度的職業和作為一套包含在明確界線內的信條的法律」。[74] 為了釐清法律的限度，霍姆斯嘗試將法律從道德與社會習慣領域中分離出來：

> 如果你們只想知道法律而不是其他什麼東西，那麼你們就一定要以一個壞人的眼光來看待法律，而不能從一個好人的視角來看待法律，因為壞人只關心他所掌握的法律知識能使他預見的實質性後果，好人則總是在較為模糊的良知約束狀態中去尋求其行為的理由，而不論這種理由是在法律之內，還是在法律之外。[75]

誠如理查·波斯納（Richard A. Posner）所言，霍姆斯舉出「壞人」例子的根本原因在於，此類人行為動機的形成並不是依據從事正當行為的良知。[76] 然而，霍姆斯並未因此而主張此類人便有可能成為違法之人，因為在他看來，「壞人與好人同樣有理由希望避免遭遇公共力量」。[77] 實際上，如果只是將外部行為作為指導，我們可能會很難確定什麼人是值得道德讚譽的,因為「一個根本不在意其鄰人所信仰與踐行的道德法則的人,很可能會非常注意避免不得不償付金錢,而且,還會盡可能地避免身陷囹圄」。[78] 因此,當這個「壞人」並不基於道德法則,而是依據對法律後果的預測而行事時,他仍會基於自身的利益而遵守法律。

從表面言之,霍姆斯的「壞人」似乎僅僅是一個典型的利己主義者。然而,進一步探究卻會發現,這種對「壞人」的評價既不準確也不恰當。例如,文中並未提及,假如這個「壞人」違反了法律,他肯定想要知道其遭受懲罰的可能性——或許可以通過逃避偵查、提供偽證、賄賂法官等手段而免於或者減輕懲罰。實際上,一些評論者認為,霍姆斯的「壞人」還不足夠「壞」,或者說,並非純粹的利己主義者,因為他並沒有考慮其或許會因法律制度的無效而逃避合理制裁。[79] 無論怎樣,霍姆斯在其心中從未熄滅戰火的法律戰場中塑造了一位近乎個人英雄主義的軍人形象——「壞人」。

對於「法律是什麼」,霍姆斯給出了自己的答案:「對於法院將要做什麼的預測,而不是什麼其他的自命不凡,就是我所謂的法律的含義。」[80] 在此,霍姆斯清晰地表達了他對這種壞人法律觀念的贊同,而這種觀念首要集中於將法律視作一種理解與預測特定行為進程之間因果關係的工具。然而,霍姆斯上述對於法律的界定卻遭到了諸多的批判。就所謂的「科學界定」的範圍而言,湯瑪斯·格雷(Thomas C. Grey)教授指出了霍姆斯進路中存在的某些困境:

> 這種〔法律〕預測理論無法解釋政府官員以及大多數普通公民的法律態度,而任何對法律的合理而充分的社會學解釋均必須考慮這些態度。這種理論並沒有考慮可感知的合法性(perceived legitimacy)的因素,而這種因素似乎是任何試圖區分法律與其他約束的嚴肅研究活動的一個不可或缺的方面,上述研究活動則是對社會的一般科學研究的一個組成部分。基於類似原因,這種理論並沒有從法官的視角對法律予以充分的說明。[81]

　　實際上，霍姆斯根本沒有打算為法律提供一種社會學的解釋，誠如格雷教授所言，「霍姆斯建議將他的預測理論作為一種有益於某一特定而有限的啟發目的的指引，而不是一種關於法律性質的一般科學的或者概念的真理」。[82]

五、結語

　　無論是專事法律思想史研究的學者，還是引用或者論及霍姆斯法律思想的學者，大都將關注點放在了「法律的生命……在於經驗」、「法律的道路」以及霍姆斯在美國聯邦最高法院的司法意見上，在某種限定意義上，這是合理的，因為該句箴言、該篇演講及其最高法院時期的部分司法意見（特別是反對意見），凝結了霍姆斯極具特色的法律思想，當然也是對美國本土法律思想產生深遠影響的部分。然而，如果想要對某一位法學家的法律思想形成較為全面的、整體的認知，似乎更應該了解的是其獨特法律思想的生成、發展與修正（或者變化）的過程，以及其中或許呈現為偶然性因素的、卻對其本人產生重要影響的事件。

　　人，作為深嵌在社會網路中的動物，是複雜而多元的，很難用一張特徵鮮明的標籤予以標示；作為法學家，作為大法官，也是如此。一個人的思想，除了早年所受的教育、閱讀等因素之外，常常還會受到諸如個人的成長經歷、所處的社會環境，甚至某些劇烈鮮明的社會事件（如戰爭、災難等）或者潛移默化的社會變遷等諸多因素的影響，因而，如果想僅僅從一篇文章、一場演講、一部著作中認識和讀懂一個人的思想，幾乎是不可能的；那就不得不努力嘗試去觸及、探索那些可能影響一個人思想的複雜因素，儘管它很可能是一段異常艱辛的智識跋涉。對霍姆斯法律思想的研究，就是這樣一段旅程，我們都在途中。

注 釋

1　Felix Frankfurter, "Twenty Years of Mr. Justice Holmes' Constitutional Opinions," *Harvard Law Review* 36.8 (1922): 909, 919.

2　參見如 Mark Tushnet, "The Logic of Experience: Oliver Wendell Holmes on the Supreme Judicial Court," *Virginia Law Review* 63.3 (October 1977): 975–1052; Frankfurter, "Twenty Years of Mr. Justice Holmes' Constitutional Opinions," p. 909。

3　此處需要對本文的選題以及霍姆斯法律思想的分期做一個簡要說明。從宏觀視角看，如果將霍姆斯的法律思想不甚嚴格地劃分成前後兩個時期的話，或許可以將其就任美國聯邦最高法院大法官之後視為一個完整的思想成熟期（晚期），那麼，在此之前的全部階段都可視為一個思想漸近成熟的時期（早期）；從縱觀的視角看，霍姆斯的早期法律思想又經歷了一個相對獨特的生成和漸變的過程；從微觀視角看，在早期與晚期之間，存在著一個無法嚴格劃分的過渡時期，特別是霍姆斯自《普通法》之後再沒有寫過一部系統的學術著作，具體的法律觀點彌散在眾多的書評、演講與司法意見，甚至與友人的通信之中，很難從時間上作出一個簡化的釐定。因此，如果可以將霍姆斯的法律思想「符化」或者「標籤」為三個階段，並將其晚期思想視為「成熟」期的話，那麼，在「成熟」之前就包含了「生成」期和「漸變」期。需要承認的是，這樣的劃分很粗糙，僅僅出於便利。綜上，本文的選題以及相應的探討，大致就限定在霍姆斯法律思想的「生成」和「漸變」。

4　據說，亨利·亞當斯（Henry Adams）曾經在1875年致信梅因說，霍姆斯「一直都是您最熱情的崇拜者之一」，但霍姆斯本人似乎從未明確表達過這樣的意思。參見 Howe, "Oliver Wendell Holmes at Harvard Law School," 401, 413。

5　這三位教師，雖然均未受過法律學術訓練，但都是各自領域中傑出的、有經驗的法律執業者。這樣的師資情況，實際上也反映了當時美國法律教育的現實，即「法律學術訓練仍是例外，在律師事務所學習法律才是常規」。但是，正是這些具有實踐經驗的教師，將陷於無序之中的真實世界呈現在法學院中，這樣的教學方式給學生提供了無法估量的實踐訓練。參見 Baker, *The Justice From Beacon Hill*, p. 167。

6　Albert W. Alschuler, *Law without Values: The Life, Work, and Legacy of Justice Holmes* (Chicago: University of Chicago Press, 2000), p. 41.

7　關於霍姆斯在哈佛法學院期間所學課程及閱讀書目的介紹，可以參見 Eleanor Little, "The Early Reading of Justice Oliver Wendell Holmes," *Harvard Library Bulletin* 8.2 (Spring 1954): 163–203; Mark DeWolfe Howe, "Oliver Wendell Holmes at Harvard Law School," *Harvard Law Review* 70.3 (January 1957): 401–421; Liva Baker, *The Justice From Beacon Hill: The Life and Times of Oliver Wendell Holmes* (New York: Harper Collins Publishers, 1991), pp. 167–177。

8　Baker, *The Justice From Beacon Hill*, pp. 165, 190.

9　這段編輯肯特《美國法釋義》的獨特經歷，不僅「使霍姆斯對早期美國和英國的普通法案例有了深入的研究」，而且還「促使他發表了一系列關於法律史的學術文章，這些文章最終成為霍姆斯1880年「洛厄爾講稿」的主題，也就是後來的《普通法》」。參見愛德華·懷特著，孟純才、陳琳譯：《奧利弗·溫德爾·霍姆斯：法律與本我》（北京：法律出版社，2009），頁123。

10　關於美國19世紀法典化運動的宣導者與反對者之間的論戰，可以參見明輝：〈美國「民法典」的歷史命運（1857–1952）──思想史的考察〉，《清華法學》，第12卷第1期（2018），頁89–113。

11　參見莫頓·霍維茨著，謝鴻飛譯：《美國法的變遷：1780–1860》（北京：中國政法大學出版社，2019），頁446–448。

12　該文是對蘭德爾（C. C. Langdell）編輯的案例教科書《合同法案例選編》（*A Selection of Cases on the Law of Contracts*）所作的評論，正是在該評論中，霍姆斯第一次公開發表了「法律的生命不在於邏輯，而在於經驗」的觀點。

13　洛厄爾學院是由紡織品製造商小約翰·洛厄爾（John Lowell, Jr.）於1836年創建的，旨在通過公開授課，以闡述倫理與宗教教義之真諦，從而為人類造福。1880年秋洛厄爾學院恰好開設了《普通法》課程，於是洛厄爾（A. Lawrence Lowell）便邀請霍姆斯來講授這一課程。該課程通常由12期講座組成，講授時間大致設於1880年11–12月的每週二和週五晚上。參見G. Edward White, *Justice Oliver Wendell Holmes: Law and the Inner Self* (New York: Oxford University Press, 1993), p. 148。

14　Richard A. Posner, "Foreword: Holmes," *Brooklyn Law Review* 63 (1997): 7；這篇發表於《布魯克林法律評論》上的文章，實際上是波斯納編輯的一部彙集霍姆斯的部分法學著述（包括書信和法律意見在內）的學術文集 Richard A. Posner, ed., *The Essential Holmes: Selections from the Letters, Speeches, Judicial Opinions, and Other Writings of Oliver Wendell Holmes, Jr.* (Chicago, IL: University of Chicago Press, 1992)的「前言」。

15　參見Oliver Wendell Holmes, *The Common Law* (Boston: Little, Brown and Company, 1923), "Contents"。

16　Holmes, *The Common Law,* "Preface."

17　除了1881年被整理並彙編於《普通法》中的主要普通法主題之外，霍姆斯於此後10餘年間還在一些美國著名法律期刊（如《哈佛法律評論》等）上發表了一系列涉及普通法制度與思想的理論文章，例如，Oliver W. Holmes, Jr., "Agency I," *Harvard Law Review* 4.8 (1890–1891): 345–364; "Agency II," *Harvard Law Review* 5.1 (1891): 1–23; "Privilege, Malice, and Intent," *Harvard Law Review* 8.1 (1894): 1–14; "Executors," *Harvard Law Review* 9.1 (1895–1896): 42–48等等。上述文章也將成為本文闡釋霍姆斯之普通法精神的重要參考資料。

18　霍姆斯致西季維奇（A. G. Sedgwick）的信（1879年7月12日），轉引自Robert W. Gordon, "Holmes' Common Law as Legal and Social Science," *Hofstra Law Review* 10.3 (Spring 1981): 719。

19　Holmes, *The Common Law,* p. 4.

20　Holmes, *The Common Law,* p. 2.

21　Holmes, *The Common Law,* p. 6.

22　Holmes, *The Common Law,* pp. 7–24.

23　Holmes, *The Common Law,* p. 37.

24　Holmes, *The Common Law,* p. 43.

25　Holmes, *The Common Law,* p. 46.

26　Holmes, *The Common Law,* p. 47.

27　Holmes, *The Common Law,* pp. 47–48.

28　Holmes, *The Common Law,* p. 49.

29　Holmes, *The Common Law,* pp. 50–51.

30　Holmes, *The Common Law,* pp. 75–76.

31　Holmes, *The Common Law,* pp. 77–78.

32　Holmes, *The Common Law,* p. 79.

33　Holmes, *The Common Law,* pp. 79, 81–82.

34　Holmes, *The Common Law,* p. 108.

35　Holmes, *The Common Law,* p. 110.

36　Holmes, *The Common Law,* pp. 110–111, 113.

37　霍姆斯在《普通法》中界定了「受託人」的法律內涵，即某人在有權控制某物時卻並不所有該物，而且也不聲稱自己對該物的所有者的法律地位。參見 Holmes, *The Common Law,* p. 164。

38　Holmes, *The Common Law,* p. 164.

39　Holmes, *The Common Law,* p. 165.

40　對於此項規則，受歐洲大陸民法傳統 (甚或羅馬法傳統) 影響的現代民法理論的一般解釋是，為了保障交易安全，以保護從佔有人那裡購買或者以其他合法方式取得動產的善意第三人的利益；然而，相對於大陸民法傳統而言，通過對古代法律文獻的追溯與分析，霍姆斯則認為古代日爾曼人不可能具有如此現代化或者系統化的法律理念。而僅僅是因為在古代日爾曼法所規定的訴訟形式中，對於此類涉及第三人的動產佔有關係，沒有可以適用於動產所有者的救濟方式，所有的救濟手段均歸於受託人。

41　參見 Holmes, *The Common Law,* p. 166。

42　Holmes, *The Common Law,* p. 167.

43　此項規則是依據在普通法歷史上著名的「索斯考特訴貝內特案」(*Southcote v. Bennet*) 中的先例確定下來的，並且基本上始終得到後世的遵循。

44　此項規則的具體內容包括：公共承運人對於從在其掌控下而被盜之財物，或者以除了由不可抗力 (act of God) 或者公敵 (public enemy) 之外的其他方式使其喪失對財物之掌控的財物，應當承擔責任。參見 Holmes, *The Common Law,* p. 180。

45　Holmes, *The Common Law*, pp. 167–205.

46　Holmes, *The Common Law*, p. 173.

47　Holmes, *The Common Law*, pp. 206–210.

48　Holmes, *The Common Law*, p. 214.

49　參見 Holmes, *The Common Law*, pp. 235–244。

50　儘管霍姆斯指出為了適應現代的需求，普通法中的合同法理論已經有了較大的改善，似乎沒有必要對該領域進行歷史考察，但他仍然認為，簡要說明有關合同的法律規則的演進過程、分析其主要特點，不僅很有意思，而且還有助於揭示出某些新的特徵。參見 Holmes, *The Common Law*, p. 247。

51　參見 Holmes, *The Common Law*, pp. 247–251。

52　Holmes, *The Common Law*, pp. 252–262.

53　Holmes, *The Common Law*, pp. 267–287.

54　參見 Holmes, *The Common Law*, pp. 289–296。

55　Holmes, *The Common Law*, pp. 308–315.

56　Holmes, *The Common Law*, p. 312.

57　Holmes, *The Common Law*, pp. 315–323.

58　Holmes, *The Common Law*, pp. 340–344.

59　Holmes, *The Common Law*, pp. 344–345.

60　Holmes, *The Common Law*, pp. 345–348.

61　參見 Holmes, *The Common Law*, pp. 351–352。

62　Holmes, *The Common Law*, p. 355.

63　Holmes, *The Common Law*, pp. 355–366.

64　Holmes, *The Common Law*, pp. 366–409.

65　參見 Harry C. Shriver, ed., *The Judicial Opinions of Oliver Wendell Holmes: Constitutional Opinions, Selected Excerpts and Epigrams as Given in the Supreme Judicial Court of Massachusetts (1883–1902)* (Buffalo, NY: Dennis & Co., 1940), p. 324。

66　Shriver, *The Judicial Opinions of Oliver Wendell Holmes*, pp. xii–xiv.

67　*Commonwealth v. Perry*, 155 Mass. 117, 123 (1891) (dissenting).

68　*Commonwealth v. Perry*, 155 Mass. 117, 123 (1891) (dissenting).

69　麻塞諸塞州最高法院對市鎮政府參與商業活動的州法案的合憲性審查，參見155 Mass. 598, 607 (1892)。

70　麻塞諸塞州最高法院對授予女性選舉權的州法案的合憲性審查，參見160 Mass. 586, 593 (1894)。

71　*McAuliffe v. New Bedford*, 155 Mass. 216 (1892).

72　*Commonwealth v. Davis*, 162 Mass. 510 (1895).

73　此處所列演講或者致詞，僅屬在霍姆斯的法律思想或者觀念中較具代表性者，並未囊括全部，主要參見 Oliver Wendell Holmes, Jr., *Speeches* (Boston, MA: Little,

Brown and Company, 1913)；以及 Oliver Wendell Holmes, Jr., *Collected Legal Papers* (New York: Harcourt, Brace and Company, 1920)。

74　Oliver Wendell Holmes, Jr., "The Path of Law," *Harvard Law Review* 10.8 (March 1897): 457.

75　Holmes, "The Path of Law," p. 459.

76　參見 Richard A. Posner, ed., *The Essential Holmes* (Chicago: University of Chicago Press, 1992), p. xi（討論了法律的「壞人」理論，即從一個毫不關注道德義務之人的視角審視法律）。

77　Holmes, "The Path of Law," p. 459.

78　Holmes, "The Path of Law," p. 459.

79　參見 Jack M. Beermann, "Holmes's Good Man: A Comment on Levinson and Balkin," *Boston University Law Review* 78.3 (June, 1998): 937, 944。

80　Holmes, "The Path of Law," p. 461.

81　Thomas C. Grey, "Holmes and Legal Pragmatism," *Stanford Law Review* 41.4 (April 1989): 787, 828.

82　Grey, "Holmes and Legal Pragmatism," p. 828.

參考書目

Alschuler, Albert W. *Law without Values: The Life, Work, and Legacy of Justice Holmes.* Chicago, IL: University of Chicago Press, 2000.

Baker, Liva. *The Justice from Beacon Hill: The Life and Times of Oliver Wendell Holmes.* New York: Harper Collins Publishers, 1991.

Beermann, Jack M. "Holmes's Good Man: A Comment on Levinson and Balkin." *Boston University Law Review* 78.3 (June 1998): 937–946.

Frankfurter, Felix. "Twenty Years of Mr. Justice Holmes' Constitutional Opinions." *Harvard Law Review* 36.8 (1922–1923): 909–939.

Gordon, Robert W. "Holmes' Common Law as Legal and Social Science." *Hofstra Law Review* 10.3 (Spring 1982): 719–746.

Grey, Thomas C. "Holmes and Legal Pragmatism." *Stanford Law Review* 41.4 (April 1989): 787–870.

Holmes, Oliver Wendell. "Agency I." *Harvard Law Review* 4.8 (1890–1891): 345–364.

Holmes, Oliver Wendell. "Agency II." *Harvard Law Review* 5.1 (1891): 1–23.

Holmes, Oliver Wendell. "Executors." *Harvard Law Review* 9.1 (1895–1986): 42–48.

Holmes, Oliver Wendell. "Privilege, Malice, and Intent." *Harvard Law Review* 8.1 (1894): 1–14.

Holmes, Oliver Wendell. "The Path of the Law." *Harvard Law Review* 10.8 (March 1897): 457–78.

Holmes, Oliver Wendell, Jr. *Collected Legal Papers*. New York: Harcourt, Brace and Company, 1920.

Holmes, Oliver Wendell. *Speeches*. Boston, MA: Little, Brown and Company, 1913.

Holmes, Oliver Wendell. *The Common Law*. Boston: Little, Brown and Company, 1923.

Howe, Mark DeWolfe. "Oliver Wendell Holmes at Harvard Law School." *Harvard Law Review* 70.3 (January 1957): 401–421.

Little, Eleanor. "The Early Reading of Justice Oliver Wendell Holmes." *Harvard Library Bulletin* 8.2 (Spring 1954): 163–203.

Posner, Richard A. "Foreword: Holmes." *Brooklyn Law Review* 63.1 (1997): 7–18.

Posner, Richard A., ed. *The Essential Holmes: Selections from the Letters, Speeches, Judicial Opinions, and Other Writings of Oliver Wendell Holmes, Jr.* Chicago: University of Chicago Press, 1992.

Shriver, Harry C., ed. *The Judicial Opinions of Oliver Wendell Holmes: Constitutional Opinions, Selected Excerpts and Epigrams as Given in the Supreme Judicial Court of Massachusetts (1883–1902)*. Buffalo, NY: Dennis & Co., 1940.

Tushnet, Mark. "The Logic of Experience: Oliver Wendell Holmes on the Supreme Judicial Court." *Virginia Law Review* 63.6 (October 1977): 975–1052.

White, G. Edward. *Justice Oliver Wendell Holmes: Law and the Inner Self*. New York: Oxford University Press, 1993.

明輝：〈美國「民法典」的歷史命運（1857–1952）──思想史的考察〉，《清華法學》，第 12 卷第 1 期（2008），頁 89–113。

莫頓‧霍維茨著，謝鴻飛譯：《美國法的變遷：1780–1860》。北京：中國政法大學出版社，2019。

愛德華‧懷特著，孟純才、陳琳譯：《奧利弗‧溫德爾‧霍姆斯：法律與本我》。北京：法律出版社，2009。

案例

Commonwealth v. Davis, 162 Mass. 510 (1894–1895).

Commonwealth v. Perry, 155 Mass. 117, 123 (1891) (dissenting).

"May Cities and Towns Engage in Business?" Opinion of the Justices, 155 Mass. 598, 607 (1892) (Holmes, J., dissenting)

McAuliffe v. Mayor of New Bedford, 155 Mass. 216 (1892).

"The Referendum and the Woman Voter," Advisory Opinion of the Justices, 160 Mass. 586, 593 (1894).

第2章

歷史觀念與法律
霍姆斯的經驗

史大曉

一、引言

19世紀是一個「歷史的世紀」。美國法學家羅斯科・龐德曾斷言，「法律領域與其他一切領域一樣，19世紀是運用歷史方法的世紀」，並認為「19世紀的每一個判例，每一篇專論，及每一部法規……都是以法制史為先決條件，並作為某一段歷史的頂點都自覺或不自覺地包含了對歷史的解釋」。[1]

龐德的意見在德國也得到了認同。德國法學家維亞克爾曾經說到，「歷史法學對於自身存在之歷史性內省，為法學引進一種至今尚存的新研究方法。此方法的引進意義非凡，不亞於當為與歷史性實存、法規範與社會現實之間關係的首次加入法學意識中的意義，而這一直都是優帝法典舊式權威與自然法雙面向之唯心論所盡力阻擋的。」[2]維氏還斷言，所有19世紀的爭辯形式與立場幾乎都與歷史性的發現有關。

的確如此，在19世紀，從歐陸到英美，很多領域都湧現出了一批優秀的歷史作品。從德國歷史法學的巨擘薩維尼到英國歷史法學的代表人物梅因，從馬克思恩格斯的歷史唯物主義到路易斯・亨利・摩爾根的古代社會，無不閃爍著歷史主義的光與影。霍姆斯生活在這樣一個時代，難免不受這種思潮的影響，因此從歷史主義的維度探討霍姆斯的法學思想本身就具有學術和歷史意義。

此外，在世界局勢動盪不安的今天，從歷史觀念入手檢討法律問題也是具有現實意義的。一方面，從美國看，黑人男子佛洛伊德遭白人警察暴力執法致死所引發的美國社會動盪波及的範圍已經非常廣泛了，其中就涉及到對待歷史的態度。哥倫布的雕像被斬首、[3] 傑斐遜的雕像被摧毀、[4]《亂世佳人》被下架，[5] 都是這一問題的反映。拋開政治問題不談，單純從法律技術的角度，此類現象已經迫使人們不得不重新思考法律與歷史（觀念）之間的關係了。因為，如果沒有更好的歷史觀念，可能今天的法律人就無法在法律適用上做出更好的判斷。另一方面，從中國看，《中華人民共和國民法典》於 2020 年頒布，並於 2021 年生效。《民法典》的頒布被視為一個巨大的成就，這是中華人民共和國成立以來第一部以「法典」命名的法律。如人們所熟知的那樣，法典編纂背後的思想意識更多的是與理性、自然法相關，因而基本上是與歷史無涉的。在此背景下討論法律與歷史不失為對當代中國法思想和法意識的一個有益補充。

在美國法律史上，霍姆斯無疑是一位繞不過去的人物。鑒於霍姆斯的歷史地位和影響力，圍繞霍姆斯的討論可謂到了汗牛充棟的地步，但其中從歷史主義／歷史面向的視角出發檢討霍姆斯法律思想並進而在更普遍的意義上探討法律與歷史的研究卻並不多見。凱薩琳·皮爾士·韋爾斯曾經總結過人們用來刻畫霍姆斯的十幾個詞彙：現實主義者、實證主義者、工具主義者、功利主義者、實用主義者、自由主義者、保守主義者、法西斯主義者、理論批評家、犬儒主義者、理想主義者、虛無主義者。[6] 請注意，在這些詞彙中，沒有一個詞彙明確涉及霍姆斯的歷史面向。

鑒於上述幾點，本文設定了三項任務：第一，探究霍姆斯所處的時代背景，希望人們能注意到歷史觀念和歷史主義在霍姆斯法律職業生涯中的作用；第二，檢討霍姆斯法律思想與歷史因素的糾葛，希望人們能注意到一方面歷史與霍姆斯相互成就彼此，另一方面霍姆斯思想中也存在蔑視或者消解歷史的因素；第三，試圖在一個普遍的層面上重新闡述歷史觀念對理解法律的重要意義，因為在一個日益多元的社會如若堅持歷史無涉或者缺乏恰當的歷史觀，將很有可能給立法和法律適用都帶來一定的困難。

需要特別指出的是，筆者在本文標題中使用的「經驗」具有雙關意義。一是作為霍姆斯論述對象的「經驗」，主要來源於霍姆斯的名言「法律的生命從來不在於邏輯，而在於經驗」。霍姆斯並未專門界定過「經驗」一詞，但本文基於霍姆斯在行文中使用「經驗」一詞的背景，將其分為「積極經驗」和「消極經驗」。所謂「積極經驗」是指與歷史有暗合之處的經驗，所謂「消極經驗」是指與科學有密切關聯的經驗。前者支持著霍姆斯對歷史素材和歷史觀念的吸收與運用，後者促成了霍姆斯對歷史素材和歷史觀念的摒棄。本文標題中使用的「經驗」一詞的另外一重意思是將霍姆斯自身的經歷視為一個學術觀察樣本。這個樣本的主要啟示是，如果法律缺乏澄澈的歷史觀念，那麼它是無法在複雜的社會背景中捍衛包括法的安定性在內的法律的內在要求和法治的基本價值的。因此，如果要更好地解決當下的法律難題，勢必需要一種新的歷史觀念。

二、19 世紀的歷史觀念

霍姆斯生於 1841 年，卒於 1935 年。從時間上看，他在 19 世紀生活了將近 60 年，而且是他生命的前 60 年。從生活背景上看，霍姆斯一直生活在普通法傳統之中。事實上，這兩點都與歷史有著密切的關係。

(一) 普通法與歷史具有天然的聯繫

在一般的大陸法系的傳統中，由於法律成文化或者說法典化的影響，人們容易忽略法律與歷史之間的關聯。一個典型的例子是，中華人民共和國成立時廢除國民黨六法全書以及拒絕承認法的繼承性。當時的人們認為新的國家完全可以而且完全正當地廢除舊社會的法律，然後可以根據人民的意志制定全新的法律。人們還認為新中國的法律和舊社會的法律完全不存在繼承問題。新舊國家的法律界限是「小蔥拌豆腐」——一清二楚。在這種法律的更迭之間似乎完全看不到歷史的影子，過去的法律和現在的法律之間的聯繫完全被割斷了。[7]

相比大陸法系，普通法法系中法律和歷史是分不開的，普通法世界對歷史有更大的依賴。因為在普通法世界，相當一部分法律因為是歷史久遠的慣例或習慣而獲得法律效力的。[8] 李紅海主張歷史地解讀普通法，此言不虛。[9] 又如狄更斯，因為在小說中多有涉及普通法或衡平法的問題與場景，就被人認為是法律史學家。[10] 具體到霍姆斯，《普通法》的內容中也不可避免地出現了很多歷史案例，以致英美學界也認為正是霍姆斯通過《普通法》一書促成了美國法律分析的歷史學派的出現。[11] 波洛克曾對《普通法》評論說「對想科學學習法律史的學生來說這是本必備指南」。他還曾經說過，「我是一個法學家，但在我看來，一個人如果沒有遠遠超出一般課本的更多的歷史批判知識，他是不可能理解英國法律的。」[12]

不獨在同一個國家中，普通法具有強烈的歷史延續性。甚至在不同的國家，普通法也經常能表現出極強的歷史連續性。英國法在早期美國的適用便是一個明證。鑒於歷史原因，美國建國前後，諸多法律及規範性文件是從大不列顛來的；布萊克斯通《英國法釋義》也在美國風靡一時，廣為傳播。[13] 因此，歷史就是多如牛毛的普通法所依附的皮，如果抽掉歷史，那普通法將無所依存，將會即刻變成一堆亂麻。霍姆斯生活在普通法世界裡，就注定了他不可能脫離歷史研討法律。

(二) 歷史意識的覺醒深刻影響了法律界

除了普通法自帶歷史意識外，在19世紀，經過反思的有意識的歷史主義可以說橫掃了整個文明世界。儘管歷史主義並沒有一個統

一的意涵，但一個不可忽略的事實是，歷史在人類進入 19 世紀以來
有了不同的際遇。「不同於 18 世紀的啟蒙思想家們對於過去的歷史採
取一種蔑視的態度，把過去的歷史簡單地視之為非理性的，19 世紀
初的黑格爾是重視過去、重視歷史的。」[14] 在德國，受黑格爾 (1770–
1831) 影響，馬克思 (1818–1883) 和薩維尼 (1779–1861) 都對歷史用
力頗深，儘管三人在具體問題上也相互齟齬，相互攻訐。薩維尼早
在 1814 年就認為，「一種歷史精神已然覺醒，無處不在，不容上述淺
薄的妄自尊大存身。」[15] 馬克思則在後來提出的歷史唯物主義主張社
會存在決定社會意識。因其主要關注的是對歷史規律的闡明，因而
歷史唯物主義往往歸入歷史哲學。維亞克爾嘗言，「它們都促成法
律，乃至法學之意識與已發現之歷史性 (質言之，國族與社會實存之
社會性) 的一致性。這點成為歷史主義對 19 世紀法思想最後也是最持
久的貢獻。」[16]

　　在英國，梅因 (1822–1888) 的《古代法》(1861 年出版)、梅特蘭
(1850–1906) 和波洛克 (1845–1937) 的《愛德華一世以前的英國法律史》
(1895 年出版) 在深化法律研究的同時都產生了很大影響。梅因對當
時學術領域特別是法學領域中排斥歷史、罔顧事實和藐視經驗的思潮
展開了批判，因此被視為英國歷史法學派的代表人物。

　　在美國，歷史主義所蘊含的觀念也對學術界產生了巨大的影響。
比較有代表性的著作是路易斯·亨利·摩爾根 (1818–1881) 的《古代
社會》(1877 年出版)。需要說明一點的是，《古代社會》出版之後立即
產生了很大影響，遠在歐洲的馬克思都對它進行過細緻閱讀，做過摘
要和評論。恩格斯也正是在此基礎上撰寫了《家庭、私有制和國家的
起源》一書 (1884 年出版)，在運用唯物史觀的同時也極大豐富和深化
了馬克思主義對唯物史觀的論述。[17]

　　以宏大敘事的方式勾陳上述人物和著述主要是為了烘托 19 世紀
的「歷史」特性。可以說，在人類發展史上恐怕沒有哪一個世紀會像
19 世紀一樣對歷史有如此多面而深刻地挖掘、認知、理解和把握。

儘管霍姆斯不太願意承認別人的思想對他的著作存在影響,往往固執地認為自己的著作都是獨立創作的結果,[18] 但19世紀和普通法傳統依然構成了他走不出的背景。況且,從霍姆斯自身的經歷這一相對微觀的世界中依然能夠感受到「歷史」留下的深刻痕跡。

三、歷史的出場:霍姆斯的積極經驗

在霍姆斯的世界中,有對歷史友好的一面。如前文所述,儘管這一面向較少有人論及,但卻是不能也不應該被忽視的。

首先,從個人經歷上看,霍姆斯結緣歷史還是比較早的。早在他16歲生日之時,他的父母送給他的禮物便是一本約翰‧羅斯金的《論現代畫家》。自此之後,羅斯金[19] 和藝術史進入霍姆斯的視野,整個大學期間他一直保持著對藝術史的興趣。[20] 在這一時期,可以看出霍姆斯的眼光已經在現在和過去之間往復流轉了,認為為了了解過去,必須研究現在。[21] 這主要是受到羅斯金和愛默生的影響,因為這兩人以各自不同的方式,均「力求從過去的經驗中摸索真理,並將這一方法運用到現實中去。他們在欣賞歷史的同時又從歷史中超脫。」[22]

大學期間形成的將「科學」和「歷史主義」相結合的做法對霍姆斯的影響非常深遠。這種做法使得霍姆斯可以從歷史的角度同時又從「哲學/科學」的角度研究法律問題。在一定程度上,《普通法》的出版就被認為是在對普通法歷史問題的大量研習和積累的基礎上將大學時期關注的歷史和哲學問題改頭換面之後的重述。[23] 在霍姆斯此後的職業生涯中,他始終保持了歷史主義和「科學」的方法論,並未因為這兩種不同的方法論有可能會自相矛盾或有可能產生南轅北轍的效果而苦惱。[24]

事實上,在霍姆斯的生涯中,還曾經有過一個所謂的「歷史主義的轉向」。儘管霍姆斯生活在19世紀的普通法的主流傳統之中,但普通法傳統並非鐵板一塊。比如在 19 世紀左右的英國，還曾經出現過另外一種反對上述傳統的思潮，即邊沁—奧斯汀所體現的分析的、實證的哲學思潮。由於霍姆斯思想中的另一條線索「科學」的影響，他曾經一度對奧斯汀的理論也頗為認同。到 1871 年左右，霍姆斯至少已經完整地讀過兩遍奧斯汀的《法理學講座》，並深以為然。[25] 但是隨後不久，霍姆斯就開始懷疑這種分析性方法。1872 年春天，霍姆斯在哈佛學院做過幾次關於法理學的演講。演講中，他就指出限制主權權力的因素有若干種，並因此對奧斯汀的法律的概念提出了質疑。與此同時，霍姆斯反覆強調了習慣對主權權力的約束並指出歷史對法律的影響。[26] 隨後在 1875 年和 1876 年發表的《現代法的原始觀念》中更是試圖用歷史分析方法去論證此前已經得出的結論。[27] 由此也可以看出，歷史意識在霍姆斯法律思想中的地位，因而《普通法》中出現濃厚的歷史意識也就是水到渠成的事情了。

對歷史的興趣和熟稔還曾經幫助過霍姆斯的職業生涯。一種說法認為霍姆斯當年能夠迅速決定成為一名法官，一個很重要的背景就是在編輯肯特的《美國法釋義》的過程中，他已經對英國法和英國法律史比較熟悉了。[28]《美國法釋義》是哥倫比亞學院第一位法學教授詹姆斯·肯特效仿英國布萊克斯通的《英國法釋義》寫就的一部系統闡述美國法律的權威性著作，其中涉及大量歷史材料。霍姆斯是《美國法釋義》第 12 版的編纂者。

其次，從霍姆斯著作作品中，也能非常清楚地感受到霍姆斯對歷史的依賴。

無論霍姆斯承認與否，現有的資料顯示，他都直接受惠於薩維尼和梅因。在整個 1870 年代，霍姆斯曾反覆閱讀薩維尼的主要著作，並且做了大量的筆記。據說霍姆斯撰寫《普通法》也是受到薩維尼的影響。因為薩維尼經由歷史分析重構了羅馬法，寫成了《當代羅馬法體系》這一皇皇巨著，霍姆斯也希望同樣利用歷史分析來重塑普通法。在此背景下，霍姆斯寫就了《普通法》一書。[29]

關於梅因，應當說他對霍姆斯的影響也是顯而易見的。首先，霍姆斯1874年曾經到訪過英國，並且與梅因還有過面對面的交流。其次，從《古代法》和《普通法》之間的高度相似或許也能看出一二。《古代法》涵蓋的內容有「遺囑繼承」、「財產」、「契約」、「不法行為與犯罪」等；《普通法》涵蓋的內容有「刑法」、「侵權」、「佔有」、「契約」和「繼承」，二者的視域基本一致，而且二者在論述的時候均十分依賴歷史材料。

如前所述，霍姆斯在早年就已經對歷史感興趣了，並且還發表過一些見解。比如大學期間，霍姆斯專門討論過歷史，甚至接受了愛默生的歷史觀，並且效仿愛默生也以希羅多德為例，主張「歷史應當是細緻和最廣博的學科」。並且對當時的歷史學界似乎心存不滿，認為「現在的歷史書常常只有時間和史實」，反倒是「野史常常記載某一時期的生活方式和習俗」。[30] 從這裡出發，霍姆斯在此之後一直注意乾癟的歷史記錄之外的素材，並經常用它們來理解法律。在編輯肯特的《美國法釋義》時如此，在反對奧斯汀的觀點時如此，在《普通法》中如此，在〈法律的道路〉中亦是如此。

在《普通法》開篇，霍姆斯說到「要理解法律是什麼，必須了解它以前是什麼，以及它未來會成為什麼樣子。我們必須交替地參考歷史和現有的立法理論。」[31] 當然，霍姆斯表示在運用歷史時要注意既不能不認識歷史也不能過多求諸歷史。[32] 在這一原則的指導下，霍姆斯在《普通法》一書中提及「歷史」共38次。

在〈法律的道路〉中，霍姆斯也曾有一段關於歷史的論述「對於法律的理性研究仍然在很大程度上是對歷史的研究。歷史必須成為法律研究的一部分，因為沒有它，我們無法知道規則的確切範圍，而知曉這些是我們的職責所在。歷史是理性研究的一部分，因為它是通往開明的懷疑論的第一步，也就是說，它是通往對於那些規則的價值深思熟慮作出重新評價的第一步。」[33] 通過這段文字，人們可以清晰地看到歷史對霍姆斯思考法律問題的深刻影響。

　　此外，除了直接論述歷史以外，霍姆斯作品中的「經驗」也往往與「歷史」是暗合的。因此霍姆斯對經驗的論述也可以視為對歷史的論述。

　　眾所周知，霍姆斯在《普通法》開篇就指出，「法律的生命不是邏輯，而是經驗。一個時代為人們感受到的需求、主流道德和政治理論、對公共政策的直覺——無論是公開宣佈的還是下意識的，甚至是法官與其同胞們共有的偏見，在決定賴以治理人們規則方面的作用都比三段論推理大得多。」[34] 在《普通法》一書中，霍姆斯提及「經驗」36次之多。從《普通法》看，經驗似乎包含很多內容，並不必然都具有歷史面向。但霍姆斯曾經寫到「法律蘊含著一個國家數個世紀發展的故事，我們不能像對待僅僅包含定理和推論的數學教科書一樣對待它。」[35] 從這一點出發，在霍姆斯那裡，經驗可以是一個國家數個世紀發展的故事，因此可以說，歷史素來是法律生命之經驗的集合。[36] 事實上，這種觀念並非霍姆斯所獨有，在一定程度上，這是19世紀晚期的美國法律界的共識。

　　綜上，無論是「歷史」還是「經驗」，這兩個詞彙均表現了霍姆斯思想中「過往」(past) 的重要性。這些「過往」既為當下的法律奠定了基礎，也為理解當下的法律提供了更為寬闊的視野。

四、歷史的隱匿：霍姆斯的消極經驗

　　在深厚的普通法傳統和歷史主義這一19世紀的顯學加持之下，霍姆斯對歷史似乎應該有一個徹底的積極態度。然而，事實並非如此。在霍姆斯的思想中，我們也看到消解歷史的因素。

　　首先，霍姆斯刻意保持著跟部分學者特別是歷史法學派諸多學者的距離。如前所述，霍姆斯不願意承認別人對他形成自己的觀點的影響而且不願意告知他對別人學術思想的引用。這恐怕是霍姆斯性格中一個明顯的特點。無論對誰都是如此，薩維尼、梅因、霍姆斯同時代的美國同儕皆是如此，以致馬蒂亞斯‧黎曼 (Mathias Reimann) 因《普通法》與鮑姆羅伊 (John Norton Pomeroy) 1864年出版的《市民法》(*Municipal Law*) 的部分章節很相似而幾乎要懷疑霍姆斯「剽竊」了。[37]又如，在1922年，霍姆斯的一位朋友問起《普通法》一書的來龍去脈並隱約提到恐怕是梅因啟發了這本書的寫作時，霍姆斯回答說，他認為梅因與該書毫無關聯，並立刻補充說，事實上沒有任何一本書與《普通法》一書有關。[38]

其次，霍姆斯的諸多論述也明示或默示地顯示出對歷史不友好的態度。比如，儘管霍姆斯在〈法律的道路〉中提及「歷史」之處也有18次，但並不總是以肯定的態度予以論述的。霍姆斯曾經說到，「更討厭的事情是，規則制定的依據早就消逝不見了，但規則仍僅僅因盲目模仿歷史而存在。」[39]這在一些學者看來表達了霍姆斯對傳統的反感。[40]這也就暗含了霍姆斯對歷史的另外一種態度，即否定歷史的作用。「他們將我導向一些其他的一般性考慮，其中歷史毫無作用，或者作用很小。」[41]霍姆斯說這段話的時間大約在〈法律的道路〉發表之後兩年。

在「經驗」的問題上這種態度也能找到有關的線索。在1881年出版的《普通法》中，霍姆斯36次提到「經驗」，而到了1897年的〈法律的道路〉，霍姆斯僅僅提到2次「經驗」，而且這兩次還是在同一句話中。這足以反映出霍姆斯對歷史的看法又發生了變化。

事實上，霍姆斯在〈法律的道路〉中還說過一句話，對未來作出展望：「對於法律的理性研究而言，研究文本的人是屬於現在的，而未來則屬於研究統計學和精通經濟學的人。」[42]這句話在引用率和流傳的廣度上恐怕是僅次於「法律的生命不在於邏輯，而在於經驗」的了。在筆者看來，這話並不簡單，值得仔細琢磨。一方面，它反映了霍姆斯對歷史認識的高度和邊界。霍姆斯不但從過去的歷史中尋找對法律的解釋，還設身處地地站在歷史的長河當中展望未來的法律和法學研究。如若缺乏歷史視野，斷難做到這一點。但霍姆斯對歷史的認識和把握也僅限於這一點。他並未對歷史觀念和歷史意識再做深究，再做反省。另一方面，霍姆斯的這句話在相當程度上也預示著或者消解了歷史在理解法律時的意義。這句話之所以也能夠被廣泛引用，原因就在於它的確在一百年前就揭示了今天的法學研究狀況。深度仰賴統計學的實證研究和深度仰賴經濟學的法律經濟分析愈來愈佔據法學研究的舞台。因此，在理解和把握法律時，歷史分析就愈來愈少見了。因而，今天，法律在面對歷史問題時往往有點不知所措。

此外，〈法律的道路〉中所展現的對歷史、傳統和經驗不太友好的態度或許與霍姆斯對「科學」的執著有關。追溯一下人類思想的發展歷程，不難看出，重視經驗的經驗主義和理性主義合力將科學推到思想舞台的中央，隨後科學便滲透到人類思想的每個角落。儘管科學和歷史學之間的關係頗費思量，但應該看到科學在一定程度上是不太關心歷史意識的。[43] 在霍姆斯後期的思想中，「經驗」正是成為科學的材料從而失去了歷史的面向。

在 19 世紀，儘管歷史主義的確有很大的聲勢，但不得不承認，幾乎就在梅因出版《古代法》的前後，一本影響更大的劃時代著作誕生了，這就是達爾文的《物種起源》。它代表了科學。霍姆斯也受到這種科學觀念的影響。在一篇討論柏拉圖的文章中，霍姆斯論到：「邏輯無論是靠物理還是靠直覺，實際上只是一個用於處理先前獲得的資料的工具。柏拉圖在這一點上的錯誤貫徹始終，他所做的結論實際上是前提的一部分，按照邏輯，做結論必須要通過找到新的數據、資料形成一個說法。而數據和資料則要通過我們對經驗進行總結」。[44] 從這一點看，霍姆斯在幾十年後發表的〈法律的道路〉中提到統計學的問題無疑是對早年這一想法的完美回應。由此開始，霍姆斯的思想轉舵到實用主義和現實主義的路徑上去，一發不可收拾。以至於今天人們在提起霍姆斯的時候，甚少會想起歷史在他的經歷和思想中曾經佔據的重要位置和重大影響。

至於霍姆斯對歷史的看法為什麼會有這麼大的反差和起伏。學者一般將之歸結為霍姆斯思想的複雜性。這是一個不錯的解釋，但恐怕還有一個原因是霍姆斯儘管自覺或者不自覺地在此前的作品中大量援引歷史材料，但並未在歷史觀念或歷史理論的層面上認真省察過「歷史」二字。用維亞克爾的話來說，就是「藉著以其特有的方式來『歷史性地』掌握法學，歷史法學派更新了法學；其目標為新的法釋義學，而非歷史研究本身。」[45] 由此可見，如果「歷史」成了一種手段，一種工具，那麼它的影響力會很快被瓦解，消散在無形之中。

五、評價與啟示

在審視了霍姆斯對歷史的兩種態度以後，人們不禁要追問，歷史觀念在理解法律、適用法律的過程中真的那麼重要嗎？

首先，歷史觀念有助於正確理解當下的法律。如今，法的繼承性已經重新被接受下來了，這也就意味著今天的法律無論如何割不斷與「過去」之間的聯繫，因此理解歷史有助於理解當下。霍姆斯也看到了這一點，「關於被我稱為誇大而不真實的解釋還有其他的例子，這些解釋一旦接觸歷史就會坍塌，包括我已經提到過的主人在其僕人於雇傭過程中所產生的侵權行為的責任，在我看來，它至今都未能找到理性的立足點。」[46] 此外，即便從科學的角度上講，尊重歷史也就是尊重經驗材料。惟其如此，人們才有可能更好地理解法律、適用法律。

其次，歷史觀念有助於維護法的安定性。法的安定性是法律的內在要求，也是法治的根本原則。龐德在《法律史解釋》一書中開篇便指出法律必須穩定。[47] 正如霍姆斯本人所言，「法律實際上是死者對生者的統治。在相當大的程度上這種情況是無法避免的。過往的歷史留給我們一套語彙並為我們的想像力設置了界線；我們無法擺脫它的束縛。」[48]安定性意味著在一定時期內的穩定性。安定性需要用時間加以表達。因此，在理解和適用法律時具有歷史觀念往往有助於維護法的安定性。

當然，重視歷史觀念也可能是一種桎梏，有可能阻礙法律的發展和進步。「事實上，以前法學理論家的淺顯著作就已經證明：在德國的浪漫派中並不存在對於法及其學術梳理的歷史性理解。法的歷史主義不是關於歷史的知識，而是維護歷史上存在的一個階段，也就是說，拒絕在成文立法中所承認的現代性。」[49]其實類似的糾結還有很多。比如本文並未觸及的歷史主義與自然主義特別是達爾文進化論的自然主義之間的糾結。一方面，從歐陸思想發展的脈絡看，歷史主義在相當程度上是對理性主義(在一定程度上可以看成自然主義的一種表現)的反思，從而兩者勢若水火；[50]另一方面，進化論的自然主義在相當程度上又有力支撐了「歷史」這一觀念。這都說明歷史問題的複雜性。但需要注意的是，在法律和歷史之間的問題可以很複雜，但不能沒有。換言之，在討論法律時留心歷史總比完全不管不顧歷史要好。

在透過霍姆斯觀察和總結了歷史觀念與歷史得出需要尊重歷史的結論後，接下來的問題時何種歷史觀念的問題。筆者不才，無法準確為新時期的歷史觀念提供一個描述，但認為這種歷史觀念所應當包含的若干要素。

第一，法律人需要有歷史觀念和歷史意識，應當警惕那種完全排除歷史的理論和實踐。比如，需要對以「民主」或者「人民權利」或者「人民意志」之名在罔顧歷史的情形下任意廢除、制定或解釋法律的做法保持足夠的警惕；也需要對純粹依據經濟計算來制定或者解釋法律的做法保持足夠的警惕。這種歷史觀念和歷史意識還要求對歷史有一個基本的尊重，但需要說明的是，尊重不等於認同，就如同我們雖然可能不願意承認實驗的結果特別是一些失敗的實驗的結果，但我們也得承認他們的存在。簡單說，就是不能允許歷史虛無主義在法律的世界橫行。

第二，法律人對待歷史材料還需要有一個內省的態度。不假思索地援引歷史上的經驗材料往往導致為了援引而援引。以霍姆斯為例，儘管可以從他的一些文字中解讀出這種內省的態度，但人們也能明顯的感受到他並沒有在這條內省的道路上走多遠。「我的直接目標，既不是上述的思考，也不是展示包含在法律史中的人類學資料。我的目的和意圖是要表明，為現代法所知道的多種責任形式，起源於復仇這一共同基礎。」[51] 為了援引而援引往往會削弱所引材料的說服力。缺乏內省的態度還容易導致無法堅持以始終以歷史的態度對待法律。霍姆斯後期離開歷史分析的路徑走上現實主義在相當程度上跟他缺乏一個針對「歷史」的內省態度有很大關係。

第三，回到本文開篇的問題，即當今世界許多國家已經出現或者可能即將出現諸多法律困局。這些困局往往是過去一個世紀以來的唯霍姆斯是瞻的實用主義法學和現實主義法學無法解決的，也往往是法律教義學所無法解決。因為這些問題或者帶著歷史的積怨（比如美國的黑人運動），此時此刻，沒有一種全新的歷史意識是無法有效的理解和適用當下的法律的。與此同時，儘管當下全球化的進程遭遇某種程度的阻礙，但全球化的成果依然存在，蝴蝶效應也並不缺乏，比如美國的反種族歧視運動可以迅速影響到法國的社會問題，這又要求在對某些法律問題的闡釋和論證上要有一個大歷史觀，一個普遍的歷史觀。這種歷史觀念還進一步要求在全球法律史的背景下審視法律的未來。[52] 希望法律人可以在領略19世紀歷史觀念對法律的影響的同時認真對待當下的歷史觀念與法律問題，為可能的全球法律困局提供解決辦法。

六、小結

行文至此，本文粗略勾勒了19世紀普通法世界的歷史主義底色，即霍姆斯生活的年代裡濃厚的歷史主義氛圍，從這一點出發，可以認為霍姆斯在其職業生涯的前期受到歷史主義的影響是非常自然的。本文亦從歷史維度梳理了霍姆斯的幾個重要論斷和對歷史的態度，從中可以看出霍姆斯的法律思想中既有對歷史的重視也有消解歷史的因素，最終消解歷史的那些因素佔據了主導，霍姆斯的思想中不見了歷史的蹤跡。最後，本文指出，歷史觀念既有助於更好地理解和適用當下的法律也有助於維護法的安定性。此外，當代世界情勢還真需要某種適當的歷史觀念和法律史理論。

注 釋

1　羅斯科·龐德著，曹玉堂、楊知譯，鄧正來校：《法律史解釋》(北京：華夏出版社，1989)，頁6。

2　Franz Wieacker 著，陳愛娥、黃建輝譯：《近代私法史》(台北：五南圖書出版公司，2004)，頁341。

3　Caitlin O'Kane, "Christopher Columbus Statue in Boston Beheaded," *CBS News*, June 11, 2020, https://www.cbsnews.com/news/christopher-columbus-statue-boston-beheaded-confederate-monuments-torn-down/.

4　Bradford Betz, "Portland Protesters Tear down 'Racist' Statue of Thomas Jefferson," *Fox News,* June 15, 2020, https://www.foxnews.com/us/portland-protesters-tear-down-racist-statue-thomas-jefferson.

5　Frank Pallotta, "'Gone with the Wind' Pulled from HBO Max until It Can Return with 'Historical Context,'" *CNN Business*, June 10, 2020, https://edition.cnn.com/2020/06/10/media/gone-with-the-wind-hbo-max/index.html.

6　韋爾斯：〈小奧利弗·溫德爾·霍姆斯和威廉·詹姆斯──壞人和道德的生活〉，載斯蒂文·J·伯頓主編，張芝梅、陳緒剛譯：《法律的道路及其影響：小奧利弗·溫德爾·霍姆斯的遺產》(北京：北京大學出版社，2005)，頁263。當然這方面的討論也並非完全缺失。凱頓·P·吉勒特曾圍繞「傳統」和「先例」這兩個暗含歷史面向的詞彙討論過霍姆斯。參閱凱頓·P·吉勒特：〈法律的路徑依賴〉，載伯頓主編：《法律的道路及其影響》，頁306。此外，還有學者注意到霍姆斯著作中的「歷史」因素，但往往認為霍姆斯在學術成果中提到的只是歷史的邊緣性。參閱愛德華·懷特著，孟純才·陳琳譯：《奧利弗·溫德爾·霍姆斯：法律與本我》(北京：法律出版社，2009)，頁207。

7　段瑞群：〈「厚今薄古」：法的階級性和繼承性討論(1956–1957)〉，《師大法學》，2018年第1期，頁212–232。

8   馬修・黑爾著，查爾斯・M・格雷編，史大曉譯：《英格蘭普通法史》(北京：北京大學出版社，2016)，頁1。

9   請參閱李紅海著：《普通法的歷史解讀》(北京，清華大學出版社，2003)。

10 請參閱威廉・S・霍爾茲沃斯著，何帆譯：《作為法律史學家的狄更斯》(上海：上海三聯書店，2009)。

11 David M. Rabban, *Law's History: American Legal Thought and the Transatlantic Turn to History* (Cambridge: Cambridge University Press, 2012), pp. 215–216.

12 G・P・古奇著，耿淡如譯：《十九世紀歷史學與歷史學家 (下冊)》(北京，商務印書館，1997)，頁622。

13 G. Edward White, *American Legal History: A Very Short Introduction* (Oxford: Oxford University Press, 2014), pp. 112–116.

14 何兆武、陳啟能主編：《當代西方史學理論》(台北：五南圖書出版公司，2002)，頁6。

15 薩維尼著，許章潤譯：《論立法與法學的當代使命》(北京：中國法制出版社。2001)，頁4。

16 Franz Wieacker：《近代私法史》，頁341。

17 《家庭、私有制和國家的起源》一書的副標題就是「就路易斯・亨利・摩爾根的研究成果而作」。

18 愛德華・懷特：《奧利弗・溫德爾・霍姆斯：法律與本我》，頁136。

19 羅斯金是美國一位百科全書式的人物。參見https://en.wikipedia.org/wiki/John_Ruskin。2020年7月1日訪問。

20 愛德華・懷特：《奧利弗・溫德爾・霍姆斯：法律與本我》，頁37。

21 同上注，頁42。

22 愛德華・懷特：《奧利弗・溫德爾・霍姆斯：法律與本我》，頁43。

23 愛德華・懷特：《奧利弗・溫德爾・霍姆斯：法律與本我》，頁48。

24 愛德華・懷特：《奧利弗・溫德爾・霍姆斯：法律與本我》，頁48。

25 Eleanor Little, "The Early Reading of Justice Oliver Wendell Holmes," *Harvard Library Bulletin* 8.2 (Spring 1954): 163, 169–85.

26 Oliver Wendell Holmes Jr., "Book Notices," *American Law Review* 6.4 (July 1872): 723–745.

27 參閱Oliver Wendell Holmes, Jr. "Primitive Notions in Modern Law," *American Law Review* 10.3 (April 1876): 422–439; and "Primitive Notions in Modern Law—No. II," *American Law Review* 11.4 (July 1877): 641–660。

28 Stephen Budiansky, *Oliver Wendell Holmes: A Life in War, Law, and Ideas* (New York: W. W. Norton & Company, 2019), Chapter 6.

29 Rabban, *Law's History*, p. 218.

30 愛德華・懷特：《奧利弗・溫德爾・霍姆斯：法律與本我》，頁42。

31 霍姆斯著，冉昊、姚中秋譯：《普通法》（北京：中國政法大學出版社，2006），
    頁 1。

32 霍姆斯：《普通法》，頁 2。

33 霍姆斯：〈法律的道路〉，載伯頓主編：《法律的道路及其影響》，頁 428。

34 霍姆斯：《普通法》，頁 1。

35 霍姆斯：《普通法》，頁 1。

36 Rabban, *Law's History*, p. 235.

37 Rabban, *Law's History*, p. 224.

38 Rabban, *Law's History*, p. 220.

39 霍姆斯：〈法律的道路〉，頁 428。

40 凱頓・P・吉勒特，〈法律的路徑依賴〉，載伯頓主編：《法律的道路及其影響》，
    頁 248。

41 小奧利弗・溫德爾・霍姆斯著，劉思達譯，張芝梅校：《霍姆斯讀本：論文與公
    共演講選集》（上海：上海三聯書店，2009），頁 162–163。

42 霍姆斯：〈法律的道路〉，頁 428。

43 陳慧宏：〈歷史學是一門科學嗎？〉，《台大歷史學報》，第 35 期（2005 年 6 月），
    頁 309–319。

44 愛德華・懷特：《奧利弗・溫德爾・霍姆斯：法律與本我》，頁 42。

45 Franz Wieacker：《近代私法史》，頁 387。

46 小奧利弗・溫德爾・霍姆斯著，劉思達譯，張芝梅校：《霍姆斯讀本》，頁 162。

47 羅斯科・龐德著，曹玉堂、楊知譯，鄧正來校：《法律史解釋》（北京：華夏出版
    社，1989），頁 6。

48 霍姆斯著，明輝譯：《法律的生命在於經驗——霍姆斯法學文集》（北京：清華大
    學出版社，2007），頁 202。

49 羅爾夫・克尼佩爾著，朱岩譯：《法律與歷史——論〈德國民法典〉的形成與變
    遷》（北京：法律出版社，2003），頁 24–25。

50 參閱 Franz Wieacker：《近代私法史》。

51 霍姆斯：《普通法》，頁 34。對這一段文字的解讀也存在爭議。有學者認為這段
    話令人費解。參閱愛德華・懷特：《奧利弗・溫德爾・霍姆斯：法律與本我》，
    頁 190–191。

52 參閱托馬斯・杜斐著，李富鵬譯：《全球法律史導論》（北京：商務印書館，
    2019）。

參考書目

Budiansky, Stephen. *Oliver Wendell Holmes: A Life in War, Law, and Ideas.* New York: W. W. Norton & Company, 2019.

Franz Wieacker 著，陳愛娥、黃建輝譯：《近代私法史》。台北：五南圖書出版公司，2004。

Holmes, Oliver Wendell. "Book Notices." *American Law Review* 6.4 (July 1872): 723–745.

Holmes, Oliver Wendell. "Primitive Notions in Modern Law." *American Law Review* 10.3 (April 1876): 422–439.

Holmes, Oliver Wendell. "Primitive Notions in Modern Law—No. II." *American Law Review* 11.4 (July 1877): 641–660.

Little, Eleanor. "The Early Reading of Justice Oliver Wendell Holmes." *Harvard Library Bulletin* 8.2 (Spring 1954): 163–203.

Rabban, David M. *Law's History: American Legal Thought and the Transatlantic Turn to History.* Cambridge: Cambridge University Press, 2012.

White, G. Edward. *American Legal History: A Very Short Introduction.* Oxford: Oxford University Press, 2014.

G‧P‧古奇著，耿淡如譯：《19世紀歷史學與歷史學家》，下冊。北京：商務印書館，1997。

小奧利弗‧溫德爾‧霍姆斯著，劉思達譯，張芝梅校：《霍姆斯讀本：論文與公共演講選集》。上海：上海三聯書店，2009。

托馬斯‧杜斐著，李富鵬譯：《全球法律史導論》。北京：商務印書館，2019。

何兆武、陳啟能主編：《當代西方史學理論》。台北：五南圖書出版公司，2002。

李紅海著：《普通法的歷史解讀》。北京：清華大學出版社，2003。

威廉‧S‧霍爾茲沃斯著，何帆譯：《作為法律史學家的狄更斯》。上海：上海三聯書店，2009。

馬修‧黑爾著，查爾斯‧M‧格雷編，史大曉譯：《英格蘭普通法史》。北京：北京大學出版社，2016。

陳慧宏：〈歷史學是一門科學嗎？〉，《台大歷史學報》，第35期（2005年6月），頁309–319。

斯蒂文‧J‧伯頓主編，張芝梅、陳緒剛譯：《法律的道路及其影響：小奧利弗‧溫德爾‧霍姆斯的遺產》。北京：北京大學出版社，2005。

愛德華‧懷特著，孟純才、陳琳譯：《奧利弗‧溫德爾‧霍姆斯：法律與本我》。北京：法律出版社，2009。

霍姆斯著，冉昊、姚中秋譯：《普通法》。北京：中國政法大學出版社，2006。

霍姆斯著，明輝譯：《法律的生命在於經驗 —— 霍姆斯法學文集》。北京：清華
　　大學出版社，2007。

薩維尼著，許章潤譯：《論立法與法學的當代使命》。北京：中國法制出版社，
　　2001。

羅斯科・龐德著，曹玉堂、楊知譯，鄧正來校：《法律史解釋》。北京：華夏出
　　版社，1989。

羅爾夫・克尼佩爾著，朱岩譯：《法律與歷史 —— 論〈德國民法典〉的形成與變
　　遷》。北京：法律出版社，2003。

第二部

霍姆斯法律思想的主题

第 3 章

霍姆斯論科學與法律

於興中

一、簡介

本文的題目「霍姆斯論科學與法律」是一個比較模糊的說法。近幾年我一直在研究科技與法律的問題，有天看到霍姆斯在 1899 年寫的一篇文章，題目是「Law in Science and Science in Law」。以前讀霍姆斯時，沒注意到這篇。看到早在 19 世紀末，霍姆斯就已經在談科學與法律這樣的題目，我便對他的這篇文章產生了興趣。我於是仔細閱讀了一遍，想搞清楚他到底要說什麼。結果我讀了之後，發現這不是一件容易的事情。可能有很多原因，但是其中的一個很明顯的原因是，霍姆斯並不像我們一般人寫論文，一開始就給一個清楚的定義，然後順著一個大綱規定的基本結構寫下去。我們大家都知道當年的霍姆斯是個文藝青年，凡是能夠展示才華的地方，他是絕對不會放過的。就這篇文章而論，標題和內容很顯然不是十分和諧。

「科學」這個詞在今天看來不僅僅代表著文藝復興以來、世俗化之後，在沒有上帝的背景下，人們追求真理的天真浪漫，也揭示了人們試圖通過理性和使用以理性為基礎的工具來征服自然、征服世界的雄心壯志。它同時也代表著學術研究不斷追求新的、可靠的方法的風潮。今天已經沒有幾個人把社會科學看做是真正的科學。與其把社會學、人類學、政治學、法學這些學問理解成自然意義上的科學，倒不如把它們理解為比較系統的能夠自圓其說的知識系統。

法學也曾經被稱為法律科學。但是，到現在已經很少有人會相信法學是一門科學。但是應該注意區分的是法學雖然不是一門科學，但使用科學的方法來研究法學卻是由來已久的，而且是行之有效的。當然，什麼是科學方法本身就是一個見仁見智的問題。在培根那裡，科學方法實際上就是他的歸納推理的方法。在格勞秀斯、萊布尼茨和普芬多夫那裡，科學的方法實際上就是數學、幾何的方法。而在現當代提倡法律解釋和法律論證的學者那裡，科學的方法也許就是法律論證和法律推理的方法。在普通法的學者那裡，科學的方法也許就是遵循先例的法律推理方法。在把人工智能的研究應用於法學研究的那些學者看來，或許人工智能的研究方法就是一種科學的研究方法。

學術研究最開始可能是一種猜測，猜測某種自然現象是怎麼回事，逐步走向思辨，再往後就出現了分析的方法。再下來有可能導致所謂的實證研究、科學研究。光猜測和思辨已經遠遠不夠，要拿出確鑿的證據來說話，就需要有經驗。孔德就認為學術的發展經過了自然的研究，或者神學的研究、形而上學的研究、思辨的研究，最後到了實證科學研究的階段。

霍姆斯的這篇論文不算長，但也有20多頁，讀下來給人的感覺是，基本上在討論法律史的研究狀況和某些法律制度形成的歷史過程，而談到科學的地方其實特別少。那麼，霍姆斯眼中的科學到底意味著什麼？他在這篇文章中到底要說什麼？本文擬就此問題作一些探討。

法律與科學關係的重要性一如前述。對此問題的探討也已相當深入。但對霍姆斯這篇文章，乃至霍姆斯的科學—法律觀的研究仍屬少見。霍姆斯這篇文章的引用率，與他的其他演講相比，也不是特別高。然而，探討這篇文章的意義不僅在於理解它本身，也在於確認霍姆斯本人對於法學和科學的基本觀點。在更廣義上，弄清霍姆斯的科學觀有助於我們進一步理解有關實用主義者對科學的態度。最近一本研究美國法律實用主義的書認為實用主義的一大特點就是對技術的推崇。[1]

本文的大概構思是，首先對該文發表的背景及其內容做一簡單陳述。然後，嘗試理解霍姆斯筆下的科學是什麼概念。談談他說的「law in science」和「science in law」可能是什麼含義。廓清了霍姆斯關於科學與法律的基本概念以後，探究其思想產生的根源，亦即影響他的科學 法律觀形成的理論資源，將是一種有益的努力。因此，本文在第三部分著重指出了幾種可能的資源，包括霍姆斯曾參加過的形而上學俱樂部、科學方法在法學研究中的運用，以及社會達爾文主義的影響。值得注意的是，霍姆斯雖然被認為是反（形式）邏輯的，但他並不反對科學方法在法學中的應用。事實上，他和蘭德爾分別代表了理性主義的法律科學觀和經驗主義的法律科學觀。因此，本文第四和第五部分將簡述這兩種科學觀。霍姆斯在他的著述中透露出一種見解，即普通法本身就是一種科學。本文第六部分將對此做一簡短的探討。

霍姆斯出生於波士頓的一個書香世家，父親是著名作家、醫師奧利弗‧溫德爾‧霍姆斯，當時在波士頓知識界和文學界聲望頗高。亨利‧詹姆斯（Henry James Sr.）、拉爾夫‧沃爾多‧愛默生（Ralph Waldo Emerson）和其他先驗主義者是霍姆斯家庭的朋友。因此，霍姆斯在學術氛圍中長大，並很早就樹立了成為像愛默生這樣的大文人的雄心。

在實用主義哲學問世之前，歐洲的各種各樣的學派，各種各樣的觀點都反映在美國的法學著作裡面，直到美國人發展出了自己本土的哲學，就是大家熟知的實用主義（pragmatism）。實用主義哲學的產生和發展並不是基於解決現實問題的要求。實用主義最初只是一種認識真理的方法。它認為真理不是絕對的，而是相對的。真理是可以認知的，但是認知必須和人的實踐、社會活動聯繫起來。最初的實用主義只是一種真理觀，是教人們怎樣從教條主義或者是一元的思想裡解脫出來。[2] 胡適把它介紹進中國學界的時候叫它實驗主義。「大膽假設、小心求證」是他指出的實用主義的核心方法。這個學派在美國的法學界影響非常大。

二、霍姆斯關於「科學」的見解

1899年1月17日，在開始主持麻薩諸塞州最高法院之前，霍姆斯在位於紐約州首府奧爾巴尼的紐約州律師協會發表了一篇重要演講。演講的邀請可能來自新當選的州長西奧多・羅斯福 (Theodore Roosevelt)。羅斯福很欣賞霍姆斯曾經在1895年發表的關於軍事方面的演說。加之他和霍姆斯有一位共同的朋友，即當時作為麻薩諸塞州議員的霍姆斯的表弟亨利・卡伯特・洛奇 (Henry Cabot Lodge)。霍姆斯選擇了「科學中的法 (規律) 與法中的科學」(Law in Science and Science in Law) 作為他演講的題目。[3] 這個題目很像當下人們喜聞樂道的「Law is code and code is law」，在英文修辭上頗有韻味，但翻譯成漢語就失去了原文的魅力。

在這篇演講中，霍姆斯從時尚談到文學，從羅馬法談到古薩利克法，[4] 從財產談到侵權，從故事講到案例，從歷史談到現實，引經據典，東拉西扯，涉及的知識範圍非常廣泛。但文中談到科學的段落卻寥寥無幾。甚至連「科學」一詞在全文出現的頻率，也不到10次。初讀之下，讓人感到文章的標題和內容之間好像並無多大關係。

演講的內容主要是關於歷史和先例的作用，以及對法官必須在各種競爭中的利益之間做出選擇的必要性的闡發。演講的前半部分似乎在為歷史解釋辯護，但也並不是完全贊成。霍姆斯認為，像薩耶爾 (James Bradley Thayer，1831–1902)[5] 和艾姆斯 (James Barr Ames，1846–1910)[6] 這樣的學者，迷戀舊書古典，從歷史的角度努力發掘一些理念的來龍去脈，其本身並不能為現代法學和現代法律提供指導。[7] 但他

們的研究是有價值的，其價值就在於看不到它的用處，而是為了法律
史而做法律史，值得正是因為它沒有實際的目的。

> 以這種方式思考，您會很容易理解，我認為法律理論史的研究
> 者並不一定要有實際的目的。僅僅將法律視為重要的人類學文
> 獻是非常恰當的。適當地訴諸它，以發現什麼社會理想已經足
> 夠強大而達到了最終的表達方式，或者某種權威理想在各個世
> 紀以來的變化。將其作為人類思想的形態及其轉換的實踐來研
> 究是適當的。為此目的而進行的研究在最嚴格的意義上成為
> 科學。[8]

然而，霍姆斯對歷史法學的態度卻是否定大於肯定。霍姆斯知識
生涯發展的時代正是歷史法學在西方法律思想界盛行之時，薩維尼和
梅因是當紅學者。他們的思想影響了包括霍姆斯在內的一大批學者。
霍姆斯在一定程度上肯定了歷史法學派的學術價值。但認為僅僅在歷
史中尋求法律規則的正當性理由是遠遠不夠的。因為，法律雖然是歷
史產物，但法律規則所反映的乃是某一時期的各種社會利益。這些利
益的衝突在歷史上是找不到答案的。

> 從實際的角度來看，到目前為止，我一直在處理的歷史只是掌握
> 工具的一種手段，也是最不重要的手段之一。從實際的角度來
> 看，正如我在另一場合所說明的那樣，它的使用主要是消極和懷
> 疑的。它可以幫助我們了解一個學說的真正局限，但是它的主要
> 好處是打破了虛假的解釋。[9]

但是，對於從歷史的角度解釋問題，霍姆斯是讚賞的。這也可能就是
他說的科學中的法（規律）。

> 歷史解釋有兩個方向或方面，一個是實踐的，另一個是抽象的科
> 學。我絕不贊同在以往的實踐中發現哲學和科學的正當性的道德

觀念。我不認為我們必須以社會福祉的動機為我們的追求辯護。如果我們自己的追求對社會有利，或者至少對社會沒有壞處，而我們感到滿意，那麼我認為，像藝術一樣，追求科學和追求其成果這本身就是目的。

歷史使我們自由，使我們能夠堅定不移地下定決心，無論我們正在執行的生存是在停止了對舊目標的回應時，是否滿足了任何新的目標。儘管我一直在進行對比，但對法律的實踐研究也應該是科學的。真正的法律科學主要不在於根據教條進行的神學研究或數學上的邏輯發展，也不在於將其作為人類學文獻的外部研究。一個更重要的部分是從內部根據準確衡量的社會願望而不是傳統來建立其假設。[10]

霍姆斯下半部分演講涉及法律的更實際方面，即他的聽眾中的法官和律師每天都必須「因為一個活生生的問題，下定決心要冒險做出判斷」。問題在於這些實用判斷是如何做成的。霍姆斯說，答案不僅僅在於歷史：每個人本能地認識到這些。如今，我們不能老是跟在我們的父輩後面尋找制定法律的理由。我們必須努力發現社區的意願。法官很難決定社區想要什麼。擺在我們面前的是兩種社會慾望之間的衝突，兩者都試圖擴大其對案件的管轄權，互不相讓。

霍姆斯希望在新的20世紀看到的「法律科學」是基於實踐的。霍姆斯說：「我們必須思考事情而不是言語，或者至少我們必須不斷理解用言語表達的事實。」

諸位，我試圖通過實例展示適用於法律的科學興趣，並指出這對我們在同一領域處理實際問題的方式可能會有所改進。毫無疑問，對於後一種嘗試，幾乎很少人會認同我的看法的。但是在那個領域，就像在其他領域一樣，我想到了對科學的最終依賴。因為科學最終要在最大程度上確定我們對不同社會目的的相對價值。我也試圖暗示，正是我們對這些現在常常是盲目的和無意識的比例的估計使我們堅持並擴大了某一項原則的範圍，並允許另一項逐漸縮小或萎縮。

很有可能，即使我們窮盡統計數據和每一種現代設備都可以帶給我們的幫助，我們也無法進入一個科學可以統領一切的大同世界。但這是一種理想。沒有理想，人生有什麼價值？它們為我們提供了我們的見解和對無限的一瞥。無法實現的理想往往是一種優點。它的存在使我們永遠需要做更多的事情，並使我們擺脫單調的完美的環境。[11]

法律界的科學人不能是書呆子。他必須觀察入微，掌握細節，並且確定哪些細節很重要。並非每個進行精確調查的人都算在內，只有將調查引導到關鍵點的人才算在內。[12]

通讀霍姆斯的〈科學中的法（規律）與法中的科學〉一文，似乎可以得出一些有用的心得。從上面的引文也可以看出，霍姆斯的科學觀大致包含幾個命題。第一，科學不僅僅是三段論式的推演。第二，對於事實的實證研究就是科學。第三，科學方法可以是經驗主義的。第四，歸納推理才是真正科學的法律方法。第五，歷史解釋也是一種有用的科學方法。第六，法律科學要解決的核心問題是利益的衡量，而不是對原則的堅持和對規則的執行。

在該文發表之前，霍姆斯的這些思想在其早期著作中已有所反映。在1881出版的《普通法》中，霍姆斯認為唯一的法律淵源是國家強制執行的司法裁決。法官根據事實對案件進行裁決，然後寫出意見，為他們的裁決提供依據。但是，決定的真正基礎通常是「明確的主要前提」。法官不得不在相互競爭的法律論據之間做出選擇，而每一個論點都是以絕對的方式提出的，而有時他的裁決的真正依據是來自法律之外的。雖然《普通法》是一本重要的學術著作，但他1897年的論文〈法律的道路〉卻被證明是法律理論上最有影響力的著作之一。在該文中，霍姆斯以《普通法》的主題為基礎，將法律與道德分離，並且強調政策和經驗而看輕邏輯和原則，而且繼續將法律定義為對法院在特定情況下的行為的預測。

三、霍姆斯科學－法律觀形成的思想資源

如上所述，霍姆斯的科學—法律觀具有明顯的反形式主義、歷史主義、科學主義、經驗主義和實證主義的傾向。為了進一步了解霍姆斯的思想，有必要討論一下他的觀點形成的思想資源。霍姆斯曾是實用主義者組成的形而上學俱樂部的成員，他的思想肯定受到了實用主義的影響。他的科學觀大體上是經驗主義的，很明顯受到培根的影響。此外，杜威的科學方法對他似乎也有影響。

(一) 形而上學俱樂部

形而上學俱樂部是一個對話式的哲學俱樂部，它由未來的最高法院大法官霍姆斯、哲學家和心理學家威廉·詹姆斯和哲學家查爾斯·桑德斯·皮爾斯，於1872年1月在麻薩諸塞州的劍橋鎮成立，並於1872年12月解散。1879年皮爾斯離開波士頓，去了約翰·霍普金斯大學。後來，他在那裡建立了一個新的形而上學俱樂部。儘管名字叫做形而上學俱樂部，但這個哲學討論小組追求的是實用主義和實證主義性質的批判性思維，並拒絕了激進的基礎主義、歐洲的形而上學，而主張採用溫和的基礎主義。實用主義據說是在這些哲學討論中誕生的。

這些人中最重要的是皮爾斯，很多人都認為實用主義最初是皮爾斯提出的。皮爾斯主要提出兩點：人們相信的東西是實在的東西，反過來說實在性決定著人們的信仰。另一條是要想使一個概念明白、清楚、有意義，主要是看它是否有用。要是沒用的話，概念是不可能清楚的。有用的概念就是清楚的。一個東西之所以存在是因為它有

用。後來在詹姆斯和杜威的發展之下，這兩點發展成為了兩套理論，一個是真理的相對性、真理的有用性。另一個是事物的經驗性。但是還有很多說法，像杜威就提出了科學的研究方法，應該怎樣從事科學研究。

值得指出的是，這個俱樂部中的成員，除了研究哲學以外，還熱衷於追求科學的探討。心理學在當時本來就是正在形成中的科學。而醫學已經是很成熟的科學。因此，該俱樂部的存在雖然時間不長，但重視科學的研究明顯是其一個重要特點。在這種大氣候中，各成員的研究興趣和方法一定會相互影響，相互借鑒。形而上學俱樂部對霍姆斯法律思想的形成有一定的影響。

(二) 科學方法在法學研究中的運用

科學研究方法在法學中的使用有悠久的歷史。古希臘羅馬時代就有試圖把法律作為科學研究的嘗試。17、18世紀的思想家們在科學精神和數學精神的感召下做了一系列的嘗試，格勞秀斯、普芬多夫、萊布尼茨等人曾將數學、幾何學用於法學研究，試圖找出法律最基本的原理。19世紀中葉到20世紀初盛行關於科學的論說，直接影響到政治學、社會學和法學的研究。人類學和心理學的問世之初都帶有濃烈的科學意味。法學研究自然不能熟視無睹，於是，便產生了視法律為科學的思潮或運用科學方法研究法律的時尚。這在當時出版的一系列著作裡面都可以得到印證。比如，奧斯汀 (John Austin，1790–1859) 的《法理學範圍界定》一書中明確指出法理學就是研究實證法律的科學。奧斯汀的學說奠定了分析法學的基礎。漢倫 (Dennis Caufield Heron，1824–1881) 的《法理學原理》就開宗明義指出法理學是研究實證法的科學。[13] 他論述了法理學和社會科學的關係。這種思潮一直延續到20世紀60年代。在龐德的著作裡面也可以看到科學的影子。龐德在他的法理學講稿中也稱法理學是法律的科學，取消了實證法這個定語。在人類學界，馬林諾夫斯基就曾將人類學稱為研究人的科學。[14]

(三) 社會達爾文主義

很多學者已經指出，實用主義，尤其是霍姆斯的思想深受社會達爾文主義的影響。至少在強調利益競爭和平衡這一點上，霍姆斯的思想深深打上了社會達爾文主義的印記。「法律的生命」這一說法也反映了進化論的特點。事實上，霍姆斯在寫給朋友的信中，高度讚揚達爾文和斯賓塞 (Herbert Spencer) 等人，而且很興奮地討論「科學地認識世界的方法」。[15]

世間萬事萬物都處於一種進化的過程中，任何事物都有起源、發展、成熟和死亡的過程。這是達爾文的進化論的一個觀點，如果把它引用在社會學中，那麼在歷史上出現過的和現實社會中存在著的各種各樣制度的發展，都可以被看作經歷了從簡單到複雜，從低級到高級，從不成熟到成熟的階段。因為任何事物都處在這樣的變化發展的過程中。達爾文在《物種起源》和其他著作中，強調了一些似乎是事實，又非常殘忍的客觀性規律。比較著名的是「物競天擇，適者生存」。假設社會按照這一規律來運作和發展的話，現實生活就會變得很殘酷。倘若從生物學的角度、從物種起源的角度看，達爾文的學說很可能是對的，當然還需要科學家繼續證明。達爾文學說的意義在於很大程度上解答了文藝復興以後人走向理性、走向解放的過程，人把自己從神的懷抱中徹底解放出來。在達爾文進化論之前，人們把世界起源、物種起源都簡單地歸到一個最終權威——上帝的身上，是上帝創造了人與萬物。達爾文的觀點出現以後，神學宗教的傳統說法受到空前的挑戰，對當時的宗教界人士，尤其那些虔誠的信徒來說無疑是致命的震撼，使其陷入尷尬的境地，無數虔誠的教徒走出教堂，進入世俗社會。人開始理性地看待自己。達爾文的生物進化論在歷史上起到了非常積極的作用，最重要的是加速了西方社會世俗化的進程。至少在歷史文化、思想承傳中起到了這樣的作用。但是，進化論並不是一個非常完善，讓人可以充滿熱情、毫不顧忌、毫不懷疑就去擁抱的學說。

達爾文自己並沒有將進化論應用到社會領域，而是由英國人斯賓塞把達爾文的觀點用到了社會進化論上，產生了社會達爾文主義（Social Darwinism）。用他們的角度來看，社會是在演化，也是在進步。所有的社會制度都處在發展中，司法制度也一樣，經歷了很多挫折，經歷了許多不同的發展階段。

在社會達爾文主義者的眼中，在很大程度上，社會也像生物界一樣，環境、制度造就了個人，同時又限制了個人的成功。把社會看成是一個很大的競爭的系統，使得個人在其中成為競爭的元素。在某種意義上，社會達爾文主義可以說是生物進化論的翻版，只是將這一理論用到社會進化論裡。實際上還是強者生存的社會，資本主義社會的發展很明顯地證明了這一點。

生物進化論是自然的選擇，但相對於文化來講，人可以通過人的心性和靈性，通過良心來改變物競天擇、適者生存的局面。人可以通過人所具有的憐憫、寬容、博愛這些精神來改變自然進化的可能性。社會達爾文主義有一個核心的思想就是社會是在進步的。另一個核心思想是截止目前發生的這些事情，經過的歷史階段都是必然的。也就是說歷史有其必然性，歷史是在進步。而社會制度的發展在這個過程中有成功有失敗，個人也有成功有失敗，因此造就了這一種競爭的環境。

四、理性主義科學觀：演繹推理與形式主義

蘭德爾（Christopher Langdell，1826–1906）受到科學思潮的影響，認為法學就是一門科學。圖書館之於法學家和學生、律師，就像實驗

室之於科學家一樣。案例就是法學家、律師和學生做實驗的工具和材料。主張一種嚴格的推理，如三段式的推理，或者嚴格遵照先例一步步走下來，把法學作為一個科學來研究。因此必然會從概念到概念，從原則到原則，從形式到形式這樣的步驟進行。後來霍姆斯等人開始猛烈地批評蘭德爾的形式主義，認為形式主義不具有任何生命力。它是一種形式的、僵化的研究。

霍姆斯在一篇書評中，批評蘭德爾「將興趣完全集中於事物間的形式關聯性，即邏輯」，而忽視了「這樣一些力量，它們外在於法律但卻是形成法律的關鍵因素，不掌握它們就無法對法律進行哲學上的把握」。在他看來，更為重要的是「被意識到的時代需求、佔主導地位的道德或政治理論，甚至法官和他的同行所持有的偏見」。[16] 他那段被反覆引用的警句——「法律的生命從來都不是邏輯，而是經驗」，也在該書評中首次使用。這句話很容易引起誤解，好像霍姆斯只重經驗而不相信邏輯，並且不相信科學。一種相對成熟的見解是，霍姆斯反對三段論，但並不反對邏輯；同理，他反對蘭德爾版本的科學，但並不反對科學本身。他有自己關於科學的理解。那就是一種經驗主義的科學觀。

五、經驗主義科學觀：歸納推理與實用主義

(一) 培根對霍姆斯的影響

有一篇文章討論一百年來的法哲學，認為現代的法哲學是從霍姆斯開始的。[17] 當然這並不是一種已經被廣泛接受的觀點。霍姆斯的經典論述——法律的生命從來就不是邏輯，而是經驗——充分說明了實用主義和經驗主義之間的聯繫。他有一句話很經典：「年輕人啊，我成功的秘訣在於我很早的時候就發現我不是上帝。」霍姆斯的科學一

法律觀很可能受到了培根的經驗主義科學觀的影響。霍姆斯對培根的關注曾有人討論。[18]

培根對英國的普通法的發展曾作出很大的貢獻。他的貢獻，不僅在於他對普通法系統化的嘗試，更在於他提供了歸納推理的方法，為普通法的生存找到了理論依據。普通法系的法官進行法律推理時，不是依賴於某一個大前提，而是通過對具體案件的相似性的比較而得出結論。在民法法系或者稱大陸法系中，法律推理一般都是從一個大前提，即某一個既定的規則開始，從而得出結論。在培根之前，人們很容易為羅馬法，即民法法系的推理過程找出理論上和邏輯上的根據，那就是演繹推理。但卻無法解釋普通法的推理方法，並為其發展前景提供方法論上的支持。經驗歸納推理方法的問世使普通法獲得了新生。如果沒有歸納推理支撐著普通法，普通法可能早就被淹沒在歐陸法律羅馬化的大潮中了。

培根極其重視方法。他說他自己並不想創立什麼新哲學，只是完成了方法論的革命。他寫道：「我所研究的是倫理學，而不是哲學。」培根把科學方法看作是「心靈的工具」。一如機械工具對徒手工作的輔助一樣，理智要正確認識自然也必需有心靈工具的幫助。培根認為，一旦掌握了心靈工具，即使中等資質的人也可以利用它對科學發展作出貢獻，否則，雖然才智出眾也難以在科學上有所成就。「正如俗語所說的，一個能保持正確道路的瘸子總會把走錯了路而善跑的人趕過去。不但如此，很顯然，如果一個人跑錯了路的話，那麼愈是活動，愈是跑得快，就會愈加迷失得厲害。」在培根看來，有了科學方法，才能在經驗的迷宮中保持正確的方向，抵達公理之地。

在《新工具》一書中，培根提出要建立一種新的邏輯體系，這個新的邏輯體系就是區別於亞里士多德邏輯三段論的「歸納法」。培根認為，唯有歸納法才是認識事物的最正確的方法。人們在從事觀察和探究時，借助於歸納法就有可能獲得一般的公理，從而可以在此基礎上最後達到認識其他現象的目的。[19]

當然，培根不是歸納法的創始人。因為亞里士多德早就論述了簡單枚舉歸納法的一些原則。在亞里士多德看來，歸納法是從個別到一般的過渡，為了掌握一般，就必須通過歸納；歸納與演繹不同，歸納從個別出發，易為人們相信，演繹從一般出發，更富有說服力。不過，他認為，歸納法所獲得的結論只具有或然性，而如果前提為真時，演繹所獲得的結論則具有必然性。所以，亞里士多德把歸納推理當作三段論推理的附屬物提出來的，將其視為直言三段論的一種推理形式。不過，從古希臘到中世紀，歸納法從未在科學和哲學中取得應有的地位。培根的貢獻在於他第一個把歸納法同實驗和科學緊密相結合，並把它看作是從事科學研究、獲得新發現的主要工具。因此，人們把培根譽為「近代歸納學說之父」，把他的歸納法稱作經驗歸納法或科學歸納法。

培根的歸納法是一種經驗方法，它要求從某一類對象的眾多個別事物的觀察和實驗中，推斷出關於這一類對象的一般結論，從而實現認識由個別到一般的過渡，以求得對對象的原因和形式的認識。培根的歸納法把他提出的經驗論認識原則具體化為科學發現的方法。

如果把霍姆斯關於普通法和法律科學的見解和培根的見解兩相對照，不難發現兩位思想家之間的聯繫。最明顯的當然是他們對演繹推理和三段論的懷疑及批判。霍姆斯法律的生命不在邏輯而在經驗的說法，早在培根那裡就已略現端倪。兩者對經驗主義的推崇和對歸納推理的讚賞一脈相承。培根對霍姆斯的影響是顯而易見的。

(二) 杜威與霍姆斯的實驗主義

另一位重要的實用主義者杜威則是實用主義的集大成者。他將實用主義用於教育、社會哲學、倫理學和價值論，成為美國歷史上理論最為豐富和系統的一代宗師。被稱為「美國人的顧問、導師和良心」，「美國天才的最深刻、最完美的表現」。

　　杜威的學說對法律實用主義的建立也起過重要作用。他認為邏輯
並不是依據學理原則所進行的決定性的推論，而只是或然性的研究。
邏輯所追求的是可能的結局，是一種程序。邏輯推理中的一般原則只
是工具，而不是必然的前提。對於法律工作者來說，並不是從一般原
理得出他的結論。他最初面臨的是含混不清的局面，首先需要決定具
體問題，進而想辦法去解決它。法官或法律家對事實的了解為其提供
了一個應該適用何種規則的大概輪廓。一旦選定規則，便可將其用於
處理案件。法律的實施是一項實驗程序，其間邏輯的作用固然重要，
但只是導致某種結論的眾多因素之一。

　　杜威認為在邏輯意義上思維的過程可分為五個步驟：(1)感到困
難；(2)困難的所在及其規定；(3)可能的解決方法之暗示；(4)由對
暗示的含義所作的發揮；(5)進一步進行觀察和實驗，以便接受或否
定它，即作出信任與不信任的結論。

　　如果把杜威的五步思想法用在法律推理上，所謂「困難」就是擬解
決的案子；「規定」即法律；(3)、(4)和(5)似可視為推理過程，一個
從某種暗示入手而形成一種解決的辦法，並把這個解決的辦法用於實
驗、進行觀察，看是否妥當的過程。這顯然不是一個嚴密的邏輯推理
過程，但卻是一個可行的解決問題的過程。

　　杜威的見解與霍姆斯的不約而同，既注重經驗，又注重實踐。採
取的方法又都是實用推理。[20] 霍姆斯的基本觀點就是看法官和法庭怎
樣運作。法律是法官在法庭上面說的話，法官說的就是法律。那麼法
官有沒有限制呢？他說當然有限制了，這就是司法克制 (judicial
restraint)，亦即法官要盡可能地不讓自己的經驗或經歷干擾判斷。這
裡霍姆斯所關注的還是經驗，但是他沒有走向後現代法學和批判法學
的那一步，即認為個人的經驗和經歷在司法判決中是無法避免的。霍
姆斯還是相信司法判決是可以做到公正的，雖然他已經不相信那些大
的法律規則了。

他的壞人預測論更是基於實踐的經驗主義。「但如果採取我們的朋友，一個壞人的觀點，我們會發現他對被允許的行為或原則推論並不介意，但他確需知道麻州或英國法院事實上要做的是什麼。我們大都會同意他的想法。對法院事實上將要作些什麼的預測，而更無別的虛飾，便是我所說的法律。」[21]

霍姆斯對法院從白紙黑字的規則出發進行三段論推理評價不高。他認為，時代的迫切要求、盛行的政治道德理論、公共政策的直覺認識，無論是明確表示的還是心照不宣的，在確定約束人們行為的規則的作用上遠勝於三段論式的演繹推理，甚至那些法官共有的偏見也是如此。不過，他也承認，書本中有關過去判決的一般命題或以一般形式表現的制定法，可以使預測變得容易記憶和理解。當然，這種預測是對某類特定典型案件的司法判決的一般性預測，而不是指對某個具體案件的判決的預測。

霍姆斯與杜威一道，對「法律現實主義」這個概念產生了重大影響。在法律現實主義視野中，法官在制定法律時應發揮積極作用，並應了解其判決的社會後果。更確切地說，這有時被稱為「法律行動主義」。

六、作為科學的普通法

如果把科學看成是對事實的追求，那麼普通法本身就是一門科學。在普通法的法庭上，查明事實真相和表述事實要遠比找到合適的規則更為重要。如果要伸張正義，那麼每個案件都必須根據自己的案情，尤其是根據自己的事實進行審判。

沒有兩個案件在各個方面可能是完全相同的，尤其是在事實方面。然而，沒有兩個案例可以完全相同的觀察結果本身並不足以使法律成為一門科學。要使法律成為科學至少需要科學方法。如果普通法不能夠通過審判來適當地宣稱自己是一門科學，那麼普通法又可以通過什麼其他方式宣稱科學合法性呢？對法律歷史的研究表明，「科學」主張是指對普通法文獻的研究和分析：記錄的案件和先例的分析。

　　普通法採用的特殊科學方法是：用文獻分析程序來確定和研究法律原則的形式、性質，及其演變過程。被研究的對象是法院多年來作出的判決。這種科學分析揭示的決策模式的共性為普通法的本質奠定了基礎。在這一層面，法律研究者似乎只是在記錄習俗和習慣。然而，事實並非如此。無論是舊的習俗還是新發展的習俗，除非法律原則所強調，並且被法官宣佈為法律或由立法機關規定為法律，否則它都不是法律。從判例法中可以很清楚地看出，僅靠習慣並不能制定法律。

　　普通法系的法官們做出司法決定時須「遵循先例」，但我們還是無法用一種被普遍接受的方式或術語來概括在這個體系中法官在進行法律推理時到底在做什麼。[22] 由於「遵循先例」對法官來說意味著首先必須對以往的有關案例有所了解，並找出能用於眼前案件的規則來，然後把它用於解決手頭的案件。尋找案例的目的是為了尋找規則。似乎可以說，「遵循先例」的做法也仍然是根據規則推理，一如成文法係法官所應進行的推理過程。所不同的是，普通法係法官的規則得自以前的判例，而成文法係法官的規則來自預先制定的抽象的法條。無論在案例中尋找規則和從法條中尋找規則有多不同，一旦找到或選定規則，兩種法系中法官們所作的事情都是一樣的，即把規則運用於具體案件。基於這一點，我們似乎可以將普通法系中的法律推理看作某種類型的演繹推理。如果我們將兩大法系中的法律推理作以比較，大概可以這樣描述：

　　　普通法系：先例 ················>規則－－－事實－－－結論

　　　大陸法系：制定法 ··············>規則－－－事實－－－結論

　　可以看出，兩者間的區別僅在於規則的出處或淵源的不同，至於推理過程則基本相似。但是如果我們換一個角度來看，這個結論可能就該修改了。在普通法系中，法官在尋找先例中的規則時，實際上是將手頭的案件的基本案情和以往案件中的案情進行比較，找出與手頭案件類似的先例。然後根據以往的案件的處理原則或規則對手頭的案件作同樣處理。這就是說法官是在根據例子進行推理。根據例子推理是人最基本的推理能力，往往被稱為類比推理。比如，張三曾經入室偷盜，盜取若干財物，而被判刑若干年，如果類似情況發生在李四身上，也同樣會被判刑若干年。同類案件作同樣處理乃是一項最重要的公正原則。這樣看來，普通法系中的法律推理又可以被看作是一種類比推理。

　　因為法官在判決過程中要參照的先例很可能不止一個，加之先例之間也會經常發生矛盾，對手頭案件的判決可能不僅僅基於某一個先例。法官往往在比較了若干個先例之後，選擇出其認為最適於手頭案件的規則或先例，予以效法，或者索性根據以往的先例歸納出一條規則來。這就是說，法官似乎在作一種歸納推理。

　　美國法律學者愛德華‧列維認為根據例子推理乃是法律推理的基本模式，也就是根據案例 (case) 推理，故而，類比推理也可以稱為根據案例推理。案例在中國不是一種法律淵源，也不具權威性。但在判例法國家中，案例是法的淵源，具有直接權威性；一個案例可能成為先例，供後來的法官遵循。因此，根據案例推理往往被稱為根據先例 (precedent) 推理。[23]

注 釋

1　Justin Desautels-Stein, *The Jurisprudence of Style* (Cambridge: Cambridge University Press, 2018), pp. 5–8, 14.

2　關於「實用主義」，最有用的研究資源是 Pragmatism Cybrary 網站 (http://www.pragmatism.org/)；另外，斯坦佛哲學百科、維基百科、大英百科都有關於實用主義的詳細介紹。

3　Oliver Wendell Holmes, "Law in Science and Science in Law," *Harvard Law Review* 12.7 (February 1899): 443–463.

4　薩利克法，拉丁語 *Lex Salica*，即薩利安・弗蘭克斯 (Salian Franks) 法典。薩利克人在公元 5 世紀征服了高盧。這是條頓人法中最重要的 (儘管不是最古老的) 法 (*leges barbarorum*)。該法典在克洛維斯統治時期 (約 507–511 年) 發佈，克洛維斯是西歐梅洛芬吉安政權的創始人。該法典是在克洛維斯的後裔統治時期兩次重新發佈的，在加洛林人 (查理曼大帝及其繼任者) 的統治下，它被反覆修改和系統化，並被翻譯成古德文。

5　薩耶爾 (James Bradley Thayer) 1831 年 1 月 15 日出生於麻薩諸塞州的哈弗希爾，1852 年畢業於哈佛學院，在那裡他為貧困大學生設立了大衣基金 (Overcoat Fund)。1856 年，他從哈佛法學院畢業，獲得薩福克郡律師資格，並開始在波士頓從事法律工作。1873–1883 年，他在哈佛大學任羅亞爾法學講席教授。1883 年後轉任後來被命名為韋爾德講席教授的職位，直到 1902 年 2 月 14 日去世。他對法律的歷史演變特別感興趣。

6　艾姆斯 (James Barr Ames) 1846 年 6 月 22 日出生於麻薩諸塞州的波士頓。1872 年畢業於哈佛大學法學院。在整個職業生涯中，他全職在哈佛工作，擔任法學院的導師、講師、助理教授、正教授和院長。艾姆斯被譽為當時最重要的法學教師，學識淵博，知識準確，且對普通法的發展史頗有研究。艾姆斯堅持認為，法律教育應要求研究實際案例，而不是抽象的法律原則。他在法學教學中引入並推廣了由蘭德爾提倡的案例方法。案例教學法在他去世時已經在美國法學院普遍使用，並且一直持續到現在。

7　合理依據審查的概念可以追溯到塞耶爾 (James B. Thayer) 於 1893 年發表的有影響力的文章〈美國憲法的起源和範圍〉(《哈佛法律評論》，第 7 卷第 3 期〔1893 年 10 月〕，頁 129–156)。塞耶爾認為，只有在其違憲行為「如此明確以至於不存在理性質疑的情況下」，才應使某項法規無效。塞耶爾的學生霍姆斯大法官在其對 Lochner 訴紐約的典型異議中闡明了將成為理性基礎審查的一種學說，認為第十四條修正案中的「自由」一詞如果用於防止主流意見的自然結果，那將是對其含義的扭曲，「除非有理由說一個理性和公平的人一定會認為擬議的法規會侵犯到我們的人民和法律的傳統中所理解的基本原則」。

8　Holmes, "Law in Science and Science in Law," pp. 444–445.

9　Holmes, "Law in Science and Science in Law," p. 452.

10　Holmes, "Law in Science and Science in Law," p. 444.

11　Holmes, "Law in Science and Science in Law," pp. 462–463.

12　Holmes, "Law in Science and Science in Law," p. 451.

13　Dennis Caufield Heron, *The Principles of Jurisprudence* (London: Longmans, Green & Co, 1873).

14　Bronislaw Malinowski, *A Scientific Theory of Culture and Other Essays* (Chapel Hill, N.C.: University of North Carolina Press; London: Oxford University Press, 1944).

15 David A. Hollinger, "The 'Tough-Minded' Justice Holmes, Jewish Intellectuals, and the Making of an American Icon," in Robert Gordon ed., *The Legacy of Oliver Wendell Homes, Jr.* (Stanford: Stanford University Press, 1992), pp. 216–228.

16 見 Oliver Wendell Holmes, "Book Notices," *American Law Review* 14 (March 1880): 233–236；另見 Eleanor Little, "The Early Readings of Justice Oliver Wendell Holmes," *Harvard Library Bulletin* 8.2 (Spring 1954): 202。據埃莉諾‧利特爾（Eleanor Little）出版的霍姆斯的閱讀隨記，霍姆斯在1840年3月28日左右撰寫了這篇評論。也參 Brian Hawkins, "The Life of the Law: What Holmes Meant," *Whittier Law Review* 33.2 (Winter 2012): 323–376.

17 "Symposium: *The Path of the Law* 100 Years Later: Holmes's Influence on Modern Jurisprudence," *Brooklyn Law Review* 63.1 (1997).

18 Allen Mendenhall, *Oliver Wendell Holmes Jr., Pragmatism, and the Jurisprudence of Agon: Aesthetic Dissent and the Common Law* (Lewisburg: Bucknell University Press, 2016), p. 57；也見 Frederic R. Kellogg, *Oliver Wendell Holmes Jr. and Legal Logic* (Chicago: University of Chicago Press, 2018), p. 138。

19 Francis Bacon, *The New Organon* (Cambridge: Cambridge University Press, 2008).

20 Allen Mendenhall, "Pragmatism on the Shoulders of Emerson: Oliver Wendell Holmes Jr.'s Jurisprudence as a Synthesis of Emerson, Peirce, James, and Dewey," *The South Carolina Review* 48.1 (Fall 2015): 93–109.

21 Holmes, "The Path of the Law," *Harvard Law Review* 10.8 (March 1897): 461.

22 關於普通法中的法律推理，請參閱 Edward H. Levi, *An Introduction to Legal Reasoning* (Chicago: University of Chicago Press, 1949)；艾德華‧H‧列維著，莊重譯：《法律推理引論》（北京：中國政法大學出版社，2001）。

23 關於類比推理，請參閱 Roberto M. Unger, *What Should Legal Analysis Become?* (New York: Verso, 1996); Cass R. Sunstein, *Legal Reasoning and Political Conflict* (Oxford: Oxford University Press, 1996), pp. 62–100; Scott Brewer, "Exemplary Reasoning: Semantics, Pragmatics, and the Rational Force of Legal Argument by Analogy," *Harvard Law Review* 109.5 (March 1996): 925, 925–929, 962–963 及 Ronald Dworkin, *Law's Empire* (Cambridge, MA: Belknap Press, 1980), pp. 228–238。

參考書目

Bacon, Francis. *The New Organon*. Cambridge: Cambridge University Press, 2008.

Brewer, Scott. "Exemplary Reasoning: Semantics, Pragmatics, and the Rational Force of Legal Argument by Analogy." *Harvard Law Review* 109.5 (March 1996): 923–1028.

Desautels-Stein, Justin. *The Jurisprudence of Style*. Cambridge: Cambridge University Press, 2018.

Dworkin, Ronald. *Law's Empire*. Cambridge, MA: Belknap Press,1980.

Feldman, Robin. *The Role of Science in Law*. Oxford: Oxford University Press, 2009.

Hawkins, Brian. "The Life of the Law: What Holmes Meant." *Whittier Law Review* 33.2 (Winter 2012): 323–376.

Heron, Dennis Caufield. *The Principles of Jurisprudence*. London: Longmans, Green & Co, 1873.

Hollinger, David A. "The 'Tough-Minded' Justice Holmes, Jewish Intellectuals, and the Making of an American Icon." In *The Legacy of Oliver Wendell Homes, Jr.*, edited by Robert Gordon, 216–228. Stanford: Stanford University Press, 1992.

Holmes, Oliver Wendell. "Book Notices." *American Law Review* 14 (March 1880): 233–236.

Holmes, Oliver Wendell. "The Path of the Law." *Harvard Law Review* 10.8 (March 1897): 457–478.

Holmes, Oliver Wendell. "Law in Science and Science in Law." *Harvard Law Review* 12.7 (February 1899): 443–463.

Kellogg, Frederic R. *Oliver Wendell Holmes Jr. and Legal Logic*. Chicago: University of Chicago Press, 2018.

Levi, Edward H. *An Introduction to Legal Reasoning*. Chicago: University of Chicago Press, 1949.

Little, Eleanor. "The Early Readings of Justice Oliver Wendell Holmes." *Harvard Library Bulletin* 8.2 (Spring 1954): 163–203.

Malinowski, Bronislaw. *A Scientific Theory of Culture and Other Essays*. Chapel Hill, N.C.: University of North Carolina Press; London: Oxford University Press, 1944.

Mendenhall, Allen. "Pragmatism on the Shoulders of Emerson: Oliver Wendell Holmes Jr.'s Jurisprudence as a Synthesis of Emerson, Peirce, James, and Dewey." *The South Carolina Review* 48.1 (Fall 2015): 93–109.

Mendenhall, Allen. *Oliver Wendell Holmes Jr., Pragmatism, and the Jurisprudence of Agon: Aesthetic Dissent and the Common Law*. Lewisburg: Bucknell University Press, 2016.

Nyhart, J.D. and Milton M, Carrow. *Law and Science in Collaboration*. Lexington: D.C. Heath and Company, 1983.

Sunstein, Cass R. *Legal Reasoning and Political Conflict*. Oxford: Oxford University Press, 1996.

"Symposium: *The Path of the Law* 100 Years Later: Holmes's Influence on Modern Jurisprudence." *Brooklyn Law Review* 63.1 (1997).

Unger, Roberto M. *What Should Legal Analysis Become?* New York: Verso, 1996.

艾德華・H・列維著，莊重譯：《法律推理引論》。北京：中國政法大學出版社，2001。

第 4 章

霍姆斯的法律預測論
與美國法律現實主義的發展

邱昭繼

一、導言

霍姆斯是美國法律史上偉大的法官和法學家。無論在美國司法實踐領域，還是在法學理論領域，霍姆斯都是中心人物，也是美國法律思想史上開拓性的思想家。他有力地回應了那個時代佔據主流地位的自然法學、歷史法學、法律實證主義和法律形式主義，與這些法學流派保持了距離。同時，霍姆斯的法學著作，特別是《普通法》(1881)和〈法律的道路〉(1897)，預示了美國法律現實主義的發生。霍姆斯在《普通法》開篇寫下了一段膾炙人口的話：

> 法律的生命從來不是邏輯，而是經驗。對時代需要的感知，流行的道德和政治理論，對公共政策的直覺，公開宣稱的或無意識的，甚至法官和他們的同胞所共用的偏見對決定哪些人應該遵守規則所起的作用都遠遠大於三段論。[1]

這段話成為美國法律界最著名的名言。後來，霍姆斯在〈法律的道路〉中深化了這個主題。在霍姆斯看來，人們應該根據經驗觀察法律的生命，法律就是對法官如何判決的預測，而不是別的什麼矯飾造作的東西。霍姆斯的法律預測論矯正了法律實證主義和自然法學過於抽象和形而上學的法律觀。霍姆斯挫敗了當時極力推崇形式邏輯的克里斯托弗·哥倫布·蘭德爾的法律形式主義。他認為法律的生命在於經驗。經驗豐富多樣，既包括道德、政策、習慣和正義觀念，也包括法官的偏見、直覺和情緒。邏輯代表的是法律的形式之維，經驗代表的是法律的現實之維。霍姆斯一下把法學研究的重心從法律的形式層面轉向現實層面。在這個意義上，霍姆斯拉開了法律現實主義的序幕。再往後美國法學界興起的經濟分析法學、法律統計學、司法行為理論、批判法學、法律實用主義和自然化法學都與霍姆斯的法律學說緊密相連。可以說，霍姆斯的〈法律的道路〉是一篇預言性的文獻，這篇文獻問世之後一百多年來美國法學研究的道路都與之息息相關。

二、霍姆斯與同時代的主流法學流派

在霍姆斯所處的時代，自然法學、法律實證主義和歷史法學是佔據主導地位的三大法學流派。在法律的本質問題上，自然法學主張法律的理性論，法律實證主義主張法律的主權命令說，歷史法學主張法律的民族精神說。在對待這三大法學流派的態度上，霍姆斯反對自然法學的主張，分享了法律實證主義和歷史法學的一些主張。法律實證主義和歷史法學都屬於經驗主義法學，只不過法律實證主義注重的是法律規範，歷史法學注重的是法律的起源。霍姆斯更是將經驗提升到「法律的生命」的高度。霍姆斯堅持法律與道德的分離立場，這一點與法律實證主義的主張一致。霍姆斯也高度重視法律的歷史研究。然而，霍姆斯沒有止步於法律實證主義和歷史法學，他在〈法律的道路〉一文中開創性地提出法律的預測理論。霍姆斯的法律預測理論為美國法理學的發展指明了一條獨特的道路。

(一) 霍姆斯與自然法學

在霍姆斯所處的年代，自然法學在法律實證主義和歷史法學的雙重衝擊下已喪失了 17、18 世紀如日中天的地位，但仍然是一種很有影響的法學流派。自然法學堅持二元的法觀念，認為在實在法之上存在一種更高級的自然法，實在法的效力要接受自然法的檢驗，只有符合自然法要求的實在法才是有效的法，不符合自然法要求的法是無效的法。自然法所指的「自然」是歷史的、多變的。不同時期的自然法學家對「自然」有不同的理解。古羅馬法學家西塞羅認為自然法是自然的正確理性。中世紀神學家托馬斯·阿奎那認為自然法是神的理性。格勞修斯認為自然法是人的理性。在法律與道德的關係問題上，自然法學認為法律與道德是不可分離的，非自然法學認為法律與道德是可以分離的。霍姆斯在這個問題上贊同法律與道德的分離立場。霍姆斯反對自然法和自然權利，他的一大貢獻是幫助消除基於自然法或自然權利原則的司法推理。霍姆斯對法律的現實主義理解表明了他與自然法和自然權利的關係。對霍姆斯而言，法律和社會一直處於變化之中，法院根據法律的實際效果進行裁判。道德與法律沒有什麼關係，道德只不過是一種精神狀態。[2]

雖然霍姆斯承認法律是道德生活的見證和外部積澱，法律的歷史就是一個民族道德演進的歷史。但是霍姆斯主張將法律與道德區分開來。他做了大量的工作澄清法律與道德的混淆。霍姆斯為此提出了著名的「壞人論」。他認為，「如果你們只想知道法律而不是其他什麼東西，那麼你們就一定要以一個壞人的眼光來看待法律，而不能從一個好人的視角來看待法律，因為壞人只關心他所掌握的法律知識使他預見的實質性後果，而好人則總是在較為模糊的良知約束狀態中去尋求其他行為的理由，而不論這種理由是在法律之內，還是在法律之外。」[3]

法律語言和道德語言很容易混淆。權利、義務、惡意、故意以及過失等概念既是法律概念又是道德概念。霍姆斯舉了許多例子論證澄清法律概念與道德概念區別的必要性。例如，惡意在法律上的含義區別於其在道德上的含義。道德意義上的惡意意味著某種意圖害人的動機。從法律上講，惡意並沒有意指動機，甚至被告對於將來的態度，而是僅僅意味著，行為的傾向非常明顯將會對原告造成現時的傷害。[4]

在法律與真的關係問題上，法理學歷史上長期以來存在理性論和意志論。理性論認為法律命題為真是因為它們是正確的。意志論認為法律命題為真是因為它們是個體、團體或組織選擇和決定的。自然法學主張法律的理性論，自然法學家追尋普遍正當性標準。在霍姆斯看來，真是相對的，而不是絕對的。霍姆斯主張法律的意志論。霍姆斯喜歡以一種更世俗的方式思考「真」，反對哲學中的「基礎主義」和「絕對主義」。他認為，「真就是國家中那些能壓倒其他人的多數人的表決。對於目前這場戰爭，公認的觀點將在很大程度上依賴於獲勝一方。我們參考現在或將來可能支持我們觀點的多數人的意見檢驗真。」[5]這是一種典型的意志論。一個命題是否為真的評判標準是人的意志。如果多數人認為一個命題為真，那這個命題就為真。因而，真是由人有限的認識決定的。按霍姆斯的話說，真由人的局限性體系界定。既然真由人的意志決定，那麼人的經驗和偏見就不可避免地影響到人們對於真的認識。這種真之理論與自然法學家的真之理論不同，自然法學家認為命題的真假取決於普遍的正當性標準，這是一種絕對的真之理論。

在霍姆斯看來，那些相信自然法的法學家處於天真的思想狀態，即他們承認為所有地方所有人熟悉和接受的東西。[6]自然法學家認為法律命題的真取決於放之四海而皆準的普遍正當性標準。但在霍姆斯看來，這樣的普遍正當性標準是不存在的。人與人的價值觀念、生活方式、理想信念是很不一樣的。志同道合的人致力於創造一個自己喜歡的世界，其他人帶著同樣的誠摯與信念，也為創造一個不同的世界戰鬥與犧牲。人類根深蒂固的偏見根本無法消弭，也就很難就普通正當性標準達成共識。因為，霍姆斯認為自然法學家不可能找到判斷法律命題真假的普遍正當性標準。

(二) 霍姆斯與法律實證主義

1832 年，英國法學家約翰·奧斯汀出版了《法理學的範圍》一書，這標誌著早期法律實證主義的創立。奧斯汀提出了法律的命令理論。奧斯汀認為，法律是主權者針對臣民發佈的具有普遍約束力的命令。「一個命令就是一個意願的表達……如果一方不服從另外一方所提出的意願，那麼，前者可能會遭受後者所施加的不利後果。」[7] 早期法律實證主義的基本信條可以用約翰·奧斯汀的一段話來概括：「法律的存在是一回事，它的優缺點是另一回事，法律是否存在與它是否符合某假定的標準是兩個不同的範疇。一部法律，我們可能碰巧不喜歡它，或者它可能不符合我們用以認可法律的標準，但只要它確實的存在，它便是法律，這是一個事實。」[8] 這段話道出了法律實證主義分離命題的核心內容，即法律與道德之間的分離。根據分離命題，一條規範的法律身份獨立於有關它的內容的道德評價，一個規範體系的法律身份也獨立於有關它的內容的道德評價。奧斯汀創立的法律實證主義在英語世界產生了廣泛的影響，逐漸發展為與自然法學派平起平坐的主流法學流派。

如前所述，霍姆斯十分贊同法律實證主義的分離命題，他強調釐清法律與道德混淆。但霍姆斯並不贊同奧斯汀的法律命令理論。他對只有某一明確的上級政治機構才能創制法律表示懷疑。在奧斯汀看來，法官具有確立法律的權力，但是，這一權力的效力來自國家的權力授予。而霍姆斯認為，法官自身就擁有創制法律的權力。法官造法的規則從未被作為規則實際公佈過，但卻從案例中歸納出來了，這些規則也是法律。根據奧斯汀的觀點，國際法根本不是法律，而只是實在道德。在霍姆斯看來，有些國際法規則非常明確，可以根據因違約所導致的戰爭的確定性而在許多情況下得到認可，這些規則當然屬於法律的範疇。[9] 奧斯汀的法理學是以立法者為中心的，而霍姆斯的法理學是以司法者為中心的。霍姆斯在〈法律的道路〉一文中提出了法律的預測理論。在他看來，法律是對法官如何判決的預測。在預測理論中，立法者是不重要的，重要的是法官做出判決的理由。法律只是預測法官如何判決的一個理由，道德、政策、偏見等經驗要素成為預測法官判決更為重要的理由。

（三）霍姆斯與歷史法學

霍姆斯所處的年代歷史法學派影響甚巨。英國歷史法學創始人梅因的《古代法》於1861年出版。該書很快便成為歐美法學界普遍研究的經典之作，為梅因贏得了巨大的聲譽。梅因《古代法》的主要目的是說明反映於「古代法」中的人類最早的某些觀念，並指出這些觀念同現代思想的關係。梅因通過古代法的研究得出一個結論：「所有進步社會的運動，到此處為止，是一個從『身份到契約』的運動。」[10] 20世紀初，英國的歷史法學研究取得了豐碩的成果，如波洛克和梅特蘭的《愛德華一世前的英國法歷史》和霍茲沃思的《英國法歷史》以及大量的專題論文和專著。[11] 歷史法學的思潮在美國同樣很有市場。美國波士頓大學法學院的梅爾維爾·比奇洛是美國歷史法學派的傑出代表。[12] 哈佛大學法學院詹姆斯·巴爾·埃姆斯[13]和埃茲拉·里普利·塞耶[14]也為法律的歷史研究做出了不可磨滅的重要貢獻。[15] 霍姆斯深受歷史法學派的影響。霍姆斯在他的著作中經常提及梅因、波洛克和梅特蘭等歷史法學派代表人物。霍姆斯1881年出版的《普通法》就深深地打上了歷史法學派的烙印。霍姆斯認為，法律體現著一個國家數個世紀來的發展歷程。了解法律究竟是什麼，我們必須了解它曾經是什麼，以及它將會變成什麼。法律的形式和體系以及它能夠獲致理想結果的程度，在很大程度上取決於它的過去。[16] 霍姆斯對責任的早期形式進行了深入的研究。霍姆斯指出，對於一個人行為後果的私人責任體系源於關於實際意圖與實際的個人可歸責性的觀念。[17]

霍姆斯也強調法律的歷史研究的重要性。他認為，對法律的理性研究仍然是對於歷史的研究，如果不了解法律規則的歷史，那我們將無法了解法律規則準確的適用範圍。歷史是理性研究的一個組成部分，它是通往對於那些法律規則的價值進行深刻反思的第一步。[18] 法律的歷史研究可以用來解釋法律概念、法律規則和法律原則的前世今生。這是法律的歷史研究的優勢。但是，霍姆斯並沒有止步於法律的歷史研究。他認為，「對於法律的理性研究而言，研究歷史文本的人或許是現在的主人，而未來的主人則屬於研究統計學之人和經濟學專家。」[19] 統計學家和經濟學家注重的是法律的經驗之維。統計學家以各類數據為基礎展開法學研究。經濟學家以成本和效益為基礎展開法學研究。在霍姆斯那裡，歷史法學發生了實用主義的轉向。法律的目的成為一個更為重要的概念。霍姆斯指出，「歷史在解釋信條時所發揮的作用將會微乎其微，並且，代替獨創性的研究，我們將精力投注於對努力實現的目的以及渴望實現那些目的的理由的研究，我期待著這一時刻的到來。作為邁向那一理想的一步，在我看來，每一位法律人都應當努力追求對於經濟學的理解。」[20] 研究法律的目的研究包括如下方面：法律規則試圖實現哪些目的、法律規則試圖實現這些目的的理由、需要放棄什麼來實現這些目的，以及那些目的是否值得付出這樣的代價。[21]

三、霍姆斯的法律預測理論

霍姆斯的著作為美國法律現實主義的興起提供了智識源泉。法律現實主義的許多主題可以在霍姆斯的著作中找到。他在美國祭起了反形式主義的大旗，他的法律預測論預示了法律現實主義的產生。

(一) 霍姆斯對法律形式主義的抨擊

對法律形式主義的「最初的現實主義」(proto-realist) 批判往往與霍姆斯直接聯繫在一起。這的確有充分的理由，因為霍姆斯抨擊法院的蘭德爾和自由放任傳統。[22] 法律形式主義是與法律現實主義相對的法學流派，也常常被法律現實主義當作批判的靶子。法律形式主義聲稱司法判決可以根據法律規範和案件事實自動得出，無需考慮政策、道德或常識等非法律因素。機械法理學和概念法學都可以歸入法律形式主義的陣營。法律形式主義推崇形式推理。形式推理一般有三種形式：演繹推理、歸納推理和類比推理。演繹推理是從一般到特殊的推理，其公式是：對所有x而言，如果x是F，那麼x是G；a是F；因此，a是G。歸納推理是從特殊到一般的推理，其公式是：對大多數或特定比例的x而言，如果x是F，那麼x是G；因此，a是G。類比推理在法律推理過程中的公式大體上是，一個規則適用於甲案件；乙案件在實質上與甲案件類似。因此，這個規則也可適用於乙案件。這種法律推理預設了幾個前提：(1) 存在一個邏輯上自足的封閉的制定法體系；(2) 法官在司法的過程中僅僅是機械地適用法律，他們就如「自動售貨機」一樣，沒有任何的自主性可言；(3) 單一性法律推理（主要是演繹推理和歸納推理）能夠為法律案件提供一個唯一正確的答案。

長期擔任哈佛大學法學院院長的蘭德爾是美國法律形式主義的代表。在蘭德爾看來，法律科學以對特定案例的研究為基礎，探求一般的、邏輯一致的原則。全面研究案例法就能發現這些基本原則。一旦基本原則確定，學者的任務是以分析嚴謹的方式製定他們所包含的從屬原則。蘭德爾相信，當這些從屬原則被以命題形式指出後，當原則之間的衍推關係得到澄清後，它們將共同建構一個秩序良好的規則體系，這個規則體系為特定的法律部門提出了最可能的描述 —— 在這個領域中法律是什麼這個問題的最佳答案。[23] 霍姆斯認為，蘭德爾「代表著一股黑暗力量」，因為「他的全部就是邏輯並且憎恨參照任何邏輯

以外的東西」。[24] 斯科特・布魯爾稱霍姆斯的這個基本理論為「反邏
輯」。[25] 霍姆斯在他的〈法律的道路〉一文中重點論述了他的反邏輯理
論。霍姆斯在該文中花了相當長的篇幅駁斥「邏輯形式的謬誤」——
「即是這樣的一個觀念，它認為在法律發展中唯一發揮作用的力量是
邏輯。」[26] 布魯爾指出，霍姆斯至少在五個不同的意義上使用「邏輯」
這個概念。「邏輯」的五個用法如下：(1) 相當於「有判斷力的」、「合
理的」、「正當的」、「明智的」這一系列概念的同義詞；(2) 作為三段論
推理；(3) 作為和幾何學類似的形式推理系統；(4) 作為理性的可辨識
的因果關係的模式；(5) 作為一系列的論證方式。[27]

　　霍姆斯並不是全盤地否定邏輯的地位和作用，而是否定演繹邏輯
的作用，主要反對的是三段論推理。法律制度不同於數學，它無法從
某些行為的一般公理中推導出來。而將法律推理等同於數學演算是法
律形式主義者的信條。霍姆斯諷刺了持有如此信念的法官。「我曾經
聽一位非常傑出的法官說過，他絕不會輕易作出裁決，除非他能夠確
信那項裁決是正確的。因而，司法異議通常會受到譴責，似乎這僅僅
意味著一方或者另一方沒有做對他們的算數題，並且，如果他們願意
再多費點力的話，就必然會達成一致意見。」[28] 信奉法律形式主義的法
官堅信法律問題存在唯一正確答案，之所以法官對同一宗案件如何判
決會產生分歧是因為他們算數做錯了。法官的法律思維和法律方法是
法律教育的產物。因為，法律人接受的是邏輯的訓練，類推、區分和
演繹是法律人最在行的法律方法。

　　霍姆斯認為，在普通法審判中，法官往往先判決案件，再確立規
則。他舉了一個例子說明這種情況。在一些沒有先例的案件中，曼斯
菲爾德爵士曾經建議一位偶然被任命為法官的商人，讓他僅陳述結論
而不必給出理由，因為他的判決可能是正確的，而理由則肯定是錯誤
的。[29] 霍姆斯認為，一般性的法律規範無法決定案件的結果。霍姆斯曾
經做過著名的概括，即「普遍命題並不能裁決具體案件。裁決將更為微
妙地依賴於某種判斷或直覺，而非任何清晰的大前提。」[30] 司法裁判不

是從一般性大前提出發進行的必然有效的演繹推理。在疑難案件中，一般性法律規則與特定的案件結果之間存在一個邏輯縫隙，規則往往無法涵攝案件事實，因而無法決定案件結果。如果根據一般性規則進行的邏輯推理不能決定疑難案件的結果，法官應該行使自由裁量權和法官造法權。法官造法應該依靠他們認為什麼對社會有利的確信。

人類嚮往法律的確實性是一回事，而法律能否實現確實性是另一回事。前者代表的是法律的理想之維，後者代表的是法律的現實之維。霍姆斯拋棄了法律形式主義過於理想的法律追求，而主張現實地、不帶理想色彩地看待法律和法律實踐。霍姆斯認為，邏輯的形式與方法迎合了人們對於確定性的熱切渴望。但是，確定性只是一種幻覺。在邏輯形式背後，存在著對於相互競爭的立法理由的相對價值和重要意義的判斷，這是整個訴訟程式的根源和命脈之所在。[31]也就是在這個意義上，他的思想成為了法律現實主義的智識源泉。如果法律的生命不是邏輯而是經驗，那麼法律的確定性將要大打折扣。因為道德觀念、政治理論、個人偏見等經驗歸根結底屬於個體所擁有，個體因性別、階級、種族、族群、出身、宗教信仰、文化程度等而擁有不同的經驗，於是司法裁判不可避免地因法官的身份不同出現了不同程度的差異，最終使得法律的確定性變得不可捉摸。但是，霍姆斯相信，僅僅在疑難案件中法官應該立法，而在簡易案件中，法律規則能夠決定案件的結果。法官在審理簡易案件時可以找到一條恰當的規則並演繹地得出一個必然正確的結論。霍姆斯說：「法官事實上在立法，他們也應該立法，但只能在法律有空隙時才這麼做。」[32]由此表明，霍姆斯秉持的是相對的法律不確定性主張。

（二）法律的預測理論

霍姆斯在〈法律的道路〉[33]這篇曠世奇作中提出了法律預測理論。「預測」是霍姆斯法理學思想中的一個關鍵詞。霍姆斯所稱的法律是

「對於法院實際上將要做什麼的預測，而不是什麼其他的自命不凡。」[34]
法律預測論與法律實證主義法律觀大相徑庭。早期法律實證主義者奧
斯汀認為，法律是由規則組成的封閉體系，法律是主權者制定的命
令。法律預測論奠定了美國實用主義法律觀的基調。法學中最重要的
兩個概念權利和義務與法律一樣，也不是別的什麼東西，而是預測。
「所謂的法律義務僅僅是一種預測，即如果一個人為或不為一定的行
為，那麼他將會以這樣或者那樣的方式受到法院判決的處罰 —— 對於
法律權利而言，也是如此。」[35] 法學研究的目標也是預測，「就是對於
公共力量通過法院這一工具而產生的影響範圍的預測。」[36]

　　人們根據什麼預測法官的裁判呢？根據法律規定預測法官的裁判
嗎？在霍姆斯看來，不是這樣的。霍姆斯在《普通法》中寫道：「法律
的生命從來不是邏輯，而是經驗。對時代需要的感知，流行的道德和
政治理論，對公共政策的直覺，公開宣稱的或無意識的，甚至法官和
他們的同胞所共用的偏見對決定哪些人應該遵守規則所起的作用都遠
遠大於三段論。」[37] 我們可以發現，法律現實主義的社會學之翼和個人
習性之翼的核心觀點都來自這段話。霍姆斯所說的經驗是對時代需要
的感知、法官的直覺、個人偏見、道德觀念和政治理論。也就是說，
人們根據這些因素預測法官的裁判。霍姆斯的這句箴言吹響了攻擊法
律形式主義的號角。「法律的生命在於經驗」成為法律現實主義的箴
言。法律預測論將導致法律的不確定性。預測論對形式主義的法律推
理觀持批判態度。法律預測論認為，在科學和演繹推理的虛假外表之
下，法律規則和概念事實上經常是不確定的，它們不像人們所說的那
樣是中立的。法律概念和法律推理的不確定性，導致了以直覺或偏見
解釋司法判決的需要。[38]

　　法律現實主義中的「現實主義」是指實際地、有些憤世嫉俗地、不
帶理想色彩地看待真正發生的一切。[39]霍姆斯建議我們從「壞人」的視角
預測法院事實上可能做什麼。「如果你們只想知道法律而不是其他東
西，那麼你們就一定要以一個壞人的眼光來看待法律，而不能從一個好

人的視角來看待法律，因為壞人只關心他所掌握的法律知識能使他預見的實質性後果，而好人則總是在較為模糊的良知約束狀態中去尋求其行為的理由，而不論這種理由是在法律之內，還是在法律之外。」[40] 壞人不關心公理和演繹推理之類的事情，壞人只想知道法院事實上可能做什麼，只關心哪些行為會讓他坐牢或讓他交罰款，而哪些行為不會，其他的都是無關痛癢的事情。法律預測論是一種司法定向的法理學，它的主要關注是司法裁判，它奠定了美國法理學的基本風格。法官經常根據社會利益、公共政策或個人的政治偏見做出裁判，公共政策和社會科學在預測法官的裁判時將發揮重要的作用。這一觀念為龐德教授所分享。龐德主張從法律所服務的社會目的和社會利益看待法律。

四、法律的預測理論與法律現實主義

（一）何謂法律現實主義

　　法律現實主義（Legal Realism）是指美國20世紀20、30年代興起的一場法學的智識運動。它的宣導者是一批法學教授和法官，包括盧埃林（Karl Llewellyn）、弗蘭克（Jerome Frank）、科恩（Fellx Cohen）、奧利芬特（Herman Oliphant）、庫克（Walter Wheeler Cook）、穆爾（W. V. Moore）、福特森（Joseph Hutcheson）、格林（Leon Green）和納丁（Max Radin）等人。[41] 他們無一例外地反對當初在美國佔據統治地位的「形式主義法學」和「機械法學」。法律現實主義者極力否認形式主義法學的這種主張，認為要「現實地」看待法官審理案件的過程，他們發現法官裁決案件的主要理由不是法律規則，而是政治、經濟、道德、習慣、正義等非法律因素。「現實主義法理學運動最主要的特點或許是它的代表人物傾向於把法律的規範性因素或規定性成份降到最低的限度。對現實主義的法學家來說，法律只是一組事實而不是一種規範體系，亦即是一種活的制度，而不是一套規範。」[42] 在他們看來，法律就是法官或者其他官員處理案件的行為或對這種行為的預測。

在法律現實主義內部，現實主義者對法官裁決案件的根據有著不同的解釋，有人著重社會事實，有人著重心理事實。根據這種差異，可以把法律現實主義者分為兩翼 —— 社會學之翼（Sociological Wing）與個人習性之翼（Idiosyncrasy Wing）。[43] 盧埃林是法律現實主義的社會學之翼的代表人物，弗蘭克是法律現實主義的個人習性之翼的代表人物。個人習性指的是每位法官的個性、性情、偏見、心理、預感。社會學之翼與個人習性之翼的分野源於他們側重霍姆斯所說的經驗的不同方面。社會學之翼強調法官對時代的感知、道德和政治理論，個人習性之翼強調法官的直覺和偏見。

（二）法律現實主義對法律預測論的發展

社會學之翼的學者認為社會事實對法官的司法判決起著決定性的影響。他們眼裡的社會事實包括法官的經濟背景、個人的職業經歷和法官個人的社會經歷。在盧埃林看來，法律官員在處理糾紛時的所作所為就是法律本身。他指出，關鍵在於觀察法律官員做什麼，他們如何處理糾紛或者其他任何事務，以及觀察他的所作所為，從中尋找某種獨特的規律性 —— 這種規律性使人們有可能對法律官員及其他官員今後的所作所為作出預測。[44] 盧埃林對法律的界定與霍姆斯的法律預測論非常相似。盧埃林還是一個規則懷疑論者。他認為，「規則本身僅僅是語詞的形式，毫無價值。我們認識到，為了使任何一個一般性命題 —— 無論是法律規則，還是任何其他規則 —— 具有意義，具體的例證、具體例證的累積、當前對諸多具體例證的鮮活記憶，是必不可少的。如果沒有具體的例證，一般性命題就會成為阻止前進的累贅、障礙和廢物。」[45] 法律規則的全部意義在於幫助人們預測法官將如何行事。

傑羅姆・弗蘭克是另一位傑出的法律現實主義者。他公開宣稱，他的法律理論以偉大的霍姆斯大法官為榜樣。弗蘭克對法律的定義是：「就任何具體情況而論，法律或者是：(1) 實際的法律，即關於這一情況的一個已作出的判決；或者是 (2) 大概的法律，即關於一個未來判決的猜測 (guess)。」[46] 在法官做出判決之前，唯一可用的法律是律師對法律的看法，但這些看法並不是實際的法律，只是對法官將如何判決的猜測。當事人和律師關心的不是實際的法律，而是大概的法律，即法官對他們的案件將來大概會如何判決。法律就是對法官如何判決的猜測。在這個意義上，弗蘭克也是在繼承發揚霍姆斯的法律預測論。

弗蘭克從律師和當事人的角度思考法官裁判。他從現實主義的角度審視法官的判決。如果法律是對法官將來如何判決的猜測。那麼法官又是怎樣作出判決的呢？律師和當事人根據什麼因素猜測法官的判決？弗蘭克看來，法官獲得預感的方式是司法過程的關鍵。製造法官預感的東西創造了法律。[47] 法官的心理、情緒、偏見和習慣等個人習性製造了預感。弗蘭克認為，「如果法官的個性是法律實施的中樞因素，那麼法律就可能要依碰巧審理某一具體案件的法官的個性而定。」[48] 弗蘭克將司法判決中的神話和現實概括為兩個不同的公式。神話的公式是：R (rule，法律規則) × F (fact，事實) = D (decision，判決)。對於任何訴訟案件，如果你知道了法律規則和事實，那麼你就會知道判決將會是什麼。弗蘭克認為司法判決中的現實情況不是這樣的。現實的公式是：S (stimulus，圍繞法官和案件的刺激) × P (personality，個性) = D (decision，判決)。[49]

(三) 哈特對法律預測理論的批評

隨著第二次世界大戰的到來，許多學者對法律現實主義提出了十分嚴厲的批評，他們認為法律現實主義者對法律確定性的消解和對法治理想的破壞某種程度上支持了法西斯主義。與此同時，耶魯大學的兩位學者哈羅德‧拉斯韋爾和邁里斯‧麥克杜格爾所宣導的法律的「政策科學」直接給法律現實主義者當頭一棒，他們認為法律研究應當具有某種價值關懷，而並不只是一種對社會事實的描述。

而對法律現實主義造成毀滅性打擊的是赫赫有名的法哲學家H‧L‧A‧哈特。哈特從法律實證主義的基本立場出發對法律預測論提出了十分尖銳的批評。哈特認為法律是由一種社會規則，這種社會規則與道德沒有必然的聯繫。如果法律是一種預測，那就意味著法律規則制定出來後，立法者的意圖和目的都變得不重要了，重要的是法官對法律規則的解讀。美國聯邦最高法院的法官不可能預測自己將如何作出判決。他在《法律的概念》一書的第七章檢討了法律預測論。哈特寫道：「有點奇怪的是，在法律體系結構中規則應佔中心地位之論點可能受到嚴重懷疑『規則懷疑論』，或規則之說法是神話的主見──規則之說法掩蓋了法律不過是由法院的判決或對法院判決的預測構成的這一事實，可能有力地喚起律師的坦誠。」[50] 哈特認為：「法院把法律規則不是作為預測，而是作為判決中必須遵循的標準，法律規則雖有開放結構，卻是明確得足以限制（雖不排除）法院的自由裁量。」[51] 在哈特捉出的規則模式論裡，承認規則是最重要的。承認規則通過設置一定的標準判定哪些規則是法律哪些規則不是而為法律制度提供一個基礎。承認規則「作為法院、官員和私人依據一定標準確認法律這種複雜而通常又協調的實踐而存在。它的存在是一個事實問題。」[52] 依據哈特的承認規則理論，法律不是預測，也不存在於法官的行動之中，法律是由承認規則識別了的有效的社會規則。後來他把美國的法律現實主義誇大司法裁量權的觀點稱為一場「噩夢」。

哈特在《法律的概念》的〈形式主義與規則懷疑主義〉一章中檢討了兩種極端的司法裁量理論。形式主義法學否認語言開放性的存在並否認法官的自由裁量權，認為法官完全可以根據形式推理來得出一個唯一正確的判決。規則懷疑主義則極盡攻擊之能事，誇大法的不確定性，否定法的自主性，藉以否定現存法律秩序的客觀性和必然性。哈特把法律現實主義稱為「規則懷疑論」。哈特在「規則懷疑論的多樣性」這一節中談到了兩種不同類型的規則懷疑論。第一種規則懷疑主義聲稱「規則之說法是神話，規則的說法掩蓋了法律不過是由法院的判決和對法院判決的預測構成的這一事實。」[53] 第二種規則懷疑主義「只是作為關於司法裁決中的規則的功能的理論」。這種懷疑論聲稱「認為法官自己服從規則或受規則約束來決定案件是值得懷疑的，也是虛假的。」[54] 哈特對法律現實主義的批評是相對尖銳的，這使得法律現實主義在以後的幾十年中一蹶不振，以至人們差不多忘記法律現實主義還是一種法律理論。

五、萊特與法律現實主義的重生

法律現實主義在哲學基礎上是相當脆弱的，當初著名的法律現實主義者主要關注的是司法實踐中的司法裁量問題，而很少關心法律哲學的理論基礎。芝加哥大學的法哲學教授布賴恩·萊特近年寫了一系列文章試圖為法律現實主義尋找一種哲學基礎。[55] 他從奎因所提倡的「自然主義」哲學中尋找到了理論資源。他想以此實現法律現實主義的再生。他認為法律現實主義是一種自然化法學。萊特試圖打破哈特（哈特派）、德沃金（德沃金派）一統天下的局面。他近年奔走於各大著名的法學院，發出「超越哈特／德沃金」、「帝國終結」的呼喊。

至於哈特對法律現實主義的批評，萊特區分了兩種規則懷疑論，前者為「概念性規則懷疑主義」，後者為「經驗性規則懷疑主義」。[56] 概念性規則懷疑主義聲稱「規則之說法是神話，規則的說法掩蓋了法律不過是由法院的判決和對法院判決的預測構成的這一事實。」[57] 經驗性規則懷疑主義「只是作為關於司法裁決中的規則的功能的理論」。這種懷疑論聲稱「認為法官自己服從規則或受規則約束來決定案件是值得懷疑的，也是虛假的。」[58] 概念性規則懷疑主義指的是法律現實主義的法律觀，而經驗性規則懷疑主義指的是法律現實主義的司法裁判理論。事實上，大多數的學者攻擊的就是概念性規則懷疑主義。萊特認為我們不能因為概念性規則懷疑主義是一種沒有說服力的觀點就否認法律現實主義。事實上，大多數法律現實主義者不是概念性規則懷疑論者。他們是經驗性規則懷疑論者。[59] 由是觀之，哈特給了概念性規則懷疑主義致命的一擊。但是大多數法律現實主義者不是概念性規則懷疑論者。他們是經驗性規則懷疑論者。而哈特對經驗性規則懷疑主義又沒有提出令人信服的批評。

（一）重建法律現實主義的哲學基礎

　　法律現實主義在哲學基礎上是相當脆弱的，當初著名的法律現實主義者主要關注的是司法實踐中的司法裁量問題，而很少關心法律哲學的理論基礎。萊特則試圖從奎因所提倡的「自然主義」哲學中尋找理論資源，以實現法律現實主義的再生。他認為法律現實主義是一種自然化法學。在〈反思法律現實主義——致自然化法學〉一文中，萊特寫道：「法律現實主義者經常被哲學問題迷惑，這是許多法哲學家不怎麼尊敬他們的原因所在。儘管如此，相比大多數法哲學家，現實主義者對法律和裁量問題有著許多的真知灼見，這種真知灼見反映了他們對自然主義哲學的敏感性。……雖然我們有許多關於現實主義的研究資料，但沒有人從哲學的角度對現實主義作一番同情的解釋。當然，做好這個工作，我們必須從現實主義著作的泥潭中解脫出來。這樣我們才能創建一種值得哲學界重視的法律理論。我稱這種法律理論為『自然化法學』，我希望表明『自然化法學』保留了現實主義的精神氣質，當然不是它的各個方面。」[60]

　　自然主義認為每一事物都是自然世界的一部分，都可以用自然科學的方法加以解釋。自然主義承認解釋上的一元論，不承認解釋上的二元論或多元論。它贊成科學，反對神秘主義。在不同的領域,自然主義有不同的形式。從形而上學方面來看,它反對假設任何非自然的從理論上推出的實體、官能或原因,反對科學探究無法接近的超自然的存在物和過程。它還批駁了第一哲學優於自然科學的主張。從認識論方面來看,自然主義認為認識論上的證明和解釋是與自然科學相伴隨的持續過程,並論證説科學的方法是我們獲得知識的惟一方法。[61] 自然主義在近30年間取得了突飛猛進的發展。肇始於二十世紀之初的「語言轉向」逐漸被「自然主義轉向」所取代。晚近的自然主義哲學家包括奎因(W. V. O. Quine)、劉易斯(David Lewis)、古德曼(Alvin Goldman)等人。奎因所著力宣導並在當代西方認識論和科學哲學研究中蔚為思潮的自然主義,則更多地具有認識論和方法論的意蘊。[62]

自然主義認識論這一術語來自奎因的〈自然化的認識論〉一文。奎因認為:

> 認識論……研究一種自然現象,即一種物理的人類主體。這種人類主體被賦予某種實驗控制的輸入(例如,具有適當頻率的某種形式的輻射),並且在適當的時候,他又提供了關於三維外部世界及其歷史的描述作為輸出。貧乏的輸入和洶湧的輸出之間的關係,正是我們要加以研究的。而推動我們研究它的理由,和總是推動認識論的理由,在某種程度上是同一種理由;這就是:為了弄清楚證據是如何與理論相關聯的,並且人們的自然理論是以何種方式超越現成證據的。[63]

奎因提出自然主義認識論是為了反對基礎主義(foundationalism)和懷疑主義。基礎主義者把我們的信念分為兩組:一組需要其他信念的證實,一組可以證實其他信念而其自身卻不需要任何證明。後一組信念構成了認識論的基礎,它們是直接明顯、確實可靠、無需辯護的;而前一組信念則是建立在這些基礎上的上層建築,它們的可靠性要通過證明來確立。[64]

自然主義認識論所要解決的中心問題是：我們是如何在「貧乏的」感覺刺激的基礎上，產生出「洶湧的」輸出即我們關於世界的豐富理論的？或者說，我們關於世界的理論是如何從觀察中產生的？這樣一來，自然化認識論的中心問題就變成了說明觀察與我們的理論話語之間關係的問題。[65] 為了克服觀察這一概念造成的困難，奎因提出了一個解決辦法，即不談觀察而談觀察句。用觀察句取代觀察之後，自然主義認識論的中心問題轉化為理論語句和觀察語句之間的關係問題。這一關係同樣包含兩個方面，一是認識論關係，即一個語句如何成為另一個語句的證據？這由科學的證據理論來解答。一是語義關係，即語句如何獲得它們的意義？這由語言學習理論來回答。[66]

這樣一來，認識論問題的研究又被歸結為對於人如何學習和掌握理論語言過程的經驗的（即發生學的）研究，因而成為行為主義心理學以及對科學的歷史探究，成為自然科學的一章。在這裡，認識論已在相當程度上被自然化了。自奎因提出自然主義認識論之後，許多的學者都紛紛追隨奎因的認識論，使得英美哲學繼「語言轉向」之後又發生了一次影響深遠的「自然主義轉向」。

(二) 法學的「自然主義轉向」

在最近的25年間，哲學的每一個領域（例如，形而上學、語言哲學、認識論等）都經歷了一次自然主義轉向，但英美的法哲學則還沒有受到這種哲學思潮的任何影響，法哲學仍然以概念分析作為其研究重點，分析法學一直佔據著英美法哲學的主導地位。萊特對法哲學領域的這種現狀非常不滿。萊特在反對哈特（哈特派）、德沃金（德沃金派）統治英美法哲學的同時，還著文提出一種新的法律思想——自然化法學。他的自然化法學有兩個鮮明的特點：(1) 它的思想淵源是法律現實主義；(2) 哲學基礎是奎因所首倡的自然主義認識論。

　　自然主義和現實主義法學之間有著緊密的聯繫。奎因在論證自然主義認識論的時候採取了兩個步驟，首先是反對基礎主義，認為在證據輸入的基礎上沒有唯一的理論可以被正當化。其二是選取一個替代方案，主張用純粹的描述探求替代規範性主題。例如對輸入與輸出的關係進行一種心理研究。自然主義認識論所要解決的中心問題是：我們是如何在「貧乏的」感覺刺激的基礎上，產生出「洶湧的」輸出即我們關於世界的豐富理論的？這樣一來，自然化認識論的中心問題就變成了說明觀察與我們的理論話語之間關係的問題。法律現實主義的理論特色可以概括為以下四點：(1) 它是一種關於司法判決性質的描述理論；(2) 法官行使不受限制的裁量權；(3) 法官以個人的喜歡和價值觀為基礎得出結論；(4) 法官然後以適當的法律規則和理由將事後的事實 (after-the-fact) 理性化。我們發現自然主義認識論的這種論證步驟同樣適用於現實主義法律理論。從自然主義哲學的視角看，法律現實主義者反對傳統的裁量理論，他們推崇經驗性研究。

　　現實主義者的裁量理論關注的不是「證據」和「科學理論」之間的關係，而是「法律理由」(輸入) 和司法判決 (輸出) 之間的正當化關係。現實主義者對待司法判決採取了一種「反基礎主義」的態度，因為他們否認可以從法律理由得出一個唯一正確的結論：法律理由典型地削弱了判決的確定性 (至少對大多數起訴到上訴複審的案件是如此)。更明顯的是，現實主義者聲稱法律是理性地不確定的，因為法律理由並不能證立唯一的結果。正如感覺輸入不能證立一個唯一的科學理論，法律現實主義者認為法律理由不能證立一個唯一的判決。[67]

　　前面提到，在法律現實主義內部，現實主義者對法官裁決案件的根據有著不同的解釋，有人著重社會事實，有人著重心理事實。根據這種差異，可以把法律現實主義者分為兩翼——社會學之翼與個人習性之翼。個人習性之翼主張把法學研究變成一種心理學研究。類似的觀點在奎因那裡可以找到，「認識論……簡單地落入了作為心理學一章的地位……」。[68] 法律現實主義者認為決定判決結果的主要理由不是法律規則和原則，而是政治、經濟、道德、習性等因素，這意味著法律基礎主義者有關裁量的理論是不可能的。法律基礎主義認為法律理由可以證立一個法律結果，而法律現實主義則試圖從輸入（例如，什麼事實和理由的結合）產生了輸出（例如，什麼司法判決）的角度來描述法官的裁量過程。一旦法學（更具體地說是裁量理論）被自然化之後，它就成為一種心理學、人類學或社會學的研究。萊特對他的自然化法學充滿著憧憬。在〈反思法律現實主義──致自然化法學〉一文的結尾處，他滿懷激情地寫道：「一旦我們把自然化方法引入法學，我希望我們或許會見到法律現實主義的再生。我們必須記住，現實主義者肯定不是後現代主義者，他們是那個時代智識環境的結果。……隨著近三十年來自然主義哲學的進展，我們終於可以認可大多數法學家錯過了的法律現實主義了。法律現實主義者不是糟糕的法哲學家，而是有著先見之明的法哲學家，他們在哲學中的自然主義者之前就提出了自然主義的思想。」[69]

自然主義認識論則更適合於用來研究法律推理的問題。法律推理是一種主體間的活動。法官、法律規則、當事人等各種因素都會影響到判決結果。當然，各種因素都是涌過法官來發生作用的，因為法官是裁判者，最後的判決由法官作出。法官不是機器，而是活生生的人，他的個人經驗、個人習性都會影響到判決結果。在這個意義上，霍姆斯提出「法律的生命從來就不是邏輯，而是經驗」的口號。法官判決的過程是各種因素一起發生作用的結果，法律規則可能不是最重要的決定因素。因此，自然主義認識論提出要對司法裁量進行經驗的描述研究是有道理的。

（三）法律的可預測性與不確定性

朱爾斯·科爾曼和布賴恩·萊特在〈確定性、客觀性與權威性〉一文中重新界定了法律的不確定性與可預測性的關係。他們的界定在新的層面上捍衛了法律現實主義的主張。法律現實主義者認為，如果法律是不確定的，那麼這組法律理由要麼不足以獨自證成一個結論，要麼不能充分預測或解釋一個結論。法律現實主義者一方面關心法律的不確定性，另一方面又對法律的可預測性保持濃厚的興趣。現實主義者的不確定性理論堅持認為，具有法律效力的法律材料是法官判決的一個理由，但是這組法律理由無法充分解釋和預測司法判決。他們的可預測性理論認為法官的心理事實和社會事實也可以用來預測法官的判決。法律現實主義者一方面主張法律理由具有因果的不確定性，另一方面又確信法律的合法治理的可能性。這與現實主義者對不確定性與可預測性之間的關係的看法有關。[70]

許多自由主義法律理論家認為，不確定的法律可能會成為法治的一個問題，因為，如果法律是不確定的，那麼人們就無法知曉法律的要求，因而也無法服從法律。[71] 科爾曼和萊特指出，不確定性引起的法治問題在現實主義者那裡不足為慮。如果人們能夠預測到法律的要求，那他們就能知曉並服從法律的要求。預先知曉要求的是可預測性而不是確定性。而現實主義者恰恰認為合理的不確定的結果是可以預測的。只要不確定的司法決定是可預測的，不確定性就不會給自由主義帶來什麼威脅。對司法判決的預測不能完全以法律理由為基礎。[72] 一種主張認為，對法官將如何判決案件的可靠預測要求存在某種恰當的有關審判的社會科學理論。[73] 另一種主張認為，律師可以運用有關審判的民間社會科學理論預測法官的審判。民間的社會科學理論是由非正式的心理學、政治學以及社會學知識共同構成的。[74]

六、結語

霍姆斯在 120 多年前預測，未來法學研究的主人屬於研究統計學家和經濟學家。1949 年，李‧洛文傑（Lee Loevinger）將法律統計學引入法律辭彙。法律統計學主張用電腦和符號邏輯研究法律問題，比如，法官和陪審團對於同一案件進行裁判時可能採用的不同方式，對於法官將如何裁判進行專門預測。[75] 1980 年以來興起的人工智慧與法律研究再次印證了霍姆斯對未來法學研究道路的預測。人工智慧與法律研究再次彰顯了統計學的重要性。法律文本解析是法律人工智慧的核心技術，它是指使用語言的統計的和機器學習的技術自動發現法律文本數據檔案中的知識。統計估計、詞頻／反文檔頻率、最近鄰法、決策樹隨機森林、貝葉斯網路等統計技術被廣泛運用於人工智慧與法律研究。人工智慧與法律研究者研發的法律應用程式可以實現法律結果的自動預測。法律應用程式可以使用表示為特徵和結果集的案例資料庫預測新問題的結果。它們通常通過基於案例的推理模型和機器學習來實現對法律結果的預測。[76] 近年來，人工智慧與法律研究者基於美國「最高法院資料庫」預測最高法院的法官將如何判決。最高法院資料庫記錄了案件、大法官和趨勢的特徵。案件資訊包括案件來源的巡迴審判區、法律類型、下級法院異議、問題區域和司法管轄權準則。大法官和法院背景資訊包括大法官、大法官性別、是否為首席大法官以及任命總統的黨派。趨勢包括當前和整體歷史上最高法院的裁決、下級法院的趨勢、最高法院的單個大法官的趨勢以及趨勢的差異。人工智慧與法律研究者研發出學習和構建預測的系統。該系統使用單個大法官的投票預測來預見法院的整體判決。[77]

在霍姆斯看來，法律就是對法院將要做什麼的預測。這是霍姆斯的法律預測論的核心要義。作為一種法律的概念理論，法律預測論的確有缺陷。最高法院的法官不可能自己預測自己將要做什麼。但是，作為一種法律的經驗理論，法律預測論很有生命力。法律預測理論為法律現實主義提供了強大的智識支持。法律現實主義者從不同的方向豐富了法律預測論。法律現實主義者發現，法律並不是法官做出司法裁判的唯一理由，道德觀念、公共政策、常識和法官的直覺與偏見都會左右法官的判決。在法律現實主義者看來，法律無法決定案件的結果，法律是不確定的。雖然法律現實主義者否認法律的確定性，但是他們認為法律是可以預測的。法律、道德、政策、常識、直覺和偏見都是法官進行預測的依據。萊特教授試圖將自然主義認識論引入法學研究，為法律現實主義提供哲學基礎。他認為，法律現實主義者都是法律自然主義者。法律現實主義者的裁量理論關注的是法律理由和司法判決之間的正當化關係。人工智慧與法律研究者更是進一步將法律預測論計算化了。因而，在人工智慧與法律研究者研發的法律應用程式中，用於預測法官司法裁判的各種因素都變成了電腦可以識別的數據，法律應用程式對法官將如何裁判的預測變得更加精準。由此看來，預測法官將如何裁判成為美國法理學的一個重要特徵。而霍姆斯是最早把預測法官將如何裁判提升為一種法律理論的法學家。我們通過研究霍姆斯的法律預測論就能窺見美國法理學未來發展。

注 釋

1 Oliver Wendell Holmes Jr., M. D. Hower ed., *The Common Law* (Boston: Little Brown, 1963), p. 5. 該書的初版問世於1881年。「法律的生命從來不是邏輯，而是經驗」這句話最早見於一年前霍姆斯對克里斯托弗‧哥倫布‧蘭德爾的《合同法案例選 (第2版)》所撰寫的一篇書評。Oliver Wendell Holmes, "Book Notice" (of William Anson, *Principles of the English Law of Contracts* and Christopher Columbus Langdell, *Selection of Cases on the Law of Contracts*, 2nd ed.), *American Law Review* 14 (March 1880): 234.

2 Bradley C. S. Watson, "Oliver Wendell Holmes, JR. and the Natural Law," *Natural Law, Natural Rights, and American Constitutionalism*, accessed May 20, 2020, http://www. nlnrac.org/critics/oliver-wendell-holmes.

3 霍姆斯著，明輝譯：《法律的生命在於經驗 —— 霍姆斯法學文集》(北京：清華大學出版社，2007)，頁210。

4 霍姆斯：《法律的生命在於經驗》，頁214。

5 霍姆斯：《法律的生命在於經驗》，頁175。

6 霍姆斯：《法律的生命在於經驗》，頁176。

7 約翰‧奧斯汀著，劉星譯：《法理學的範圍》(北京：中國法制出版社，2002)，頁19。

8 John Austin, ed. W. E. Rumble, *The Province of Jurisprudence Determined*, Lecture V (Cambridge: Cambridge University Press, 1995) (First edition published 1832), p. 157. 中譯本見奧斯汀：《法理學的範圍》，頁 208。

9 霍姆斯：《法律的生命在於經驗》，頁 28–29。

10 梅因著，沈景一譯：《古代法》（北京：商務印書館，1959），頁 112。

11 E·博登海默著，鄧正來譯：《法理學 —— 法律哲學與法律方法》（北京：中國政法大學出版社，1999），頁 93。

12 梅爾維爾·比奇洛（Melville Bigelow，1846–1921），美國法律史學家，1846 年出生於美國密歇根州，先後畢業於密歇根大學和哈佛大學，1872–1921 年執教於波士頓大學法學院，是該院的創始人之一，1902–1911 年任法學院院長。比奇洛是美國歷史法學派的代表人物。參見 David M. Rabban, "Melville M. Bigelow: Boston University's Neglected Pioneer of Historical Legal Scholarship in America," *Boston University Law Review* 91.1 (January 2011): 1–42。

13 詹姆斯·巴爾·埃姆斯（James Barr Ames，1846–1910），1846 年 6 月出生於波士頓，先後就讀於哈佛大學、賓夕法尼亞大學和西北大學，1873 年起執教於哈佛大學法學院，1895–1910 年擔任哈佛大學法學院院長。

14 埃茲拉·里普利·塞耶（Ezra Ripley Thayer，1866–1915），1866 年 2 月出生於麻薩諸塞州，1891 年從哈佛大學法學院畢業後留校工作，1910–1915 年擔任哈佛大學法學院院長。

15 參見霍姆斯著：《法律的生命在於經驗》，頁 227。

16 小奧利弗·溫德爾·霍姆斯著，劉思達譯，張芝梅校：《霍姆斯讀本 —— 論文與公共演講選集》（上海：上海三聯書店，2009），頁 70。

17 霍姆斯·《霍姆斯讀本》，頁 73。

18 霍姆斯：《法律的生命在於經驗》，頁 221。

19 霍姆斯：《法律的生命在於經驗》，頁 221。

20 霍姆斯：《法律的生命在於經驗》，頁 227。

21 霍姆斯：《法律的生命在於經驗》，頁 229–230。

22 Neil Duxbury, *Patterns of American Jurisprudence* (New York: Oxford University Press, 1995), p. 17.

23 Antony T. Kronman, *The Lost Lawyer* (Cambridge, MA: Harvard University Press, 1993), p. 171.

24 Mark DeWolfe Howe, ed., *Holmes-Pollock Letters: The Correspondence of Mr. Justice Holmes and Sir Frederick Pollock, 1874–1932* (Cambridge, MA: Harvard University Press, 1961), p. 17.

25 參見斯科特·布魯爾著，張芝梅譯：〈從霍姆斯的道路通往邏輯形式的法理學〉，載斯蒂文·J·伯頓主編，張芝梅、陳緒剛譯：《法律的道路及其影響：小奧利弗·溫德爾·霍姆斯的遺產》（北京：北京大學出版社，2005），頁 124。

26 霍姆斯：《法律的生命在於經驗》，頁 216。

27 布魯爾：〈從霍姆斯的道路通往邏輯形式的法理學〉，頁131–132。

28 霍姆斯：《法律的生命在於經驗》，頁217。

29 霍姆斯：《法律的生命在於經驗》，頁23。

30 *Lochner* v. *New York*, 198 U.S. 45, 76 (1905)（反對意見），載霍姆斯：《法律的生命在於經驗》，頁305。

31 參見霍姆斯：《法律的生命在於經驗》，頁217。

32 Holmes, *Southern Pacific v Jensen*, 244 US 205 at 221 (1917)（霍姆斯大法官的反對意見），轉引自托馬斯・C・格雷著，張芝梅譯：〈霍姆斯論法律中的邏輯〉，載伯頓主編：《法律的道路及其影響》（北京：北京大學出版社，2005），頁181。

33 Oliver Wendell Holmes, Jr., "The Path of the Law," *Harvard Law Review* 10.8 (March 1897): 457–478。

34 霍姆斯：《法律的生命在於經驗》，頁211。

35 霍姆斯：《法律的生命在於經驗》，頁208。

36 霍姆斯：《法律的生命在於經驗》，頁211。

37 Holmes, *The Common Law*, p. 5.

38 參見布賴恩・比克斯著，邱昭繼譯：《法理學：理論與語境》（北京：法律出版社，2008），頁215。

39 參見比克斯：《法理學》，頁214。

40 霍姆斯：《法律的生命在於經驗》，頁210。

41 Brian Leiter, "Legal Realism," in D. M. Patterson ed., *A Companion to Philosophy of Law and Legal Theory* (Oxford: Blackwell, 1996), p. 261.

42 E・博登海默著，鄧正來譯：《法理學 —— 法律哲學與法律方法》（北京：中國政法大學出版社，1999），頁153。

43 Brian Leiter, "American Legal Realism," in W. Edmundson & M. Golding eds., *The Blackwell Guide to Philosophy of Law and Legal Theory* (Oxford: Blackwell, 2005), p. 54.

44 盧埃林著，明輝譯：《荊棘叢 —— 關於法律與法學院的經典演講》（北京：北京大學出版社，2017），頁5–8。

45 盧埃林：《荊棘叢》，頁3–4。

46 Jerome Frank, *Law & The Modern Mind* (New Brunswick: Transaction Publishers, 2009), pp. 50–51.

47 Frank, *Law & The Modern Mind*, p. 112.

48 Frank, *Law & The Modern Mind*, p. 120.

49 Jerome Frank, "Are Judges Human? Part One: The Effect on Legal Thinking of the Assumption That Judges Behave Like Human Beings," *University of Pennsylvania Law Review and American Law Register* 80.1 (1931–1932): 17–53; "Are Judges Human? Part Two: As Through a Class Darkly," *University of Pennsylvania Law Review and American Law Register* 80.2 (1931–1932): 233–267; especially p. 242.

50 H. L. A. Hart, *The Concept of Law* (Oxford: Clarendon Press, 1961), p.133. 中譯本見哈特著，張文顯等譯：《法律的概念》(北京：中國大百科全書出版社，1996)，頁135。

51 哈特：《法律的概念》，頁146。

52 哈特：《法律的概念》，頁111。

53 哈特：《法律的概念》，頁135。

54 哈特：《法律的概念》，頁139。

55 代表性文獻見Brian Leiter, *Naturalizing Jurisprudence: Essays on American Legal Realism and Naturalism in Legal Philosophy* (Oxford: Oxford University Press, 2007)。

56 Brian Leiter, "Legal Realism and Legal Positivism Reconsidered," *Ethics* 111.2 (January 2001): 278–301; especially p. 289.

57 哈特：《法律的概念》，頁135。

58 哈特：《法律的概念》，頁139。

59 Leiter, "Legal Realism and Legal Positivism Reconsidered," p. 294.

60 Brian Leiter, "Rethinking Legal Realism: Toward a Naturalized Jurisprudence," *Texas Law Review* 76.2 (December 1997): 267–316; especially p. 275.

61 參見尼古拉斯·布寧、余紀元編著：《西方哲學英漢對照辭典》(北京：人民出版社，2001)，頁659–660。

62 參見陳波：《奎因哲學研究——從邏輯和語言的觀點看》(北京：生活·讀書·新知三聯書店，1998)，頁3。

63 W·V·奎因著，賈可春譯，陳波校：〈自然化認識論〉，《世界哲學》，2004年第5期，頁78–85、93；特別是頁83。

64 參見陳波：《奎因哲學研究》，頁28。

65 參見陳波：《奎因哲學研究》，頁40–41。

66 陳波：《奎因哲學研究》，頁42。

67 Leiter, "Rethinking Legal Realism," p. 295.

68 奎因：〈自然化認識論〉，頁83。

69 Leiter, "Rethinking Legal Realism," p. 315.

70 參見朱爾斯·科爾曼、布賴恩·萊特著，徐宗立譯：〈確定性、客觀性與權威性〉，載安德雷·馬默編：《法律與解釋》(北京：法律出版社，2006)，頁288–289。

71 參見科爾曼、萊特：〈確定性、客觀性與權威性〉，頁290。

72 參見科爾曼、萊特：〈確定性、客觀性與權威性〉，頁290–291。

73 參見科爾曼、萊特：〈確定性、客觀性與權威性〉，頁291。

74 參見科爾曼、萊特：〈確定性、客觀性與權威性〉，頁293。

75 參見丹尼斯·勞埃德著，M·D·A·弗里曼修訂，許章潤譯：《法理學》(北京：法律出版社，2007)，頁329–330。

76　參見Kevin D. Ashley, *Artificial Intelligence and Legal Analytics: New Tools for Law Practice in the Digital Age* (New York: Cambridge University Press, 2017), p. 107。

77　參見Ashley, *Artificial Intelligence and Legal Analytics*, pp. 111–112。

參考書目

Ashley, Kevin D. *Artificial Intelligence and Legal Analytics: New Tools for Law Practice in the Digital Age*. New York: Cambridge University Press, 2017.

Austin, John, ed. W. E. Rumble. *The Province of Jurisprudence Determined*, Lecture V. Cambridge: Cambridge University Press, 1995.

Duxbury, Neil. *Patterns of American Jurisprudence*. New York: Oxford University Press, 1995.

Frank, Jerome. "Are Judges Human? Part One: The Effect on Legal Thinking of the Assumption That Judges Behave Like Human Beings." *University of Pennsylvania Law Review and American Law Register* 80.1 (1931–1932): 17–53.

Frank, Jerome. "Are Judges Human? Part Two: As Through a Class Darkly." *University of Pennsylvania Law Review and American Law Register* 80.2 (1931–1932): 233–267.

Frank, Jerome. *Law & The Modern Mind*. New Brunswick, NJ: Transaction Publishers, 2009.

Hart, H. L. A. *The Concept of Law*. Oxford: Clarendon Press, 1961.

Holmes, Oliver Wendell. "Book Notice." *The American Law Review* 14 (March 1880): 233–235.

Holmes, Oliver Wendell, ed. Mark D. Hower. *The Common Law*. Boston: Little Brown, 1963.

Holmes, Oliver Wendell. "The Path of the Law." *Harvard Law Review* 10.8 (March 1897): 457–478.

Howe, Mark DeWolfe, ed. *Holmes-Pollock Letters: The Correspondence of Mr. Justice Holmes and Sir Frederick Pollock, 1874–1932*. Cambridge, MA: Harvard University Press, 1961.

Kronman, Antony T. *The Lost Lawyer*. Cambridge, MA: Harvard University Press, 1993.

Leiter, Brian. "American Legal Realism." In *The Blackwell Guide to Philosophy of Law and Legal Theory*, edited by W. Edmundson and M. Golding, 50–66. Oxford: Blackwell, 2005.

Leiter, Brian. "Legal Realism and Legal Positivism Reconsidered." *Ethics* 111.2 (January 2001): 278–301.

Leiter, Brian. "Rethinking Legal Realism: Toward a Naturalized Jurisprudence." *Texas Law Review* 76.2 (December 1997): 267–316.

Leiter, Brian. *Naturalizing Jurisprudence: Essays on American Legal Realism and Naturalism in Legal Philosophy*. Oxford: Oxford University Press, 2007.

Leiter, Brian. "Legal Realism." In *A Companion to Philosophy of Law and Legal Theory*, edited by Dennis M. Patterson, 261–279. Oxford: Blackwell, 1996.

Rabban, David M. "Melville M. Bigelow: Boston University's Neglected Pioneer of Historical Legal Scholarship in America." *Boston University Law Review* 91.1 (January 2011): 1–42.

Watson, Bradley C. S. "Oliver Wendell Holmes, JR. and the Natural Law." *Natural Law, Natural Rights, and American Constitutionalism*. Accessed May 20, 2020, http://www.nlnrac.org/critics/oliver-wendell-holmes.

小奧利弗‧溫德爾‧霍姆斯著,劉思達譯,張芝梅校:《霍姆斯讀本 —— 論文與公共演講選集》。上海:上海三聯書店,2009。

丹尼斯‧勞埃德著,M‧D‧A‧弗里曼修訂,許章潤譯:《法理學》。北京:法律出版社,2007。

尼古拉斯‧布寧、余紀元編著:《西方哲學英漢對照辭典》。北京:人民出版社,2001。

布賴恩‧比克斯著,邱昭繼譯:《法理學:理論與語境》。北京:法律出版社,2008。

托馬斯‧C‧格雷著,張芝梅譯:〈霍姆斯論法律中的邏輯〉,載斯蒂文‧J‧伯頓主編,張芝梅、陳緒剛譯:《法律的道路及其影響:小奧利弗‧溫德爾‧霍姆斯的遺產》。北京:北京大學出版社,2005。

朱爾斯‧科爾曼、布賴恩‧萊特著,徐宗立譯:〈確定性、客觀性與權威性〉,載安德雷‧馬默編:《法律與解釋》。北京:法律出版社,2006。

哈特著,張文顯等譯:《法律的概念》。北京:中國大百科全書出版社,1996。

W‧V‧奎因著,賈可春譯,陳波校:〈自然化認識論〉,《世界哲學》,2004年第5期,頁78–85、93。

約翰‧奧斯汀著,劉星譯:《法理學的範圍》。北京:中國法制出版社,2002。

梅因著,沈景一譯:《古代法》。北京:商務印書館,1959。

陳波著:《奎因哲學研究 —— 從邏輯和語言的觀點看》。北京:生活‧讀書‧新知三聯書店,1998。

E‧博登海默著,鄧正來譯:《法理學 —— 法律哲學與法律方法》。北京:中國政法大學出版社,1999。

斯科特‧布魯爾著,張芝梅譯:〈從霍姆斯的道路通往邏輯形式的法理學〉,載斯蒂文‧J‧伯頓主編,張芝梅、陳緒剛譯:《法律的道路及其影響:小奧利弗‧溫德爾‧霍姆斯的遺產》。北京:北京大學出版社,2005。

盧埃林著,明輝譯:《荊棘叢 —— 關於法律與法學院的經典演講》。北京:北京大學出版社,2017。

霍姆斯著,明輝譯:《法律的生命在於經驗 —— 霍姆斯法學文集》。北京:清華大學出版社,2007。

第 5 章

霍姆斯的憲法觀點 *

翟小波

一、前言

筆者不確定霍姆斯是否有一個關於憲法的理論；而且，說他有這樣一個理論，在他本人看來，也未必是一種褒揚，因為他一向懷疑理論的價值和功用。然而，確定無疑的是，對關鍵的憲法議題，他有一些鮮明的、經常是誇張性的、前後並不完全一致的態度或觀點。本文的主旨是展示霍姆斯的這些觀點。為了突出霍姆斯本人的主張，筆者盡可能讓霍姆斯自己來說，本文將「大肆」翻譯並引用霍姆斯本人的論述。這還是因為霍姆斯是修辭巧匠，除了引用他本人的說話之外，筆者很難用更好的方式來介紹他的觀點。與此同時，有必要特別指出的是，霍姆斯對語言的修辭效果的追求經常壓倒了對它的表達功能的追求。在閱讀霍姆斯時，我們要小心對待他的修辭：這些修辭的字面含義未必總是表達了他成熟的觀點。本文對霍姆斯的憲法觀點的介紹，並不表明筆者認同他的觀點；筆者也會在適當的地方給出自己的評論，但在本文中，這些評論是附帶的、次要的：批評霍姆斯的憲法與法律觀點是另外一項任務：哈特和德沃金是這項任務的傑出執行者。[1]

---

* 在本文的寫作過程中，蘇基朗老師和於興中老師曾多次提供很寶貴的修改意見。陳睿和曾彬彬同學幫助整理本文腳注和參考文獻。特此致謝。

二、法律、國家與主權者

霍姆斯說，「我所說的法律，只是對法院事實上將會做什麼的預測，而非任何其他更自命不凡的東西。」[2]具體來說，這裡的預測對象顯然是法院要做的判決，包括要確定的責任和懲罰的預測；作為法律的預測要採取普遍的形式。[3]如果只是從字面上去理解，霍姆斯的這句話顯然是荒謬的：它最多也只是他所說的壞人視角下的法律，甚至不是律師、不是法官，當然更不是通常的公民視角下的法律。比如說，當事人需要律師，並不只是為了讓他預測法官的裁判，而主要是要讓他向法官證明他的主張或訴求是在法律上有根據的。幸運的是，語不驚人死不休的霍姆斯，也有平實表達心得的時候。他也不止一次地說，「法律是對公共力量如何經由法院而影響人們的情境條件的陳述」。[4]在〈侵權理論〉(1873) 中，他說「法律作為法律，實乃一個施動者，它通過動機來影響人的行為，施加某種結果。」[5]制定法、憲法典、先例判決和習慣都不是法律，而只是法律的淵源，只是為法官的判決提供了動機的事實。[6]值得指出的是，首先，霍姆斯的這種說法當然不是在貶低它們的重要性，而只是說它們不是法律本身而已；其次，霍姆斯這裡所說的動機實乃根據 (grounds)。[7]換言之，霍姆斯真心要說的，或許是這樣：法律是規則或標準；這些規則是存在於制定法 (包括憲法典)、先例判決或習慣這些事實之中的；它們指導人們的行為，而且表明要懲罰違犯它們的行為；它們構成臣民行為或法院判決的根據；而且如果必要，它們是可以被強制實施的。[8]正是因為它們構成法院判決的根據，律師才能根據它們來預測法院的判決。霍姆斯所謂的作為預測的法律，實乃「以規範為基礎的預測」(normatively based predictions)。[9]這並不是說霍姆斯接受法律實證主義者所謂的社會事實命題或淵源命題：霍姆斯不認為，這些規則的法律地位來自它的權威性淵源。他曾說，「某個規則是在亨利四世時被制定的──這實在是某規則是法律規則的最令人作嘔的理由。」[10]

被強制實施的確定性是法律的典型特徵之一。[11] 法律的本質體現在法院對公共力量的決定和運用中。這種公共力量體現了州或國家的主權。[12] 國家是「領土俱樂部」；相對於一國之內的其他團體，國家具有優先性。個人有道德義務，為了國家，犧牲自由和生命。國家中的主權者是「能打敗所有其他黑幫的黑幫」，它的基礎是暴力，它主張對暴力和土地的絕對控制和壟斷。[13] 在主權者之下，人們通過市場上的或論壇中(而非戰場上，非暴力)的競爭來謀生存，「自由地為生存而鬥爭」。[14]

「誰擁有主權？這項權力是否真的存在？這些是事實和程度的問題。」[15]「主權的本質含義在於，主權者的命令構成法律。」[16] 法律「表達了在觀念的戰鬥中獲勝的、從而已轉化為行動的那些信念。」[17]「今天，法院所說的法律的背後必定有一個明確的權威，……這個權威或唯一的權威是州。」[18] 法律的正當性在於它可以幫助一個共同體裡的支配性力量實現它決意追求的社會目的。[19] 法院只是主權者的一個分支，是運用主權者的權力(或力量)來確定和執行法律的機構。[20]「普通法不是無所不在的森然的天帝；它只是某個可被識別的主權者或半主權者的明確的聲音。」[21]「一個國家(或州)的普通法只是這個國家(或州)的普通法，其全部的權威源於這個國家(或州)。」[22] 霍姆斯的這些話很容易讓人們誤以為他接受了奧斯汀的「法律是確定的主權者的命令」的觀點。其實不然。霍姆斯認為法律是與主權者緊密聯繫的，但這種聯繫主要不在於「主權者是法律的淵源」，而在於法律被主權者強制實施的確定性：「與其(法律)表達的明確性和被強制實施的確定性相比，義務是由誰施加的，肯定就不那麼重要了。……尤須特別予以強調的差異是制裁的明確性。……法學的範圍不得不據此來仔細地確定。」[23] 習慣和普通法之所以是法律，主要是因為它們形式的明確性和制裁的確定性。

憲法是法律或普通法的一個分支。憲法和法律是無從限制主權者的，除非是經過主權者的同意。說法律可以限制主權，就像是「對天空揮舞拳頭，但卻正是天空給了你舉起拳頭的能量。法官並不是某種無限價值的獨立的喉舌；相反，他們只是來自給予了他們以權威的主權者的力量的指導者……美國不從屬它不得不服從的某種神秘的高級法。」[24]

在解決具體糾紛時，霍姆斯強調，法官或律師主要不應根據一些大詞或普遍、抽象的命題或理論來開展邏輯演繹；而應主要關注具體情境的需要、人們的習慣、經驗與判斷。「法律的生命不是邏輯，而是經驗。」[25] 他特別強調說，「我認為最重要的是要記住，凡是在遇到可疑案件時，……擺在我們面前的，其實是兩種社會欲望的衝突：每一方都試圖擴展它的支配領地，但卻必有一方要敗下陣來。這裡的社會問題是哪種欲望在衝突的當時是最強大的。」[26]「普遍的命題不決定具體的案件。具體的判決要取決於比任何明確的大前提都更微妙的判斷或直覺。」[27]「不論什麼結論，你都可以賦予它以邏輯的形式。」[28]「司法判決的真正根據是政策或社會利益的考量；假定解決方案可以僅通過人們不會去質疑的邏輯和法律的普遍命題而得到，是徒勞無益的。」[29] 法官的職責是平衡各種社會利益的考量，即使這種考量是未言明的或無意識的。[30]「人們感受到的時代的必要，流行的道德和政治理論，對公共政策的公開的或不經意的直覺，甚至是法官與他們的同僚共有的偏見，比三段論更強有力地決定了那些統治人們的規則。」[31]「關於公共政策的命題很少是被人們一致接受的；更不是可以被無可辯駁地證明的。」[32]「對法律的理性研究來說，只曉得解讀法條文義的人屬於現在，未來則屬於掌握了統計和經濟學的人。」[33] 霍姆斯關於「法律的生命是經驗而不是邏輯」的一系列說法，固然反映了他對不堪的人性、不堪的司法實踐的深切體悟，但這種說法是片面的誇張，不可以被全面地當真。這其實也不是他嚴肅的觀點，至少他自己的法學研究和司法實踐中並不是按照這種說法展開的。比如說，他自己對普通法的研究便很少直接考慮所謂的「人們感受到的時代的必要，流行的道德和政治理論，對公共政策的公開的或不經意的直覺，甚至是法官與他們的同僚共有的偏見」；他的司法判決也主要是訴諸制定法和判例，很少直接訴諸這些因素。就在同一本書《普通法》(*The Common*

Law) 中，他又說到，「法學家的工作是揭示法律的內容；即從它的內部來工作，或者說，依照邏輯來安排和配置它，按照次序：從最高原則到最低規則，盡可能符合實踐。」[34] 當然，筆者不是說霍姆斯這些話完全是在不真誠地故作驚人之論：他的確認為，單是邏輯不足以讓我們理解法律，不足以解釋法律的發展。他列舉的這些經驗要素是型塑或影響了法律發展的力量，但這種型塑或影響 (尤其是政策考量) 通常是透過法律自身內在的動力機制而展開的；[35] 這種型塑和影響，只有在少數疑難案件 (用霍姆斯的話說，陰影地帶的案件或可疑案件) 中，當法官不得不行使「最高選擇特權」(the sovereign prerogative of choice) 時，才會更直接，才會被明確地察覺到。[36]

通常認為，法律的核心概念是權利。霍姆斯則強調，所謂的權利源於義務：「義務在邏輯上和實踐上都先於權利：即使那些形式上直接創設了權利的法律，事實上要麼默示地對全世界的其他人強加了一項義務，……要麼設定了一項對先前地或普遍地強加的義務的豁免。……雖然在某些情形下，一些法律義務缺乏對應的權利，但我們從沒見到過一項法律權利是沒有對應的義務或某種比義務更大的強制的。」[37] 一項法律義務「只是這樣的預測：如果一個人做了或拒絕做某事，他將因為法院的判決而遭受某種痛苦。」[38]

三、「憲法是為觀點全然不同的人們制定的」

憲法是安排國家生命的手段。霍姆斯說，「在英語國家裡，憲法一般被認為只是包括了相對根本的關於何為正當的規則，而不是某套倫理或經濟學說。」[39]「憲法不是被用來去表達某種特定的經濟理論的，不論是父愛主義的，還是個人之於國家的有機關係說，抑或自由放任主義。它是為觀點根本不同的人們制定的。我們偶爾會發現某些觀點很自然、很熟悉，或者很新奇、甚至令人震驚，這些偶然的發現不應該決定我們關於體現了這些觀點的制定法是否違反美國憲法的判斷。」[40] 法律規範並不具有數學一般的精確性，憲法規範在這方面更糟糕，很少確立黑白分明的界綫：它們中的多數有明確的核心要義，但也有模糊的邊緣地帶；而這些的邊緣地帶，也就是立法機關自由意志的空間：在這裡，要給國家（或州）的政治家以自由。[41]

憲法的內容要以普通法方式來確定，具體表現為對解釋憲法典條文的法官意見的歸納與抽象。[42] 法官在解釋憲法（包括法律）時，要先考察詞語的客觀、日常含義；若前者是含混和歧義的，則要考察普通法先例，而非所謂的法律的精神。憲法根植於過去，它的意義取決於「我們的人民和我們的法律的諸多傳統對它的基本原則的理解」；[43] 取決於「公平的和歷史的詮釋」。[44]「美國憲法的條文不是本質寓於形式之內的數學公式；它們是從英格蘭的土壤中移植而來的有機的活的制度。它們的意義不只是形式的，而是性命攸關的：不能只從詞語和詞典中來搜尋，而是要考慮它們的起源與它們成長的道路。」[45] 但與此同時，還要記住，憲法著眼於不可知的未來，「如同普通法，憲法規則消失於陰影地帶，立法機關有一定的自由來劃定這些地帶。」[46]「與過去的連續性並不是一種義務，而只是一種必要。關於簡單合同的約因要件，只要立法機關能想像要廢除它，而且如果他認為這麼做是明智的，他就有完全的自由來廢除它，而絲毫不會顧慮與過去的連續性。連續性只是劃定了我們的想像的可能性的邊界，確定了我們不得不據之來思考的術語」。[47] 某條制定法是否違憲，要從一個「理性和公平的人」（a rational and fair man）的立場來決定。[48]

四、憲法權利

如前所說，霍姆斯認為，自然的、不可剝奪的權利是不存在的，是胡說，這樣的胡說在實踐中是有害的。權利依賴於義務，是國家的實在法的產物。憲法權利也同樣如此；只不過，它們是由最高的實在法即憲法確立的。在民主國裡，它們是多數意志的產物。覺得受壓迫、權利受侵犯的少數派，要努力讓自己的主張被多數所接受：或者通過觀念市場的競爭，或者通過革命。但憲法的內容是高度抽象的，或者說，憲法的實體意義是很有限的。[49] 憲法權利固然有明確的、不可被侵犯的保護核心，但也有廣闊的、模糊的邊緣地帶。在這個邊緣地帶，憲法給立法者留下了很大的意志形成空間。

憲法權利有明確的保護核心：第一修正案保護觀念的誠實表達；第四修正案保護私人住宅和信息不受政府侵犯；第五修正案禁止完全毀壞財產價值而不予賠償。[50] 一些基本的普通法權利(包括權利法案中的權利)的核心，經由聯邦最高法院的解釋，對(包括各州的)立法機關構成實質性限制。對這種權利核心的侵犯，必須要在憲法文字中找到明確根據。[51] 這些權利核心，保護了個體的自主性(或個性)。有人認為，霍姆斯只是把憲法權利視作一個程度問題(matters of degree)，這種說法似乎是值得商榷的。在致 Harold Laski 的信中，霍姆斯說，「我一輩子都在嘲諷人的自然權利 —— 有時，我曾認為，憲法的權利法案太過分了 —— 但是，它們體現了人們為之犧牲的原則；在匆忙地追求普遍福利時，我們最好不要忘記這一點。」[52] 一項聲稱是要服務於公共福利的立法，若是觸動了憲法權利的實質核心，就要受到嚴格審查。但在這些權利的邊緣地帶：立法干預是允許的。霍姆斯曾很著名地說，「每項權利都傾向於宣告自己是絕對的，以至於走到邏輯的極端。然而，事實上，每項權利都受到環繞它的、與它的基礎不同的政策原則的限制。」[53]

霍姆斯不承認存在不得克減之(non-derogable)權利，哪怕是獲得法院救濟的元權利。他認為，若遭遇緊急狀態，為排除緊急風險與傷害，共同體內的主導性力量要承擔特別的責任，法官應允許他們暫時擱置通常的法律。[54] 若某權利在某情境下的行使或保護會導致或旨在導致某種明顯而即刻的大惡，那麼在此情境下它就不受保護。行政權，只要是出於善意(good faith)，就可以干預、甚至剝奪它；司法就應該為行政開綠燈，甚至不得審查所謂的緊急事態或公共危險是否真的存在：在 *Moyer v. Peabody* 案（1909）中，霍姆斯說：

> 正當法律程序的含義取決於情境，它隨主題或情境的變化而變化。……在該案中，我們要假定的事實是，暴亂狀態的確存在……在這種情境下，我們必須假定，他（即州長）依照州憲法和法律有權利動用軍隊……這意味著他可以為此目的而使用士兵；他可以殺死抵抗者；當然，他也可以使用更輕的手段，如拘留那些妨礙恢復和平秩序的人。這種拘留未必是為了懲罰，而是一種預防措施，阻止敵對權力的行使。只要這些拘留是基於善意，而且州長真的認為這些措施是為了阻止暴亂，那麼州長便是最終的裁判者……當國家元首就關係國本的事項作出決定時，個人常規的權利就必須讓位於他所認為的當時情境的必要。為了應對公共危險，行政過程可以取代司法過程。[55]

但是，這一段話的問題是，一些很重要的權利的行使，即便在危及國本的緊急狀態下，也不會導致他所說的明顯而即刻的大惡，這些權利應該成為不得克減之權利。《公民和政治權利的國際公約》第四條第一款規定，「在危及國本的公共緊急情境下，而且如果這樣的情境被正式地宣告，該公約的締約國可以採取措施，在該情境之緊急性所嚴格必要的限度內克減他們依據該公約承擔的義務，但這些措施不得違反它們根據國際法而負擔的其他義務，也不得涉及單純基於種族、膚色、性別、語言、宗教和社會起源的歧視。」該條第二款明確規定，下述權利不得克減：生命權，不受酷刑等非人道待遇或刑罰的權利，不為奴隸和不受奴役的權利，不因民事違約而受監禁的權利，不受因溯及既往的刑法追究的權利，在法律前被承認為人（person）的權利，思想、良心和信仰自由的權利。

霍姆斯關於言論自由的學說是他最有價值的遺產之一。普遍認為，霍姆斯是言論自由的堅定捍衛者；他認為，美國憲法中最值得珍

惜的原則就是自由思想的原則:「不是那些與我們的想法一致的人的
自由思想,而是那些為我們所憎恨的思想的自由」;[56] 通常來說,某觀
點該不該被允許表達,不應取決於它是不是駭人:言論自由是驢鳴的
自由。[57] 在 *Abrams v. United States* (1919) 中,霍姆斯說,「我們應時刻
警惕並反對那些限制人們表達為我們所憎恨、被我們認為是性命攸關
的觀點的企圖。」[58] 原則上,誠實表達觀點的行為不應受到懲罰,不論
表達的形式是什麼:書面言論和口頭言論應同等地受到保護。[59] 某觀
點該不該被實行的唯一根據是它的真理性,而「這種真理性的最好的
檢驗標準是某種想法在觀點市場的競爭中使自己被接受的能力」[60]:對
觀點的捍衛或拒斥只可以通過自由的觀念市場來展開。對官員的行
為,人們可以自由地批評。通常來說,自由而無恐懼的信息或意見的
表達是有利於發現真理,從而是有利於公共利益的;人們追求的至善
最好是經由「觀點的自由貿易」來達成。[61]

例外情境下,立法機關可以管制言論,但他為對言論自由的干預
設定了嚴格的標準。在 *Schenck v. United States* (1919) 中,霍姆斯提出
了著名的「明顯而即刻的危險」的原則:

> 每個行為的性質都取決於它的環境。…… 對自由言論最嚴格的保
> 護也不會保護一個人在劇院裡錯誤地大喊著火了、從而引起恐
> 慌。它也不會保護一個人表達事實上可能產生暴力效果的言論。
> …… 在每種情境下,問題都在於,一些詞語的使用在此情境下
> 是否會導致明顯而即刻的危險,從而帶來重大破壞,以致於國會
> 有權來防止它們。這是一個接近性與程度的問題。如果一個國家
> 處於戰爭之中,很多在和平時期本來可以發表的言論,便將成為
> 一種妨害:只要人們還在打仗,它們的發表就不會被容忍,法院
> 也不會認為它們受任何憲法權利的保護。[62]

若某種觀點的表達將刻不容緩地 (imminently) 直接威脅到法律的正當
且迫切的目的,為了保全國家,便有必要立即約束它們:「只有在緊

急情形使得把對錯誤觀點的改正交給時間的做法將立即導致重大危險時」，才可以突破第一修正案的規定。[63]

在 *Gitlow v. New York* 案（1925）中，Gitlow 發表了「左翼宣言」，根據紐約州的 Criminal Anarchy Law 受到指控，最高法院多數意見認為這部法律並不違反第一修正案，霍姆斯發表異議：

> 我認為，言論自由的普遍原則必須被理解為是被包括在第十四修正案之內的。……很顯然，這裡不存在下述即刻的危險，即贊同被告觀點的極少數人企圖用武力來推翻政府。有人說，這篇宣言不只是理論，它還是煽動。每個觀念都是一種煽動：它表現為信念，如果被接受，它將構成行動的根據，除非某種其他的信念壓倒了它，或行動者一開始就喪失了為行動所必要的能量。……辯才也許會燒毀理性。但不論如何理解這篇冗長的宣言，它都不會立刻引發大災難。若長遠說來，這裡表達的對無產階級專政的信念注定會被共同體裡的主導性力量所接受，言論自由的唯一意義便是，應該給它們機會，任它們發展。[64]

霍姆斯曾讀過密爾的《論自由》，受功利主義傳統影響甚深。[65] 簡單地比較霍姆斯與邊沁、密爾關於言論自由的觀點，將有助於提升我們對該議題的理解。邊沁關心的言論自由主要是表達和交流對政府的不滿與抗議的自由。他認為，言論自由是好政府的最低限條件，是自由政府和獨裁政府的區別標準。以言論自由為基礎的公共觀念法庭，是民眾藉以監督統治者、限制和防止他們以公權謀私利的基本途徑：一方面，它時刻都在維持和培育民眾抵抗官員的傾向和能力；另外，它也為官員提供良好治理所必需的信息。對官員名譽的任何特殊保護都是在削弱這種自由。法治政府之下，好公民的座右銘是「嚴格的服從，自由的批評」。邊沁特別推崇美國憲法對言論自由的保障。此外，言論自由還可以糾正社會上的偏見，啟蒙民眾。[66] 當然，邊沁認為，言論自由不同於事實的造反（actual revolt）；對後者，政府可以合法地干預。[67]

　　密爾認為，言論自由是表達為多數所厭惡、憎恨、不受人待見的言論的自由；人是易犯錯的，多數也同樣容易犯錯；言論自由（自由的表達、交流、質疑與爭辯）有助於人們獲知真理，也有助於真理的傳播和普及。密爾說，「質疑和辯駁的完全自由正是我們可以為了行動的目的而推定我們的觀點為真理的前提條件；拋開這種完全自由，人們不能對這些觀點的正確性有任何理性的確信。」[68]密爾也認為，「在某些情境下，一些觀點的表達會構成對有害行為的積極煽動；一旦如此，這種表達就喪失了它們的豁免權。糧商導致窮人挨餓，私有財產是搶劫，這樣的觀點，若只是通過報社或出版社在流傳，便不應受到打擾。但若是對聚集在糧商家門口的群情激昂的暴民口頭宣講這種觀點或向他們散發這樣的傳單，則很可能正當地招致懲罰。」[69]

　　霍姆斯與邊沁、尤其是密爾的觀點的差異也很明顯。密爾相信人是理性的，這種理性是自由的；他相信客觀真理的存在，強調言論自由有助於促進人們的個性發展，幫助人們擺脫精神奴役，抵抗社會性多數的輿論或道德壓迫，培養智力和精神都活躍的大眾。[70]相反，霍姆斯認為，真理只是不同時空下多數的意見，他對言論自由的強調，主要是基於這種自由有助於「不同利益團體在變動的世界中爭競主導性的動態過程」。[71]

　　關於財產權，霍姆斯認為，它的保護涉及衝突利益之間的平衡，這種平衡要考慮財產權受損害的程度。這些問題是不可以被任何普遍公式所預先確定的。財產權當然可以受到限制，立法必然會影響個人權利的價值，各州的警察權（the police power）便代表了其他公共利益對財產權的限制：它可以限制城市裡建築物的高度而無須賠償。這種限制削弱了財產權，但並不等於侵犯它。這種限制與削弱的程度如果太大，如霍姆斯所說，如果它對高度的限制會導致某普通建築全無用途，財產權就要壓倒其他公共利益，警察權就得停下來。要進行這種限制，就得動用徵收權，就得經過正當程序（如聽證），並給予賠償。[72]

在 *Block v. Hirsh* 案（1921）中，聯邦最高法院維持了哥倫比亞特區的一部房租控制法。這部法律是在一戰後住房緊缺的情境下制定的。霍姆斯撰寫了多數意見：

> 當時的情境使得哥倫比亞特區的房屋租賃成為關係巨大公共利益的事務，從而證成了法律管制的必要性。……公共利益的標準並不只限於公眾對某財物的使用……一些活動，表面上只是私人交易，但卻可能成為公共事務……有形的不動產是可見的，這樣的事實或許使得我們對它——相對於那些不是具體的、可見的標的——的權利的觀念變得僵化。但是，認為前者在文明生活中不受時不時的立法干預的想法，不僅與強調被徵收財產應予賠償的徵收權學說相矛盾，而且也與警察權學說相矛盾：根據該學說，財產權可以被削減，但無須賠償。……基於公共的急需（public exigency），立法機關可以在某種程度上限制土地財產權而無須賠償。[73]

霍姆斯認為，基於公共利益來限定房租是一種有法律效力的管制，並不違反憲法。問題的關鍵是法律限制財產權的程度：它是不是超越了警察權？是不是超越了徵收權？若是這樣，那麼它就要受到第五修正案的束縛。

五、司法自制與司法審查

在美國，法院有權審查和確定國會的立法是否侵犯憲法權利。法官經常運用正當程序的武器，決定公權力（尤其是立法權）在什麼時候、什麼程度上、以什麼方式來進入私領域。霍姆斯認為，這對法院來說是最嚴肅、最微妙的職責：立法是「社會實驗」，通常反映、也應該反映公共觀念（public opinion）；如果多數理性人相信某種社會惡害的存在，立法機關自然有權利來消除這種惡害：「惡害之所在，即立法之所在」。[74] 在解釋憲法、審查國會立法時，法院要保持高度的審慎和自制，即便是這些立法對個體權利有所限制；法院要盡可能地尊重和挽救代議機關的立法。法院通常應推定，憲法不會反對和阻止一個社會裡的多數的意志。他甚至誇張地說，「如果人民要下地獄，我會幫助他們。這是我的工作。」[75]

霍姆斯強調，法官要對自己的認知局限有清醒的認識。在 *Otis v. Parker* 案（1903）中，他說「雖然法院必須行使他們自己的判斷，但這絕不表明，一旦法官認為某項法律是過分的、不符合其聲稱的目的，或奠基於他們不同意的道德觀，這項法律便是無效的。要給觀點的差異留下足夠大的空間，而且要考慮到，可能存在一些特殊情境是這個法院不能周全地理解的。」[76] 人民通過他們的立法機關所表達的深沉的確信應該受到高度的尊重。除非法官們確信，「根本法所保障的權利受到了明確的、確定無疑的侵犯。」[77] 在 *MKT v. May* 案（1904）中，霍姆斯說，「當州的立法機關已做了宣告：依其觀點，一項政策要求採取某項措施，法院就不應該依據第十四修正案來妨礙它的行為，除非他們明確地認為，這項法律缺乏公平的理由……宏大的憲法條文必須被小心地實施。機器的接合處要有一些空隙。必須牢記，與法院一樣，立法機關也是人民的自由與幸福的最終保護者。」[78]

在 *Louisville & Nashville R. Co. v. Barber Asphalt Co.* 案（1905），霍姆斯說：「用不必然是來自憲法的詞語的司法解釋把立法機關緊緊地捆綁起來，這是危險的。……對本法院來說，關鍵是要避免從第十四修正案的很抽象的語言中提取某種貌似準確（delusive exactness）的體系」，以推翻那些多年以來行之有效的做法。[79] 16年後，霍姆斯再次批判在適用第十四修正案時的這種「貌似準確」：「貌似準確是遍佈法律的一種謬誤之源。」比如說，法律人經常把生意稱作財產，這使得人們傾向於把生意當成地產，這進一步導致這樣的結論，即制定法不可以削減所有者在制定法通過之前就有的利益。霍姆斯反駁說：「一項生意無疑承載了金錢價值，通常也受到法律的保護，不受各種不正當的傷害。但你不能只通過把它叫做物就賦予它確定的輪廓。生意實乃行為；與其他行為一樣，不論其自身，還是那些證成限制它的理由，都要根據時間和具體情境而受到不小的修正。」所以，他強調，「我最討厭的就是，超越第十四修正案的文義的絕對束縛，用它來阻止共同體的多數想要開展社會實驗（即立法）。」[80]

在1913年的一次演講中，霍姆斯強調說：

> 法官把他對當事人的有意或無意的同情早熟地塞進法律之中，這是很不幸的。法官不應忘記，那些他眼中的第一原則，卻被他的一半的同僚認為是錯誤的。……法官們經常很天真，頭腦簡單，他們需要一些梅菲斯特（Mephistopheles）。我們在那些顯而易見的事務上也需要學習，學習超越我們自己的信念；而且要接受，那些為我們所珍視的東西要被有序的法律（立法）修改（而非革命）所拋棄。[81]

在 *Tyson & Bro v. Banton* 案（1927）中，他指出：「正確的做法是承認，除非聯邦憲法或州憲法明確禁止，州的立法機關可以制定一切它認為適當的法律；法院必須小心，不要把這些禁止擴展至其明確的意義之外，不要把某個法院碰巧喜歡的公共政策塞進這些禁止之內。」[82] 關於事實問題，法官尤其應該對其他官員、尤其是立法機關的判斷給予足夠的尊重。

霍姆斯認為，法院在審查議會立法時要審慎和自制；但審慎歸審慎，自制歸自制，法院對立法的審查——既包括事實問題，也包括法律問題——卻是必須的，法院必須糾正違反憲法的錯誤。

在 *Block v. Hirsh* 案（1921）中，霍姆斯說，立法機關不論是基於必要性，還是基於職責，經常要認定作為制定某項法律規則的實質根據的事實，比如說，某種使用是不是公共使用。這種認定，應受到法院的尊重。但是，法院不應認為，立法機關的這種認定是終局性的。而且，對於國會立法對房租的限定的合理性，法院有最終的發言權。[83]
在 *Chastleton Corp. v. Sinclair* 案（1924）中，霍姆斯強調，對立法機關對
事實問題的宣告，「法院不可以對其中的明顯錯誤視而不見，尤其是
當相關法律的效力取決於這種對事實之宣告的真實性時。……尤其明
顯的是，當這種宣告是面向未來之時，它就只是預測，從而應受到事
實之發展的控制。一項依賴於緊急狀態或其他事實狀態之存在的法律
應停止運作，如果這種緊急狀態已停止，或者這些事實已改變。」[84] 比
如說，關於緊急狀態之存在和結束，霍姆斯認為，法官應責無旁貸地
宣告之。[85]

　　切莫把霍姆斯對司法謙抑的要求當成是司法最小主義。司法最小
主義認為，法官的審判，只應限於解決他所面對的案件，不應觸及其
他更廣更大的議題，尤其是要避免觸及或提出憲法議題，除非該案件
之審判絕對地要求提出這樣的議題。霍姆斯反對這種做法。在 *Block v.
Hirsh* 案（1921）中，他說，在具體的案件審判中，法官要盡快、盡多
地解決相關的普遍性、一般性問題。[86] Brandeis 也指責說，霍姆斯時
常不必要地決定了廣大的憲法性問題。[87] 霍姆斯之所以這麼做，大概
是要提前、盡快地把規則確定下來，以為後來者的行為或社會的發展
提供明確的規則，他曾說過：「確定地唯一可取的事是，人們應知道
玩游戲的規則」。[88]

　　劉練軍先生從權力分立之政制要求、司法權之判斷權本質、司法
權民意基礎之缺乏等角度來解釋霍姆斯關於司法自制的主張。[89] 霍姆
斯的司法自制的主張，的確有助於捍衛三權分立及其價值，提升缺乏
民主基礎的司法權的權威。但筆者認為，不論是前面所強調的謙抑，
還是這裡所說的終局性審查，似乎都是源於認知主義的、而非政治性
的或權威主義的考量。也就是說，這兩個方面都是正確地認知事實、
法律和憲法的要求，在很大程度上取決於立法機關和法官各自的認知
能力的比較優勢或劣勢，取決於認知能力之提升對制度建構（如公議
性）的要求。霍姆斯之所以主張司法自制，大概是因為下述的考慮。

法院的職責固然是適用明確的法律和憲法來解決糾紛；一旦憲法條文的含義是不明確的，那麼，在此情境下，該如何理解憲法，法官便缺乏任何認知的優勢：法官很少是政治經濟學方面的專家，應該有一種智識上的謙卑；公民權利與立法問題，道德、政治和法律領域的紛爭，不存在可以通過理性交往來尋找或達成的真理性答案；相反，它們主要是利益、意志或力量的問題，自然應遵從代表了多數的利益、意志或力量的立法機關：「不論對國王來說，還是對私人來說，最後的理據都是力量」。[90] 霍姆斯徹底懷疑我們關於法律的善惡的知識；他認為，唯一的標準只能是多數人的欲望。[91] 當然，與對經濟立法的審查的謙抑性相比，霍姆斯的法官在對管制言論自由的立法進行審查時，似乎一點都不謙抑，這也不難解釋：我們每個人的認知能力都是有限的，都不掌握絕對真理；別人的觀點，雖然我們不喜歡，但也可能是正確的；於是，面對不同言論的正確態度，便不是唯我獨尊地去禁絕或打壓自己不喜歡的言論，而是任由它在觀念市場中競爭，由這種競爭來決定勝負。

注 釋

1　H. L. A. Hart, "The Idea of Obligation," in *The Concept of Law* (Oxford: Clarendon Press, 1994), chap. V, sec. 2; "Varieties of Rule-Skepticism," chap. VII, sec. 2; and "Finality and Infallibility in Judicial Decision," chap. VII, sec. 3; Ronald Dworkin, *Law's Empire* (Oxford: Hart Publishing, 1986), p. 14; and "Pragmatism and Personification," chap. 5.

2　"The prophecies of what the courts will do in fact, and nothing more pretentious, are what I mean by the law." Oliver Wendell Holmes, Jr., "The Path of Law," in Richard A. Posner ed., *The Essential Holmes: Selections from the Letters, Speeches, Judicial Opinions, and Other Writings of Oliver Wendell Holmes* (Chicago: The University of Chicago Press, 1992*)*, p. 163.

3　Holmes, "The Path of Law," p. 179.

4　"Law is a statement of the circumstances in which the public force will be brought to bear upon men through the courts." Posner, *The Essential Holmes*, pp. 156, 160, 179. 出自 *American Banana Company v. United Fruit Company*, 213 U.S. 347 (1909)。

5　Oliver Wendell Holmes, Jr., "The Theory of Torts," in Sheldon M. Novick ed., *The Collected Works of Justice Holmes* (Chicago: The University of Chicago Press, 1995), Vol.1, p. 328. 下文凡引用此書處，皆簡寫為 *CW*。

6　Novick, *CW*, Vol.1, pp. 328–329. See also Sheldon M. Novick, "Holmes's Constitutional Jurisprudence," *Southern Illinois University Law Journal* 18.2 (Winter 1994): 349.

7　Novick, *CW*, Vol.1, p. 295; Gerald J. Postema, *Legal Philosophy in the Twentieth Century: The Common Law World* (Berlin: Springer, 2011), pp. 60–61.

8　Postema, *The Common Law World*, pp. 61–62.

9　Postema, *The Common Law World*, p. 62.

10　"It is revolting to have no better reason for a rule of law than that so it was laid down in the time of Henry IV." Holmes, "The Path of Law," p. 170.

11　Novick, *CW*, Vol.1, p. 215.

12　Max Lerner ed., *The Mind and Faith of Justice Holmes* (Piscataway, NJ: Transaction Publishers, 1989), p. 199. 出自 *Black and White Taxicab and Transfer Company v. Brown and Yellow Taxicab and Transfer Company*, 276 U.S. 518 (1928)。

13　Novick, "Holmes's Constitutional Jurisprudence," p. 348; Oliver Wendell Holmes, Jr., "Cooley and Constitutional Limitations," in Harry C. Shriver ed., *Justice Oliver Wendell Holmes: His Book Notices and Uncollected Letters and Papers* (New York: Central Book Co., 1936), p. 98. Oliver Wendell Holmes, Jr., "Letter to Felix Frankfurter (March 27, 1917)," in Robert M. Mennel and Christine L. Compston eds., *Holmes and Frankfurter: Their Correspondence: 1912–1934* (Lebanon, NH: University Press of New England, 1996), pp. 69–70.

14　"[F]ree struggle for life." Posner, *The Essential Holmes*, p. 126. 出自 *Vegelahn v. Guntner*, 167 Mass. 62 (1896)。

15　"[W]ho has the sovereignty power, and whether such a power exists at all, are questions of fact and of degree." Novick, *CW*, Vol.1, p. 215.

16　"The very meaning of sovereignty is that the decree of the sovereign makes law." Posner, *The Essential Holmes*, p. 158. 出自 *American Banana Company v. United Fruit Company*, 213 U.S. 347 (1909)。

17　"[L]aw embodies beliefs that have triumphed in the battle of ideas and then have translated themselves into action". Holmes, "Law and the Court" (1913), p. 507.

18　"[L]aw in the sense in which courts speak of it today does not exist without some definite authority behind it.... In my opinion the authority and only authority is the State." in Lerner, *The Mind and Faith*, p. 199, 201. 出自 *Black and White Taxicab and Transfer Company v. Brown and Yellow Taxicab and Transfer Company*, 276 U.S. 518 (1928)。

19　Oliver Wendell Holmes, Jr., "Law in Science and Science in Law," in Novick, *CW*, Vol. 3, p. 412.

20 Novick, "Holmes's Constitutional Jurisprudence," p. 348.

21 "The common law is not a brooding omnipresence in the sky but the articulate voice of some sovereign or quasi-sovereign that can be identified." Posner, *The Essential Holmes*, p. 230. 出自 *Southern Pacific Co. v. Jensen*, 244 U.S. 205 (1917)。

22 "The common law in a state is the common law of that state deriving all its authority from the state." To Harold Laski (January 1, 1926), in Posner, *The Essential Holmes*, p. 235. 也見 "To Harold Laski (February 1, 1919),", p. 265; and "The common law so far as it is enforced in a State, whether called common law or not, is not the common law generally but the law of that State existing by the authority of that State without regard to what it may have been in England or anywhere else." Lerner, *The Mind and Faith*, p. 199. 出自 *Black and White Taxicab and Transfer Company v. Brown and Yellow Taxicab and Transfer Company*, 276 U.S. 518 (1928)。

23 "[B]y whom a duty is imposed must be of less importance than the definiteness of its expression and the Certainty of its being enforced....The difference which might be insisted on with most effect is in the definiteness of the sanction....It is on this account that the province of jurisprudence has to be so carefully determined." Novick, *CW*, Vol. 1, pp. 215, 294.

24 "[S]haking one's fist at the sky, when the sky furnishes the energy that enables one to raise the fist. There is a tendency to think of judges as if they were independent mouthpieces of the infinite, and not simply directors of a force that comes from the source that gives them their authority....The US is not subject to some mystic overlaw that it is bound to obey." Holmes, "To Harold Laski (January 01, 1926)," in Posner, *The Essential Holmes*, p. 235. 也見 "To Harold Laski (February 01, 1919)," p. 265。

25 "The life of the law has not been logic: it has been experience." Oliver Wendell Holmes, Jr., *The Common law* [1881] (Cambridge, MA: The Belknap Press of Harvard University Press, 2009), p. xxiv.

26 "I think it most important to remember whenever a doubtful case arises...that what really is before us is a conflict between two social desires, each of which seeks to extend its dominion over the case, and which cannot both have their way. The social question is which desire is strongest at the point of conflict." Holmes, "Law in Science and Science in Law," p. 418.

27 "General propositions do not decide concrete cases. The decision will depend on a judgment or intuition more subtle than any articulate major premise." Lerner, *The Mind and Faith*, p. 149. 出自 *Lochner v. New York*, 198 U.S. 45 (1905)。

28 "You can give any conclusion a logical form." Holmes, "The Path of Law," p. 167.

29 "The true grounds of decision are considerations of policy and of social advantage, and it is vain to suppose that solutions can be attained merely by logic and the general propositions

of law which nobody disputes." Posner, *The Essential Holmes*, p. 125. 出自 *Vegelahn v. Guntner*, 167 Mass. 62 (1896)。

30 Holmes, "The Path of Law," p. 168.

31 "The felt necessities of the time, the prevalent moral and political theories, intuitions of public policy, avowed or unconscious, even the prejudices which judges share with their fellow-men, have had a good deal more to do than the syllogism in determining the rules by which men should be governed." Holmes, *The Common law*, p. xxiv.

32 "Propositions as to public policy rarely are unanimously accepted, and still more rarely, if ever, are capable of unanswerable proof." Posner, *The Essential Holmes*, p. 125. 出自 *Vegelahn v. Guntner*, 167 Mass. 62 (1896)。

33 "For the rational study of the law the black-letter man may be the man of the present, but the man of the future is the man of statistics and the master of economics." Holmes, "The Path of Law," p. 170.

34 "The business of the jurist is to make known the content of the law; that is, to work upon it from within, or logically, arranging and distributing it, in order, from its *summum genus* to its *infima species*, so far as practicable." Holmes, *The Common Law*, p. 198.

35 See Postema, *The Common Law World*, p. 65.

36 Holmes, "Law in Science and Science in Law," pp. 418–419.

37 "Duties precede rights logically and chronologically. Even those laws which in form create a right directly, in fact either tacitly impose a duty on the rest of the world...or confer an immunity from a duty previously or generally imposed...while there are in some cases legal duties without corresponding rights, we never see a legal right without either a corresponding duty or a compulsion stronger than duty." Oliver Wendell Holmes, Jr., "Codes, and the Arrangement of the Law," in Novick, *CW*, Vol. 1, p. 214.

38 "[A] legal duty so called is nothing but a prediction that if a man does or omits certain things he will be made to suffer in this or that way by judgment of the court." Holmes, "The Path of Law," in Posner, *The Essential Holmes*, p. 161. 關於霍姆斯的權利觀，也見 Oliver Wendell Holmes, Jr., "Natural Law," in Posner, *The Essential Holmes*, pp. 180–183; 另見蘇基朗、蘇壽富美：〈叢林憲法權利觀——從霍姆斯到吳經熊的譜系學〉，收本書第 6 章。

39 "Otherwise a constitution, instead of embodying only relatively fundamental rules of right, as generally understood by all English-speaking communities, would become the partisan of a particular set of ethical or economical opinions." Posner, *The Essential Holmes*, p. 304. 出自 *Otis v. Parker*, 187 U.S. 606 (1903)。

40 "[A] constitution is not intended to embody a particular economic theory, whether of paternalism and the organic relation of the citizen to the state or of laissez faire. It is made for people of fundamentally differing views, and the accident of our finding certain

opinions natural and familiar, or novel, and even shocking, ought not to conclude our judgment upon the question whether statutes embodying them conflict with the Constitution of the United States." Lerner, *The Mind and Faith*, p. 149. 出自 *Lochner v. New York*, 198 U.S. 45 (1905)。

41　See Danforth v. Groton Water Co. 178 Mass. 472 (1901), http://masscases.com/cases/sjc/178/178mass472.html; Felix Frankfurter, "The Constitutional Opinions of Justice Holmes," *Harvard Law Review* 29.6 (April 1916): 698.

42　Novick, "Holmes's Constitutional Jurisprudence," p. 350.

43　"[F]undamental principles as they have been understood by the traditions of our people and our law." Lerner, *The Mind and Faith*, p. 149. 出自 *Lochner v. New York*, 198 U.S. 45 (1905)。

44　"[A] fair and historical construction." Posner, *The Essential Holmes,* p. 123. 出自 *Commonwealth v. Perry*, 155 Mass. 117 (1891)。

45　"Provisions of the Constitution of the United States are not mathematical formulas having their essence in their form, but are organic living institutions transplanted from English soil. Their significance is vital not formal; it is to be gathered not simply by taking the words and a dictionary, but by considering their origin and the line of their growth." Posner, *The Essential Holmes,* p. 292. 出自 *Gompers v. United States*, 233 U.S. 604 (1914)。

46　"[C]onstitutional rules, like those of the common law, end in a penumbra where the Legislature has a certain freedom in fixing the line." *Danforth v. Groton Water Co.*, 178 Mass. 472 (1901), http://masscases.com/cases/sjc/178/178mass472.html.

47　"Continuity with the past is only a necessity and not a duty. As soon as a legislature is able to imagine abolishing the requirement of a consideration for a simple contract, it is at perfect liberty to abolish it, if it thinks it wise to do so, without the slightest regard to continuity with the past. That continuity simply limits the possibilities of our imagination, and settles the terms in which we shall be compelled to think." Holmes, "Law in Science and Science in Law," p. 406.

48　Lerner, *The Mind and Faith*, p. 149. 出自 *Lochner v. New York*, 198 U.S. 45 (1905)。

49　See G. Edward White, "Chief Justice Marshall, Justice Holmes, and the Discourse of Constitutional Adjudication," *William and Mary Law Review*, 30 (1988): 131–148.

50　Novick, "Holmes's Constitutional Jurisprudence," pp. 350–351.

51　Posner, *The Essential Holmes*, p. 123. 出自 *Commonwealth v. Perry*, 155 Mass. 117 (1891)。

52　"All my life I have sneered at the natural rights of man – and at times I have thought that the bills of rights in the Constitutions were overworked – [still,] they embody principles that men have died for, and that it is well not to forget in our haste to secure our notion of general welfare." Holmes, "Letter to Harold Laski (September 15, 1916)," in Collins, *The Fundamental Holmes*, p. 386.

53 "All rights tend to declare themselves absolute to their logical extreme. Yet all in fact are limited by the neighborhood of principles of policy which are other than those on which the particular right is founded." *Hudson County Water Co. v. McCarter*, 209 U.S. 349 (1908), https://caselaw.findlaw.com/us-supreme-court/209/349.html.

54 *Chastleton Corp. v. Sinclair*, 264 U.S. 543 (1924), https://caselaw.findlaw.com/us-supreme-court/264/543.html.

55 "[W]hat is due process of law depends on circumstances. It varies with the subject-matter and the necessities of the situation....The facts that we are to assume are that a state of insurrection existed....In such a situation we must assume that he had a right, under the state Constitution and laws, to call out troops....That means that he shall make the ordinary use of the soldiers to that end; that he may kill persons who resist, and, of course, that he may use the milder measure of seizing the bodies of those whom he considers to stand in the way of restoring peace. Such arrests are not necessarily for punishment, but are by way of precaution, to prevent the exercise of hostile power. So long as such arrests are made in good faith and in the honest belief that they are needed in order to head the insurrection off, the governor is the final judge....When it comes to a decision by the head of the state upon a matter involving its life, the ordinary rights of individuals must yield to what he deems the necessities of the moment. Public danger warrants the substitution of executive process for judicial process." Lerner, *The Mind and Faith*, pp. 272–273. 出自 *Moyer v. Peabody*, 212 U.S. 78 (1909)。

56 "[N]ot free thought for those who agree with us but freedom for the thought that we hate." Collins, *The Fundamental Holmes*, p. 393. 出自 *United States v. Schwimmer*, 279 U.S. 644 (1929)。

57 Holmes, "Holmes to Lewis Einstein (July 11, 1925)," in Posner, *The Essential Holmes*, p. 322.

58 "We should be eternally vigilant against attempts to check the expression of opinions that we loathes and believe to be fraught with death." Posner, *The Essential Holmes*, p. 320. 出自 *Abrams et al. v. United States*, 250 U.S. 616 (1919)。

59 Holmes, *The Common Law*, p.126; Collins, *The Fundamental Holmes*, p. 388, 390. 出自 *Gandia v. Pettingill*, 222 U.S. 452 (1912); *Leach v. Carlile*, 258 U.S. 138 (1922)。

60 "The best test of truth is the power of the thought to get itself accepted in the competition of the market"; "The ultimate good desired is better reached by free trade in ideas." Posner, *The Essential Holmes*, p. 320. 出自 *Abrams et al. v. United States*, 250 U.S. 616 (1919)。 關於英文的「truth」該如何翻譯，漢語學界頗有爭議；在本文中，筆者統一譯作「真理」。

61 "The best test of truth is the power of the thought to get itself accepted in the competition of the market"; "The ultimate good desired is better reached by free trade in ideas." Posner, *The Essential Holmes*, p. 320. 出自 *Abrams et al. v. United States*, 250 U.S. 616 (1919)。

62 "[T]he character of every act depends upon the circumstances in which it is done…. The most stringent protection of free speech would not protect a man in falsely shouting fire in a theatre and causing a panic. It does not even protect a man from an injunction against uttering words that may have all the effect of force…. The question in every case is whether the words used are used in such circumstances and are of such a nature as to create a clear and present danger that they will bring about the substantive evils that Congress has a right to prevent. It is a question of proximity and degree. When a nation is at war many things that might be said in time of peace are such a hindrance to its effort that their utterance will not be endured so long as men fight and that no Court could regard them as protected by any constitutional right." Posner, *The Essential Holmes*, p.315. 出自 *Schenck v. United States*, 249 U.S. 47 (1919)。也有人認為，明顯而即刻的危險的原則，沒有把言論與行為區別開來，是一把雙刃劍，也可以用來壓制言論自由。見龔刃靭：〈重讀密爾《論自由》〉，《政法論壇》，2010 年第 4 期，頁 172。

63 "Only the emergency that makes it immediately dangerous to leave the correction of evil counsels to time…" Posner, *The Essential Holmes*, p. 320. 出自 *Abrams et al. v. United States*, 250 U.S. 616 (1919)。

64 "The general principle of free speech, it seems to me, must be taken to be included in the Fourteenth Amendment,… it is manifest that there was no present danger of an attempt to overthrow the government by force on the part of the admittedly small minority who shared the defendant's views. It is said that this manifesto was more than a theory, that it was an incitement. Every idea is an incitement. It offers itself for belief and if believed it is acted on unless some other belief outweighs it or some failure of energy stifles the movement at its birth…. Eloquence may set fire to reason. But whatever may be thought of the redundant discourse before us it had no chance of starting a present conflagration. If in the long run the beliefs expressed in proletarian dictatorship are destined to be accepted by the dominant forces of the community, the only meaning of free speech is that they should be given their chance and have their way." Posner, *The Essential Holmes*, pp. 321–322. *Gitlow v. People of New York*, 268 U.S. 652 (1925). 在 *Patterson v. Colorado*, 205 U. S. 454 (1907) 中，霍姆斯說「言論如果危害公共福利，則應受到懲罰」，見 Collins, *The Fundamental Holmes*, p. 390。

65 Irene M. Ten Cate, "Speech, Truth, and Freedom: An Examination of John Stuart Mill's and Justice Oliver Wendell Holmes's Free Speech Defenses," *Yale Journal of Law & the Humanities* 22.1 (2010): 35–81; H. L. Pohlman, *Oliver Wendell Holmes and Utilitarian Jurisprudence* (Cambridge, MA: Harvard University Press, 1984).

66 Jeremy Bentham, eds. J. H. Burns and H. L. A. Hart, *A Comment on the Commentaries and a Fragment on Government* (London: The Athlone Press, 1977), p. 399; Jeremy Bentham, *On the Liberty of the Press, and Public Discussion, and Other Legal and Political*

Writings for Spain and Portugal (Oxford: Oxford University Press, 2012), pp. 4, 12–13, 29–30.

67　Bentham, *Comment on the Commentaries*, p. 485.

68　"Complete liberty of contradicting and disproving our opinion, is the very condition which justifies us in assuming its truth for purposes of action; and on no other terms can a being with human faculties have any rational assurance of being right." John Stuart Mill, *On Liberty and Utilitarianism* (New York: Bantam Books, 1993), p. 24.

69　"[E]ven opinions lose their immunity, when the circumstances in which they are expressed are such as to constitute their expression a positive instigation to some mischievous act. An opinion that corn-dealers are starvers of the poor, or that private property is robbery, ought to be unmolested when simply circulated through the press, but may justly incur punishment when delivered orally to an excited mob assembled before the house of a corn-dealer, or when handed about among the same mob in the form of a placard." Mill, *On Liberty and Utilitarianism*, pp. 64–65.

70　See Mill, *On Liberty and Utilitarianism*, p. 40.

71　Ten Cate, "Speech, Truth, and Freedom," p. 39. 關於霍姆斯對真理的看法，見蘇基朗、蘇壽富美：〈叢林憲法權利觀──從霍姆斯到吳經熊的譜系學〉。

72　*Hudson County Water Co. v. McCarter*, 209 U.S. 349 (1908), https://caselaw.findlaw.com/us-supreme-court/209/349.html; Lerner, *The Mind and Faith*, pp. 185–190. 出自 *Pennsylvania Coal Company v. Mahon et al.*, 260 U.S. 393 (1922)。

73　"[C]ircumstances have clothed the letting of buildings in the District of Columbia with a public interest so great as to justify regulation by law...the use by the public...cannot be made the test of public interest...They dispel the notion that what in its immediate aspect may be only a private transaction may be raised by its class or character to a public affair...the fact that tangible property is also visible tends to give a rigidity to our conception of our rights in it that we do not attach to others less concretely clothed. But the notion that the former are exempt from the legislative modification required from time to time in civilized life is contradicted not only by the doctrine of eminent domain, under which what is taken is paid for, but by that of the police power in its proper sense, under which property rights may be cut down, and to that extent taken, without pay...a public exigency will justify the legislature in restricting property rights in land to a certain extent without compensation." Lerner, *The Mind and Faith*, pp. 282–283. 出自 *Block v. Hirsh*, 256 U.S. 135 (1920)。

74　"Legislation may begin where an evil begins." Posner, The *Essential Holmes*, p. 311. 出自 *Truax, v. Corrigan et al.*, 257 U.S. 312 (1921); also p. 312. 出自 *Tyson & Bro. v. Banton*, 273 U.S. 418 (1927)。

75　"If the people want to go to Hell, I will help them. It's my job." Holmes, "Holmes to Harold Laski (May 13, 1919)," in Collins, *The Fundamental Holmes*, p. 391.

76 "While the courts must exercise a judgment of their own, it by no means is true that every law is void which may seem to the judges who pass upon it excessive, unsuited to its ostensible end, or based upon conceptions of morality with which they disagree." Posner, *The Essential Holmes*, p. 304. 出自 *Otis v. Parker*, 187 U.S. 606 (1903)。

77 "[A] clear, unmistakable infringement of rights secured by the fundamental law." Posner, *The Essential Holmes*, p. 304. 出自 *Otis v. Parker*, 187 U.S. 606 (1903)。

78 "When a state legislature has declared that in its opinion policy requires a certain measure, its action should not be disturbed by the courts under the Fourteenth Amendment, unless they can see clearly that there is no fair reason for the law....Great constitutional provisions must be administered with caution. Some play must be allowed for the joints of the machine, and it must be remembered that legislatures are ultimate guardians of the liberties and welfare of the people in quite as great a degree as the courts." *Missouri, Kansas and Texas Railway Company v. May*, 194 U.S. 267 (1904), pp. 269–270, https://tile.loc. gov/storage-services/service/ll/usrep/usrep194/usrep194267/usrep194267.pdf..

79 "It is dangerous to tie down legislatures too closely by judicial constructions not necessarily arising from the words of the constitution.... It is important for this court to avoid extracting from the very general language of the 14th Amendment a system of delusive exactness." *Louisville & Nashville R. Co. v. Barber Asphalt Co.*, 197 U.S. 430 (1905), https://www.law.cornell.edu/supremecourt/text/197/430.

80 "Delusive exactness is a source of fallacy throughout the law"; "An established business no doubt may have pecuniary value and commonly is protected by law against various unjustified injuries. But you cannot give it definiteness of contour by calling it a thing. It is a course of conduct and like other conduct is subject to substantial modification according to time and circumstances." "There is nothing that I more deprecate than the use of the Fourteenth Amendment beyond the absolute compulsion of its words to prevent the making of social experiment that an important part of the community desires." Posner, *The Essential Holmes*, p. 311. 出自 *Truax et al., Copartners, Doing Business under the Firm Name and Style of William Truax, v. Corrigan et al.*, 257 U.S. 312 (1921)。

81 "It is a misfortune if a judge reads his conscious or unconscious sympathy with one side or the other prematurely into the law, and forgets that what seem to him to be first principles are believed by half of his fellow men to be wrong....Judges are apt to be naive, simple-minded men, and they need something of Mephistopheles. We too need education in the obvious—to learn to transcend out own convictions and to leave room for much that we hold dear to be done away with short of revolution by the orderly change of law." Oliver Wendell Holmes, Jr., "Law and the Court," in Novick, *CW*, Vol. 3, p. 507.

82 "The proper course is to recognize that a state legislator can do whatever it sees fit to do unless it is restrained by some express prohibition in the Constitution of the United States

or of the state, and that courts should be careful not to extend such prohibitions beyond their obvious meaning by reading into them conceptions of public policy that the particular court may happen to entertain." Posner, *The Essential Holmes*, p. 312. 出自 *Tyson & Bro. v. Banton*, 273 U.S. 418 (1927)。霍姆斯在很多判決中都表達了類似的觀點，詳見劉練軍：〈在自制與能動之間 —— 霍姆斯司法哲學芻議〉，《法治與社會發展》，第 5 期（2010），頁 59–67。

83　Lerner, *The Mind and Faith*, p. 282. 出自 *Block v. Hirsh*, 256 U.S. 135 (1921)。但在 *Moyer v. Peabody*, 212 U.S. 78（1909）中，霍姆斯卻說，州長對緊急狀態的確定是終局性的。

84　"Court is not at liberty to shut its eyes to an obvious mistake, when the validity of the law depends upon the truth of what is declared....And still more obviously, so far as this declaration looks to the future, it can be no more than prophecy, and is liable to be controlled by events. A law depending upon the existence of an emergency or other certain state of facts to uphold it may cease to operate if the emergency ceases or the facts change." *Chastleton Corp. v. Sinclair*, 264 U.S. 543 (1924), pp. 547–548, https://tile.loc.gov/storage-services/service/ll/usrep/usrep264/usrep264543/usrep264543.pdf.

85　Adrian Vermeule, "Holmes on Emergencies," *Stanford Law Review* 61.1 (April 2008): 164.

86　Lerner, *The Mind and Faith*, p. 283. 出自 *Block v. Hirsh*, 256 U.S. 135 (1921)。

87　*Chastleton Corp. v. Sinclair*, 264 U.S. 543 (1924), pp. 549–550, https://supreme.justia.com/cases/federal/us/264/543/.

88　"Almost the only thing that can be assumed as certainly to be wished is that men should know the rules by which the game will be played." Oliver Wendell Holmes, Jr., "Holdsworth's English Law (1909)," in Posner, *The Essential Holmes*, p. 206.

89　詳見劉練軍：〈在自制與能動之間〉，頁 59–67。

90　"[T]he ultima ratio, not only *regum*, but of private persons, is force." Holmes, *The Common Law*, p. 42. 另見 "Holmes to Pollock (February 1,1920)," in M. D. W. Howe ed., *Holmes-Pollock Letters* (Cambridge, MA: Harvard University Press, 1942), Vol. 2, p. 36。

91　See Holmes, "Holmes to Pollock (April 23, 1910)," in Howe, *Holmes-Pollock Letters*, Vol. 1, p. 163.

參考書目

Bentham, Jeremy. *A Comment on the Commentaries and a Fragment on Government*. London: The Athlone Press, 1977.

Bentham, Jeremy. *On the Liberty of the Press, and Public Discussion, and Other Legal and Political Writings for Spain and Portugal*. Oxford: Oxford University Press, 2012.

Collins, Ronald K. L., ed. *The Fundamental Holmes: A Free Speech Chronical and Reader*. Cambridge: Cambridge University Press, 2010.

Dworkin, Ronald. *Law's Empire*. Oxford: Hart Publishing, 1986.

Frankfurter, Felix. "The Constitutional Opinions of Justice Holmes." *Harvard Law Review* 29.6 (April 1916): 683–702.

Hart, H. L. A. *The Concept of Law*. Oxford: Clarendon Press, 1994.

Holmes, Oliver Wendell. "Holdsworth's English Law (1909)." In *The Essential Holmes: Selections from the Letters, Speeches, Judicial Opinions, and Other Writings of Oliver Wendell Holmes*, edited by R. A. Posner, 205–206. Chicago: The University of Chicago Press, 1992.

Holmes, Oliver Wendell. "Holmes to Pollock (April 23, 1910)." In *Holmes-Pollock Letters*, edited by Mark D. W. Howe, 163–164. Cambridge, MA and London: Harvard University Press, 1942, Vol. 1.

Holmes, Oliver Wendell. "Holmes to Pollock (February 1, 1920)." In *Holmes-Pollock Letters*, edited by Mark D. W. Howe, 36–37. Cambridge, MA and London: Harvard University Press, 1942, Vol. 2.

Holmes, Oliver Wendell. "Codes, and the Arrangement of the Law." In *The Collected Works of Justice Holmes*, edited by Sheldon M. Novick, 212–221. Chicago: The University of Chicago Press, 1995, Vol. 1.

Holmes, Oliver Wendell. *The Common law* [1881]. Cambridge, MA: The Belknap Press of Harvard University Press, 2009.

Holmes, Oliver Wendell. "Cooley and Constitutional Limitations." In *Justice Oliver Wendell Holmes: His Book Notices and Uncollected Letters and Papers*, edited by Harry C. Shriver, 97–100. New York: Central Book Co., 1936.

Holmes, Oliver Wendell. "Law and the Court (1913)." In *The Collected Works of Justice Holmes*, edited by S. M. Novick, 505–508. Chicago: The University of Chicago Press, 1995, Vol. 3.

Holmes, Oliver Wendell. "Law in Science and Science in Law (1899)." In *The Collected Works of Justice Holmes*, edited by S. M. Novick, 406–420. Chicago: The University of Chicago Press, 1995, Vol. 3.

Holmes, Oliver Wendell. "Letter to Felix Frankfurter (March 27, 1917)." In *Holmes and Frankfurter: Their Correspondence: 1912–1934*, edited by Robert. M. Mennel and Christine L. Compston, 69–70. Hanover, NH: University Press of New England, 1996.

Holmes, Oliver Wendell. "The Path of Law." In *The Essential Holmes: Selections from the Letters, Speeches, Judicial Opinions, and Other Writings of Oliver Wendell Holmes*, edited by R. A. Posner, 160–177. Chicago: The University of Chicago Press, 1992.

Holmes, Oliver Wendell. "The Theory of Torts (1873)." In *The Collected Works of Justice Holmes*, edited by S. M. Novick, 326–334. Chicago: The University of Chicago Press, 1995, Vol. 1.

Lerner, Max, ed. *The Mind and Faith of Justice Holmes*. Piscataway, NJ: Transaction Publishers, 1989.

Mill, John Stuart. *On Liberty and Utilitarianism*. New York: Bantam Books, 1993.

Novick, Sheldon M. "Holmes's Constitutional Jurisprudence." *Southern Illinois University Law Journal* 18.2 (Winter 1994): 347–356.

Pohlman, H. L. *Oliver Wendell Holmes and Utilitarian Jurisprudence*. Cambridge, MA: Harvard University Press, 1984.

Postema, Gerald J. *Legal Philosophy in the Twentieth Century: The Common Law World*. Berlin and Heidelberg: Springer, 2011.

Ten Cate, Irene M. "Speech, Truth, and Freedom: An Examination of JS Mill's and Justice OW Holmes's Free Speech Defenses." *Yale Journal of Law & the Humanities* 22.1 (2010): 35–82.

Vermeule, Adrian. "Holmes on Emergencies." *Stanford Law Review* 61.1 (Apr. 2008): 163–202.

White, G. Edward. "Chief Justice Marshall, Justice Holmes, and the Discourse of Constitutional Adjudication." *William and Mary Law Review* 30 (1988): 131–148.

劉練軍：〈在自制與能動之間 —— 霍姆斯司法哲學芻議〉,《法治與社會發展》, 第 5 期 (2010),頁 59–67。

蘇基朗、蘇壽富美：〈叢林憲法權利觀 —— 從霍姆斯到吳經熊的譜系學〉,見本書第 6 章。

龔刃韌：〈重讀密爾《論自由》〉,《政法論壇》,2010 年第 4 期,頁 167–178。

案 例

Abrams et al. v. United States, 250 U.S. 616 (1919).

American Banana Company v. United Fruit Company, 213 U.S. 347 (1909).

Black and White Taxicab and Transfer Company v. Brown and Yellow Taxicab and Transfer Company, 276 U.S. 518 (1928).

Block v. Hirsh, 256 U.S. 135 (1921).

Chastleton Corp. v. Sinclair, 264 U.S. 543 (1924).

Commonwealth v. Perry, 155 Mass. 117 (1891).

Danforth v. Groton Water Co., 178 Mass. 472 (1901).

Gandia v. Pettingill, 222 U.S. 452 (1912).

Gitlow v. People of New York, 268 U.S. 652 (1925).

Gompers v. United States, 233 U.S. 604 (1914).

Hudson County Water Co. v. McCarter, 209 U. S. 349 (1908).

Leach v. Carlile, 258 U.S. 138 (1922).

Lochner v. New York, 198 U.S. 45 (1905).

Louisville & Nashville R. Co. v. Barber Asphalt Co., 197 U.S. 430 (1905).

Missouri, Kansas and Texas Railway Company v. May, 194 U.S. 267 (1904).

Moyer v. Peabody, 212 U.S. 78 (1909).

Otis v. Parker, 187 U.S. 606 (1903).

Patterson v. Colorado, 205 U.S. 454 (1907).

Pennsylvania Coal Company v. Mahon et al., 260 U.S. 393 (1922).

Schenck v. United States, 249 U.S. 47 (1919).

Southern Pacific Co. v. Jensen, 244 U.S. 205 (1917).

Truax et al., Copartners, Doing Business under the Firm Name and Style of William Truax, v. Corrigan et al., 257 U.S. 312 (1921).

Truax, v. Corrigan et al., 257 U.S. 312 (1921).

Tyson & Bro. v. Banton, 273 U.S. 418 (1927).

United States v. Schwimmer, 279 U.S. 644 (1929).

Vegelahn v. Guntner, 167 Mass. 62 (1896).

第6章

叢林憲法權利觀
從霍姆斯到吳經熊的譜系學[*]

蘇基朗、蘇壽富美

一、前言

霍姆斯法官是美國 20 世紀法律現實主義領軍人物之一，也是 20 世紀美國法律界被徵引最多和爭議最大的人物之一。他年青時期參軍，投入美國內戰，奮鬥於前線，累受重傷，經歷了慘酷的戰爭洗禮，由充滿理想主義抱負的精英，轉化為信奉 19 世紀後期在西方學界流行起來的、從自然進化論出發、提倡弱肉強食的社會達爾文主義。這種由個人深刻痛苦經驗造成的深入骨髓的叢林思想基調，對他以後一生的法律思維，產生了深遠的影響。對我們解讀他隱晦的言論，有很大的幫助。

西方研究霍姆斯的著作，可謂汗牛充棟。他仍在世時，已經有不少人編寫有關他的出版物。近幾十年來，研究霍姆斯的興趣，隨著世局變化以及新思潮的湧現，亦出現了新的一波討論。大體而言，研究霍姆斯的英文著作，有四種重要的角度。第一種是從思想史的角度，探討他在 20 世紀美國憲法史上的歷史地位或影響。[1] 第二種是從自然科學的角度，推許霍姆斯為將科學自然主義理念應用到法學的先驅。[2]

---

[*] 本文為澳門大學 SRG 項目 (編號 SRG2019-00160-FAH) 階段研究成果之一。

第三種是站在二戰後復興的新自然法角度，批判霍姆斯割裂法律與道德的連繫和對自然法的敵視與排斥。[3] 最後一種角度是品德批判，針對霍姆斯的人品德行，揭露他性格行為的卑鄙無恥、傷風敗俗；或為他的不顧倫理、獨立異行，作出道德上的辯護。[4] 由於霍姆斯人格複雜多變，行文晦澀模糊，不同角度所見的霍姆斯，有如變色龍般無從捉摸，人言人殊，難以定論。[5]

　　吳經熊是民國時期最具國際聲譽的中國法學家之一。他在東吳大學完成法律本科教育，後赴美國密芝根大學考獲法律博士學位，再遊學巴黎大學、柏林大學、哈佛大學，後來又曾獲邀到西北大學及哈佛大學講學。歷任東吳大學法科教授及法學院院長、上海市特別法院法官及院長、南京政府立法院立法委員、立法院憲法草案起草委員會副委員長等。在江南一帶的法律界及法學界地位崇高，1930年代參與南京政府修憲，出力至多，並曾發表《吳氏憲草》徵求公眾意見，其後憲法草案委員會出台的五五憲草，保留其個人草案的部分不少。因此，1930年代國民黨修憲時，吳經熊為關鍵人物之一。吳經熊與霍姆斯忘年之交十多年，書信往還不少，也相當膾炙人口。[6] 但研究兩人關係的著作，一般沒能梳理出到底吳經熊受到霍姆斯多大影響。[7]

　　本文旨在從文本分析和實證的進路，集中分析霍姆斯對自然法批判的晚年定論，[8] 以及他的理念被吳經熊繼受的過程。文本方面，集中兩方面。其一是他在1918年最後公開發表的一篇題為〈自然法〉的文章。其二是吳經熊1928–1936年間發表的文章和致霍姆斯的書信。目的首先是通過解讀文本，展示霍姆斯反自然法的基調，正是叢林心態的社會達爾文主義，並且將之應用於法律，尤其是憲法權利觀，這裡稱之為「叢林憲法權利觀」，從而反映霍姆斯對近代西方天賦人權及自由主義民主憲政主流話語的顛覆性衝擊。[9] 其次，通過吳經熊繼受霍姆斯的文本，不特希望說明後者跨社會的影響力，而且可以反證本文對霍姆斯〈自然法〉的解讀。

二、霍姆斯〈自然法〉文本分析

霍姆斯的〈自然法〉原是一篇演辭，最早發表於1918年冬的《哈佛法律評論》，[10] 是他一生最後正式發表的文章。其後收入1921年出版的晚年自選集《法律論文集》，[11] 作為該書的壓軸文章。他1923年告訴吳經熊，這篇文章和另一篇題為〈理想與懷疑〉("Ideals and Doubts")的文章，就是了解他法律思想的必讀起點(starting points)。[12] 對他來說，這篇文章可謂一輩子的壓軸絕唱，代表他晚年法學思想的結晶。文分八段，以下逐段分析，解讀他的信息，並選譯重要句子，[13] 作為分析的論據。

第一段主旨是講自然法的人都不可理喻。他認為追求自然法的法學家，或追求終極真理的哲學家，都是因為他們渴求浮誇之辭(superlative)。這並非追求真理，毋寧是脫離現實的、自大狂式的自我滿足。作為文章開場白，霍姆斯舉了一個例子。他說如果你告訴浪漫的騎士(the knight of romance)，他的淑女(lady)很可愛而不誇讚她是出諸上帝之手的絕世佳人，他就會勃然大怒，而你就非得和他決鬥不可。[14] 這個例子生動有趣，但亦相當古怪。它既非真事，亦非寓言、亦非幽默，也欠缺理所當然的邏輯。什麼是「浪漫的騎士」？所有浪漫騎士真的都會這樣？論據不明，解釋欠奉。這個例子與下引惡棍借酒自大的例子一樣，都是霍姆斯的誇張修辭學(superlative rhetoric)，藉以痛罵追求溢美之辭的自大狂衝動。他說：

> 人往往渴求浮誇之辭，乃至無力追求的惡棍唯有一頭栽進醉鄉來滿足一下。[15]
>
> 哲學家努力證成所謂終極的真理，法學家窮究放諸四海皆準的律則而自詡為自然法，都源於這種渴求。[16]

霍姆斯認為，法學家追求自然法的衝動，都屬於同一種心理狀態。由這種心態出發談自然法，自然不可理喻。

　　第二段揭示霍姆斯認為大多數人深信不疑的，或者有理由相信未來多數人都會深信不移的，就是真理，並且就成為客觀的真理。他說：

> 一民族（nation）稱雄世上，其多數人所相信的，就是真理。[17]
>
> 我們檢驗真理之道，就是看現實中大多數人同不同意。想像中未來的大多數同意也行。[18]
>
> 不管我的智慧高低，我發現多數同胞都不可抗拒地同意的話，……我的所謂真理也就變成客觀的真理。[19]

由於客觀真理通過多數人肯定來成立，所以連客觀真理也不會永恆不變，也不會是絕對的、終極的真理。這種霍姆斯式真理必然隨波逐流，與時俱遷。它與理性和智慧無關，也不僅局限在同一民族或社群之內。若力之所逮，亦可以強迫其他弱勢民族接受為客觀真理。所以霍姆斯的多數人客觀真理，不是指社會契約論式的多數人民主決定什麼是客觀真理。這個多數毋寧是一個權力遊戲，由最有權力的多數，決定何謂客觀真理。

　　第三段要旨是自己堅持某些事是真理，並不能證明那就是絕對、永恆以及放諸四海皆準的真理。他說：

> 堅持（真理）證明不了真理。[20]
>
> 我們曾經信以為真的很多事物，事實上都不是真理。[21]
>
> 人的經驗往往塑造了他某些教條般的偏好。這點明白了，就可以了解其他人其實同樣也有他們教條般的偏好。這就是懷疑主義。[22]
>
> 根深柢固的偏好是不可理喻的……所以當對方的差異太大時，我們索性把他宰掉而不讓他得逞。但這和承認他的信念跟我們的信念事實上同樣有道理，並無任何矛盾可言。[23]

霍姆斯認為憑著堅持自己相信的就是真理，證明不了真理。因為我們堅信的事物，往往局限於個人的經驗，並且出此而產生許多偏見。許多這類真理後來都證明是錯誤的。對這些真理的堅持，其實是執着、偏執、自以為是、教條主義。越是堅持，越是根深柢固而不可理喻。他覺得因為對真理偏執做成太大的歧見而又各不相讓時，只有訴諸武力、暴力，務求清除異見、異己。最後剩下來的，就是所謂客觀真理。輸掉的，其實也自有其堅持的道理。了解到自己和別人各持己見，其實都不是終極真理，只是在流變不常的多數人權力世界裡的一時現象，這樣才可能避免不可理喻。這就是霍姆斯懷疑主義的真諦。當然這裡霍姆斯也毫不懷疑地堅持他的命題：自然法學家堅持自然法和缺乏懷疑，使他們不可理喻。

第四段具體談到所謂自然法和普世的人權並非絕對真理，僅是一時一地的社會認為理所當然的法律制度，包括婚姻、財產、契約以及生命權等。世上其他地方的人，不一定把這些事物當成真理。他說：

> 我覺得相信自然法的法學家，心智似乎不太成熟。他們竟將自己深信的東西，當成天下人都深信不疑的東西。[24]
>
> 有些制度或其雛型，彷彿要模仿我們的社會，或者我們認為文明的社會，都必得具備。例如持久的兩性組合〔婚姻〕、持久的個人佔有物〔產權〕、約束個人未來行為的規範〔契約〕以及對個人的保護。這〔最後一〕種保護可謂所有制度〔權利〕的根本。但……問題是，〔所有這些所謂制度或者權利，〕其實不外是所謂自然法〔理論〕認為應該如此而已。[25]

霍姆斯批評法學家把西方社會多數人接受的法律和權利，包括最重要的婚姻、產權、契約以及生命權，一概當成自然法，當成所有社會都該接受的絕對真理，否則那些社會就不算是文明社會，這就是用堅持來證明自己的偏見就是終極真理。這就不可理喻。

第五段主旨是所有關於法律權利和義務，包括保障生命的權利，僅是對法律後果的推測而已。霍姆斯認為法律後果則取決於當下社會勢力或權力，而非體現什麼永恆不變或放諸四海皆準的先驗 (*a priori or preexisting*) 權利和義務。雖然個人抱著爭取權利的信念及期待時，總借自然法之口說是應該如此。霍姆斯批評這些所謂權利，實在出於偶然而非應然，甚至自私自利。這些個人堅持的權利，與有沒有先驗權利或義務，毫無關係。他說：

> 所有信念和期望，無疑都說自己建基於超越的根據，但這只意味着它們的基礎，其實都是偶然的。[26]
>
> 於我來說，和他人相處必需做些什麼，並不取決於什麼先驗的責任。毋寧是一套說法，告訴我要生存的話，就得做什麼。[27]
>
> 但從法律而言，一種權利不外就是一種用來推測的根據——一種想像，念及若不順從的話，就會被人以公共權力加以打壓。[28]
>
> 這些法律權利的背後，當然充滿訴求者的鬥志。但若說他們的鬥志，就代表所謂先驗的義務，或者先驗的權利，於我而言，這真可謂風馬牛不相及。連一頭狗也會為牠的骨頭充滿鬥志。[29]

霍姆斯在這裡全面否定了法律權利的先驗和超越根源。他認為西方法律的權利其實沒有什麼神聖基礎。對他來說，自然法理論說人生而擁有或被賦予的自然權利，正是前述的那種自以為是、自詡為放諸四海皆準、不可理喻的信念。現實世界的法律權利，無非是社會最大的勢力或公共權力賦予個人的利益，或要求個人必須履行的義務。人不順從就有後果，會受到社會力量的懲罰，甚至無法生存。霍姆斯認為一個人充滿鬥志地堅持和爭取他自認為天賦的權利，正是前述那種自以為是的信念作祟。這種鬥志和一頭狗充滿鬥志地堅持和爭奪牠的骨頭，如出一轍。由此可知，從霍姆斯角度看，法律權利就是優勝劣敗的叢林現實，左右法律結果的不外是弱肉強食的叢林規律。

第六段進一步強調連所謂先驗權利中最根本的生命權，社會勢力都可以隨時褫奪，所以說自然法先驗權利這回事，顯然胡說八道。他說：

就算是所謂先驗的權利中最基本的一種權利——人的生命權，都可以不貶眼地褫奪。不單戰時如此，任何時候都一樣，只要為了社會利益，或者社群中最主導的勢力認為需要褫奪的話，便褫奪了。[30]

這種社會利益長線來說是否合乎人類的利益，誰也說不清。不管如何，對於與康德和黑格爾格格不入的人來說，利益就是利益，沒有什麼神聖可言。[31]

〔案：這是霍姆斯津津樂道的例子，說明多數人利益凌駕個人生命權〕我記得有一位好心腸的法官，他的法律意見，認為將倉庫的一道防火閘關上以保護整倉貨物，即使這樣做會導致倉內一個人窒息而死，也是合情合理的行為。[32]

一個人怎樣看這些先驗權利的問題，很大程度上決定於他對宇宙的一般態度。……這又取決於早歲交遊、個人脾性，再加上要求掌握絕對指標的一份執著。[33]

人對他們所追求的，總會深信不疑。雖然如此，我看不出任何一套哲學思想，應該煞有介事地告訴我們，我們應該追求的是什麼。[34]

霍姆斯的法律權利在這裡成為某種社會權力的體現。他沒有在這裡解釋他所說的，作為法律權利來源的公共權力 (the public force)、社會利益 (the interest of society) 或社群中最主導的勢力 (the predominant power in the community) 是什麼。這些力量如何生成、運作、演化、解讀、演繹等等問題，他沒有解釋。這些社會利益對社會有何長線的好處，他倒是清楚：誰都說不清楚。無意弄清楚這權力是什麼，他的法律權力就等於赤裸裸的暴力，不必再談正義、正當性、原則、道德、倫理等人類文明的共相遺產。在他口中，這種暴力運行而褫奪無辜者性命時，眼都不必貶一貶 (without a scruple)，而且他偏好的實例，還是位好心腸的法官 (a very tender-hearted judge)，難怪論者謂霍姆斯身不由己的法律價值 (can't help) 就是唾棄道德價值 (values)，他的法律哲學就是弱肉強食的唯權力主義（power-focused philosophy）。[35] 簡言之，就是叢林法學。

第七段霍姆斯主張宇宙真理或自然法，乃不可知之事，主要論證是作為宇宙的一小部分，我們是沒法了解不可思議的宇宙總體（unimaginable whole）或宇宙真理（Cosmic truth）的。不自量地誇談宇宙真理，實質就是不知所謂。他説：

> 我看不到人們渴求浮誇之辭（superlative），有什麼理性的根據——為了不能確認自己的真理等同於宇宙真理便誓不擺休嗎？——這等於要求一個活在這個細小地球上的卑微生物，通曉窮盡那不可思議的〔宇宙〕整體〔的終極真理〕。[36]
>
> 真實的答案就是，部分不能吞下整體。我們的理念，不足讓我們言思超乎認知能力以外的東西。[37]
>
> 如果我們相信自己由宇宙而來，不是宇宙由我們而來，我們就得承認，在高談闊論什麼是〔美其名為自然法而實質不外是〕禽獸之事的時候，自己真的不知所謂了。[38]

霍姆斯沒有否定宇宙或終極真理存不存在。他抱持的是不可知論。不可知的原因他認為是部分永不能認知整體，我們有限的理念，也不能道盡無窮的宇宙。所以他反覆申辯，人由宇宙而來，若反過來説宇宙由人而來，就變成顛倒因果。

第八段霍姆斯從前面對自然法理論的嚴厲批判，歸結到人為了自己，仍然值得奮鬥，甚至犧牲。他認為雖然我們不能完全明白宇宙或自然法，仍可努力爭取我們所渴求的，例如生存、為所欲為的自由、凌駕於人的權威、自滿自大等，為了這些東西，我們有時也奮鬥爭取，死而後已。我們珍惜的這一切，是非黑白如何，霍姆斯認為我們不必理會，留待不可知的宇宙作主可也。他説：

> 宇宙雖然超乎我們理解之外，這卻與我們的行為無關。[39]

我們仍得戰鬥，……因為我們要活下去，……因為我們要為所欲為，要證明我們握有權力，要享受我們的權力。對於我們珍惜的這一切，到底有什麼終極的價值審判，我們大可以留待那不可知的〔宇宙〕去作決定。[40]

如果我們認為自己並非宇宙之外的一位小神祇，而是宇宙之內的一粒小瘤，我們就可以把無限的宇宙置諸腦後。〔因為〕這已經賦予我們唯一而充分的〔人生〕意義。[41]

霍姆斯承認有時人還真想為他人做點事。人想做這樣的事，那就去做。不管有沒有哲學給他一個藉口，他還是會做的。所以不是哲學（自然法理論或所謂宇宙真理）為人提供了動機。毋寧是哲學為人的動機製造了藉口。讓人覺得自己為要做的事赴湯蹈火，感覺良好，也不算個傻瓜。他說：

如果我們想像力夠豐富，可以接受自己是集體不可分割的一分子，同時又可以將自己的利益擴闊到自己皮囊之外的話，為身外事而犧牲自己生命，也說得通的。這種動機……我們不難見到；懷抱着這等期盼和理想，亦是人之常情。[42]

哲學沒提供動機，只是告訴人們，他們做了心裡想做的事，也不算傻瓜。哲學替我們打開了空想的欲望，讓我們不惜為此粉身碎骨；展示了絞盡腦汁描繪出來的仙境；譜奏出不入塵世的天籟之音。[43]

霍姆斯這最後一段是修辭學的神來之筆，厲害之處是痛貶自然法學者之餘，筆鋒一轉，借哲學之名來為他們找個下台階，說哲學為這些法學家提供了無限空想的烏托邦，讓他們以為自然法的虛妄，原來還可以用空話包裝起來，以虛作實，但求自己心安理得便是。實則霍姆斯言下之意，說到底還是罵自然法的理論，不外自欺欺人。現實的法律權利，還得回到叢林裡追求。

三、霍姆斯同化吳經熊的歷程

(一)吳經熊師從施塔姆勒(1925年)

吳經熊1923年遊學柏林大學，師從施塔姆勒(Rudolph Stammler，1856–1938)(吳經熊譯音作「斯丹木拉」)，習新康德主義自然法。同年以英語撰寫〈施塔姆勒及其批評者〉一文，其後作為附錄收入施塔姆勒1925年出版的《正義之理論》一書。[44] 此文條分縷析施塔姆勒的新康德主義自然法，並針對其評者作出詳細的辯護。是書出版時，施塔姆勒仍然在世，他顯然首肯了吳經熊對他的法哲學的解說。吳文以學案式譜系(見表6.1)來總結施塔姆勒理論的定位。[45]

表6.1

	斯庫拉 (Scylla)	中庸之道 (via media)	卞律布狄斯 (Charybdis)
I. 知識 (Knowledge)	懷疑主義 (Scepticism) — Weber	邏輯現實主義 (Logical Realism) — Stammler	教條主義 (Dogmaticism) — Kohler
II. 社會哲學 (Social Philosophy)	個人主義 (Individualism) — Stirner	社會唯心論 (Social Idealism) — Stammler	唯物論社會主義 (Socialism) — Marx
III. 法律史 (Legal History)	機械主義 (Mechanism) — Savigny	批判目的論 (Critical Teleology) — Stammler	目的論 (Finalism) — Ihering
IV. 法律的應用 (Application of Law)	僵化法理學 (Jurisprudence) — Fixée	法律出正義 (Justice through Law)	無法律的正義 (Justice without Law)

1920年代中，吳經熊將施塔姆勒置於斯庫拉(Scylla)和卞律布狄斯(Charybdis)這兩頭希臘神話怪物之間，執黃金中道的中庸之位，可謂對施塔姆勒讚嘆不已。他解讀施塔姆勒的自然法時，特別欣賞他繼承康德而來而體現了正義與善的道德「理型」(form)理念。此種道德載體的「理型」永恆而普遍，有如康德的「物自身」(Thing-in-itself)，但施塔姆勒並不接受具體的道德規範乃至法律秩序，同時具備永恆和

普遍屬性。他認為「理型」雖永恆，但內容卻因時因地而不斷變遷。法律必需在現實環境體現出正義。法律的歷史，因此也是目的論地不斷演變和體現不同時地的正義。雖然沒有固定內容，施塔姆勒的新康德主義自然法，仍然肯定了有恆常不變之理。這是試圖抗衡19世紀以來的當世顯學——科學自然主義及社會達爾文主義。

(二) 吳經熊折衷施塔姆勒與霍姆斯（1928年）

吳經熊自1920年開始與霍姆斯通信，漸成忘年之交。吳留學德國時，兩人曾多次談到施塔姆勒的自然法。吳讚許有加，霍姆斯則往往不以為然。[46] 但兩人亦沒有深入爭議。到1928年吳氏在上海出版他的處女英文論集《法學論文及研究》(*Juridical Essays and Studies*) 時，才在序言裡明言他的學術志向，就是要折衷兩人的矛盾。吳經熊比喻施塔姆勒是啤酒罐，霍姆斯則是啤酒。他的折衷之道，就是既要啤酒罐也要啤酒，這樣才能雙贏。[47] 他的滿盛啤酒的酒罐，套用他總結施塔姆勒的表格，亦可以簡列如下（楷體部分出諸吳經熊之口）：

表6.2

	霍姆斯 Holmes	施塔姆勒 Stammler
I. 知識 (Knowledge)	對先驗 (*a priori*) 存疑，認為屬不可知；所以主張後驗 (*posteriori*)；強調經驗 (experience)	邏輯現實主義 (logical realism)；相信理性 (reason)、先驗 (*a priori*)、形上學 (metaphysics) 及物自身 (thing-in-itself)；但也強調後驗 (*posteriori*) 的重要性
II. 社會哲學 (Social Philosophy)	社會達爾文主義 (social Darwinism)；社會實用主義 (social pragmatism)；權利由權力所生及受其左右；社會利益凌架個人權利	社會唯心論 (social idealism)；形而上集體主義 (theory of metaphysical-collectivism)；法律塑造社會經濟現實；社會理想是落實法律上的形式正義
III. 法律史 (Legal History)	達爾文式法律進化 (Darwinian legal evolution)	批判目的論 (critical teleology)；康德進步觀以求完成道德目的

	霍姆斯 Holmes	施塔姆勒 Stammler
IV. 自然法 （Natural Law）	反自然法及反形式主義 （anti-formalism）；代之以社會 現實主義（legal realism），法 律源於權力（power or force）	自然法的普世性方法論有 效，即形式主義 （formalism）；但內容應因時 因地而異
V. 法律的應用 （Application of Law）	法律不求價值、道德或正 義；法律現實主義	法律出正義（justice through law）；法律追求正義；正義 的法律；道德主義
VII. 吳經熊的折衷 主義──基督教的造 物主即自然法根源	觀察（perception）；內容 （content）；啤酒（beer）	理念（conception）；理型 （form）；啤酒罐（pint pot）

　　在同一部論文集裡，吳經熊亦收入一篇專門討論自然法的法文文章。[48] 他先遂一批判自然法的各家理論，然後隱晦地道出自己的自然法理念説：

> 自然法不事創造及再創造，也就不成自然法了。我們認為，自然法甚至不是上帝的統治，而是上帝自己在法律領域中生活和工作。……談論自然法的相對性，就是對自然法本質的誤解。這就使得法律的相對性成為可能。法律相對論在實體法領域是合法的。自然法是不變的；因為它能量永不枯竭；自然法是絕對的，因為它的絕對性只會越來越強；自然法是不滅的，因為它是永恆的展開，自然法是普世的，因為它懷抱了整個宇宙。最後，它具有創造力，因為它代表了不斷湧現新事物及形態的創造動力。……我們無法定義它，但可以在我們周圍感受到它。[49]

這裡吳經熊談的「自然法」，變成了他所信奉的基督教的上帝。這篇文章他用法文撰寫，但文末卻抽取了英國浪漫派詩人威廉‧華茲華斯（William Wordsworth）一首題為〈主客易勢〉（"The Tables Turned"）的詩的幾行詩句作為全文總結。詩旨大意是讀書既無用，不若以「大自然」（Nature）（如畫眉鳥）為師。[50] 這個總結的自然法，變成了上帝所造的大自然物理世界的法則。吳經熊認為談自然法，最好向大自然取經。

當然吳經熊的折衷更像是揉合，既沒有產生新的方案，也不能啟發任何一方的修訂。轉過來說，既不能確認施塔姆勒的自然法何以僅方法論始具普世性，也不能說明何以在霍姆斯的宇宙不可言思前提之下，他還可以談論上帝的自然法。不過這個矛盾很快解決。翌年吳經熊就開始全面揚棄施塔姆勒，歸宗霍姆斯。

(三) 吳經熊開始歸宗霍姆斯（1929年）

1929年吳經熊厭倦上海的法官工作，大力懇求霍姆斯幫助他到哈佛法學院訪問，藉以逃離是非之地。當年他給霍姆斯書信不絕，但其中最具代表性，最能表明他歸宗霍姆斯的一封長信發於5月31日。[51]由於信的內容引用了吳經熊展示給霍姆斯看他最近有關法律思想的文稿段落，而該文稿最終並未出版，故此等於吳霍兩人間的學術交流的第一手證據，其中清楚說明吳經熊自明歸宗霍姆斯的程度。茲將部分信件內容分析如下。

信件開端先表明內容節引了吳經熊一份未刊稿的文字，要旨就是要推廣法律現實主義，並且推崇霍姆斯為法律實用主義的教父和法律現實主義的開創者。

> 我高興時總會寫信給您。我最近很開心，因為正在撰寫的一篇文章，似乎大有可為。文章主題是「現時法律哲學的趨勢」。我發現有三種類型：第一種是古典傳統主義，包括新黑格爾主義的科勒和新康德主義的施塔姆勒；第二種是司法實用主義，又名社會法理學。這一主義歷經兩個發展階段，即以格梅林、福克斯、羅林和埃里希為代表的感性階段，以及以龐德和卡多佐為代表的集大成階段；第三種是新現實主義法律哲學，這也是我要推廣的哲學。我稱您同時是「法律實用主義的教父和現實主義的開創者」。現實主義的種子，在威格莫爾、沃澤爾、龐德、考克雷克和耶魯

學派的學者的著作內，也是可以找到的。下面是我文章的節選，想必您會感興趣。[52]

接着吳經熊總結了霍姆斯在批判主謂邏輯與建構法律歸納邏輯方面的重大貢獻，譽為媲美伽利略對物理學的貢獻。

「雖然霍姆斯反對傳統邏輯，但他在分析如權利、財產和繼承等法律實體和狀況時，撥動了新現實主義邏輯的琴弦。他完全拋棄了主謂結構邏輯，採用了關係邏輯。他並沒有企圖論證法律實體如何具有內在的屬性。他一直希望說明的一點是：如果關於某人的某些事實為真，那麼此人將會受到法律對那些事實所界定的某些後果。我們不將法律概念，當作必然具備某種內在屬性的物質，而是僅將其當做一種邏輯，可以用作聯繫前因後果的路標。一位新現實主義者一語中的地說，所有路標必須與時俱進、內容清晰、指向正確。一言以蔽之，通過將法律邏輯從主謂結構轉向因果結構，霍姆斯實際上開創了法律的歸納科學。因為不論前因或後果，都需要憑經驗證明和確認。主謂邏輯從先驗出發而操作；因果邏輯則從後驗出發而操作。前者會陷入惡性循環，而後者則展示出無限可能的遠景。對法律科學而言，這無疑代表了一種飛躍，可與伽利略對物理學的貢獻媲美。」（然後引用了您《普通法》許多文字。）[53]

吳經熊將施塔姆勒與科勒定案為古典傳統主義類型的代表人物，在批判科勒之後，吳轉而對施塔姆勒作出尖銳的攻擊，認為基本上是無根之談、「婦人之見」、「畫餅充饑」、異想天開的臆測。他更明言這些對他老師無保留的批評，就是「吾愛吾師、吾更愛真理」的吳經熊版本。

我對施塔姆勒的評判如下：「他的論述沒有從純粹的法律形式與內容展開。就連康德都認為我們的知識是個複合體。顯而易見，個別元素的機械地排列並置，與複合體是兩碼子事。」[54]

除了「婦人之見」之外，我們還能為施塔姆勒理論找到其他任何理據嗎？他最終能否為自己的理論提供更好和真誠的依據？而不是單憑自己覺得不得不是這樣，便宣稱這樣是正確無誤呢？……我們堅信局部和現實的秩序。之所以要講究局部，是因為我們無權代全宇宙發言，蓋全宇宙廣闊無垠、神秘莫測，而我們只能安於接受從有限經驗中找到的任何秩序。之所以要講究現實，是因為我們相信概念的集合，不會保證現實的集合。比如，若你認為宇宙是有序與無序的混合物，那概念主義者就會立刻跳出，仿佛將你當場抓了個現行，他們會得意洋洋地表示，若是如此，那這一命題就放之四海而皆準了。這一命題仿佛是能恢復宇宙秩序的魔杖！借用一個中國成語，這種論調與「畫餅充饑」無異。[55]

不論立法也好、判決也好，人們唯有通過創造，才能窺見法律永恆的本質。這樣便能人法合一；主體與客體、形式與物質的區別，在創造過程中煙消雲散。這是掌握司法知識的最高境界。所有哲學觀點，如果欠缺這種法律的內省，或者沒有成熟到可以點出這種可能性，就必定是沒有到位的虛妄之念。〔您的〕靈光乍現，複雜法律問題竟欣然迎刃而解，隨之而來的，還有無以言喻的喜悅之情——其間正蘊含著司法智慧最深邃的知識。與此相比，其他各色各樣對法律本質的推斷，就算不是法律之牆上的浮痕淺劃，亦都不外異想天開的臆測。這就是法律的真知灼見；這就是法律哲學的至高目標，因為所有哲學畢竟還是旨在追求實實在在的知識的。[56]

我的說法主要是針對施塔姆勒主義的一種反駁。中國傳統倫理認為批評老師不夠尊師重道，但於我而言，真理遠比忠義小節（petty loyalty）更為重要。[57]

吳經熊隨著批判了埃里克、龐德以及卡多佐等社會法學派學說，然後總結稱法律現實主義的推陳出新，正是其時代使命。有趣的是吳經熊在信末向霍姆斯稱冤，說他剛出版的論文集在扉頁獻詩三首，評者威格莫爾 (John Wigmore) 誤以為第一首是吳經熊獻給老師施塔姆勒的，真是對吳的一大曲解。吳向霍姆斯信誓旦旦，這第一首詩確確實實是他呈獻給霍姆斯的。六行詩句每行首字的第一個字母，串起來剛好就是霍姆斯的英文拼寫 (HOLMES)，可以為證。是評者疏忽，非吳之罪。吳的說法如下：

> 總而言之，現實主義學派與傳統法律哲學分道揚鑣。至於社會法學派，其出發點 (強調司法經驗的直觀特徵) 正確，但仍需糾正與補充。現實主義學派的任務是 (1) 梳理出一套前後一致的理論來說明司法現實；(2) 提供新的司法理論工具；(3) 提出對法律的批判，作為一種藝術，亦即創造出不朽的司法雕像。在《伊利諾伊法律評論》五月號，高興得到威格莫爾院長對我的文集讚賞有加。但是，他犯了個小錯誤，以為我開宗明義的詩篇，是獻給施塔姆勒的。顯然，威格莫爾沒注意到該六行詩每一行首字的第一個字母。[58]

由此可見，吳經熊這時已經徹底揚棄施塔姆勒，歸宗霍姆斯，並且向霍氏報稱願意成為霍姆斯法律現實主義的馬前卒。他前一年出版的論文集，開宗明義還說要以折衷施塔姆勒和霍姆斯為畢生志業，其扉頁贈詩尚引起西北大學法學院院長威格莫爾的誤會，以為吳經熊是獻給自己老師施塔姆勒的。威格莫爾恐怕因為讀到第二首詩首兩句直白聯上霍姆斯的名字後，還真以為吳經熊贈詩以受業師為主，私淑師為次。實則吳詩玄機暗藏，可以事後剖白，向霍姆斯表態歸宗，而毫無自相牴牾之虞。然而若說吳經熊 1928 年的處女論文集仍處兩可之間，他旋踵於 1929 年 5 月發了上述這封南轅北轍的信，可以確定已經作了一百八十度的轉向。

（四）吳經熊完成歸宗霍姆斯

由 1929 至 1936 年，吳經熊乃徹頭徹尾的霍姆斯信徒。他寫了很多提倡霍姆斯型法律現實主義以及社會達爾文主義的文章。作為國民黨中華民國立法院憲法草擬委員會副主任委員，吳經熊利用這一套從霍姆斯學來的叢林觀點，建構了他的中華民國憲法草稿，並且主導了以後大半個世紀的中華民國憲法。這段時期，吳經熊公私文字，都不再見到施塔姆勒新康德主義的自然法踪影了。

吳經熊1936出版論文集《法律之藝術》(*The Art of Law and Other Essays Juridical and Literary*)。在序言裡提到自己的自然法理念，引以為傲。他這時的所謂自然法，已經褪盡普遍性的內涵。雖自稱受突發進化論啟發，實則完全符合了霍姆斯揭櫫的、社會達爾文主義的法律現實主義版。他說：

> 最近我十分欣喜，因為商務印書館出版的法律辭典，徵引了我對自然法 (Law of Nature) 的解釋。即便有點複雜難解，請容許我嘗試譯成英文：「自然法即是那種法律，能夠配合某個社會的條件，非常現實主義和高瞻遠矚，有能力發展文化，並在最短的時間之內、使其成長，進入下一個更高級的階段。」我從阿歷山大、摩爾根等突發進化論家身上，領悟到這個〔自然法的〕解釋。[59]

吳經熊全面繼受霍姆斯叢林法律觀，更明確的表述，收在同書另一篇短文內，題為〈霍姆斯大法官的權利論〉。[60] 這裡吳經熊夫子自道般勾勒出的霍姆斯法律權利觀，要旨是說權利並不獨立地存在，並非不可褫奪。法律賦予的權利才是真的權利。權利由政策而來而政策隨時勢人事而變遷，是利益的平衡，也就不外是個可以經驗的事實問題。連個人的生命權，也可以因為由主導勢力所界定的社會利益而犧牲。他說：

> 事實就是，根本沒有權利這回事。一項權利僅是現實生活的抽象理念，僅是簡單表述不同複雜程度的事實。權利不獨立存在。說

一個人有某項權利，不外是省事地說，法律容許他在特定時空內可以做某事，或不可以做某事。所以一項權利就是「法律容許做什麼」。這是在某一法律環境下一個人會怎樣的陳述。這個陳述的實質，跟一個人在法律允許之下可做或不可做某事的條件，就其實質而言，並無分別。[61]

每一項權利都建立在特定的政策之上。但由於時移世易，其他政策原則可能出現而顯得較此項權利的基礎更形重要。這時，這項權利便得萎縮，甚或取消。主觀上，一項權利即是一項受法律保護的利益，猶如耶林 (Ihering) 所言。可是客觀上，權利毋寧就是利益的平衡。[62]

所有權利都是相對的。相對的，意即相對於法律所界定的情境。霍姆斯十分清晰地指出：「就算是所謂先驗的權利中最基本的一種權利——人的生命權，都可以不貶眼地褫奪。不單戰時如此，任何時候都一樣，只要為了社會利益，或者社群中最主導的勢力認為需要褫奪的話，便褫奪了。這種社會利益長線來說是否合乎人類的利益，誰也說不清。不管如何，對於與康德和黑格爾格格不入的人來說，利益就是利益，沒有什麼神聖可言。我記得有一位好心腸的法官，他的法律意見，認為將倉庫的一道防火閘關上以保護整倉貨物，即使這樣做會導致倉內一個人窒息而死，也是合情合理的行為。」[63]

「生命之權」不外是一種速記，陳述了法律容許一個人在特定情況下可以存活。這是因為在其他情況之下，一個人可以被他人完全無罪地奪去性命。[64]

倘若連最基本的權利尚且如此，其他一切權利自然也沒有例外了。在思考「權利」一詞時，我們絕不能錯過了它的涵義，也就是相關的事實 (facts)。[65]

吳經熊在1920年代初的成名之作中，對中國傳統法律評價相當積極。他在1933–1936年間對中國傳統法律的觀點轉向相當負面的評價。

這些評價中，最關鍵的是用自然主義的物理學的天空，來理解孔子以來中國法律傳統中「天理國法人情」的「天」。吳經熊認定孔子以來的儒家及貴族分子，捏造了「天理」的「天」這個假像來欺騙平民百姓。在他的評論中，完全否定有一個具超越意義的正義的天這一回事。同時，全面歸宗於霍姆斯的吳經熊也不接受主流西方法律和憲法理論裡的天賦人權之類的價值觀。我們曾經論述吳經熊在這段草擬中華民國憲法的關鍵時期所抱持的基調，正是在 20 世紀以還，中國知識分子間十分流行的天演論自然主義。從天演論自然主義出發，吳經熊在那幾年間發表的憲法理論，信奉的是三民主義，強調中華民族作為一個種族，如何在弱肉強食的國際叢林中競爭生存，認為個人權利自由，並非由天所賦，是現實社會所授予的，受時勢加潮流所形成的政治情狀所支配，所以憲法不應直接保障個人權利自由，而應由法律予以間接保障，同時這些權利亦受法律所規限，即吳經熊所謂個人權利自由應為社會作出犧牲。吳經熊憲法的背後，沒有任何超越現實政治與法律的更高原則。憲法、法律、權利、自由等價值，在憲法自然主義內，都屬於工具，或手段。他說三民主義是目的，實則三民主義亦不外時勢潮流造成的政治主義與理論，勢必與時遷移，受政治現實所左右，所以吳經熊憲法的真正基調，其實就只有天演論自然主義，或本文所稱叢林憲法權利觀。[66] 吳經熊曾告訴霍姆斯，他對霍姆斯的偉大法律思想佩服得五體投地，決心在中國加以發揚光大。回顧南京政府時期草憲的歷史，吳經熊可謂言行一致，信守承諾，沒有辜負霍姆斯對他的殷切期待。

四、後話

1985 年托馬斯‧格里夫 (Thomas Greif) 提出過一個疑題：「何以美國訓練出來的自由主義法學家吳經熊，沒有為南京政府打造一套自由主義的憲法草案？」他的答案是因為當年美國法學界盛行相對主義，

尤其是龐德 (Roscoe Pound) 的社會法學派 (sociological jurisprudence)，而吳經熊從美國輸入的，正正是沒有自然法原則支撐的相對自由主義 (relative liberalism)，所以難免學習西方自由民主而學不到家。[67] 時至今日，後學轉精，我們自難對他的答案感到滿意。本文旨在說明：第一，霍姆斯的叢林憲法權利觀，與天賦人權一派的自由民主法治理念水火不容；第二，吳經熊所輸入的正是這一派叢林自由主義，其實學得相當到家，但既非社會法學派，更不是以自然法為基調的自由民主派。回顧 20 世紀初輸入西方法律的各個方面，看來沒有解決的問題依然山積，有待我們以 21 世紀的環球中國視野，重新加以檢視。

注 釋

1　Morton J. Horwitz, *The Transformation of American Law: 1870–1960: The Crisis of Legal Orthodoxy* (Oxford: Oxford University Press, 1992), pp. 109–143. 他認為霍姆斯是美國歷史上最重要和最具影響力的法學思想家。

2　Brian Leiter, "Naturalized Jurisprudence and American Legal Realism Revisited," *Law and Philosophy* 30.4 (July 2011): 499–516.

3　Lon Fuller, *The Morality of Law* (New Haven, CT: Yale University Press, 1969), pp. 106–118. 這個新自然法運動背景是認為法律現實主義的思路，不單不能抗拒納粹主義和法西斯主義，甚至可以用來為其背書（頁 109）。

4　Albert W. Alschuler, *Law Without Values: The Life, Work, and Legacy of Justice Holmes* (Chicago, IL: University of Chicago Press, 2000).

5　關於評價霍姆斯的五花八門，可參考 Michael H. Hoffheimer, *Justice Holmes and the Natural Law* (New York: Garland Publishing, 1992), pp. 3–26。

6　參看田默迪：《東西方之間的法律哲學》（北京：中國政法大學出版社，2004）；吳經熊著，許章潤編：《法律哲學研究》（北京：清華大學出版社，2005）；孫偉編：《吳經熊裁判集、與霍姆斯通信集》（北京：中國法制出版社，2010）。

7　田默迪簡單分析了吳經熊對霍姆斯的理解，但沒有參考到吳致霍姆斯的書信，理解不夠全面。參看田默迪：《東西方之間的法律哲學》，頁 180–185。

8　Hoffheimer, *Justice Holmes and the Natural Law*, pp. 11–15.

9　Allen Mendenhall, "Oliver Wendell Holmes Jr. and the Darwinian Common Law Paradigm," *European Journal of Pragmatism and American Philosophy* 7.2 (2015): 1–21.

10 Oliver Wendell Holmes, "Natural Law," *Harvard Law Review* 32.1 (November 1918): 40–44. 文章繫年 1918 年 8 月。

11 Oliver Wendell Holmes, "Natural Law," in Oliver Wendell Holmes ed., *Collected Legal Papers* (New York: Harcourt, Brace and Company 1921, copyright 1920), pp. 310–316.

12 Wu John C. H.'s Letter to Holmes, June 2, 1923. "Wu to OWH Letters, 1921–1923," seq. 9–10, *Oliver Wendell Holmes, Jr. Digital Suite* (Cambridge, MA: Harvard Law School Library). Robert P. George, "Holmes on Natural Law," *Vilianova Law Review* 48.1 (2003): 1–11.

13 這篇文章有明輝的翻譯，載霍姆斯著，明輝譯：《法律的生命在於經驗：霍姆斯法學文集》(北京：清華大學出版社，2007)，頁 175–180。另可參考霍姆斯著，姚遠譯：〈自然法〉，載霍姆斯著，姚遠譯：《法學論文集》(北京：商務印書館，2020)，頁 273–278。由於本文對原文解讀，和前人譯文並不一致，故此各段引文，均經著者重新翻譯。引文注釋全引原文，以供對比檢視。

14 Holmes, "Natural Law," p. 310.

15 "There is in all men a demand for the superlative, so much so that the poor devil who has no other way of reaching it attains it by getting drunk." Holmes, "Natural Law," p. 310.

16 "This demand is at the bottom of the philosopher's effort to prove that truth is absolute and of the jurist's search for criteria of universal validity which he collects under the head of natural law." Holmes, "Natural Law," p. 310.

17 "Truth was the majority vote of that nation that could lick all others." Holmes, "Natural Law," p. 310.

18 "Our test of truth is a reference to either a present or an imagined future majority in favor of our view." Holmes, "Natural Law," p. 310.

19 "If . . . the truth may be defined as the system of my (intellectual) limitations, what gives it objectivity is the fact that I find my fellow man to a greater or less extent (never wholly) subject to the same *Can't Helps*." Holmes, "Natural Law," pp. 310–311.

20 "Certitude is not the test of certainty." Holmes, "Natural Law," p. 311.

21 "We have been cock-sure of many things that were not so." Holmes, "Natural Law," p. 311.

22 "But while one's experience thus makes certain preferences dogmatic for oneself, recognition of how they came to be so leaves one able to see that others...may be equally dogmatic about something else. And this again means skepticism." Holmes, "Natural Law," p. 311.

23 "Deep-seated preferences can not be argued about...and therefore, when differences are sufficiently far reaching, we try to kill the other man rather than let him have his way. But that is perfectly consistent with admitting that...his grounds are just as good as ours." Holmes, "Natural Law," p. 312.

24 "The jurists who believe in natural law seem to me to be in that naïve state of mind that accepts what has been familiar and accepted by them and their neighbors as something that must be accepted by all men everywhere." Holmes, "Natural Law," p. 312.

25 "Some arrangements and the rudiments of familiar institutions seem to be necessary elements in any society that may spring from our own and that would seem to us to be civilized—some form of permanent association between the sexes—some residue of property individually owned—some mode of binding oneself to specified future conduct—at the bottom of all, some protection for the person. But...the question remains as to the *Ought* of natural law." Holmes, "Natural Law," p. 312.

26 "It is true that beliefs and wishes have a transcendental basis in the sense that their foundation is arbitrary." Holmes, "Natural Law," p. 312.

27 "I see no *a priori* duty to live with others and in that way, but simply a statement of what I must do if I wish to remain alive." Holmes, "Natural Law," p. 313.

28 "But for legal purposes a right is only the hypostasis of a prophecy—the imagination of a substance supporting the fact that the public force will be brought to bear upon those who do things said to contravene it." Holmes, "Natural Law," p. 313.

29 "Behind these legal rights is the fighting will of the subject to maintain them, and the spread of his emotions to the general rules by which they are maintained; but that does not seem to me the same thing as the supposed *a priori* discernment of a duty or the assertion of a preexisting right. A dog will fight for his bone." Holmes, "Natural Law," pp. 313–314.

30 "The most fundamental of the supposed preexisting rights—the right to life—is sacrificed without a scruple not only in war, but whenever the interest of society, that is, of the predominant power in the community, is thought to demand it." Holmes, "Natural Law," p. 314.

31 "Whether that interest is the interest of mankind in the long run no one can tell, and as, in any event, to those who do not think with Kant and Hegel it is only an interest, the sanctity disappears." Holmes, "Natural Law," p. 314.

32 "I remember a very tender-hearted judge being of opinion that closing a hatch to stop a fire and the destruction of a cargo was justified even if it was known that doing so would stifle a man below." Holmes, "Natural Law," p. 314.

33 "one's attitude on these matters is closely connected with one's general attitude toward the universe . . . determined largely by early associations and temperament, coupled with the desire to have an absolute guide." Holmes, "Natural Law," p. 314.

34 "Men to a great extent believe what they want to—although I see in that no basis for a philosophy that tells us what we should want to want." Holmes, "Natural Law," p. 314.

35 Albert W. Alschuler, *Law Without Values: The Life, Work, and Legacy of Justice Holmes* (Chicago: University of Chicago Press, 2000), pp. 14–30.

36 "I do not see any rational ground for demanding the superlative—for being dissatisfied unless we are assured that our truth is cosmic truth,...—that the ultimates of a little

creature on this little earth are the last word of the unimaginable whole." Holmes, "Natural Law," pp. 314–315.

37 "The real conclusion is that the part cannot swallow the whole — that our categories are not, or may not be, adequate to formulate what we cannot know." Holmes, "Natural Law," p. 315.

38 "If we believe that we come out of the universe, not it out of us, we must admit that we do not know what we are talking about when we speak of brute matter." Holmes, "Natural Law," p. 315. 按這裡「brute matter」譯作「禽獸之事」乃意譯。「Brute matter」一般指物質的東西，相對於精神的東西。霍氏此句明是罵法學家談自然法不知所謂，但不用自然法而稱之為「brute matter」，屬文字遊戲，進一步貶低自然法一詞的神聖和精神性原義。寓意是所謂自然法的神聖內容，其實只是自然界的物質世界而已。

39 "That the universe has in it more than we understand,...has no bearing upon our conduct." Holmes, "Natural Law," pp. 315–316.

40 "We still shall fight...because we want to live...because we want to realize our spontaneity and prove our powers, for the joy of it, and we may leave to the unknown the supposed final valuation of that which in any event has value to us." Holmes, "Natural Law," p. 316.

41 "If we think of our existence not as that of a little god outside, but as that of a ganglion within, we have the infinite behind us. It gives us our only but our adequate significance." Holmes, "Natural Law," p. 316.

42 "If our imagination is strong enough to accept the vision of ourselves as parts in severable from the rest, and to extend our final interest beyond the boundary of our skins, it justifies the sacrifice even of our lives for ends outside of ourselves. The motive...is the common wants and ideals that we find in man." Holmes, "Natural Law," p. 316.

43 "Philosophy does not furnish motives, but it shows men that they are not fools for doing what they already want to do. It opens to the forlorn hopes on which we throw ourselves away, the vista of the farthest stretch of human thought, the chords of a harmony that breathes from the unknown." Holmes, "Natural Law," p. 316.

44 John C. H. Wu, "Stammler and His Critics," in Rudolf Stammler, *The Theory of Justice*, trans. Issac Husik (New York: The Macmillan Co., 1925), Appendix II, pp. 553–586.

45 Wu, "Stammler and His Critics," p. 586.

46 吳後來引過霍姆斯一封1926年8月26日給他的信："Since I just wrote, I think I have read Stammler's book [*The Theory of Justice*]. I don't want to run the risk of repeating what I may have said before, and therefore will only say a word. I did not find it instructive. I liked your appendix better than anything else in it." John C. H. Wu, "Preface," in John C. H. Wu, *Juridical Essays and Studies* (Shanghai: The Commercial Press, 1928), p. xiii.

47 "As the legal philosopher I would like to be judged by the two essays, namely, *The Juristic Philosophy of Justice Holmes* and *Stammler and His Critics*. My whole philosophy may be looked upon as an attempt to reconcile the Holmesian with the Stammlerian in legal thinking, the perceptual with the conceptual, the becoming with the become, the matter with the form, the theory of interests with the theory of justice, the empirical with the rational. This point may be illustrated by the following parable of the pot and the beer. In a letter (dated September 2, 1923) Holmes wrote: "Just after sending my last letter to you a further thought occurred to me with regard to the forms of thought. Whatever the value of the notion of forms, the only use of the forms is to present their contents, just as the only use of the pint pot is to present the beer (or whatever lawful liquid it may contain), and infinite meditation upon the pot never will give you the beer." Stammler, on the other hand, would say, in a characteristic way, that beer without the pot could hardly be preserved in a permanent form, and it is the part of philosophy to furnish the permanent forms. Thus, for the former, the subject matter of philosophy is primarily the beer, and for the latter it is primarily the pot. I would say, however, that the subject matter of philosophy is neither the beer alone, nor the pot alone, nor yet the beer and the pot added together, but the beer-in-the-pot." John C. H. Wu, "Preface," in *Juridical Essays and Studies*, p. xi.

48 Wu, "Droit naturel," in *Juridical Essays and Studies*, pp. 93–100.

49 Wu, "Droit naturel," pp. 99–100. 原文如下：*Le droit naturel n'est rien, s'il n'est pas ce qui fait naître et renaître.* Selon nous, le droit naturel n'est pas même la règle de Dieu-il est Dieu lui-même vivant et travaillant dans le domaine du droit.... Parler de la relativité du droit naturel est méconnaitre son essence. Il est ce qui fait possible la relativité des lois. La théorie de la relativité est légitime seulement en domaine du droit positif. Le droit naturel est absolu, puisqu'il est un accroissement progressif de l'absolu; il *est immuable*; puisqu'il demeure toujours la même force; il est éternel, puisqu'il est un éternel devenir; il est universel, puisqu'il embrasse l'entier univers; enfin, il est créatif, puisqu'il représente une invention continue de formes nouvelles.... Nous ne pouvons pas en donner une définition, mais nous le sentons on nous et autour de nous. "

50 Wu, "Droit naturel," p. 100. 吳經熊原引詩云：

    "And hark! how blithe the throstle sings!

    He, too, is no mean preacher:

    Let Nature be you teacher.

    She has a world of ready wealth.

    Our minds and hearts to bless-

    Spontaneous wisdom breathed by health,

    Truth breathed by cheerfulness."

    關於華茲華斯詩作對西方近代自然主義及環境主義文學的影響，可參考 Scott Hess,

"Nature and the Environment," in Andrew Bennett ed., *William Wordsworth in Context* (Cambridge: Cambridge University Press, 2015), pp. 207–214。Stephen Logan ed., *William Wordsworth* (London: J. M. Dent, 1998), p. 28, note 3 指出了「Nature」一詞，在這詩句裡可能是詩人故意用來製造創造性雙解模糊語（creative ambiguity），可以指物理世界的自然界，亦可以指人性的自然。又按華茲華斯原詩這是第三段和第四段，各有押韻的四句。吳經熊引詩作全文的結論，不知何故刪去了第三段第三句的 "Come forth into the light of things"。姑存疑。全詩見 Stephen Gill, *William Wordsworth* (Oxford: Oxford University Press, 2010), pp. 47–48。第二句作 "And he is no mean preacher"。與吳引詩稍異，但吳引的亦見不少其他原詩版本，看來並無特別意思。

51　Wu, John C. H.'s Letter to Holmes, May 31, 1929. "Wu to OWH Letters, 1926–1929," seq. 22–30, *Oliver Wendell Holmes, Jr. Digital Suite* (Cambridge, MA: Harvard Law School Library). 正文中譯初稿由李曉言翻譯，蘇基朗修訂。

52　"When I am happy I write you. I am happy these days because I have been writing an article which seems promising. The subject is: "Present Tendencies in Juristic Philosophy." I discern three types: first, the Classical Tradition, including Kohler the Neo-Hegelian and Stammler the Neo-Kantlan; second, Juridical Pragmatism, another name for sociological jurisprudence, which has passed through two stages, the sentimental stage as represented by men like Gmelin, Fuchs, Rolin and Ehrlich, and the eclectic stage as represented by men like Pound and Cardozo; third, Neo-Realistic Philosophy of Law, a philosophy which I advocate. I call you both "the godfather of juridical pragmatism and the founder of realism." Seeds of realism are also found in the works of Wigmore, Wurzel, Pound, Kocourek, and the Yale group. Let me reproduce here some of the passages from MS., which will interest you —"

53　"'Hostile as he was to the traditional logic, Holmes touched the springs of the neo-realistic logic in his analysis of legal entities and situations, such as right, possession, succession, etc. He departed entirely from the Subject-Predicate form of logic, and employed a logic of relations. He did not try to show how a legal entity possesses certain inherent properties. What he was trying everywhere to bring out is: if a certain group of facts is true of a person, then the person will receive a certain group of consequences attached by the law to that group of facts. Instead of treating a legal concept as a substance which in its nature necessarily contains certain inherent properties, we have here a logic which regards it as a mere signpost of a real relation subsisting between an antecedent and a consequent, and, as one of the New Realistic so aptly puts it, all signposts must be kept up to date, with their inscriptions legible and their pointing true. In short, by turning the juristic logic from a subject-predicate form to an antecedent-consequent form, Holmes virtually created an inductive science of law. For both the antecedent and the consequent are to be proved and ascertained empirically. While the logic of the Subject-predicate form proceeds a priori, the logic of the antecedent-consequent form proceeds a posteriori. The former moves in a vicious circle; the latter opens up a vista of an infinite number of possibilities. This certainly represents in the field of juristic science the same kind of advance as was introduced into physics by Galileo.' (Then follow many quotations from your *Common Law*.)"

54 "My criticism of Stammler, contains the following passages: "Instead of starting from the full-bloodedness of juridical form and matter. But even Kant said that our knowledge is a compound. It is clear that a mechanical juxtaposition of the elements is not equivalent to the compound."

55 "'Can the whole Stammlerian system, after all, be justified on any other basis than the 'woman's reasons'? Ultimately, can he offer a better and more honest ground for his own system than that he thinks it right because he cannot help thinking it so?" "We insist upon piecemeal and realistic ordering, Piecemeal, because we have no right to speak for the whole universe, which is so vast that it passes our understanding, and we must be content with whatever order or orders we may find in our limited experience; realistic, because we believe that unity of concept does not guarantee unity of reality. For instance, suppose that you say that the universe is a mixture of order and disorder, the conceptualist will at once Jump at you, as if he has thereby caught you in the very set, and say to you in a triumphant manner that if this is true then it is a universally valid proposition. As if such a proposition is the magical wand with which one can set the world at order! To use a Chinese phrase, this is very much like 'satisfying hunger with a painted cake.'"

56 "Only in creation, whether in the form of legislating or in that of judging, does one get a glimpse of the eternal essence of law. One then feels at one with law; the distinction between subject and object, between form and matter, melts away in the process of creation. This is the highest attainable stage of juridical knowledge, and any philosophy which falls short of such an internal view of the law or which does not oven so much as point to such a possibility, is necessarily inadequate. The sudden discovery of a happy solution to a complex legal problem, accompanied by an inexpressible feeling of joy, — therein lies the most intimate knowledge of the juridical Muse, compared with which all speculations by and the large about the nature of law would look like remote guesses, if not superficial scratches on the surface of the walls of the law. Therein lies the true knowledge of law; therein, the supreme aim of legal philosophy, for all philosophy aspires to the knowledge of the concrete."

57 "My tendency is chiefly a reaction against the Stammlerian system. Chinese traditional ethics considers it impious to criticize one's master, but to me truth is more important than petty loyalty."

58　"In short, the realistic school parts company with the traditional philosophy of law entirely. As for the sociological school, we hold that its starting point (juridical experience in its gross and macroscopic traits) is right, but that it stands in need of correction and supplementation. The tasks of the realistic school are (1) to present a more or less consistent theory of juridical reality, (2) to furnish a new Juridical Organon, (3) to offer a critique of the law as an Art, that is, a Juridical Leocoon. In the May issue of the Illinois Law Review, Dean Wigmore has published a most generous review of my collected essays. He, however, made a little mistake in guessing that the first stanza in my dedication referred to Stammler. Apparently Wigmore did not notice the first letters of the six lines." 按這裡引起誤會的六行詩，詩文如次：

> "**H**ow wonderful thou art as a man and as a friend,
>
> **O** king of Jurists!
>
> **L**anguage is powerless to depict.
>
> **M**ay these little fragments of my fleece,
>
> **E**phemeral though they be,
>
> **S**erve yet as a sign of my everlasting love for thee!"

見 Wu, *Juridical Essays and Studies*, Title page。這裡每行第一個字母作粗體，以方便讀者。又第二首詩的前兩句如次：

> "Conjointly with the great Holmes,
>
> And no less heartily is this first fruit of my life offered to thee,"

兩詩連讀，不難想像何以博學多聞如威格莫爾，都無法掌握到吳經熊的縝密心思了。

59　"Recently, I have to my great gratification found my definition of the Law of Nature (also in Chinese) quoted with approval in a Dictionary of Law published by the Commercial Press. Let me attempt a translation of the definition, which I am afraid is a little involved: *Nature law is that kind of law which fits the conditions of a given society, realistic, farsighted, capable of promoting culture so as to help it to rise, in the shortest possible period of time, from its present status to the next higher stage.* I owe this idea to Alexander, Morgan, and other philosopher of emergent evolution." John C. H. Wu, "Preface," in *The Art of Law and Other Essays Juridical and Literary* (Shanghai: The Commercial Press, 1936), p. ix.

60　John C. H. Wu, "Mr. Justice Holmes's Theory of Right" in John C. H. Wu, *The Art of Law and Other Essays Juridical and Literary* (Shanghai: The Commercial Press Ltd., 1936), pp. 130–135. 本節引文由筆者中譯。此篇中譯可另參考孫偉、李冬松譯：〈霍姆斯大法官的權利理論〉，載孫偉、李冬松編譯：《吳經熊法學論文選》（北京：中國政法大學出版社，2012），頁 201–204；該書頁 470 記錄吳氏英文原文出處時，誤記為吳氏 1928 年出版的 *Juridical Essays and Studies*。

61　"The truth is that there is no such thing as a right. A right is only an abstraction from real situations of life; it is only a shorthand way of marking down a more or less complicated fact. It has no independent existence. To say that one has a right is a time-saving device of saying that one is allowed by the law to do or refrain from doing a certain act under a certain set of circumstances. A right, therefore, is a 'being-allowed-by-the law.' It is a description of a legal situation in which a person finds himself. It is no more a substance than a person's condition of being allowed by the law to do or not to do a certain act is a substance."

62 "Every right is founded on certain principles of policy, but with the change of circumstances there may emerge other principles of policy which are of weightier consideration than those constituting the foundation of the right in question. In that case the right has to shrink or even to disappear altogether. Subjectively, a right may be a 'legally protected interest,' as Ihering would put it, but objectively it is rather the result of a balancing of interests."

63 "All rights are relative, relative, that is to say, to the circumstances implied by law. As Holmes has so clearly pointed out, 'The most fundamental of the supported pre-existing rights — the right to life — is sacrificed without a scruple not only in war, but whenever the interest of society, that is, of the predominant power in the community, is thought to demand it. Whether that interest is the interest of mankind in the long run no one man can tell, and as, in any event, to those who do not think with Kant and Hegel it is only an interest, the sanctity disappears. I remember a very tender-hearted judge being of opinion that closing a hatch to stop a fire and the destruction of a cargo was justified even if it was known that doing so would stifle a man below.'"

64 "'The right to life' is only a stenographical way of saying that one is allowed by the law, under certain circumstances, to live; for under other circumstances, one is liable to be deprived of one's life by others with compete immunity on their part."

65 "If this is true of the most fundamental of rights, it naturally also applies to all other rights. In thinking of the term 'right,' we must not lose sight of its connotation, that is, the facts."

66 蘇基朗、蘇壽富美：〈加藤弘之與吳經熊的憲法理念〉，載高祥編：《比較法在法制建設中的作用》（北京：中國政法大學出版社，2017），頁95–109。

67 Thomas Greiff, "The Principle of Human Rights in Nationalist China: John C. H. Wu and the Ideological Origins of the 1946 Constitution," *The China Quarterly* 103 (September 1985): 441–461.

參考書目

Alschuler, Albert W. *Law Without Values: The Life, Work, and Legacy of Justice Holmes.* Chicago: University of Chicago Press, 2000.

Fuller, Lon. *The Morality of Law.* New Haven: Yale University Press, 1969.

Gill, Stephen. *William Wordsworth.* Oxford: Oxford University Press, 2010.

George, Robert P. "Holmes on Natural Law." *Vilianova Law Review* 48.1 (2003): 1–11.

Greiff, Thomas. "The Principle of Human Rights in Nationalist China: John C. H. Wu and the Ideological Origins of the 1946 Constitution." *The China Quarterly* 103 (September 1985): 441–461.

Hess, Scott. "Nature and the Environment." In *William Wordsworth in Context*, edited by Andrew Bennett, 207–214. Cambridge: Cambridge University Press, 2015.

Hoffheimer, Michael H. *Justice Holmes and the Natural Law.* New York: Garland Publishing, 1992.

Holmes, Oliver Wendell. "Natural Law." *Harvard Law Review* 32.1 (November 1918): 40–44.

Holmes, Oliver Wendell. "Natural Law." In *Collected Legal Papers*, edited by Oliver Wendell Holmes, 310–316. New York: Harcourt, Brace and Company, 1920.

Horwitz, Morton J. *The Transformation of American Law: 1870–1960: The Crisis of Legal Orthodoxy.* Oxford: Oxford University Press, 1992.

Leiter, Brian. "Naturalized Jurisprudence and American Legal Realism Revisited." *Law and Philosophy* 30.4 (July 2011): 499–516.

Logan, Stephen, ed. *William Wordsworth.* London: J. M. Dent, 1998.

Mendenhall, Allen. "Oliver Wendell Holmes Jr. and the Darwinian Common Law Paradigm." *European Journal of Pragmatism and American Philosophy* 7.2 (2015): 1–21.

Wu, John C. H. "Preface." In *The Art of Law and Other Essays Juridical and Literary.* Shanghai: The Commercial Press, 1936.

Wu, John C. H. "Stammler and His Critics." In Rudolf Stammler, trans. by Issac Husik, *The Theory of Justice*, Appendix II, pp. 553–586. New York: The Macmillan Co., 1925.

Wu, John C. H. *The Art of Law and Other Essays Juridical and Literary.* Shanghai: The Commercial Press Ltd., 1936.

Wu, John C. H.'s Letter to Holmes, June 2, 1923. "Wu to OWH Letters, 1921–1923," Seq. 9–10, *Oliver Wendell Holmes, Jr. Digital Suite.* Cambridge, MA: Harvard Law School Library.

Wu, John C. H.'s Letter to Holmes, May 31, 1929. "Wu to OWH Letters, 1926–1929," Seq. 22–30, *Oliver Wendell Holmes, Jr. Digital Suite.* Cambridge, MA: Harvard Law School Library.

田默迪：《東西方之間的法律哲學》。北京：中國政法大學出版社，2004。

吳經熊著，許章潤編：《法律哲學研究》。北京：清華大學出版社，2005。

孫偉編：《吳經熊裁判集、與霍姆斯通信集》。北京：中國法制出版社，2010。

霍姆斯著，明輝譯：〈自然法〉，載霍姆斯著，明輝：《法律的生命在於經驗：
　　霍姆斯法學文集》。北京：清華大學出版社，2007。

霍姆斯著，姚遠譯：〈自然法〉，載霍姆斯著，姚遠譯：《法學論文集》。北京：
　　商務印書館，2020。

蘇基朗、蘇壽富美：〈加藤弘之與吳經熊的憲法理念〉，載高祥編：《比較法在法
　　制建設中的作用》。北京：中國政法大學出版社，2017。

第三部

霍姆斯法律思想的比較研究

第 7 章

普通法傳統與社會利益調整
從霍姆斯到龐德[*]

王 婧

一、引言

　　在梳理美國法律思想史尤其是美國法律現實主義的興起時，霍姆斯和龐德 (R. Pound) 是經常被提及的先驅性人物。對於霍姆斯，人們可能不同意他的觀點，但通常不會質疑其思想的原創性。比如盧埃林 (K. N. Llewellyn) 認為，霍姆斯的思想超越了未來兩代的大部分人；[1] 波斯納 (R. A. Posner) 將其視為美國法理學唯一的導師人物；[2] 格雷 (T. C. Grey) 將霍姆斯奉為「美國法律思想史上最偉大的先賢」。[3] 對於龐德，包括霍姆斯在內的很多人都承認他的博學，但對其思想原創性的評價則是兩極分化：肯定者讚譽龐德「對於法哲學和法理學的原創性貢獻比任何其他美國本土的作者更加重要和有影響力」，[4] 是「法律科學和法哲學周圍的土地上聳立的一座阿爾卑斯山」；[5] 否定者則認為龐德是「思想的地平線而非思想者的頂點」、「既有事物的累積者而非新理論的宣導者」，[6] 甚至譏諷他「當折衷僅僅是集中時，展示博學就成為了嘩眾取寵」。[7]

---

*　感謝於興中、張芝梅、翟小波、艾佳慧等師友對於本文寫作的啟發與建議，筆者文責自負。

　　霍姆斯比龐德大19歲，兩人的經歷與個性有著顯著的差異，體現在著述的表達風格上：霍姆斯充滿激情，帶有詩歌般的文學色彩；龐德則力求清晰、準確而完整，不帶任何藝術感。霍姆斯的法律思想直接影響了龐德。龐德將他的社會學法理學（sociological jurisprudence）視為霍姆斯的法學理論在社會哲學方向上的發展，[8] 這一點在社會利益問題上的體現尤為明顯。社會學意義上的「社會」與法學意義上的「利益」概念均源於歐陸。19世紀末20世紀初年，美國內戰之後開啓的工業化與城市化進程對於普通法的衝擊日益顯現，既有的法律制度與思想範式亟需革新。霍姆斯開風氣之先，主張法律制度與法學研究需要關注現實的利益衝突而不是抽象的邏輯，其思想主旨除了帶有美國本土實用主義哲學的色彩之外，與當時在德國倡導「利益法學」的耶林（R. Jhering）有頗多相似之處。龐德則進一步借鑒社會學發展的成果，明確提出「社會利益」的概念，對「法律必須賴以為憑且應當適用於的那些社會事實做更全面和更智性的考察」，[9] 並將這種考察作為社會學法理學體系的核心。

　　本文將圍繞「社會利益」概念的構建、法律調整利益的必要性與方式等問題，對比霍姆斯與龐德的論述，並將這一對比放在現代社會普通法傳統轉型的背景下進行理解。

二、背景：現代社會的普通法危機

　　霍姆斯與龐德的法律思想都形成於內戰到19世紀末的「鍍金時代」。在這一時期，美國社會的工業化與城市化程度大大加深。一場其他國家從未經歷過的最深刻的經濟革命，見證了資本主義發展史上發生於勞資雙方之間的最為劇烈的鬥爭。[10] 這場鬥爭很大程度上體現在法律領域，比如規定工作時間與條件的立法是否侵犯了雇主與雇員的「契約自由」，工會是否合法，機器致人損害是否應該確立嚴格責任等。當時的美國法更適合內戰之前的農業經濟，社會的轉型不僅對於具體的法律規則形成挑戰，更讓普通法應對社會變革的機制甚至核心理念之一 —— 法律至上 —— 陷入了危機。

(一) 普通法應對社會變革機制的失靈

普通法應對社會變革的機制包含在普通法固有的雙重本質中：人們可能將普通法當成持續地被調整的東西來對待，也可能將其當成持久不變的東西來對待。前者會形成這樣一種觀念：法律是歷史過程不斷變化的產物。後者則導向這樣的觀念：法律是確定的、不變的和不可追憶的。[11] 正如黑爾 (M. Hale) 所言，「阿爾戈號返航時仍然是出發時的那艘船，然而它在漫漫航程中成功地進行了修補，幾乎沒有帶回任何以前的材料」。[12]

傳統上，普通法適應社會變革主要是由法官通過判例重塑規則來實現。然而在 19 世紀末，這一機制失效了。首先是因為，這一時期法律人的主流哲學是古典自由主義和社會達爾文主義。前者認為社會是由理性的個體組成，社會的進步通過個人自發自由的競爭而實現，政府對於經濟和社會活動干預的程度應該最小化；後者認為人和自然界其他物種一樣服膺於「物競天擇、適者生存」的規律，人的一切能力和活動都是為了生存，是自然選擇和進化的結果。兩種思潮疊加所形成的意識形態就是，政治秩序應當保護自由競爭，彌補其偶爾出現的錯誤，但不採取共同的集體行動破壞社會的發展。

自由放任的哲學理念通過法律形式主義貫徹到司法實踐中。法律形式主義發端於 1870 年代，其基本內涵是：法律是一門科學，是一個能涵蓋所有案件 (comprehensive) 的概念秩序 (conceptual order)，由公認的原則和概念及其推論出的規則組成，將法律適用於特定案件就可以得到唯一正確的結果。[13] 在美國，法律形式主義以蘭德爾 (C. C. Langdell) 的主張為正統，並且成為蘭德爾在哈佛大學法學院首先倡導的案例教學法的基本原理。蘭德爾主義者們從龐雜混亂的普通法案例中抽象出推論所依據的原則與概念，將普通法整理成為符合邏輯的抽象科學體系。法律形式主義中的科學主義和概念主義傾向導向一種分類思維（categorical mind）：所有的案件事實都可以清晰、明確地歸入某類特定的概念中。[14] 比如，某種行為屬於警察權（police power）還是徵用（confiscation）；某項立法是干預契約權利（right）還是屬於契約的救濟（remedy）；某項契約是否限制了貿易（trade）等等。通過歸類就可以在法律體系中確定適用這一案件的規則。在法律形式主義之下，法官的偏好可以順利地通過表面上科學中立的法律體系影響司法判決。因此，在19世紀末的美國，期待崇尚自由放任的法官通過司法糾正自由競爭造成的社會不平等，無異於空想。

不僅如此，法律形式主義對於普通法的抽象和概念化過程犧牲了現實的多樣性，而且排除了法律內部原有的很多協調機制，降低了普通法適應社會的彈性。更重要的問題在於，法律形式主義強化了普通法對於「立法」（legislation）的敵視，阻礙了通過立法應對社會變革的可能，造成了法院與政府關係的緊張。因為在蘭德爾看來，普通法是能夠涵蓋所有案件的科學體系，立法僅僅是特定規則的集合，不具備普通法的科學性，將會賦予法官專斷的權力。[15] 但是19世紀末的現實是，立法的數量和重要性不斷增加。這其中固然有19世紀法典化運動的推動，更主要的是政府為了干預經濟而進行的社會立法。對此，聯邦法院不斷地運用司法審查權，裁定社會立法無效。比如，聯邦最高法院將公司納入第十四修正案中「人」的範圍，將財產權納入正當程序條款中「自由」的範圍，以實質性正當程序原則審查政府的商業管理活動：從1873年的屠宰場案[16] 到1905年的洛克納案，[17] 大量規定勞動條件的社會立法被法院否決。在最高法院看來，此類立法干預了雇主與雇工之間的平等和契約自由，將勞動者置於立法機關的監護之下，貶損了勞動者的人格。與此同時，所有者可以依據自己的意志絕對地處分財產，即使這種處分出於惡意也被視為是權利的應有之義。

(二) 法律至上觀念的隱憂

　　法律至上觀念是普通法的核心理念之一，其經典表述來自於布拉克頓 (Henry de Bracton)，「國王在萬人之上，但卻在上帝和法律之下」。法律至上的觀念和普通法的性質密切相關。按照 17、18 世紀的經典普通法理論，法律是不可追憶的英格蘭習慣的宣告而不是立法者的創制，這裡的習慣是由法官整理而形成的完美規則體系。[18] 由此推出，普通法高於議會立法，政治權力要受制於司法權力，掌握「技藝理性」的法官就是法律至上理念的守護者。

　　美國獨立後，基本繼受了源於英國的普通法，加上 17、18 世紀自然法理論對於個人權利的彰顯，法律至上理念也在美國得到確立。然而 19 世紀末，司法機關的聲望降到了美國建國以來的最低點，法院越來越無力承擔守護法律至上理念的使命。之所以如此，除了州法官普選制度導致法官水準下降、司法腐敗等原因外，還因為法院除了激進地運用司法審查權否定社會立法之外，缺乏應對社會變革、制約行政權力擴張的能力。事實上，內戰之後，作為行政分支的政府的職能日益強化。即使在所謂的自由放任時期，國家的干預和管控也超出了大多數人的想像。[19] 為了管理專門經濟問題而設立的行政機構——比如州際商業委員會——大量出現，行政管制尤其是聯邦政府管制的範圍不斷拓展，專業化程度也日漸提高。僅僅熟悉普通法知識的法官無法有效處理專業行政管理過程中出現的爭議。

　　法官處理社會變革能力的下降反映了當時國家治理知識需求的變遷。19 世紀末，歐陸的社會科學特別是德國的國家學 (Staatswissenschaft) 開始取代法律成為美國政治生活的強勢話語。按照托克維爾 (Alexis de Tocqueville) 的觀察，19 世紀的美國，幾乎所有政治問題都要變成法律問題，大部分公職都由法律人擔任，法律人的精神支配著公共生活。[20] 然而，現代大工業社會中，歐陸社會科學在國家治理過程中逐漸顯露出優勢，因為其能公開監督實現社會目的激勵手段的實際效果，為建立新的治理制度提供工具。尤其是國家學，它以財政學為基礎，其研究進路是跨學科的，包含法律、經濟學和統計學等，強調法律與政治在滿足人民需要方面的作用。從1870年到19世紀末，大批美國學生赴德國學習經濟學，美國大學中新設立的政治學系積極借鑒國家學傳統和歐陸的行政管理模式培養未來的國家公職人員。這意味著傳統的普通法知識不再是政府內晉升的必要條件，法律人的職業利益和前景蒙上了陰影。[21]

　　普通法的危機最終指向了法律教育層面。時任哈佛大學法學院院長的蘭德爾之所以極力將法律打造成為一門「科學」，是因為如果法律不是一門科學，大學將會顧及自己的尊嚴而拒絕教授它。[22] 法學院在美國要獲得像其在歐陸大學中那樣的地位，就必須確立一種「法律─科學」的研究進路。法律形式主義和案例教學法確實幫助法學院在美國大學中打開了局面，哈佛法學院也因此成為19世紀美國法律教育的標杆。然而，在蘭德爾倡導法律形式主義的1870年代，德國正在進行一場由耶林領導的「利益法學」運動，發達的法律科學（*Rechtwissenschaft*）被耶林譏諷為「概念法學」。在1865年出版的《羅馬法的精神》（*Der Geist des römischen Rechts auf den verschiedenen Stufen seiner Entwickelung*，簡稱 *Geist*）第三卷第一部之結尾，耶林指出，「對邏輯的整體崇拜，使得法學變成法律的數學，是一種誤解，也是一種對法律之本質的誤認。不是邏輯所要求的，而是生活、交易、法律感覺所要求的必須去實現，這在邏輯上可能是可以演繹得出的，也可能在邏輯上是無法演繹得出的」，「權利的概念是以法律上對利益之確保為基礎，權利是法律上所保護之利益」。[23] 因此，在19世紀末20世紀初，法律人想要成為法律至上理念合格的守護者，必須要革新法律教育的內容和思想。霍姆斯成為了這場革新的領路人。

三、霍姆斯論社會利益調整

霍姆斯沒有提出明確的社會利益概念，但是在主張法律要關注現實存在的利益衝突而不是抽象的邏輯，以及如何運用法律調整利益方面，霍姆斯對於美國法律思想的影響是開創性和奠基性的。

(一) 法律為什麼要調整利益？

霍姆斯要革新美國法律思想的範式，首要的對手就是法律形式主義。在霍姆斯這裡，主張法律要調整現實的利益衝突和反對法律形式主義是一個硬幣的兩面。這兩個方面在1881年初版的《普通法》(*The Common Law*) 的開篇語中得到了明確的表達：「法律的生命不是邏輯，而是經驗。時代為人所感受到的需求、主流道德和政治理論、對公共政策的直覺，不管你承認與否，甚至是法官與其同胞們共有的偏見，在決定賴以治理人們的規則方面的作用都比三段論推理大得多。法律蘊含了一個民族數個世紀的發展史。它不能被當作由公理和推論組成的數學書」。[24]

對於法律調整利益的必要性而言，這段話指出了兩點：一是明確否定邏輯是決定法律發展的力量。霍姆斯並不「反邏輯」，也不否定邏輯在司法裁決中的運用。霍姆斯曾言，「這種 (指邏輯 —— 筆者注) 思考方式是完全正常的，律師受到的訓練就是在邏輯上的訓練。類推、區分和演繹諸過程正是律師們最為熟悉的。司法判決所使用的語言主要是邏輯語言」。[25] 因此，霍姆斯主張法官應該按照立法和先例規則的邏輯行事，不管他是否認為它們明智、公正和便利。[26] 霍姆斯反對的是：邏輯「決定」法律的發展，換言之，將邏輯視為推動法律發展的「唯一」力量。這是他一以貫之的立場。在1897年的著名演講〈法律的道路〉("The Path of Law") 中，霍姆斯指出，「我提到的這一謬誤即是這樣的一個觀念，它認為在法律發展中唯一發揮作用的力量是邏輯……我提到的危險不在於承認支配其他現象的原則也同樣制約著法律，危險在於這種觀念，即比如像我們這樣特定的制度，能夠像數學那樣從某些行為的一般公理中推導出來」。[27] 1905 年，霍姆斯在洛克那案的反對意見中寫道：「一般性命題並不能決定具體的案件。」[28]

二是，指出決定法律發展的因素。雖然霍姆斯反對形式主義的主張和耶林非常相似，但霍姆斯並沒有像耶林那樣明確界定利益的概念，而是用了「時代需求、主流道德和政治理論、公共政策」、「法官偏見」等表述決定法律發展的因素。

這樣的描述帶有濃厚的普通法色彩：普通法允許法官造法，影響法官決策的因素也就左右了法律的發展。這種表述呼應了前一句中的「經驗」──很大程度上是法官的經驗，同時暗合了霍姆斯的預測論視角──法律就是對法官判決的預測，這一視角成為後來法律現實主義的基本立場。其次，這些表述還帶有功利主義的色彩。《普通法》用大量的篇幅梳理普通法的歷史，是為了論證：普通法之所以是人們現在看到的樣子，是由不同歷史時期的法律試圖實現的公共政策塑造的。「當一個法律體系所包含的每項規則都被清楚明確地指向一個它們所推動的目標時，當期望那個目標的理由得到了陳述或者可以用語言加以陳述時，法律就更加理性和文明。」[29] 這同樣是霍姆斯一以貫之的立場。「每個通過訴訟發展出來的重要原則，事實上歸根結底，都是或多或少準確理解公共政策的結果。」[30]「一個法律體系在任何時候都一方面是關於什麼是睿智和公正的現實需要和現實觀念的結果，另一方面也是由從前的社會狀態中傳承下來的體現了多少已經過時的需要和觀念的規則的結果。」[31]

霍姆斯反對法律形式主義的另一個理由是：它可能為有悖於社會利益的意識形態或者政治偏見提供中立和科學的偽裝。在洛克那案的異議中，霍姆斯指出：「一個理性人會認為它是一項為了健康考慮的適當措施」。判決表面上是從「一般命題」中推論出來的，但事實上是法官由自己的「信念」與「偏見」──自由放任理念──所決定的，所以霍姆斯才會在異議中不無諷刺地寫道，「第十四修正案並沒有將赫伯特·斯賓塞 (H. Spencer) 先生的《社會靜力學》寫入憲法」。[32]

(二) 法律如何調整利益？

霍姆斯認為，調整利益衝突是法律人 —— 尤其是法官和律師 ——「無法逃避」的義務，逃避這一義務將「使判決的依據和基礎變得含混不清」。[33] 在霍姆斯的論述中，「法律人如何調整利益？」可以有另外一種表述方式：「法律人如何具備承擔這一義務的能力？」。霍姆斯認為培養這種能力不能依賴英國的學徒制：「一個年輕人學習法律的地方是法學院，而不是律師的辦公室。」[34] 在法學院應該如何學習？霍姆斯這樣告訴波士頓大學法學院的學生：

> 要獲得你們專業廣闊視角的方法不是閱讀別的什麼，而是鑽研你們專業本身的根基所在。要做到這一點，首先，你們要借助法理學隨著現存的 (法律) 原則體進入其最高的一般化原則；其次，從歷史中發現它是如何變成當前這一形態的；最後，是盡你所能思考，這些規則所試圖達到的目的，追求這些目的的理由，為了獲得它們放棄了什麼，以及是否值得它們付出這樣的代價。[35]

這段話涉及三個方面的要求：理論、歷史、利益權衡。

(1) 理論

霍姆斯雖然提出了實踐導向的法律概念 ——「對於法庭將會如何行事的預測，而不是別的什麼更為矯飾造作的東西，正是我所稱的法律」，[36] 但卻將法律奉為思想者的天職。[37]「理論是法律原則中最重要的部分，就像建築師是房屋建築過程中最重要的人一樣。在過去 25 年 (指 1897 年之前的 25 年 —— 筆者注) 裡最重要的進步是理論的進步」。[38] 霍姆斯強調理論，是因為掌握了理論，凌亂的案例材料就可呈現為一套有限的教條，能夠在合理的時間內加以掌握。在這個意義上，霍姆斯和蘭德爾是有相通之處的。

在霍姆斯看來，當時美國法學的理論不是太多而是太少。他撰寫《普通法》的目的就是要為普通法中的重要制度（比如民事與刑事責任）構建一般理論。《普通法》中對普通法歷史的考察是對體系的剖析（analyze），而不是對歷史材料的無用集萃（useless quintessence），後者是霍姆斯最反感的。霍姆斯鼓勵擁有天賦和勤奮的年輕人鑽研理論，通過學習法律激發精神的潛能。在他看來，對普遍性理念的興趣，對有能力的人而言是對於問題的刨根問底，對沒能力的人而言則意味著具體知識的缺乏。「對於任何範圍的想像力而言，權力最為深遠的形式不是金錢，而是理念的支配！」[39]

（2）歷史

霍姆斯認為，「對法律的理性研究在很大程度上仍然是關於歷史的研究」。[40] 歷史研究是評價社會利益的第一步。霍姆斯重視歷史首先是出於功利主義的考慮。「與過去的延續性只是一種必然而不是一種義務。只要一個立法機關能夠想像廢除簡單合同的對價要求，它就有完全的自由去廢除它。如果它認為這樣做是明智的，而根本無需考慮與過去的延續性」。[41] 霍姆斯同時也是一個歷史主義者。他認為人不完全是趨利避害的，也不都受生物學上的欲望的驅使；他們也受到主要由文化和歷史決定的觀念和偏好的影響。[42] 所以在《普通法》開篇那段著名引語之後還有這樣一段話：「在任何特定的時代，法律的內容，就其本身而論，都完全可能與時人所以為便利的東西嚴絲合縫；但是它的形式和機理，以及它在多大程度上能夠導致我們所希望達到的效果，則極大地依賴過去。」[43]

概言之，霍姆斯認為，分析歷史才可以知道一項法律規則為什麼會存在、為什麼會具備特定的形態，之後才能決定是廢棄還是利用這一規則，實現法律的目的。

（3）利益衡量

在霍姆斯看來，利益衡量是立法決策和司法裁判的核心。「如果法律人的訓練能使他們習慣於更為明確和直率地考慮使他們所確立的規則獲得正當性的社會利益，他們將會不時地對目前他們自信的東西感到遲疑，並且意識到，他們其實是在有爭議甚至經常十分棘手的問題上做出偏袒」。[44] 從寬泛的意義上講，前述對於理論的探究和歷史的剖析都有助於利益的衡量。除此之外，霍姆斯的以下觀點對於如何進行利益衡量也非常重要：

首先區分法律與道德，從「壞人」的視角看待法律。這是霍姆斯最驚世駭俗的觀點之一。霍姆斯認為，法律只關注外在的、可感知的事實而不關心內心的意圖。比如法律關於民事和刑事責任的歷史表明，法律持續地將道德標準轉變為外在的和客觀的標準，徹底排除了當事人的實際過失；[45] 比如因為某件事情被罰款和被徵收稅金，在霍姆斯看來是沒有區別的。[46] 這裡所謂的「壞人」並非是一個道德概念，而更類似於今天的經濟人或者理性人假設。通過將道德含義從法律中清除出去，法律實證主義的分離命題才從理論落到實踐，法律問題才能轉化成為一種科學問題，技術問題和中性的問題，法律才能真正起作用。[47] 在上述前提之下，霍姆斯認為，哪種利益更應該獲得保護並不是恆定的，利益衡量「真的像戰場一樣，那裡沒有能一勞永逸地做出決斷的方法，判決只是體現了特定群體在特定時間地點的偏好罷了」。[48]

其次，霍姆斯主張研究法律的目的以及追求這些目的的理由。霍姆斯順應了1880年代以來在德國興起的法學與社會科學融合的趨勢，主張法學研究有必要引入社會科學的內容與方法。「對於法律的理性研究而言，現在所需要的或許是精通文字的人，而未來所需要的則是精通統計學和精通經濟學的人」。[49]

四、龐德論社會利益調整

(一) 法律調整利益的必要性

在法律應該調整利益衝突而不是關注邏輯完美的問題上，龐德繼承了霍姆斯的立場。「法理學中的社會學運動，即作為一種法哲學的實用主義運動，調整原則和學說以適應他們試圖掌控的人類生活的條件，而不是適應假定的首要原則，尋求將人的因素置於核心的地位而將邏輯降至它真正屬於的工具地位的運動，在美國還沒有露出端倪。或許霍姆斯大法官在洛克納案中的反對意見，是我們所能有的最好的表述」。[50]

龐德指出，「法律不是為科學而科學。科學性是實現目的的一種手段，它必須通過它所達到的結果而不是其內部結構的精妙所評判；它的價值必須取決於目的的實現程度，而不是從它視為基礎的教條中推導出規則的邏輯過程的優美或嚴格程度。」將科學性視為法律的目的有兩方面的危險：一是法律需要調整日常的生活，過分地科學化會讓人無法欣賞它的工作；二是這樣的法律科學將所有制度的效果用特定的主題固定，將一代人的想法強加給另一代人，扼殺人的創造性。法律形式主義「將完美的科學方法忘卻，而將不完美的結論奉為真理」，因此被龐德稱之為「機械法理學」。[51]

除此之外，龐德還受到耶林的影響。在1877年出版的《法律的目的》(Der Zweck in Recht) 中，耶林將目的視為法律的創造者，法律是「透過國家的強制力量所獲得的，確保社會生活條件之形式」，[52] 法律要調整利益，利益分為個人的、國家的和社會的三種。在龐德看來，耶林開啓的自由法學運動屬於歐洲法律史，但他在方法上的變革則開啓了現代法學的一個時代。龐德以一種更為老練和審慎的方式表達了耶林的根本性變革立場。[53] 龐德追隨耶林將利益調整視為實現法律目的的過程，進一步提出一種法律的「社會工程」解釋：「社會工程被認為是一個過程，一種活動，而不是一種知識體系或者一種固定的建築秩序。它是一種作為，而不是數學公式和機械規律按照亙古不變的指定方法而據以自我實現的一種被動工具。人們評判工程人員的標準是他所做的工作，而評判他的工作的標準則是它是否符合該項工作的目的，而不是它是否符合某種理想型的傳統方案。」[54]

(二) 社會利益概念的提出

在社會利益問題上，龐德的貢獻首先在於界定了社會利益的概念。霍姆斯雖然意識到了法律調整利益衝突的必要性，但他並未強調社會學意義上的「社會」概念，而是假定：早期野蠻人——我們要考慮這些人的行為——的許多感覺和激情都與我們相同。[55]在霍姆斯這裡，現代社會與前現代的社群的利益衝突沒有本質的差別。龐德否認抽象的個人是一個既定的實體 (a given entity)，而是認為人類自始一直處於各種關係、群體和聯合中。社會利益就是社會作為具有獨立人格的實體提出的請求。借用滕尼斯 (F. Tönnies) 的「共同體」和「社會」的概念，[56]我們可以說，霍姆斯的利益衝突發生在共同體——真實的和有機的生命——內，龐德強調的利益調整則是以「社會」——想像和機械的構造——為前提。龐德早年曾積極推動美國社會學的發展，[57]社會利益概念也成為社會學影響龐德思想的一個證明。

在20世紀初年的美國，龐德的社會利益概念主要針對司法實踐中的公共政策概念提出。龐德認為，19世紀以來，普通法已經習慣在「公共政策」的名義下談論社會利益。[58]然而公共政策的內涵不清晰，賦予法官過大的裁量權。更重要的是，公共政策無法涵蓋現代社會需要法律認定和保護的某些利益，在公共安全方面和個人生活方面體現得尤為明顯。

在定義社會利益的過程中，龐德從對利益的定義開始：「人們——不管是單獨地還是在群體或者團體或關係中——尋求滿足的需求、欲望和期望。」[59]法律的目的指向利益，但法律並不創造利益，而是認可、界定和保護利益。在確定哪些利益需要認可、界定與保護時，龐德採取了分類和列表的方法，將利益分為個人利益、公共利益和社會利益：個人利益是指直接包含在個人生活中並且以這種生活的名義而提出的需求；公共利益是作為法律實體的政治組織社會──國家──的需求；社會利益是指從社會生活角度考慮的社會集團的請求。[60]每一類利益，比如社會利益，都可以細分至更小的種類（如圖7.1）。帕特森（E. W. Patterson）曾言，龐德「關於社會利益的分類，看來包括了立法機關和法院在制定或解釋法律時所必須考慮的全部公共政策，至少可以像門捷列夫的化學元素表所起的作用那樣」。[61]

圖7.1 社會利益列表

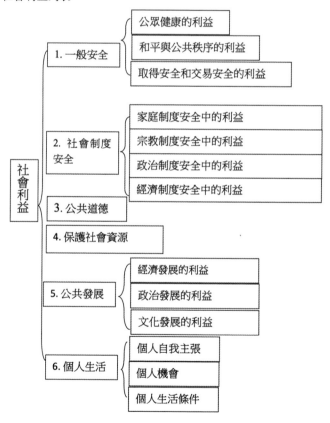

相比公共政策，社會利益概念的意義不僅在於將現代社會新出現的利益類型納入法律的調整範圍，更重要的是提供了一種看待既有利益的新視角。比如，當某人未經我的同意拿走我的手錶，我既可以基於個人的物質利益提出訴求，也可以基於保護取得權的社會利益而提出訴求。對於龐德而言，這種新視角還有一個好處，即避免了個人利益與社會利益的直接衝突，從而不對古典普通法崇尚的個人主義提出過多的批評。[62]

(三) 如何調整社會利益？

當社會利益取代公共政策成為法律實施社會控制的新媒介，法律評價和調整利益的方式也隨之發生變化：不再是依據公共政策進行自由裁量，而是依據利益的分類與列表對其進行確認、界定和保障，最終目的是在整體利益付出最小代價的前提下盡可能多地滿足人們的利益。在此過程中，需要注意以下幾點：

每個請求進入利益列表之後並非永遠佔據這個位置，而是需要法律人從其所處的「特定時空下文明社會的法律先決條件 (jural postulate)」中推導出來。這一點上，龐德受到了德國新黑格爾主義法學家柯勒 (J. Kohler) 的影響。柯勒認為法律是文明的產物並維護和促進文明，這種文明不是普遍文明，而是特定時空之文明。一個民族的文明在一段時間內所包含的法律先決條件即是通過協調利益力圖實現的法律秩序的理想圖景。因此，龐德雖然講利益衡量，但他依然保留著對於法律價值的追求。上述利益列表便是龐德根據20世紀初美國社會的法律先決條件而制定。這裡的問題在於，面對現代社會日益複雜化、多元化的現實，法學家能否或者能在多大程度上概括出滿足司法裁決需要的理想圖景以及利益列表？更為關鍵的問題是，即使做出了概括，這種理想圖景以及利益列表作為指導司法裁決的規範性依據何在？對此，龐德沒有給出回答。

龐德強調，利益衡量要在同一水準上進行，換言之，所比較的訴求具有共同的直接上位概念。這一點與上述社會利益概念評價既有利益的新視角相關。諸如雇員迫於經濟壓力與雇主締約，如果雇主的「締約自由」被認為是一項個人物質利益，那麼雇員「沒有壓力地簽訂合同」就被認為是個人的人格利益；如果「締約自由」被認為是一項社會利益，那麼就應該從「確保人類基本生活」這一社會利益的角度出發考慮雇員的訴求。

龐德承認，法律在利益調整問題上是有限度的。首先，法律作為實踐問題僅僅處理行為、處理人和事的外在而非內在方面；其次，某些利益要求法律認可和保障，但利益性質決定了該利益無法通過法律秩序有效保障；再次，法律律令自身無法執行，需要依賴某些外部機制運行。[63] 龐德在法學史上首次提出了「書本中的法律」(Law in Books) 和「行動中的法律」(Law in Action) 以概括法律效力與實效的區別。欲彌合上述區別，法律人需要放棄對於議會立法的敵意，制定符合「行動中的法律」的「書本中的法律」，提供迅捷、經濟和有效的法律適用模式。[64]

(四) 誰來運用法律調整社會利益？

和霍姆斯一樣，龐德認為衡量與協調利益是法律人的義務。差別在於，霍姆斯不反對法學研究成為「精通統計學和經濟學」的人的天下，但龐德卻堅持法律人在利益調整過程中的領導地位。龐德的立場包括兩個方面：一方面，主張法學研究向社會科學開放，將法律視為一種社會現象加以研究，將利益調整視為社會控制過程的一部分；另一方面，主張有限度的開放，要保持法教義學在法學教育中的核心地位，由法律人而不是社會科學家在社會控制過程中居於主導地位。換言之，龐德設想的社會工程師是法律人而不是社會科學家。

因此，龐德認為，解決現代社會普通法危機的出路不是罷免法官或者壓縮法院，而是在於法學院：「它正在用與時俱進的社會、政治和法律哲學培養新一代法律人」。[65] 在1907年提交給美國律師協會年會的報告《需要一種社會學法理學》(*The Need of a Sociological Jurisprudence*)中，龐德批評了當時盛行的「法律科學」以及法律思想的「貧乏內容」。但是改革的方法不是將經濟學等社會科學課程直接加入法學院的課程表中。龐德認為向法學院學生介紹社會科學的恰當方法是通過「具體的法律問題」和「實際的判決」，而不是「抽象的課程」。這樣做可以避免法學淪為社會科學的分支學科，避免法學家在工程師、自然科學家以及經濟學家面前喪失自己既往在立法與政治事務中的權威，法學院也不至於在大學資源的競爭中處於劣勢。[66]

五、普通法傳統中的霍姆斯與龐德

面對19世紀末20世紀初年的普通法危機，霍姆斯和龐德的理論使人們認識到危機的根源與改革的方向，推動了美國法律思想的範式革新；打破了法律形式主義對於美國法律思想的壟斷，將人們評價法律的標準從邏輯的完美轉到法律的效果──是否協調了現實的利益衝突上來，促使人們開始關注立法與司法決策的過程。此外，二人呼籲普通法法院放棄對立法的敵意，緩解了法院與政府的緊張關係，為進步時代大規模的社會立法做好了思想準備。同時，幫助法學院在美國大學中站穩了腳跟，奠定了20世紀美國法律教育模式的基調。

在這場革新中，霍姆斯和龐德的思想也存在明顯的分歧。首先，霍姆斯法律預測論雖然以法官造法的普通法傳統為基礎，卻一定程度上消解了法律的規範性，對此龐德多有批判：「從法律諮詢者功能的角度來思考法律的努力，其最有價值的成就，卻在於它始終在推動下一代論者去質疑那種視法律 (law) 為諸法則 (laws) 集合體的觀念以及那種視一項法則為一條規則的觀念。」[67] 龐德認為，規則是預測的基礎而不是預測本身。機械適用作為規則集合體的法律固然不能真實反映司法裁決的過程，但是完全否定規則對於司法裁決約束的作用同樣失之偏頗。

其次，霍姆斯主張法律與道德的徹底分離，從壞人的視角看待法律；龐德堅持將道德因素納入法律概念中。在龐德看來，價值問題是法律科學必須考量的問題，表現在法律概念中，就是「理想要素」：一幅有關特定時空的社會秩序之理想圖景，亦即關於社會秩序是什麼，以及關於社會控制的目的或目標的法律傳統，也是解釋和適用法律律令的背景。[68] 可以看出，龐德對於霍姆斯「壞人」概念的解讀是道德化的：「人們告訴我們說，對各種法律理論的酸性檢驗 (acid test) 就是壞人的態度 —— 他對於正義、公正或權利毫不在意，只希望知道他做或不做某些事情，將對他產生什麼後果。正常人反對服從別人的專斷意志，但願意過一種以理性為準繩的生活，他參與選擇那些行使政治組織社會之權力的人的過程，期望並帶著這樣的目的，這些人如同中世紀法學家所說的那樣在上帝和法律之下行使權力。難道壞人的態度要比這種正常人的態度更可以成為一種檢驗標準嗎？」[69]

更為根本的差異在於：霍姆斯從徹底「外在」的視角看待法律，將法律作為社會科學的研究對象；龐德貫徹社會科學進路則不那麼徹底。對龐德的這種不徹底，盧埃林 —— 霍姆斯思想更忠實的繼承者 —— 的批判非常直接：「『社會學法理學』在大部分社會學很重要的東西上都是空白。『行動中的法律』成了一種建議，而對於『法律』進一步的討論集中於『律令』上。『有效法律行為的限度』……沒有對於法律理應與其有聯繫的社會的研究。因此，龐德的作品總是處於一種洞見的邊緣，它沒有徹底深入至更為系統的材料建構。」[70] 這也是龐德與盧埃林在 1930 年代輿論戰的焦點所在。

相比之下，龐德的傳記作者威格多 (D. Wigdor) 則溫和很多，「普通法傳統是龐德智識生活中的中心事實，它迫使他折中了他思想中的工具主義特徵。」[71] 這裡的普通法傳統包括了兩個方面：一個是蘊含於普通法本質中的變革機制，這是一種有別於純粹工具主義的變革機制。[72] 如果說霍姆斯的進路代表了後一種機制,那麼龐德則是流連於兩種機制中間,並且試圖調和兩者。對此,科特瑞爾 (R. Cotterrell) 有著中肯的評價,龐德的社會學法理學是現代性語境下改造普通法的認真嘗試。[73] 龐德希望法律人能利用社會科學讓普通法傳統重新煥發生機,但不願意看到法學成為社會科學的分支。二是法律至上的傳統。相比霍姆斯對於社會強力的放任 (如果不是崇尚的話),主張政治受制於司法的龐德更為擔憂社會學法理學被用來擴張行政權力,龐德對於法的規範性與道德性的堅持某種程度上也反映了這種憂慮。

在社會利益調整的問題上,霍姆斯只想做一件事,而龐德想做很多事——有點像伯林 (I. Berlin)「刺蝟」和「狐狸」的差別。霍姆斯說過,「想做一件事情的能力與把一件事情做好的能力同樣都是天賦」。[74] 事情做得好不好,仁智互見。但是至少從想做的事情中,我們看到了霍姆斯與龐德對於普通法別無二致的熱愛。

注 釋

1　Karl N. Llewellyn, "A Realistic Jurisprudence—The Next Step," *Columbia Law Review* 30.4 (April 1930): 431–465.

2　理查德·A·波斯納著,蘇力譯:《法理學問題》(北京:中國政法大學出版社,2002),頁24。

3　Thomas C. Grey, "Holmes and Legal Pragmatism," *Stanford Law Review* 41.4 (April, 1989): 787.

4　Edwin W. Patterson, "Roscoe Pound on Jurisprudence," *Columbia Law Review* 60.8 (December 1960): 1124.

5　Albert Kocourek, "Roscoe Pound as a Former Colleague Knew," in Paul Sayre ed., *Interpretations of Modern Legal Philosophies: Essays in Honor of Roscoe Pound* (New York: Oxford University Press, 1947), p. 149.

6　Herbert Morris, "Dean Pound's Jurisprudence," *Stanford Law Review* 13.1 (December 1960): 186.

7　E. V. Walter, "Legal Ecology of Roscoe Pound," *University of Miami Law Review* 4.2 (February 1950): 199.

8　Roscoe Pound, "Sociology of Law and Sociological Jurisprudence," *The University of Toronto Law Journal* 5.1 (1943): 3.

9　羅斯科・龐德著，鄧正來譯：《法理學》（北京：中國政法大學出版社，2004），卷 1，頁 356。

10　埃里克・方納著，王希譯：《美國自由的故事》（北京：商務印書館，2002），頁 175。

11　J・G・A・波考克著，翟小波譯：《古代憲法與封建法：英格蘭 17 世紀歷史思想研究》（南京：譯林出版社，2014），頁 162。

12　Sir Matthew Hale, *The History of the Common Law of England* (Chicago: The University of Chicago Press, 1971), p. 40.

13　Thomas C. Grey, "Langdell's Orthodoxy," *University of Pittsburgh Law Review* 45.1 (January 1983): 6–11.

14　Morton J. Horwitz, *The Transformation of American Law, 1870–1960: The Crisis of Legal Orthodoxy* (New York: Oxford University Press, 1992), pp. 17–19.

15　Grey, "Langdell's Orthodoxy," pp. 12–13.

16　*Slaughter-House Case*, 83 U.S. (16 Wall.) 36 (1873).

17　*Lochner v. New York*, 198 U.S. 45 (1905).

18　J・G・A・波考克著，翟小波譯：《古代憲法與封建法：英格蘭 17 世紀歷史思想研究》，頁 32–33、46。

19　勞倫斯・弗里德曼著，周大偉等譯：《二十世紀美國法律史》（北京：北京大學出版社，2016），頁 3。

20　托克維爾著，董果良譯：《論美國的民主》（北京：商務印書館，1991），頁 310。

21　Noga Morag-Levine, "Sociological Jurisprudence and the Spirit of the Common Law," in Markus D. Dubber and Christopher Tomlins eds., *The Oxford Handbook of Legal History* (Oxford University Press, 2018), pp. 443–445.

22　羅伯特・斯蒂文斯著，閻亞林等譯：《法學院：從 19 世紀 50 年代到 20 世紀 80 年代的美國法學教育》（北京：中國政法大學出版社，2003），頁 67–68。

23　R. Jhering, *Geist* III，1S., pp. 321, 339, 351. 轉引自吳從周著：《概念法學、利益法學與價值法學——探索一部民法方法論的演變史》（北京：中國法制出版社，2011），頁 107、111。

24　Oliver Wendell Holmes, Jr., *The Common Law* (Boston: Little, Brown and Company, 1923), p. 1.

25　Oliver Wendell Holmes, Jr., "The Path of the Law," *Harvard Law Review* 110.5 (March 1997): 998.

26　托馬斯・C・格雷：〈霍姆斯論法律中的邏輯〉，載斯蒂文・J・伯頓編，張芝梅等譯：《法律的道路及其影響：小奧利弗・溫德爾・霍姆斯的遺產》（北京：北京大學出版社，2005），頁 182。

27　Holmes, "The Path of the Law," pp. 997–998.

28　*Lochner v. New York*, 198 U.S. 45, 76 (1905).

29　Holmes, "The Path of the Law," pp. 1000–1001.

30　Holmes, *The Common Law*, p. 35.

31　小奧利弗‧溫德爾‧霍姆斯：〈以律師為業〉，載小奧利弗‧溫德爾‧霍姆斯著，劉思達譯：《霍姆斯讀本：論文與公共演講選集》（上海：上海三聯書店，2009），頁 65。

32　*Lochner v. New York*, 198 U.S. 45, 75, 76 (1905).

33　Holmes, "The Path of the Law," p. 999.

34　霍姆斯：〈以律師為業〉，頁 64。

35　Holmes, "The Path of the Law," p. 1007.

36　Holmes, "The Path of the Law," p. 994.

37　霍姆斯：〈以律師為業〉，頁 59。

38　Holmes, "The Path of the Law," p. 1008.

39　Holmes, "The Path of the Law," pp. 1008–1009.

40　Holmes, "The Path of the Law," p. 1001.

41　Oliver Wendell Holmes, Jr., "Law in Science and Science in Law," *Harvard Law Review* 12.7 (February 1899): 444.

42　托馬斯‧C‧格雷：〈霍姆斯論法律中的邏輯〉，頁 175。

43　Holmes, *The Common Law*, p. 2.

44　Holmes, "The Path of the Law," p. 1000.

45　Holmes, *The Common Law*, p. 38.

46　Holmes, "The Path of the Law," p. 994.

47　張芝梅著：《美國法律實用主義》（北京：法律出版社，2008），頁 49–52。

48　Holmes, "The Path of the Law," p. 998.

49　Holmes, "The Path of the Law," p. 1001.

50　Roscoe Pound, "Liberty of Contract," *The Yale Law Journal* 18.7 (May 1909): 464.

51　Roscoe Pound, "Mechanical Jurisprudence," *Columbia Law Review* 8.8 (December 1908): 605.

52　R. Jhering, *Zweck*, p. 443. 轉引自吳從周：《概念法學、利益法學與價值法學 —— 探索一部民法方法論的演變史》，頁 1132。

53　William L. Grossman, "The Legal Philosophy of Roscoe Pound," *The Yale Law Journal* 44.4 (February 1935): 606.

54　龐德著，鄧正來譯：《法律史解釋》（北京：中國法制出版社，2002），頁 225。

55　Holmes, *The Common Law*, p. 2.

56　斐迪南‧滕尼斯著，張巍卓譯：《共同體與社會》（北京：商務印書館，2019），頁 68。

57　Michael Ray Hill, "Roscoe Pound and American Sociology: A Study in Archival Frame Analysis, Sociobiography, and Sociological Jurisprudence" (PhD diss., University of Nebraska, Lincoln, 1989).

58 Roscoe Pound, *Jurisprudence* (St. Paul: West Publishing Co., 1959), Vol. III, p. 270.

59 Pound, *Jurisprudence*, Vol. III, p. 16.

60 Pound, *Jurisprudence*, Vol. III, pp. 18–19.

61 Edwin W. Patterson, *Jurisprudence: Men and Ideas of the Law* (New York: Foundation Press, 1953), p. 518. 轉引自沈宗靈:《現代西方法理學》(北京:北京大學出版社,1992),頁 295。

62 羅傑・科特瑞爾著,張笑宇譯:《法理學的政治分析:法律哲學批判導論》(北京:北京大學出版社,2013),頁 164。

63 Pound, *Jurisprudence*, Vol. III, pp. 353–354.

64 Roscoe Pound, "Law in Books and Law in Action," *American Law Review* 44.1 (January–February 1910): 36.

65 Roscoe Pound, "Do we need a New Philosophy of Law?" *Columbia Law Review* 5.5 (May 1905): 352ff.

66 Roscoe Pound, "The Need of a Sociological Jurisprudence," *Annual Report. A.B.A.* 33 (1907): 911–926.

67 Pound, *Jurisprudence*, Vol. II, p. 87.

68 Pound, *Jurisprudence*, Vol. II, p. 116.

69 Pound, *Social Control Through Law* (Brunswick: Transaction Publishers, 1997), p. 34.

70 Llewellyn, "A Realistic Jurisprudence," p. 435.

71 David Wigdor, *Roscoe Pound: Philosopher of Law* (Westport: Greenwood Press, 1974), p. 209.

72 布賴恩・Z・塔瑪納哈著,陳虎、楊潔譯:《法律工具主義對法治的危害》(北京:北京大學出版社,2016),頁 45–48。

73 羅傑・科特瑞爾著,張笑宇譯:《法理學的政治分析:法律哲學批判導論》,頁 158。

74 小奧利弗・溫德爾・霍姆斯:〈男孩想要的東西〉,載小奧利弗・溫德爾・霍姆斯著,劉思達譯:《霍姆斯讀本:論文與公共演講選集》,頁 1。

參考書目

Grey, Thomas C. "Holmes and Legal Pragmatism." *Stanford Law Review* 41.4 (April 1989): 787–870.

Grey, Thomas C. "Langdell's Orthodoxy." *University of Pittsburgh Law Review* 45.1 (January 1983): 1–53.

Grossman, William L. "The Legal Philosophy of Roscoe Pound." *The Yale Law Journal* 44.4 (February 1935): 605–618.

Hale, Sir Matthew. *The History of the Common Law of England*. Chicago: The University of Chicago Press, 1971.

Hill, Michael Ray. "Roscoe Pound and American Sociology: A Study in Archival Frame Analysis, Sociobiography, and Sociological Jurisprudence." PhD diss., University of Nebraska, Lincoln, 1989.

Holmes, Oliver Wendell. "Law in Science and Science in Law." *Harvard Law Review* 12.7 (February 1899): 443–463.

Holmes, Oliver Wendell. "The Path of the Law." *Harvard Law Review* 110.5 (March 1997): 991–1009.

Holmes, Oliver Wendell. *The Common Law*. Boston: Little, Brown and Company, 1923.

Horwitz, Morton J. *The Transformation of American Law, 1870–1960: The Crisis of Legal Orthodoxy*. New York: Oxford University Press, 1992.

Kocourek, Albert. "Roscoe Pound as a Former Colleague Knew Him." In *Interpretations of Modern Legal Philosophies: Essays in Honor of Roscoe Pound*, edited by Paul Sayre, 419–433. New York: Oxford University Press, 1947.

Llewellyn, Karl. "A Realistic Jurisprudence—The Next Step." *Columbia Law Review* 30.4 (April 1930): 431–465.

Morag-Levine, Noga. "Sociological Jurisprudence and the Spirit of the Common Law." In *The Oxford Handbook of Legal History*, edited by Markus D. Dubber and Christopher Tomlins, 437–455. Oxford: Oxford University Press, 2018.

Morris, Herbert. "Dean Pound's Jurisprudence." *Stanford Law Review* 13.1 (December 1960): 185–210.

Patterson, Edwin W. "Roscoe Pound on Jurisprudence." *Columbia Law Review* 60.8 (December 1960): 1124–1132.

Patterson, Edwin W. *Jurisprudence: Men and Ideas of the Law*. NY: Foundation Press, 1953.

Pound, Roscoe. "Do we need a Philosophy of Law?" *Columbia Law Review* 5.5 (May 1905): 339–353.

Pound, Roscoe. "Law in Books and Law in Action." *American Law Review* 44.1 (January–February, 1910): 12–36.

Pound, Roscoe. "Liberty of Contract." *The Yale Law Journal* 18.7 (May 1909): 454–487.

Pound, Roscoe. "Mechanical Jurisprudence." *Columbia Law Review* 8.8 (December 1908): 605–623.

Pound, Roscoe. "Sociology of Law and Sociological Jurisprudence." *The University of Toronto Law Journal* 5.1 (1943): 1–20.

Pound, Roscoe. "The Need of a Sociological Jurisprudence." *Annual Report. American Bar Association* 33 (1907): 911–926.

Pound, Roscoe. *Jurisprudence*. St. Paul: West Publishing Co., 1959, Vols. II and III.

Pound, Roscoe. *Social Control Through Law*. New Brunswick: Transaction Publishers, 1997.

Walter, E. V. "Legal Ecology of Roscoe Pound." *University of Miami Law Quarterly* 4.2 (February 1950): 178–207.

Wigdor, David. *Roscoe Pound: Philosopher of Law*. Westport: Greenwood Press, 1974.

J·G·A·波考克著，翟小波譯：《古代憲法與封建法：英格蘭17世紀歷史思想研究》。南京：譯林出版社，2014。

小奧利弗·溫德爾·霍姆斯：〈以律師為業〉，載小奧利弗·溫德爾·霍姆斯著，劉思達譯：《霍姆斯讀本：論文與公共演講選集》。上海：上海三聯書店，2009。

小奧利弗·溫德爾·霍姆斯：〈男孩想要的東西〉，載小奧利弗·溫德爾·霍姆斯著，劉思達譯：《霍姆斯讀本：論文與公共演講選集》。上海：上海三聯書店，2009。

布賴恩·Z·塔瑪納哈著，陳虎、楊潔譯：《法律工具主義對法治的危害》。北京：北京大學出版社，2016。

托克維爾著，董果良譯：《論美國的民主》。北京：商務印書館，1991。

托馬斯·C·格雷：〈霍姆斯論法律中的邏輯〉，載斯蒂文·J·伯頓編，張芝梅等譯：《法律的道路及其影響：小奧利弗·溫德爾·霍姆斯的遺產》。北京：北京大學出版社，2005。

吳從周：《概念法學、利益法學與價值法學——探索一部民法方法論的演變史》。北京：中國法制出版社，2011。

沈宗靈：《現代西方法理學》。北京：北京大學出版社，1992。

埃里克·方納著，王希譯：《美國自由的故事》。北京：商務印書館，2002。

張芝梅：《美國法律實用主義》。北京：法律出版社，2008。

理查德·A·波斯納著，蘇力譯：《法理學問題》。北京：中國政法大學出版社，2002。

勞倫斯·弗里德曼著，周大偉等譯：《二十世紀美國法律史》。北京：北京大學出版社，2016。

斐迪南·滕尼斯著，張巍卓譯：《共同體與社會》。北京：商務印書館，2019。

羅伯特·斯蒂文斯著，閻亞林等譯：《法學院：從19世紀50年代到20世紀80年代的美國法學教育》。北京：中國政法大學出版社，2003。

羅傑·科特瑞爾著，張笑宇譯：《法理學的政治分析：法律哲學批判導論》。北京：北京大學出版社，2013。

羅斯科·龐德著，鄧正來譯：《法律史解釋》。北京：中國法制出版社，2002。

羅斯科·龐德著，鄧正來譯：《法理學》，卷1。北京：中國政法大學出版社，2004。

案 例

Lochner v. New York, 198 U.S. 45 (1905).
Slaughter-House Case, 83 U.S. (16 Wall.) 36 (1873).

第 8 章

霍姆斯的實用主義與其他法學流派
從法律科學化的視角看

張芝梅

　　作為學者，同時又是著名的法官，霍姆斯至少是美國法律界無法忽視的人物。他獲得很多讚譽。波斯納對霍姆斯推崇備至，認為霍姆斯是美國法律界的燈塔，美國法律史上沒有任何人的影響和成就能超越他。[1] 其他一些學者同樣給予霍姆斯很高的評價。魯本說：「他聳立在美國法律理論的源頭：他是法律現實主義、美國式實證主義及法律實用主義的傑出奠基者之一。」[2] 但關於霍姆斯思想的爭論也一直存在。由於霍姆斯從當時歐洲的很多不同的思想中吸取營養；同時，他的思想借助他的著作、論文、司法意見、演講、書信等形式也影響了眾多美國法律人，以至於他被不同人士歸到不同的法學流派中，被貼上不同的標籤，引發無數的爭議。凱薩琳・皮爾士・威爾斯 (Catharine Peirce Well) 認為：「從某個層面上看，他的表達是很清楚的。其智慧的清晰性使得他在具體問題的立場上很少留下疑問。但從另外一個層面上看，他又經常是晦暗不明的。儘管表面上看他的文章很清晰，但學者們甚至在對他的理論觀點的一般描述的問題上都無法達成一致。他被描繪成各種各樣的人：現實主義者、實證主義者、工具主義者、功利主義者、實用主義者、自由主義者、保守主義者、法西斯主義者、理論批評家、犬儒主義者、理想主義者，甚至是虛無主義者。」[3] 因此，理解霍姆斯的思想，應該將其置於時代背景之中，這樣才能把握霍姆斯漫長一生的主要思想脈絡，忽略其作品中不太重要的自相矛盾

之處，釐清他的思想和其他法學流派思想之間的關係，避免不必要的
語詞之爭。

一、以自然法為基礎的法律科學化努力

與其他國家相比，美國建國的時間不算長，但法律在美國社會生
活中佔有重要地位。托克維爾以其敏銳的觀察力指出：在美國，所有
的政治問題最終都會轉化為法律問題。[4] 可見，要了解美國社會，就
要了解其法律思想、司法制度及其發展演化的歷史。

美國的法律思想和司法制度是在繼受歐洲思想和制度淵源的基礎
上發展起來的。美國的國父們不僅接受了英國普通法的訓練，他們對
啟蒙時代以來的歐洲大陸的思想也十分熟悉，霍布斯、洛克、孟德斯
鳩、盧梭等人的思想都對他們產生影響，這種影響體現於美國憲法
中。由於美國是英國的殖民地，所以，美國法在初期接受的是英國的
普通法傳統。儘管後來由於獨立戰爭，出於對英國的仇恨，有人建議
把普通法從美國清理出去，普通法的地位因此一度面臨危機，但由於
語言、文化傳統等原因（比如，當時的很多律師很難閱讀英文以外的
法律文獻），因此，普通法還是在美國站穩了腳跟。[5] 當然，美國法也
在其自身發展過程中對英國的普通法進行了改造。

對英國法的繼受過程也是美國法試圖科學化的過程。在美國獨立
之前，美國的法律理論就受到自然法學說的影響。傑弗遜、亞當斯和
威爾遜這幾位美國開國者都接受自然法觀念。《獨立宣言》也提到了自
然法。但美國建國時所持的自然法觀念和英國的有所不同。其自然法
觀與新建立的美國的政治制度是相適應的。[6] 美國人所接受的自然法
理論很大程度上來自布萊克斯通。他的著作對當時很多只懂英文的美
國法律人而言是很好的教材。他把法律描述為一種科學，一種「理性
科學」。他還把普通法和自然法聯繫起來。在布萊克斯通看來，實在

法只是自然法則的顯示，並且要服從自然法。人們可以通過理性發現自然法，因此，一種「理性科學」必然包含對自然法的討論。這樣，自然法就成為法律科學必不可少的一部分。[7] 布萊克斯通的論述影響了很多美國的法律人。後來成為美國最高法院法官的約瑟夫·斯托里，借鑒了布萊克斯通的書的體例，寫了九本《釋義》(Commentaries) 和兩本其他的著述，論述了 1832 年至 1845 年間美國法律的不同主題。而詹姆斯·肯特 (James Kent)，在 1826 年至 1830 年間，也出版了四卷本的《美國法釋義》(Commentaries on American Law)。[8] 因此，在美國法的最初階段，法律科學化是和自然法思想聯繫在一起的。當時的法律人，把普通法理解為一門科學、一個基於自然法原則的理性的體系，認為全部法理學可以被理性地分類為一個體系，不但包括自然法原則，而且包括大量反映著普通法訴訟形式的低層次法律規則。[9] 龐德也評論道：「自然法學派的立法理論認為，只要通過理性的努力，法學家們便能塑造出一部作為最高立法智慧而由法官機械地運用的完美無缺的法典。在這種思想的影響下，人們往往蔑視歷史和傳統的法律材料。」[10] 自然法觀念對美國法律人的影響一直持續到 19 世紀上半葉，直到美國的社會經濟狀況發生了巨大的變化後才得以改變。

歐洲的工業革命也影響到美國。美國獨立戰爭後，英國對美國的貿易封鎖迫使美國開始生產從前依賴進口的貨物，也促使美國發生產業轉型，反而因此促進了美國經濟的加速度發展。美國開始從農業經濟轉變為商業經濟，最終變為工業經濟。而經濟增長導致人口大量增加。19 世紀前 60 年，美國的人口增長了六倍多。[11] 美國在世界經濟中的地位大幅提升，社會經濟結構也發生了巨大的變化。「1789 年時的創立者不可能想像到，後來僅僅 70 年間，擁有 2,500 人以上人口的城鎮數量就從 24 個增加到了 392 個 (其中有兩個城市的居民數超過 50 萬)，而全國人口中足足有 1/5 居住在城鎮中。1790 年，在定居 150 多年之後，只有 5% 的人口居住在城鎮中。殖民地時期催生出小城鎮的那些因素和外部經濟 —— 勞動專業化和技術，以及轉運功能和貿

易 —— 現在被工業革命強化了，開始引領美國走上一條轉型為工業化
國家的道路。」[12]

　　經濟社會的變化帶來一系列新的法律問題，要求法律界順應時代
的需要。當時美國最高法院的一系列判例總體上是有助於維護當時的
經濟發展。如斯托里雖然認為自然法是法理學的基礎，但他同樣強調
普通法要回應國家和商業的需要。他在最高法院的 *Swift v. Tyson* 一案
中的多數意見，就強調聯邦法院在判決普通法案件時，應該促進商業
活動。他認為原則是普遍的、永恆的和基礎性的，但規則和判例是實
用的和進步的。[13] 這不是斯托里一個人的觀念，而是當時法官們的普
遍共識。1860 年前影響經濟發展的司法審判的主要趨勢是為工商企
業、經濟發展和建立統一的全國性市場服務，法律協助美國資本主義
的主要觀念和體制的演進。[14] 可見，當時的法律人雖然還堅持自然法
觀念，但也強調法律要隨著時代的發展而改變。霍維茨認為，1860 年
前，「工具性法律觀念興起」。[15] 這實際上奠定了美國法後來的實用主
義和現實主義的基礎。

二、自然法的式微以及蘭德爾對法律科學化的貢獻

　　19 世紀自然科學的新發現改變了人們對「科學」概念的理解。達
爾文 1859 年出版的《物種起源》，不僅給宗教帶來毀滅性的打擊，破
壞了傳統的上帝觀念，它同樣對自然科學和社會科學產生了巨大的衝
擊。達爾文進化論的意義不僅在於提出一個新的關於生物進化的假
設，「物競天擇、適者生存」的思想使社會科學家充分認識到環境對人
的作用，並且認識到只有變化是永恆的，那種永恆不變的觀念並不存
在，這把人們從對永恆的理念的追求中解放出來。進化論還帶來進步
的觀念。這些變化導致人們對法律的認識和需求也發生了變化。在美
國法形成的最初階段，自然法的原則為美國法律體系提供了理論基

礎，但隨著社會的變化以及宗教觀念的衰落，使得訴諸自然法建立法律的科學性顯得說服力不夠，這個基礎不再牢靠，需要尋找一個新的基礎。

這種思想武器同樣來自歐洲。「取代自然法的主要的法學理論是歷史法學，在民族精神中尋找法律；或分析法學，組織法律規則並以科學的方式發現原則。這兩種方法似乎都沒有為評估其他社會如何解決法律問題留下空間。」[16] 薩維尼和梅因各自的歷史法學、邊沁的功利主義以及奧斯汀的實證主義法學都為對自然法的批評提供理論武器。

薩維尼認為，人們不可能從邏輯或者自然中發現法律的淵源，法律首先產生於習俗和人民的信仰。法律是隨著民族的成長而成長，隨著民族的壯大而壯大，如果民族性消失了，法律也會消亡。民族的共同意識是法律的居所。[17] 薩維尼的新視角吸引了當時的美國法律人。梅因在《古代法》中也批評了自然法。他認為，「自然法」混淆了「過去」和「現在」，認為當時關於自然法的理論認識模糊，概念混亂。[18]

而邊沁和奧斯汀則從另一個角度顛覆自然法的地位。南北戰爭給美國社會帶來巨大的變化，加速了自然法轉向實證主義。[19] 實際上，邊沁早就批評自然法和自然權利是抽象的，無法操作，而認為他的功利主義則是可操作的。作為邊沁的信徒，奧斯汀認為：「功利原則，允許一直作為我們行為尺度的一般幸福，或一般的善，可以成為決定我們行為的動機，或者，可以成為我們行為指向的實踐目的。」[20] 奧斯汀在他的《法理學的範圍》中區分了實際存在的由人制定的法、實際存在的由人制定的道德和自然法。[21] 他明確地批評了布萊克斯通的自然法概念。他認為，布萊克斯通沒有區分法律是什麼和法律應該是什麼。按照奧斯汀的觀點，法律就是一個命令，它使一個人或一些人有義務按照一定方式行為。他還提出法律和道德分離的理論。奧斯汀的分離理論和當時的時代背景也是緊密相關的。自然科學的發展使得很多人把自然科學的方法運用到社會科學中，所以他的「法律與道德的分離」不是說法律與道德實際的分離，而是概念上的分離，目的是為了使法律成為科學。[22] 實際上，他的這本書的書名本身就暗示著法律科學化的企圖。奧斯汀對法律和道德分離的觀點影響了後來的霍姆斯。

儘管19世紀仍有美國的法學家認為普通法應該建立在自然法原則的基礎之上，但在南北戰爭之後，以蘭德爾為代表的形式主義法學理論逐漸走向美國法律舞台的中心。

蘭德爾相信法律是一門科學。他認為法律是由原理和原則組成，法律的資源存在於已有的判例中，法律推理的目的就是要通過判決獲得法律原則，把這些原則貫徹到司法判決中就可以得出公正、客觀的判決。以蘭德爾為代表的形式主義者認為：「上訴審的判決彙編就是原始資料，從中可以推導出普通法的原則……一旦這些原則顯露出來了，就可以演繹出某個案件的正確結果。因此，人們既可以用這些原則來展示賴以抽取這些原則的上訴審案例決定的外觀有錯，同時又可以用它們來指導新案件的決定。」[23] 其目的是為了通過嚴格限定法官和法律起作用的範圍來減少司法中的自由裁量權給人帶來的對法律的確定性和科學性的懷疑。

蘭德爾還把他的法學理論運用到法學教育中。他在哈佛大學推行了一系列的制度性改革，比如：要有入學考試，學生在進入下一年的課程前必須通過年度考試，學習三年的課程，才可以獲得法學的學士學位；使用蘇格拉底式的對話教學法討論案件，教授和學生努力通過提問和回答發現普通法的原則。蘭德爾試圖通過他的改革，使美國的法學院達到與歐洲大陸大學的同等水準。蘭德爾於1873年聘用詹姆斯·巴爾·埃姆斯 (James Barr Ames) 擔任助理教授。埃姆斯使用蘭德爾的蘇格拉底式的方法，編寫了很多案例彙編，在美國法學院廣泛使用，推動了美國法律教育的科學化。[24]

總體來看，蘭德爾及其追隨者為了追求法律的科學性，使法律更像科學，在理論上訴諸邏輯。同時，他認為對這些原理和原則的學習的最佳途徑是案例教學。這種思路初看起來似乎沒太大問題，而且對整理紛繁複雜的判例的確有幫助。所使用的方法就是先歸納後演繹的方法。這也是常用的科學方法。但具體到運用上，這種方法就有一些可質疑的方面。一是歸納法本身的科學性問題，用通俗的話來說，就是你在觀察無數隻白天鵝後，得出「所有的天鵝都是白色」的結論，但只要發現一隻天鵝是黑的，你的結論就會被推翻。所以，從判例中歸納出普遍原則實際上是不太可能的。二是把原則運用到指導新的判決的過程所使用的是演繹推理的方法，就是我們通常所説的三段論。這個方法本身的科學性沒有問題，但問題在於我們如何選擇大前提（原則），也就是説，我們如何從眾多的原則中選取合適的原則，或者説，你如何證明你選擇的原則是正確的；另外，關於小前提，你怎麼判斷它的正確性。比如，番茄是水果還是蔬菜；在飛機剛剛出現的時候，怎麼判斷它是不是交通工具等等。不同的歸類可能導致判決結論的不同。換句話説，演繹推理的方法雖然是科學的，但其結論的可靠性還是要依靠內容，而這是傳統「科學的」邏輯學無法解決的問題。特別是，在社會急劇變化的時代，以往的概念和理論可能很難用來解釋新的事實。這種方法可能帶來很大的問題。因為這樣做的結果其實只是讓判決看起來客觀，而實際上未必客觀。法官無法通過直接使用邏輯推理進行判決，而必須對事實進行分析，作出自己的經驗判斷。而法律形式主義隱含的前提是這些原則、規則和事實是不變的，但現實並非如此，因此，他們的目標很難貫徹到底。但也應該看到，雖然蘭德爾的總體傾向是形式主義的，但他的案例教學法也有一定的實踐色彩，通過對案例的分析，其實多少也有助於把握新的現實。

儘管蘭德爾的法律形式主義一直到20世紀初期仍然是美國法律界的主流，而霍姆斯對蘭德爾的學識也非常推崇，[25]甚至可以説，在某些方面，霍姆斯和蘭德爾也有相似之處，但霍姆斯更大的影響在於他對以蘭德爾為代表的法律形式主義的批評。他稱蘭德爾為「最偉大的在世法律神學家」。[26]

三、霍姆斯的主要貢獻

霍姆斯是與蘭德爾差不多同時代的人。霍姆斯1841年出生於波士頓，他的生活圈和朋友圈是波士頓的上流社會。他們這個階層的共同特點就是「始終如一地對理論和文學保持濃厚興趣」。[27]詹姆士兄弟和實用主義的另一個創始人皮爾斯都是霍姆斯的好朋友。[28]他們經常一起討論哲學問題。因此，霍姆斯也被認為是實用主義的創始人之一。作為實用主義者，霍姆斯的主要貢獻就是把實用主義的基本理念引入法律界，改變了美國法律理論和司法實踐的樣貌。

霍姆斯的思想淵源複雜，除了實用主義外，歐洲前輩的思想對他的法律思想和司法實踐都有重大影響。波斯納認為，霍姆斯本人在道德上和認識論上都深受19世紀後期哲學思想的浸染；但是，很少有法律人意識到霍姆斯的哲學觀不僅對於其法律思想而且對於其作為法官之偉大具有根本性。[29]從法律思想淵源上看，霍姆斯至少部分受到邊沁的功利主義、奧斯汀的實證主義法學以及梅因和薩維尼的歷史法學的影響。霍姆斯之所以為實證主義所吸引，其中一個原因是出於他對自然法的厭惡。這方面霍姆斯在精神上是個邊沁主義者。他拒絕所有道德和道德性的說教，除非這種道德性是出於功利主義目的。他的深深的道德懷疑主義瀰漫在他的思想和工作中。[30]

實用主義通常被認為是美國的本土哲學。皮爾斯強調，要在行動中把握概念和命題的意義，概念和命題的意義就是它們帶來的實際效果的總和。如果概念和命題不能帶來實際的效果，它們就是沒有意義的，只有那些能夠帶來效果的概念和命題才是有意義的。這個思想被詹姆士稱為「皮爾斯原理」，這也是實用主義的基本原則。[31]這一實用主義的基本立場使得實用主義具有反形而上學、反本質主義以及工具主義的特點。詹姆士強調，實用主義是一種方法，他認為，實用主義是一種解決形而上學爭論的方法。它通過找出每種見解的實際後果來解決爭論。只要通過這個方法檢驗，很多哲學爭論就毫無意義了。[32]

詹姆士還認為，實用主義並不反對抽象，它感興趣的只是我們的思想與我們的經驗協調一致得出的結論。[33] 儘管霍姆斯否認詹姆士對他的影響，但在霍姆斯的作品中可以經常發現類似的觀點。後人熟悉的霍姆斯的幾個命題，都明顯地具有實用主義色彩。

除此之外，霍姆斯也很快接受了當時出現的一些新的科學成果和新的思維方式。儘管我們很難還原霍姆斯當時的心路歷程，但大致可以認為，多種因素的共同作用，使得他認識到，在社會急劇變化的時代，蘭德爾的形式主義是不能應付社會需要的。在此基礎上，他對形式主義的許多觀點和做法進行了批評，並且基於他的實用主義立場，提出不少很有影響同時可能也很有爭議的觀點。

(一) 邏輯與經驗

霍姆斯在《普通法》開篇就說：「法律的生命不在於邏輯，而在於經驗。」[34] 在這本書中，他還多次提到類似的觀點。他說：「法律由那些有能力、有經驗的人執行……他們知道不能因為三段論而犧牲敏感的感覺。」[35] 還有：「法律之間的區別在於經驗，而不是邏輯。」[36] 在隨後的學術著作和司法生涯中，霍姆斯以不同的語言多次闡述了邏輯與經驗的關係問題。

在〈法律的道路〉中，他認為在「決定法律的內容及其發展的力量」問題上，存在著一種錯誤的觀念，認為「在法律發展中唯一發揮作用的力量是邏輯」。儘管霍姆斯認為「在最寬泛的意義上，這一觀念的確是正確的」，因為對法律的研究和對世界上的其他事物的研究一樣，都要探求因果關係、揭示事物之間的邏輯和規律，因此，他擔心「危險不在於承認支配其他現象的原則也同樣制約法律，危險在於這種觀念，即比如像我們這樣特定的制度，能夠像數學那樣從某些行為的一般公理中推導出來」。[37] 這正是他基於實用主義的立場與以蘭德爾為代表的當時的美國法學界主流觀點的區別。

　　那麼，霍姆斯關於邏輯和經驗的這一觀點源自何處？在我看來，霍姆斯這個命題的提出是英國經驗主義傳統與當時作為新科學、新方法的達爾文進化論以及他的實用主義立場結合的產物。

　　經驗主義是英國的傳統。從培根開始，英國就強調知識來源於經驗，並且強調認識要通過經驗來檢驗。而與實用主義立場密切相關的經驗主義和達爾文進化論都是英國的產物。19世紀自然科學的新發現，使人們重新認識到面對現實和經驗、反對抽象思維的重要性。同時，現代生理學和實驗心理學的研究成果使人們能夠對人的意識和心理活動進行解釋，不再把它看作是神秘的東西。實用主義接受了這些新的科學研究成果，用它們來解釋認識的過程。

　　實用主義的重要貢獻是對傳統哲學的「經驗」概念進行重新界定。傳統哲學把經驗看作是認識的低級階段，經驗往往被視為是易變的、不可靠的，這就決定了經驗在傳統哲學中的作用非常狹隘。實用主義的經驗主義是和他們對自然科學的方法和達爾文進化論的接受相聯繫的。實用主義者認為進化是一個經驗的過程、一個試錯的過程。此外，當時的自然科學推崇的實驗的方法也使人們對「科學」的理解發生了變化。

　　而霍姆斯之所以反對當時流行的法律形式主義，或者說，他之所以持實用主義立場，與他對「科學」的理解和當時的主流觀念不同——但這也導致在其他問題上他遭受爭議——有關。因為對「科學」的理解和形式主義者不同，儘管霍姆斯和其他人一樣，也希望法律和司法更「科學」，但這使得霍姆斯的法律實用主義和其他人的理論不同。實際上，科學的發展，也使得霍姆斯的法律實用主義與後來的波斯納的實用主義不同。比如，很推崇霍姆斯的波斯納，也堅持實用主義的立場，但對他來說，科學的方法是法律的經濟分析。霍姆斯說：「一個理想的法律體系應當從科學那裡獲得其基本原理以及其立法正當性。」[38] 但他認為：「法律的實踐研究也應當是科學的。真正關於法律的科學主要並不是由一種關於原理的神學推演或者一種類似於數學的邏輯發展所構成，也不僅僅是由一種將其從外部視為人類學文獻的研究所構成；一個更重要的部分是通過精確測量的社會要求（而不是傳統）從內部建立起它的基本原理。」[39] 對「科學」的理解不同，決定了他們對採取何種方式促進法律的科學化的方式不同。

從某種意義上說，蘭德爾對邏輯的強調有一定的道理，因為當時的普通法的確存在著許多問題。紛繁複雜的普通法判例的確需要整理，從案例中歸納出一些原則以指導以後的判決也無可厚非。但蘭德爾的問題在於他把這些原則看成是不變的，這就必然導致無法回應新的現實。必須承認，普通法也需要借助邏輯推理的科學性建立對其科學性和確定性的信任。而且，哪怕是現在，大多數的司法仍然是形式主義的，總體來說，形式主義在很多情況下是一種更好操作、使用效率更高的工具。另外，邏輯通常和科學聯繫在一起，這容易讓法律顯得像科學。但形式主義者很容易把一些涉及價值的主觀判斷包裝成客觀的、唯一正確的判決。他們認為他們只是受法律的邏輯的指引，卻根本意識不到他們實際上是在進行公共利益的分配。

正如上文所分析的，僅僅借助邏輯是無法得出法律形式主義所希望的那種客觀的或唯一正確的判決的，尤其在疑難案件中；形式主義也無法令人信服地建立起法律是科學的確信。實際上，霍姆斯在洛克納案的司法意見也典型反映了他和當時主流的法律形式主義的分歧。

霍姆斯關於邏輯和經驗的這個命題經常引起爭論和誤解。實際上，霍姆斯並沒有否定邏輯的作用，他說：「律師受到的訓練就是在邏輯上的訓練。類推、區分和演繹的諸過程正是律師們最為熟悉的。司法判決所使用的語言主要是邏輯語言。」[40] 他只是認為僅僅有邏輯是不夠的，還需要經驗。他和形式主義的區別在於當邏輯和經驗發生矛盾時，是服從邏輯，還是服從經驗。他在不同的場合肯定邏輯的作用或者批評形式主義對邏輯的過分依賴，都是基於他的實用主義的立場。

(二) 法律與道德

道德和法律都是社會規範，他們都對維護社會秩序發揮作用。在邊沁之前，人們並沒有對法律和道德進行分離。邊沁為了確定立法的範圍，需要對法律和道德進行區分，確定各自的邊界。奧斯汀繼承了邊沁的這個思想。奧斯汀指出，有些道德規則是準確意義的法，有些不是。那些帶有強制性的規則的法是命令，其他的只能是社會的道德規則。[41]

霍姆斯繼承了實證主義對法律與道德的區分，而且，和法律實證主義不同的是，他把法律和道德的區分運用到司法實踐中。和法律實證主義一樣，他對法律和道德的區分並不是要否認它們之間的聯繫。在〈法律的道路〉中，霍姆斯指出：法律是我們道德生活的見證和外部沉澱。法律發展的歷史也就是我們民族道德發展的歷史。但他接著指出道德和法律的區分具有重要的實踐意義。他說：「我認為值得立刻指出並驅散道德與法律之間的混淆，這種混淆時不時上升到自覺理論的高度，而且，在沒有意識到的情形下，更為經常和更為不斷地製造具體細節上的麻煩。」[42]他認為，這種區分對學習法律和在實踐中使用法律都非常重要。因為法律中充斥各種道德措詞，比如：權利、義務、惡意、意圖和過失等，而在法庭中如果不區分這些詞的道德含義和法律涵義，很容易引起混亂。他說：「在我強調法律與道德的區別時，我是在關注一個單一的目標，即為學習和理解法律而強調的。為此目標起見，你們千萬要掌握它的明確界限。」[43]他剝離了法律中權利、義務等概念的道德含義，指出課稅和罰款從結果上看是一樣的。這種做法實際上是把法律問題當作一種科學問題來對待，這是一個技術處理、一種中性的行為，從而在實踐上第一次實現了法律和道德的分離。而劃定法律和道德的邊界本身也是幫助法律確定自己的範圍，從而也是法律科學化的一種努力。因此，波斯納對霍姆斯的〈法律的道路〉的評價是：「霍姆斯完全把法律從道德中解脫出來，讓法律獨立自由地起作用。」[44] 大衛‧盧班評價道:「霍姆斯的論證不是要威脅法律義務中道德的地位。相反,這是想在法律義務概念內部澄清混淆的一個嘗試。一個從道德意義上(即無條件的義務)理解和從法律意義上(即霍姆斯暗示的僅僅是可選擇的義務)理解出現在道德文本中的道德字眼之間產生的混淆。」[45]

而他的「壞人」理論,實際上也是要求人們區分法律和道德。霍姆斯在〈法律的道路〉中説:「倘若你們想了解法律,而不是別的什麼,你們得以一個壞人的眼光看待它,壞人僅僅關心根據這一法律知識能作出預計的具體後果,這不像一個好人在模模糊糊的良心約束之下,要為他的行為尋求根據,無論這些根據是在法律之內還是在法律之外。」[46] 這個説法同樣容易引起誤解。這個理論之所以引起誤會,是因為壞人在我們的日常語言中是個道德觀念的概念,但霍姆斯所言的「壞人」並不是我們通常意義上的壞人。「壞人」理論其實和霍姆斯對法律和道德的混淆的批評是聯繫在一起的。他引入「壞人」概念,是為了「驅散道德與法律之間的混淆」;也就是説,是為了擺脫道德詞彙和法律詞彙的混淆。但在通常意義上,「壞人」本來就是一個道德詞彙,因此,他的這個帶有比喻性質的説法的確有誤導之嫌。

不管人們對霍姆斯的這些觀點怎麼理解,霍姆斯從實踐上對法律和道德的區分對確立法律作為一門獨立的科學有很大的作用。而且在當時對司法反映現實有積極作用。因為工業革命引起了社會關係的變革,社會需要新的規範,不同利益集團之間的利益衝突所引起的矛盾逐漸取代了個人和國家的對立與衝突;而且,道德多元使得道德的威信下降,法律的作用上升。這些都需要重新審視法律和道德之間的關係。

從某種程度上可以説,不管是奧斯汀等人的法律實證主義對法律與道德理論上的分離,還是霍姆斯從實踐上對邏輯與經驗、法律與道德進行分離,都是一種科學化的努力。正如詹姆士所説:「實用主義在這裡只是仿照其他相關科學的榜樣,用已被觀察到的事實來解釋未被觀察到的事實」。[47]

四、霍姆斯的思想對法律科學化正反兩方面的影響

霍姆斯的這些思想對龐德的社會法學派以及法律現實主義都有很大的影響。

從19世紀下半葉到20世紀上半葉，美國社會一直處於激烈的變動中，不同利益群體之間的衝突加劇，而且這種衝突一直處於變動中。社會變革需要法律理論和司法實踐不斷調整自己以應對現實。在這種情況下，法律形式主義很難勝任，「法律形式主義被認為是破壞社會福利立法的法院判決背後的罪魁禍首，因而飽受抨擊」。[48]而霍姆斯以及受他思想影響的社會法學和法律現實主義在應對現實問題上更勝一籌。面對社會劇烈變動的局面，龐德和法律現實主義者都對法律形式主義進行了批評。

龐德深受詹姆斯和霍姆斯的實用主義的影響，他也強調要關注現實中的法，而不是理論中的法律；強調法律與道德的分離；避免對規則的形式主義適用；認為法律的目的就是要確保社會利益的最大程度的實現等等。龐德還對很多法律的理論問題以及與法律相關的理論問題進行了系統的闡述和澄清，可以說，他是那個時期對法律科學化作出最大貢獻的人。[49]

霍姆斯也經常被認為是法律現實主義的創始人。法律現實主義者通常以霍姆斯的〈法律的道路〉(1897)的演講作為法律現實主義誕生的標誌。[50]法律現實主義一開始的影響並不大，到了20世紀30年代，由於第一次世界大戰後的文化相對主義氛圍、持續擴大的普通法危機以及法律本土化的需要，法律現實主義登上歷史舞台。[51]法律現實主義是個鬆散的流派，有人甚至認為不能稱為流派，而只是個運動，因為不同的法律現實主義者差別比較大，對哪些人可以歸到法律現實主義這個流派也有較大分歧。法律現實主義者的唯一明顯的共同點大概就是反形式主義。

在〈法律的道路〉中，霍姆斯說：「我們研究的目標就是預測，預測在什麼情況下公共權力通過法庭起作用。」[52]法律現實主義認為霍姆

斯的這個理論啟發了他們，使他們關注司法過程、關注司法中非法律因素的作用。他們也繼承了霍姆斯對法律形式主義的批評。「大多數現實主義者將法律看作是律師法官從事的行業而不是科學的或者哲學的活動。簡而言之，根據現實主義者的觀點，從任何意義上講，法律既不是客觀形成的，也不是提前預設的，更不是完全既定的。法官不進行機械地推理，也不以中立的姿態凌駕於社會利益衝突之上。」[53]有些法律現實主義者懷疑規則的作用；還有一些法律現實主義者擔心法官的具體判決帶來的不確定性，他們認為法官的判決可能受到很多非法律因素的影響而降低了法律的確定性。

儘管法律現實主義者攻擊抽象理性主義，但是大多數法律現實主義者並沒有拒絕基礎性知識，他們僅僅否認抽象理性可以揭示法律真理。弗蘭克說：「法律思維的很多公理並沒有顯露在表面上，而是隱藏起來的，必須挖出來才看得見。」他們建議以經驗作為客觀性的來源。現實主義者認為，抽象的法律規則和原則可能並沒有限制司法判決，但是外部的(和社會的)世界的具體事實確實影響、甚至決定了這種判決。[54]這一方面反映了他們對傳統法律概念、規則和理論的懷疑，另一方面也隱含着需要運用其他學科的知識來揭示法律真理。這是法律現實主義對法律科學化的貢獻之一。

法律現實主義的最主要的貢獻是它提出一種不同的思考和看待法律問題的方法。他們關注法律中人的因素可能產生的司法的不確定性問題。把法律看作是一個可觀察的現象，他們把法律作為描述性的、經驗性的科學來分析。[55]因此，法律現實主義對當時的很多法律改革有激勵作用，也使得法學院的學生重新認識法律推理在法律中的作用。這是其積極的一面。但他們過分強調法律和司法中的不確定性，否認規則有降低司法成本的作用，所以，波斯納批評說：「現實主義法學……的一個突出的、幾乎是最根本的一個特點就是不了解規則會減少不確定性並且因此帶來收益。」[56]這是法律現實主義對法律科學化作用的消極的一面。

　　一定程度上可以説，霍姆斯是美國法律界承上啟下的一個關鍵性人物。他吸收了前人的很多思想，顛覆了美國法律中形式主義的地位，強調從實踐角度來看待法律，也影響了很多後世的法律人。格雷説：「霍姆斯是第一個把法學理論奠基於從法律實踐出發的視角。正因為如此，他是一個實用主義者。他的法律理論來自實踐並且反映實踐，並且認為法律理論的價值是滿足人類目的的工具。」[57] 後來的社會法學和法律現實主義都在一定程度上沿著這條道路前進。

　　需要檢討的是，強調法律的實踐性是否會破壞法律的科學性。霍姆斯對形式主義的批評讓很多堅持傳統科學觀念的人認為是對法律科學性的破壞，而繼承霍姆斯道路的法律現實主義，由於過分誇大了法律中的不確定性，走向認識論上的不可知論，的確對法律的科學性有所破壞。但因此歸罪於霍姆斯是不公平的。霍姆斯對很多概念的澄清本身就是一種使法律科學化的努力；他也不反對理論，他只是反對把主觀的東西裝作客觀。我認為，大多數人對霍姆斯的批評其實是按照自然科學的標準來評判霍姆斯，所以，認為他破壞了法律的科學性。霍姆斯説，「一個人在實踐中肯定都是地方性的……但他的思想則應當是普遍性的和超然的。」[58] 從中可以看出，他並不否認理論的價值。

　　另外需要注意的是，不同的時代、不同的人，對「科學」的理解有很大的不同。上述不同流派的法學家都是按照他們自己對「法律科學」的理解去努力的。「科學」概念的內涵一直在變。比如，繼承霍姆斯衣缽的波斯納雖然批評了把法律當作科學的觀點，但實際上他還是論證了法律是科學，只不過他的「科學」範本是工程學。他認為法律和工程學很相似。[59] 因為這兩門學科都要注重理論和實踐的結合，都要和具體的事實打交道，都屬於邊學邊幹、邊幹邊學的東西。為了保持穩定性，有時候要犧牲精緻性；而且，它們最主要的任務都是避免犯錯誤，所以，它們都寧願選擇已有的、比較保險的方法，因此都比較保守。儘管波斯納的認識不一定正確，但這説明，隨著科學的發展、科學方法的更新，以後人們會從新的角度認識和論證法律的科學性。

五、結語

不同的法學流派之所以有其獨立存在的價值，自然是因為它們有區別於其他流派的獨特之處。但同時我們不應該否認這些思想流派之間的傳承關係。另外，從提出理論的目的來看，它們的相似之處可能比人們認為的多。塔瑪納哈說：「實用主義與形式主義法律思想之間多重而緊密的聯繫是美國法律史上非常有趣的細節。」[60]的確如此。每個法學流派都是在批評繼承以往流派的基礎上形成的，霍姆斯的法律實用主義是這樣的，後來的社會法學和法律現實主義同樣如此。它們試圖對法律進行科學化的目標是共同的。只不過，有些流派更傾向於概念、規則和邏輯，有些則更關注現實、實踐以及其他社會科學的成果；有的可能比較成功，有的在他人看來不那麼成功。

任何抽象都是有風險的。以往研究更多把重點放在不同思想流派的區別上，因此容易引起爭論。這種爭論對釐清概念和觀點有一定幫助，但有時容易導致誇大差異。關於霍姆斯的論著很多，也和這種爭論不無關係。實際上，思想的發展都是有傳承的，每個人自己的觀念也會發生變化，霍姆斯處於社會和觀念劇烈變化的時代，如果他的思想觀念不隨時代發展發生一些變化反而說明沒有與時俱進，保守和僵化。一個人思想前後不一致也很正常，很可能出現梁啟超所說的「以今日之我與昨日之我鬥」的狀況，因此，不必過度誇大一個人思想的變化。

美國歷史上沒有哪一位法官留下如此豐富珍貴的書信集，在如此之多的重要問題上發表廣泛的意見；而且，美國歷史上也沒有哪一名法官以這樣高水準的文學素養進行寫作。懷特認為，沒有任何人像霍姆斯那樣將法律史、政策和學術發展聯繫到一起。許多人都強調進化論，但沒人用進化論的主張把理論從以往的教條的桎梏中解放出來。許多學者試圖對法律科學進行哲學或邏輯的分類，但沒人強調法律學說與實際的政策效果之間是矛盾。[61]正因為如此，關於霍姆斯的爭論還將繼續，但根據實用主義的原則，這些爭論可能很不實用主義⋯⋯

注 釋

1 Richard A. Posner, "Foreword: Holmes," in "Symposium: *The Path of the Law* 100 Years Later: Holmes's Influence on Modern Jurisprudence," *Brooklyn Law Review* 63.1 (1997): 7.

2 魯本著，蘇亦工譯：《法律現代主義》（北京：中國政法大學出版社，2004），頁 36。

3 威爾斯著，〈小奧利弗・溫德爾・霍姆斯和威廉・詹姆斯 ── 壞人和道德的生活〉，載伯頓主編，張芝梅、陳緒剛譯：《法律的道路及其影響 ── 小奧利弗・溫德爾・霍姆斯的遺產》（北京：北京大學出版社，2012），頁 206。

4 托克維爾著，董果良譯：《論美國的民主》（北京：商務印書館，1988），頁 310。

5 施瓦茨著，王軍等譯：《美國法律史》（北京：中國政法大學出版社，1990），頁 14。

6 阿蒂亞、薩默斯著，金敏等譯：《英美法中的形式與實質 ── 法律推理、法律理論和法律制度的比較研究》（北京：中國政法大學出版社，2005），頁 195–202。

7 菲爾德曼著，李國慶譯：《從前現代主義到後現代主義的美國法律思想》（北京：中國政法大學出版社，2005），頁 89。

8 賴曼、齊默爾曼主編，高鴻鈞等譯：《牛津比較法手冊》（北京：北京大學出版社，2012），頁 187。

9 菲爾德曼著，李國慶譯：《從前現代主義到後現代主義的美國法律思想》，頁 103。

10 龐德著，鄧正來譯：《法律史解釋》（北京：中國法制出版社，2002），頁 13。

11 菲爾德曼著，李國慶譯：《從前現代主義到後現代主義的美國法律思想》，頁 121。

12 休斯、凱恩著，楊宇光等譯：《美國經濟史》（上海：格致出版社，2013），頁 95。

13 菲爾德曼著，李國慶譯：《從前現代主義到後現代主義的美國法律思想》，頁 145。

14 休斯、凱恩著，楊宇光等譯：《美國經濟史》，頁 159。

15 霍維茨著，謝鴻飛譯：《美國法的變遷：1760–1860》（北京：中國政法大學出版社，2005），頁 1。

16 賴曼、齊默爾曼主編，高鴻鈞等譯：《牛津比較法手冊》，頁 191。

17 薩維尼著，許章潤譯：《論立法和法學的當代使命》（北京：中國法制出版社，2001），頁 9–11。

18 梅因著，沈景一譯：《古代法》（北京：商務印書館，1959），頁 42。

19 菲爾德曼著，李國慶譯：《從前現代主義到後現代主義的美國法律思想》，頁 153。

20 奧斯汀著，劉星譯：《法理學的範圍》（北京：中國法制出版社，2002），頁 128。

21 奧斯汀著，劉星譯：《法理學的範圍》，頁 145–146。

22 比克斯等著，陳銳編譯：《法律實證主義：思想與文本》（北京：清華大學出版社，2008），頁 11。

23 波斯納著，蘇力譯：《法理學問題》（北京：中國政法大學出版社，2002），頁 19。

24 賴曼、齊默爾曼主編，高鴻鈞等譯：《牛津比較法手冊》，頁 193。

25 懷特著，孟純才、陳琳譯：《奧利弗‧溫德爾‧霍姆斯：法律與本我》（北京：法律出版社，2009），頁 240–241。

26 塔瑪納哈著，陳虎、楊潔譯：《法律工具主義：對法治的危害》（北京：北京大學出版社，2016），頁 94。

27 懷特著，孟純才、陳琳譯：《奧利弗‧溫德爾‧霍姆斯》，頁 104。

28 不同的譯本譯名有所不同。「詹姆斯」有時被譯作「詹姆士」，而「皮爾士」被譯作「皮爾斯」。

29 波斯納著，蘇力譯：《法理學問題》，頁 529。

30 阿蒂亞、薩默斯著，金敏等譯：《英美法中的形式與實質 —— 法律推理、法律理論和法律制度的比較研究》（北京：中國政法大學出版社，2005），頁 208。

31 詹姆士著，李步樓譯：《實用主義 —— 某些舊思想方法的新名稱》（北京：商務印書館，2012），頁 28。

32 詹姆士著，李步樓譯：《實用主義》，頁 27–30。

33 詹姆士著，李步樓譯：《實用主義》，頁 42。

34 Oliver Wendell Holmes, Jr., M. Howe ed., *The Common Law* (Boston: Little Brown, 1963), p. 5.

35 Holmes, *The Common Law*, p. 32.

36 Holmes, *The Common Law*, p. 244.

37 霍姆斯：〈法律的道路〉，載伯頓主編，張芝梅、陳緒剛譯：《法律的道路及其影響》，頁 330。

38 霍姆斯：〈學識與科學〉，載霍姆斯著，劉思達譯：《霍姆斯讀本 —— 論文與公共演講選集》（上海：上海三聯書店，2009），頁 142。

39 霍姆斯：〈科學中的法律與法律中的科學〉，載霍姆斯著，劉思達譯：《霍姆斯讀本》，頁 159。

40 霍姆斯：〈法律的道路〉，頁 330。

41 奧斯汀著，劉星譯：《法理學的範圍》，頁 157。

42 霍姆斯：〈法律的道路〉，頁 325。

43 霍姆斯：〈法律的道路〉，頁 325。

44 波斯納著，蘇力譯：《超越法律》（北京：中國政法大學出版社，2001），頁 301。

45 盧班：〈壞人和好律師〉，載伯頓主編，張芝梅、陳緒剛譯：《法律的道路及其影響》，頁 45。

46 霍姆斯：〈法律的道路〉，頁 326。

47 詹姆士著，李步樓譯：《實用主義》，頁 40。

48 塔瑪納哈著，陳虎、楊潔譯：《法律工具主義》，頁69。

49 王婧：《龐德：通過法律的社會控制》（哈爾濱：黑龍江大學出版社，2010），頁76、172。

50 Lon Fuller, "American Legal Realism," *University of Pennsylvania Law Review* 82.2 (March 1934): 429.

51 高鴻鈞、程漢大主編：《英美法原論》（北京：北京大學出版社，2013），頁1273。

52 霍姆斯：〈法律的道路〉，頁324。

53 塔瑪納哈著，陳虎、楊潔譯：《法律工具主義》，頁99。

54 菲爾德曼著，李國慶譯：《從前現代主義到後現代主義的美國法律思想》，頁208。

55 J. B. Crozier, "Legal Realism and a Science of Law," *American Journal of Jurisprudence* 29.1 (January 1984): 164.

56 波斯納著，蘇力譯：《法理學問題》，頁57。

57 Thomas C. Grey, "Holmes and Legal Pragmatism," *Stanford Law Review* 41.2 (April 1989): 836.

58 霍姆斯著：〈約翰·馬歇爾〉，載霍姆斯著，劉思達譯：《霍姆斯讀本》，頁179。

59 波斯納著，蘇力譯：《法理學問題》，頁79–80。

60 塔瑪納哈著，陳虎、楊潔譯：《法律工具主義》，頁91。

61 懷特著，孟純才、陳琳譯：《奧利弗·溫德爾·霍姆斯：法律與本我》，頁178。

參考書目

Crozier, J. B. "Legal Realism and a Science of Law." *American Journal of Jurisprudence* 29.1 (January 1984): 151–167.

Fuller, Lon. "American Legal Realism." *University of Pennsylvania Law Review* 82.2 (March 1934): 429–462.

Grey, Thomas C. "Holmes and Legal Pragmatism." *Stanford Law Review* 41.4 (April 1989): 787–870.

Holmes, Oliver Wendell. *The Common Law*, edited by Mark D. Howe. Boston: Little Brown, 1963.

Posner, Richard A. "Foreword: Holmes." In "Symposium: *The Path of the Law* 100 Years Later: Holmes's Influence on Modern Jurisprudence." *Brooklyn Law Review* 63.1 (1997): 7–18.

王婧：《龐德：通過法律的社會控制》。哈爾濱：黑龍江大學出版社，2010。

阿蒂亞、薩默斯著，金敏等譯：《英美法中的形式與實質 —— 法律推理、法律理論和法律制度的比較研究》。北京：中國政法大學出版社，2005。

波斯納著，蘇力譯：《法理學問題》。北京：中國政法大學出版社，2002。

波斯納著，蘇力譯：《超越法律》。北京：中國政法大學出版社，2001。

威爾斯：〈小奧利弗‧溫德爾‧霍姆斯和威廉‧詹姆斯 ── 壞人和道德的生活〉，載伯頓主編，張芝梅、陳緒剛譯：《法律的道路及其影響 ── 小奧利弗‧溫德爾‧霍姆斯的遺產》。北京：北京大學出版社，2012。

高鴻鈞、程漢大主編：《英美法原論》。北京：北京大學出版社，2013。

菲爾德曼著，李國慶譯：《從前現代主義到後現代主義的美國法律思想》。北京：中國政法大學出版社，2005。

塔瑪納哈著，陳虎、楊潔譯：《法律工具主義：對法治的危害》。北京：北京大學出版社，2016。

詹姆士著，李步樓譯：《實用主義 ── 某些舊思想方法的新名稱》。北京：商務印書館，2012。

魯本著，蘇亦工譯：《法律現代主義》。北京：中國政法大學出版社，2004。

盧班：〈壞人和好律師〉，載伯頓主編，張芝梅、陳緒剛譯：《法律的道路及其影響 ── 小奧利弗‧溫德爾‧霍姆斯的遺產》。北京：北京大學出版社，2012。

霍姆斯：〈法律的道路〉，載伯頓主編，張芝梅、陳緒剛譯：《法律的道路及其影響 ── 小奧利弗‧溫德爾‧霍姆斯的遺產》。北京：北京大學出版社，2012。

霍姆斯著，劉思達譯：《霍姆斯讀本 ── 論文與公共演講選集》。上海：上海三聯書店，2009。

懷特著，孟純才、陳琳譯：《奧利弗‧溫德爾‧霍姆斯：法律與本我》。北京：法律出版社，2009。

第 9 章

霍姆斯與薩維尼佔有論的歷史意義[*]

唐曉晴、勾健穎

　　無論在英美法還是歐陸法，佔有的概念以及其制度素材甚至大量規則的表述均源於羅馬法。[1] 然而，羅馬法文獻卷帙繁浩，與佔有有關的文本分散於不同主題中，難以直觀把握。儘管大量具有理論化特徵的詞語早已誕生，[2] 而不同時期的體系化嘗試也確實將很多與佔有有關的規則聚攏在一起；[3] 可是對於佔有的概念範圍、發生機理、大量佔有規則相互之間的關係（包含、並列或排斥）、佔有規則與其他規則之間的關係等，在 19 世紀之前均未有足夠清晰的説明。

　　佔有理論的系統形成都發生在 19 世紀。在英美法系，這一改變的關鍵人物首先是霍姆斯；而在大陸法系，關鍵人物則是德國法學家薩維尼。正因如此，討論霍姆斯與薩維尼的佔有理論很大程度上就是討論英美法與大陸法現代佔有理論的發生史；不僅如此，從 19 世紀到 21 世紀的今天，霍姆斯與薩維尼的佔有理論依然不斷在各自法域的法學研究與法院裁判中被提起，可見其影響並未消退。在此要解釋的

[*] 本文由唐曉晴確定研究主題和文章框架。第一節、第三節由唐曉晴完成，第二節、第四節由勾健穎在唐曉晴的指導下完成，最終由二人一起梳理、完成總結部分。另外霍姆斯與薩維尼對佔有理論的具體觀點由孔潔瓊博士協助整理，在此表示感謝。

是，雖然霍姆斯對普通法中佔有理論的構建是在批駁以薩維尼為首的德國學者的過程中完成的，時間也遠晚於薩維尼，但霍姆斯被譽為「美國法律思想的偉大先賢」[4]，如果沒有霍姆斯通過《普通法》一書對薩維尼佔有論的深入介紹與批評，19世紀英美法學界對此的探究想必會難以展開。從理論貢獻來看，霍姆斯也確實在薩維尼的基礎上向前推進了一步。故本文題將後者置於前，意在突出霍姆斯在佔有理論的演化序列上所處的地位。

一、霍姆斯和薩維尼之前的佔有理論概況

圍繞著佔有的一系列討論早在羅馬時代就已經展開，比如，保羅（Julius Paulus Prudentissimus；英語學術文獻一般簡稱為 Paul；約公元2、3世紀在生）提到了佔有體素（*possessionem corpore*）與佔有心素（*possessionem animo*）；[5] 指出了不可能僅憑意思實現佔有，而自然佔有（*possession naturalis*）為其例外；[6] 又提出兩個人之間不可能存在同一佔有。[7] 又例如：烏爾比安（Gnaeus Domitius Ulpianus，約公元170–228）提到所有權與佔有之不同；[8] 可帕比尼安（Aemilius Papinianus，約公元140–212年）則認為佔有是一種權利（Ius）。[9] 然而，雖然羅馬帝國的法學家們從不吝於對佔有制度的討論，羅馬法的原始文獻卻並未有助於理解佔有，反而使佔有成為了民法中極富爭議的概念。

西方羅馬帝國滅亡以後，法學雖然借文藝復興的春風而到達新的高度，後又歷經人文主義法學、自然法運動而融入近現代思想革命的洪流，但具體到佔有理論，則一直處於比較混亂的狀態。在中世紀後期注釋學派諸人的作品中，普拉切提諾（Placentino）和阿佐（Azo）對佔有概念的界定以及心素功能的討論確實達到了奠基和聚焦的作用，影響了隨後的人文主義法學家如奧齊亞圖（Alciato）和杜雷諾（Duareno）等；然而，關於佔有的各種爭論，中世紀法學家遠遠未達到共識。例

如同屬注釋學派的巴西安諾(Bassiano)則認為普氏和阿氏的觀點不符合羅馬法,並認為市民法佔有指的是能產生所有佔有效果的佔有,如所有權人和時效取得之人的佔有;而自然佔有是指缺少了某些要素的佔有,如永佃權人、奴隸和強盜的佔有。而單純的持有(如承租人)則與前述兩者均有不同。巴氏的論述無疑對佔有心素以及佔有類型的區分指明了方向,並獲得注釋學派集大成者阿庫修(Accursio)的認同,但仍然只是局部地關注了佔有,而且一直與「普—阿」的佔有論處於角力之中。此外,注釋法學派「四博士」之一的瑪堤諾(Martino Gosia)則認為所有的法律佔有都是市民法佔有,法律佔有只與單純的持有相對立。此一觀點在後世獲得較多的支持(例如人文主義法學派的 Zasius、Corasius、習慣法學家 Charondas 乃至 19 世紀德國法學家 Thibaut)。稍後,評注學派的巴托魯斯(Bartolus)將強盜的佔有從自然佔有中獨立出來,認為強盜的佔有是市民法佔有和自然佔有之外的真正的(換言之,在巴氏的佔有理論中,佔有分為三類)。巴氏對強盜佔有的論斷顛覆了以往的佔有觀,引起了包括人文主義法學家庫雅修(Cujacio)等人的重視。對於佔有概念的界定和術語的運用,一直到人文主義法學的代表人物多諾(Donellus)那裡才較為協調,可是多諾也未能在這些概念基礎上構建一個完整的佔有理論體系。[10] 稍後的自然法學派代表人物格勞秀斯(Grotius)更關注的是先佔作為取得所有權方式的問題。[11]

至於對《法國民法典》產生重大影響的多瑪(Domat)與波蒂埃(Pothier)二人,前者對於佔有與取得時效乃至佔有與所有權的關係均未能作清晰的界定;[12] 後者關於佔有的論述雖然在其死後(即 1772 年後)陸續出版,[13] 而且在其《所有權論》一書中也在返還所有物的標題下談到佔有(主要包括善意佔有與惡意佔有的孳息歸屬問題、被拋棄之物的佔有問題等),[14] 也算是系統地論述了佔有制度,但是由於其對於佔有與所有權的關係以及佔有保護的理由等問題上並無超越前人的見解,所以後世對這些作品的評價遠遠沒有其《債法總論》高。甚至即使在法國民法典制定以後，該國關於佔有理論的研究依然未見有大的進展（這一點從著名法學家 Aubry 和 Rau 在其著作的不同版本中關於佔有論述的差異可見）。[15]

佔有理論缺乏融貫體系的情況一直持續到 19 世紀都還未發生顯著的變化；不僅僅是在大陸法系如此，在英美法系也不見有更具說服力的表達。[16] 據梅特蘭（Frederick William Maitland）考證，英美佔有制度與古代法蘭克人的 Seizin 有關，[17] 然而英國古代法律文件僅僅保留了 Seizin 這個詞，而其具體規則早已失傳。[18] 早期英國並沒有專門保護動產佔有的訴訟，後來 Seizin 也被驅逐之訴（ejectment）代替。17 世紀開始，英國法官在驅逐之訴中要求原告證明佔有的持續以推斷其產權（title），從而獲得保護。[19] 也有現代英美法學者認為，英國佔有制度立足於所謂「相對產權理論」（doctrine of relative title）[20]，而該理論乃形成於英國古代判例。無論哪一種觀點，佔有都不是單獨存在的，英美法中幾乎所有關於佔有保護的內容都散落於不動產的驅逐之訴和動產的侵害之訴（trespass）等針對不法行為的訴訟之中。英國法中的佔有，更多地作為訴訟救濟的構成要件存在。[21] 至於其中是否暗含著統一的佔有原理，則直至霍姆斯前，都未曾有過系統論述。在大部分英國學者看來，「佔有只是一種所有權」，很少有人試圖進行更進一步的分析，即使有，也只是從羅馬法出發以探討佔有與所有權的關係，[22] 而不是直接以普通法作為解釋對象。

二、霍姆斯與薩維尼的佔有理論

(一) 概述

霍姆斯對佔有的論述始於其 1877 年發表的一篇論文，該文系統地討論了普通法佔有的起源、佔有是事實還是權利、佔有的取得、佔

有的存續、所謂的佔有權,以及保護佔有的理由。[23] 然後,到1881
年,他又重新整理了原來的文稿,使之變成了著名的《普通法》一書中
的一章。《普通法》的第六章以「佔有和所有」為標題,就為什麼要保
護佔有、佔有是事實還是權利、普通法上佔有的構成、佔有的持續、
對權利的佔有和佔有的後果等問題展開討論。另外,在第五章「普通
法的受寄人」中,霍姆斯還論證了普通法傳統對受寄人之佔有的承
認。在這兩個章節中,霍姆斯通過詮釋判例的方式形成了普通法的佔
有理論體系。而其研究素材除普通法歷史外,最重要的部分就是以薩
維尼為代表的德國學者的既存理論。

1802年,年僅23歲的薩維尼完成了《論佔有》一書,通過對羅馬
法原始文獻的梳理,將討論了千百年卻一直未受重視且混沌不清的
「佔有」議題搬到台前。該書總共分為六卷:第一卷「佔有的概念」;第
二卷「佔有的取得與取得方式」;第三卷「佔有的喪失」;第四卷「佔有
的保護/佔有令狀」;第五卷「準佔有」;而第六卷則以「羅馬法的變遷」
為標題。1803年,《論佔有》一經出版便使得薩維尼聲名大噪,19世
紀的德國民法學者前赴後繼地對佔有相關的問題投入精力,卻愈加發
現其面貌的千變萬化。即使《德國民法典》一錘定音地在實證法上構
建起了佔有保護制度,理論上的爭議仍遠遠沒有停歇。

(二) 薩維尼的佔有理論

在《論佔有》的開篇,薩維尼就通過探討持有 (detention) 解答佔有
的實質,即佔有是權利還是事實的問題。「持有」是構成「佔有」法律概
念的事實條件。羅馬法中的佔有不僅是權利的結果,還是權利的基
礎。因此,在佔有理論中,必須要考慮的僅僅是佔有權利 (*Rechten des
Bestizes*, right of possession),而不是能夠佔有的權利 (*Recht zu besetzen*,
right to possess),後者屬於所有權理論組成部分。[24] 薩維尼認為,佔有
既是一項權利又是一種事實,也就是說根據其本質是事實,就其產生

的後果而言則等同於一項權利。這種雙重關係（*zweisache verhaltniss,* double relation）對於所有細微部分而言都是非常重要的。[25] 在此基礎上，薩維尼指出佔有的實質構成要素包括體素（corpus）和心素（animus），一個人要取得佔有，必須存在「取得佔有的物理行為」和「伴隨物理行為的意圖」。取得佔有的物理行為就是體控（apprehension）。薩維尼認為，對於體控而言，直接接觸並非必須，必須的是直接作用於物的能力[26]：對於不動產而言，體控即為在土地上的親身現實在場（*körperliche Gegenwart,* bodily presence）；[27] 對於動產而言，則是物的現實在場。[28] 佔有心素在於行使所有權的意圖，而且是行使自己的所有權，如此才有 *animus domini*（支配意圖）或者 *animus sibi habendi*（據為己有）的意圖。但只有支配意圖（*animus domini*）屬於佔有的概念，而成為所有權人的確信則不屬於。[29] 相應地，傳來佔有的心素不是支配意圖，只是享有之前屬於他人的佔有權利的這種意圖。[30] 在準佔有（*quasipossessio*）中，支配意圖被認為將用益權歸屬於自己的而加以行使，並且不承認其他人對於此用益權有更優的資格。[31]

為認定佔有的取得和喪失，薩維尼將佔有實質概念表述為「所有對物的佔有都取決於不受限制的物理支配意識」。所謂「物理支配的意識」指，如果一個人試圖取得佔有，他就必須將能夠按自己的意志作用於物的這種能力想像為一種直接的、現實在場的能力。為了產生這種意識，就必須存在將物據為己有的意圖（心素）；同時還必須存在能夠產生出這種意識能力的物理條件（體素）。[32] 薩維尼指出，佔有的存續必須心素與體素並存，任何一者的喪失都會導致佔有的喪失。而為了維持佔有，必須始終存在一個與最初取得佔有時完全一樣的意圖（animus），及能夠隨時對佔有物件產生最初那種物理關係持續不斷的權力。[33] 不過，與被佔有物的物理聯繫只要對物的直接支配關係能夠根據意思（Willführ）而不斷再現（*reproducirt,* reproduced）就足夠了。[34] 佔有的終止是佔有持續的反面，佔有通過雙重行為（物理行為和精神行為）取得，所以也只能通過相反的同樣方式的行為而喪失。

最後，至於為什麼要保護佔有，多數學者認為薩維尼明顯受到了康德的人格與自由觀念的影響。[35] 薩維尼認為，根據佔有人本身的不可侵犯性，侵擾佔有同時影響到個人，必須絕對保護佔有人以對抗暴力 (*Gewalt*, violence)；暴力一旦發生，即是非法。[36]

(三) 霍姆斯對薩維尼的挑戰

彼時美國的法律學術研究起步不久，在佔有問題上，英美的學者全盤接受德國理論，但普通法中的佔有卻仍是蠻荒之地。面對這一情況，霍姆斯通過《普通法》的兩個章節，對薩維尼這一「權威」提出挑戰。霍姆斯首先從受寄人 (bailee) 入手，因為對受寄人的處理模式標誌著法律體系中主流的佔有理論。[37] 通過對受寄人相關案例的總結，霍姆斯認為，比起羅馬法，英國法更接近早期日爾曼法：受寄人享有佔有並且有權提起侵害之訴，然而所有權人是否有此權利並無定論。霍姆斯對受寄人在佔有理論中的關鍵地位的判斷是準確的，薩維尼對支配意圖的要求 (據為己有) 從根本上排除了對受寄人佔有的保護。由此展開了霍姆斯而對佔有意圖時與薩維尼的不同觀點。

雖然霍姆斯與薩維尼都要求佔有需要特定的意圖 (intent)，但前者認為後者對作為所有者佔有的意圖要求，是在保護意志 (will) 的哲學觀念影響下產生的，而這一羅馬法標準應予拋棄。[38] 普通法保護受寄人對抗第三人，但不保護他對抗所有者；因而，排除的意圖也不需要像「據為己有的意向」所隱含的那樣廣泛。只要受寄人欲排除第三人妨礙他的權力，對於一項佔有就已足夠。[39] 霍姆斯將德國式的佔有意圖稱為「絕對的」，即排除其他的所有的一切人，而普通法中要求的排除他人意圖只是「相對的」，即不要求支配意圖，只要求排他意圖即可。

至於佔有的維持與喪失，霍姆斯認為，雖然必須有一定的事實同時發生才能創立佔有性權利，但不能由此就得出結論説，這些事實

（包括薩維尼所主張的與最初取得佔有時完全一樣的意圖）都必須繼續存在才能保持這些權利。一定的事實一旦表現出來而導致某權利產生，就不存在什麼一般性理性，使法院主張終結該權利，除非一些事實的表現與其持續不相符合。[40] 所以，一旦取得佔有，就獲得那些權利，他們可以一直對抗除一個人之外的整個世界，直到發生了某些足以剝奪所有權的事情為止。[41] 可以看出，薩維尼強調維持佔有需要持續的體素和心素，而霍姆斯認為普通法只關注佔有的取得，取得後的持續是自然而然發生的，並不再要求其他。

不過論及佔有的實質，很大程度上，薩維尼和霍姆斯的觀點是相同的：佔有既是事實又是權利。只不過二人對於「事實」和「權利」的理解並不相同：霍姆斯採取一種實用主義立場，因此他認為，對於這個問題的討論並沒有什麼實際價值——只要佔有權得到保護，它就是一種與尋求相同保護的所有權同等程度的法律權利淵源；「佔有」與「合同」、「財產權」的唯一區別是，「佔有」指示著事實而隱含著後果，而「財產權」、「合同」指示著後果而隱含著事實。[42] 但薩維尼則是基於一種體系的方法以及對於體系價值的確信，在確定了權利的概念後，必然要討論佔有的性質。[43]

霍姆斯相信，法律義務在邏輯上先於法律權利。[44] 法律與道德權利的關係是留給哲學家解決的，他們從外部研究法律。而法學家的任務是讓人們知道法律的內容；也就是說，從內部處理它，或曰邏輯地，按照順序，從最高種（*summum genus*）到最低種（*infima species*），對法律作出有序的安排和分配，使其盡可能地可被實際應用。因此法律義務出現於法律權利之前。這也是他對自己的佔有意圖理論和為什麼要保護佔有給出的理由。這些在德國爭執不休的理論問題，在霍姆斯實用主義導向下，仿佛解釋得輕而易舉。不過，用簡短的語言來解釋一些複雜的現象，很可能導致誤讀以至於被抓住邏輯漏洞。

三、薩維尼論佔有的歷史意義

(一) 薩維尼為佔有理論做了甚麼

在現代佔有制度的形成過程中，最重要的大事乃所有權制度與佔有制度的分離，或者說，佔有制度脫離作為所有權的附屬品而找到獨立的存在意義；而薩維尼 (在《論佔有》中) 乃第一個明確地傳遞這一訊息的人。[45]實際上，羅馬法並沒有清楚地將佔有從所有權中獨立出來，對羅馬人來說，佔有所代表的就是所有權的形象及其全部內容。[46]而日爾曼的佔有與本權從來就是混而為一的結合體。但是薩維尼則發現了佔有的獨立價值，並為佔有的制度構建定下了理論的框架。

1814年薩維尼發表《論立法與法學的當代使命》(*Vom Beruf unsrer Zeit für Gesetzgebung und Rechtswissenschaf*) 一書，通常被認為是歷史法學誕生的標誌。然而，顯而易見，在處女作《論佔有》之中，薩維尼就已經開始使用歷史研究的方法，此書六章中的五個章節都是對羅馬法中佔有的梳理，在最後一章闡述了羅馬法與現代法的關係。羅馬法原始文獻數量龐大，通過精心整理，薩維尼為後來者對佔有理論的探討奠定了穩固的基礎。以至普赫塔 (Puchta) 在探討佔有的性質時曾直言不諱地說，沒有薩維尼在《論佔有》中的論證，他的研究將根本無從展開。[47]

除羅馬法原始篇章外，薩維尼還詳細討論並高度概括了從中世紀到19世紀幾乎所有重要法學者的意見。自然佔有和市民法佔有的區分，是羅馬法學家和後來討論的爭論重點。薩維尼對包括普拉岑提諾阿佐、奧齊雅圖、包杜斯、巴斯安諾、阿庫修、巴托魯斯等在內的法學家們就這一問題的重要觀點作出了整理、陳述。在對羅馬法和學者觀點進行整理的過程中，薩維尼展現了過人的對論題綜合的能力。他在雜亂的羅馬法文獻及已有評註、學說之上建立起了一套嚴謹而完整的理論體系，從何謂佔有出發，論述佔有的取得、喪失、保護，使佔有法之素材成為一個整體。

在佔有相關的論題中，為何佔有人非所有權人卻仍值得保護，可以說是法學家們在研究佔有時投入過最多精力的問題。在以人的意志與自由為核心的康德哲學的影響下，薩維尼為佔有保護提供了被稱為「人格保護理論」的解讀框架。事實上，針對這一問題，薩維尼在《論佔有》的第六版增補中對普赫塔的回應中才明確拿起了人格的武器：「普赫塔認為 …… 對佔有的保護實際上是對於人格 (*Persönlichkeit*) 的保護，…… 我看不出這種對於佔有保護的解釋與我的解釋在本質上有何不同。」[48] 不過，即使在此前的版本中，康德哲學的影響也滲透在《論佔有》的方方面面，比如對羅馬法佔有的心素的解讀。

18 至 19 世紀，法學研究的新方法被重新討論，在康德學說的影響下，「創立有方法意識的、體系性的法學」[49] 的構想得以實現。作為這一目標的踐行者，從《論佔有》至《今日羅馬法體系》，薩維尼將自己對羅馬法的研習方針貫徹一生。尤其是對佔有的研究，在六個版本的修訂改進中，薩維尼按他自己的方法論話語總結，既歷史又哲學地展示了一套完整的法律理論。

(二) 薩維尼之後的佔有理論

毫無誇張地說，19 世紀開始，基本上沒有哪部論述佔有的著作是沒有提到薩維尼的《論佔有》的。針對薩維尼提出的問題，其中為何要保護佔有及佔有的法律性質、佔有的概念等問題是學者們討論的重點，各種學說層出不窮，雖然如今已難以再提出新說，學界對既有學說也遠未達成共識。

在薩維尼後，德國佔有理論最具影響者當屬耶林 (Ihering)。耶林在教學研究的過程中，對佔有理論的多個問題曾表達了與薩維尼不同的意見，最終通過幾部著作完成了其體系龐大的佔有理論。耶林在

《關於保護佔有的理由》(*Über den Grund des Besitzesschutzes*) 一書中把不同時期論述保護佔有理由的各種理論劃分為相對說和絕對說兩種，並分別提出批評。[50] 耶林認為，保護佔有是為了保護所有權，而為此保護了不具有所有權但具備佔有外觀之人是法律為保護所有權所付出的代價。[51] 20 年後在《佔有意思》(*Besitzwille*) 一書中，耶林把薩維尼按意思區分佔有與持有的理論成為「主觀說」，而他自己認為，「只要佔有所要求的兩個要件，即體素及心素同時出現，便必然會產生佔有，除非法律例外地將之規定為持有。」他將自己的這一主張稱為「客觀說」。主觀說與客觀說的區別在於對佔有意思的證明，客觀說只需證明佔有的外在表現 (即 corpus)，實際管領已經暗含了心素。[52] 此外，耶林認權利是受到法律保護的利益，[53] 據此，「佔有無可爭議地是權利」。[54]

　　薩維尼與耶林對佔有的爭論直接影響了 19 世紀末期《德國民法典》立法。不過，理論爭議最為激烈的佔有保護緣由問題卻被第一委員會置之不理，因為爭論只有學術意義，即使是參與爭論的學者也無人主張廢除對佔有的保護。[55]《德國民法典第一草案》的編纂者深受薩維尼學說的影響，傾向於保留流傳下來的佔有法，然而遭受了大量針對其過於教義的質疑。在批判者的影響下，第二委員會從實踐出發，放棄了大量羅馬法術語。[56] 最終，《德國民法典》實際近乎顛覆了薩維尼的理論：比如放棄佔有與持有的區分，沒有對佔有概念進行明確的界定；又如並未明確要求佔有心素，無行為能力人也可以取得佔有等，如此一來幾乎從理論根基上拋棄了薩維尼的學說。

　　薩維尼的很多觀點被《德國民法典》放棄，但這並不代表薩維尼的失敗。在立法過程中，尤其是第一草案出台後，日爾曼派法學者強烈要求法典佔有部分更多注入日爾曼法佔有 (即 *Gewere*) 的思想。[57] 面對《德國民法典》，德國的日爾曼學派亦堅持認為 *Gewere* 對佔有建制起到了關鍵作用。比如許布 (Huebner) 曾論述，羅馬法不承認受寄人、用益人、承租人等的佔有，而現代法律參考 *Gewere*，將心素範圍擴大以對上述對象佔有進行保護；又如羅馬法的物權規則基本不區分不動產與動產，但是德國法卻以土地登記制度使兩者存在巨大的差別。[58]
可是儘管 *Gewere* 經由阿爾布萊系特、胡貝爾、基爾克等人闡述，被認
為是日爾曼法特有的規則；但經近年的研究發現，通俗羅馬法的佔有
制度 (*possessio*) 與日爾曼法中的 *Gewere* 十分相似，難以證明 *Gewere* 沒有
繼受通俗法。[59] 如此一來，很難否認《德國民法典》中所謂的日爾曼元
素歸根結底就是脫胎於羅馬法，更何況這些元素本就比重頗低，立法
者有意識地淡化了 *Gewere* 對佔有制度的影響力。[60] 可以說在《德國民
法典》立法中，日爾曼派和羅馬法派在佔有問題上的角力，最終羅馬
法派以絕對優勢獲勝。而塑造佔有的羅馬法體系，正是薩維尼的佔有
成果之一。此外，薩維尼設想的具體規則雖然被德國立法放棄，但在
德國以外拉丁國家 (尤其是葡萄牙及深受其影響的葡語國家和地區) 民
法典中，薩維尼的理論被更多地接納。比如《澳門民法典》規定「佔有
係指一人以相當於行使所有權或其他物權之方式行事時所表現之管領
力」，體現了薩維尼主張的佔有與持有的區分；也正是因此，有少數
學者認為《葡萄牙民法典》與《澳門民法典》是以持有為基礎，持有加
上心素成為佔有，所以這兩部民法典採取的是薩維尼的主觀說而非耶
林的客觀說。[61]

(三) 薩維尼沒有為佔有理論做甚麼

雖然薩維尼展現了驚人的歸納能力，將凌亂的既存資料整理為較
有邏輯、內容詳實的著作，但不可否認的是，《論佔有》中絕大部份概
念與規則都是羅馬法中既存。薩維尼認為優士丁尼時期的法律原則在
19世紀仍然具有生命力，只要發現羅馬法中的原則，即可指導彼時的
德國法律。歷史法學輝煌於19世紀，1815年薩維尼與艾希霍恩 (Karl
Friedrich Eichhorn) 等人一起創辦的《歷史法學雜誌》推動了歷史法學的
發展。1816年，德國考古歷史學家尼布爾 (Niebuhr) 在意大利發現了
蓋尤斯《法學階梯》的手稿，並在薩維尼的幫助下進行整理，這一事件

引發了歐洲民法學界對羅馬法的熱烈關注。無論在德國、法國還是英美，都有大批歷史法學家對羅馬法、日爾曼法進行解讀。可是及至20世紀，歷史法學派的光芒逐漸消退。薩維尼對佔有理論的研究，專注於追本溯源，卻沒能更多地或直接地審視現實。所以，在《德國民法典》的立法過程中，忠於薩維尼的第一草案才會因缺乏可操作性而被猛烈批判：教義的歷史還原無法指導千百年後的實踐。

此外，佔有理論體系化過程中的哲學工具亦源自觀念論哲學，而不是薩維尼創造的。所以，比起「發明者」、「創造者」，薩維尼在佔有理論的發展道路上承擔的更多的是「發現者」、「整理者」的角色。當然，這不是說發現與整理不重要，面對羅馬法學者語焉不詳的佔有問題和其在幾百年來的學者間所造成的混亂，在浩如煙海的原始文獻和資料中歸納出體系與原則，就足以證明薩維尼的傑出天賦。「藉由歷史法學，流傳下來的法素材得以有方法意識地被組成自主的、有批判性的法學。」[62]

四、霍姆斯論佔有的歷史意義

(一) 霍姆斯論佔有的時代背景

羅馬法對英國法律的作用，雖然有爭議，但可以肯定的是遠不如羅馬法對德國法的影響深刻。無論是在盎格魯─撒克遜法律之中還是諾曼征服後的英國法律中，都只是有限度地展示了一些羅馬法元素。[63] 在英國學術界，羅馬法的影響是忽強忽弱的，如布萊克頓 (Bracton) 在著作中將中世紀羅馬法的發展納入了英國法，[64] 幾百年來英國本土也一直不乏羅馬法學者和教會法學者。[65] 但這並非是羅馬法影響普通法的證據，法律本身並沒有因某些學者的喜好而改變，英國法律大體上是於羅馬法之外獨立發展成獨特法律體系的。

在霍姆斯的時代，美國雖然已經獨立，普通法卻只能亦步亦趨地追隨英國並且落後於英國。18世紀末至19世紀末，英國法學家布萊克斯通（Blackstone）所著《英國法釋義》是美國法院裁判的主要依據。[66] 然而布萊克斯通的許多觀點卻在英國被邊沁、奧斯汀等人否定。《普通法》之前的美國法律，面臨著脫離「母國」的強烈需求。

另外，羅馬法在佔有理論中的影響也有極可能延續至了美國的法律思想，[67] 不過美國的法律人更願意選擇對此視而不見。甚至霍姆斯認為羅馬法對英美法律的影響甚微，以至於研究羅馬法幾乎無助於研究普通法。[68] 霍姆斯在《普通法》中對薩維尼佔有論的全方位批判就是在這樣的背景下進行的。

大陸法系與普通法系的財產制度中最為基礎的區別之一在於對「所有權」或稱「完全所有權」的不同態度。羅馬法中的物權，以所有權最為典型，代表著「一個人對物可以享有的最為全面的私權」，[69] 除此外的任何一種物權都只具有所有權的部分權能，都要弱於所有權。在薩維尼把佔有的地位獨立於所有權之後，德國學者們自然被為何要保護佔有的問題深深困擾。但對於當代英美法論者而言，英國法中的「所有權」（ownership）似乎是一個無法被定義，只能被描述的概念：「永遠不要在所有權觀念上浪費時間」、「永遠不要在土地上適用所有權概念」、「永遠不要試圖讓所有權的概念與佔有脫鉤」。[70] 英美法系對待所有權、用益物權、擔保物權等任意一種財產法中的概念，都只一視同仁地稱作「產權」（title），[71] 佔有也並不例外。至於是否保護佔有，只需在具體案件中考慮產權是否相對更優（better）。這種基礎性的觀念差異，使得長期困擾大陸法系的佔有保護問題在英美法系學者看來，甚至是「作繭自縛」。[72]

（二）霍姆斯為英美法系佔有理論所作的貢獻

　　19世紀的西方法律思想史，是歷史法學的思想史，無論是德國的薩維尼還是英國的梅因，都是歷史法學的踐行者。霍姆斯深受二人（至少受梅因）影響，曾說：「理性的法律研究很大程度上是歷史的研究。」[73] 然而，霍姆斯在面對德國學者的研究時也尖銳地指出他們「只知道羅馬體系」。[74] 在歷史面前，霍姆斯選擇了與薩維尼相似卻又不同的研究方法：也是從對過去的研究中挖掘和發現基本原則，不過更關注這些原則的動態變化。霍姆斯關注的是「普通法的成長方式」，[75] 採取的是進化論的理念，完全復原古代法並不是目的，研究歷史對現代的影響、研究法律的發展脈絡才是霍姆斯的興趣所在。這種差異也與德國和英美法系的法律淵源相關。在德國歷史法學家看來，羅馬法對德意志而言正是本土法律，[76] 原原本本地研究千百年前的羅馬法恰恰與薩維尼弘揚的民族精神理念相一致。普通法傳統對霍姆斯而言，相當於薩維尼手中的羅馬法，但法官法的發展變化是在判例中完成的，通過對歷史的解讀探究法律的進化，對英美法而言確實是更為合理的研究方法。

　　與依靠康德和黑格爾哲學手段的薩維尼不同，霍姆斯從《普通法》出版起（甚至更早），就已經開始表達自己一以貫之的哲學思想。在《普通法》的開篇霍姆斯即強調：「法律的生命不是邏輯，而是經驗。」實用主義法哲學的思想滲透於整部《普通法》，包括對佔有部分的論述，比如霍姆斯認為保護佔有的理由在於：人與家犬相同的本能，不會任由自己持有的東西被人用暴力或欺詐奪走；而這對法律而言已經足夠。[77] 霍姆斯思想遺產在20世紀為盧埃林和龐德繼承，從而在一定意義上影響了當代社科法學。[78] 相應地，霍姆斯認為德國法學是「巧妙地調整」（cunningly adjusted）了康德哲學原理，用來解釋羅馬法。霍姆斯希望通過詮釋普通法，找到一套比羅馬法更為發達、更加理性的法律體系。

霍姆斯發展出了一套「佔有意思」(possessory intent)理論,調整了英美法當中原有的佔有理論。在英國土地法中,土地所有權或土地上的權能(title)是基於佔有的事實或佔有的正當權源(the best right to possession)。土地上的所有權是相對的,佔有土地的人具有對抗其他人的權能,除非此人有着更優越的權利(better right)。此處「更優越的權利」指的是基於更早的佔有而享有的權利。這一教義產生於古代英國,而且是法官造法的結果。面對這一情況,霍姆斯以實用主義的方法,不借助相對產權理論即達到了對佔有保護的目的,並且對佔有和所有權進行了界定:所有權可排除一切人,佔有人則有權排除所有權人以外的一切人。[79]

薩維尼《論佔有》的中譯者之一朱虎認為霍姆斯並沒有完全駁倒薩維尼,但他的失敗正是他批判意義的實現方式。[80] 霍姆斯對薩維尼佔有理論的解讀,固然存在不足之處 —— 比如針對薩維尼所說的一切暴力行為均不合法(unlawful),霍姆斯認為無法解釋為何佔有也不受欺詐的侵擾,[81] 這顯然是對薩維尼觀點的誤解。然而,比起駁斥薩維尼,霍姆斯對佔有的論述更重要的意義在於立足普通法傳統,對羅馬法影響下的德國佔有理論的「普世權威」提出挑戰,並建立專屬於普通法的佔有理論。

在《普通法》之後,霍姆斯的好友波洛克(Frederick Pollock)在1888年發表了《普通法上的佔有》(An Essay on Possession in Common Law)一書,[82] 雖然體量遠小於薩維尼的《論佔有》,仍可達成在英美法自身中探求佔有一般原理的目標。波洛克認為,「事實上佔有」等同於對財產的支配,而「法律上的佔有」則是「支配的事實加上法律上對權利的主張,以及以自己的名義使用財產並對抗所有人的權利」。因此,在波洛克看來,佔有是一種相對的所有權(relative ownership),它可以對抗除真正的所有權人以外的所有人。這一對佔有性質的基本觀點與霍姆斯一致。但比起霍姆斯,波洛克更認同羅馬法對普通法佔有理論的影響。

佔有的獨立,是依靠薩維尼對羅馬法的研究實現的。在霍姆斯的努力下,由羅馬法而生的佔有理論得以脫胎換骨,適應普通法的身軀。在普通法歷史的基礎上將佔有獨立於英美財產法中最重要的產權理論進行探討，不止發展了佔有制度，更挑戰了傳統教義中本就模糊的佔有與權利的區分，為日後霍菲爾德以分析的方法澄清權利概念提供了靈感以及指明了方向。[83]

五、總結

如果將佔有理論的發展過程劃分為不同階段，選擇以薩維尼和霍姆斯分別作為各自階段的起點似乎最為合適的。薩維尼無疑是19世紀西方法學世界最具影響力的思想家之一，然而20世紀末的美國，卻逐漸無人關注他的法律思想。[84] 隱藏在霍姆斯與薩維尼衝突背後的，或許正是薩維尼所相信的「民族精神」——即便是羅馬法原則，也不可能放之四海而皆準。英美法自有其發展脈絡，但19世紀德國對西方法學界的統治力使美國的法律人普遍追隨薩維尼等人的「科學化」的法律方法。霍姆斯不只是美國最高法院的反對派，更在法律思想上對這些不適宜本民族的內容作出反抗。作為「美國最好的法律書」，[85]《普通法》不僅佔有部分，整本書實際上都體現著霍姆斯與薩維尼的法律研究方法與法律觀念的分歧。法學理論需要著眼的是當時所處的年代和地域，霍姆斯與薩維尼均對自己所處法域的歷史進行了透徹的研究，以歷史遺留下的制度作為遺產，站在歷史的肩膀上出發。薩維尼以《論佔有》提供了清晰的佔有概念和統一的理論體系，這正是經歷分裂的德國的「現實需求」。而霍姆斯乘著時代的東風，在80年後，用批判的眼光對待德國理論，從全新的普通法角度為佔有理論注入了新的生機，也順應了美國的社會需要。無論是薩維尼對羅馬法中佔有的抽象，還是霍姆斯通過普通法對佔有的發展，最為深刻的意義都在於深化了各自法系不同法概念之間的邏輯關聯，促進了實證法體系的構建。

注 釋

1 關於羅馬法佔有對英美法的作用，參看 Oliver Wendell Holmes, Jr., "Possession," *American Law Review* 12.4 (July 1878): 688–720. 關於羅馬法佔有對大陸法系的作用，參看唐曉晴：〈現代佔有制度賴以構建的原始要素〉，載唐曉晴：《民法基礎理論與澳門民法的研究》（廣州：中山大學出版社，2008），頁83–90。

2 例如持有（*detinere*）、自然佔有（*possessio naturalis*）、實際佔有（*possessio corporalis*）、心素（*animus possidendi*）等等；參看賈婉婷：《羅馬物權法 —— 所有權與佔有》（北京：中國法制出版社，2019），頁186–187。

3 蓋尤斯著，黃風譯：《蓋尤斯法學階梯》（北京：中國政法大學出版社，2008），頁259–261。另參看優斯丁尼著，徐國棟譯：《優斯丁尼法學階梯》（北京：中國政法大學出版社，2005），頁517–521的佔有令狀。

4 托馬斯・格雷：〈霍姆斯與法律實用主義〉，載黃宗智、田雷選編：《美國法的形式主義與實用主義》（北京：法律出版社，2014），頁89。

5 D. 41, 2, 3, 1: "Et apiscimur possessionem corpore et animo, neque per se animo aut per se corpore. quad autem diximus et corpore et animo adquirere nos debere possessionem, non utique ita accipiendum est, ut qui fundum possidere velit, omnes glebas circumambulet: sed sufficit quamlibet partem eius fundi introire, dum mente et cogitatione hac sit, uti totum fundum usque ad terminum velit possidere." 中文譯文參見桑德羅・斯奇巴尼選編，范懷俊、費安玲譯：《物與物權》（北京：中國政法大學出版社，1999），頁357；譯文經作者調整，本文將「corpore」譯為「體素」，「animo」譯為「心素」。

6 D. 41, 2, 3, 3: "Neratius et Proculus et solo animo non posse nos adquirere possessionem, si non antecedat naturalis possessio. ideoque si thensaurum in fundo meo positum sciam, continuo me possidere, simul atque possidendi affectum habuero, quia quod desit naturali possessioni, id animus implet. ceterum quod Brutus Manilius putant eum, qui fundum longa possessione cepit, etiam thensaurum cepisse, quamvis nesciat in fundo esse, non est verum: is enim qui nescit non possidet thensaurum, quamvis fundum possideat. sed et si sciat, non capiet longa possessione, quia scit alienum esse. quidam putant Sabini sententiam veriorem esse nec alias eum qui scit possidere, nisi si loco motus sit, quia non sit sub custodia nostra: quibus consentio." 中文譯文參見桑德羅・斯奇巴尼選編，范懷俊、費安玲譯：《物與物權》，頁357。

7 D. 41, 2, 3, 5: "Ex contrario plures eandem rem in solidum possidere non possunt: contra naturam quippe est, ut, cum ego aliquid teneam, tu quoque id tenere videaris. Sabinus tamen scribit eum qui precario dederit et ipsum possidere et eum qui precario acceperit. idem Trebatius probabat existimans posse alium iuste, alium iniuste possidere, duos iniuste vel duos iuste non posse. quem Labeo reprehendit, quoniam in summa possessionis non

multum interest, iuste quis an iniuste possideat: quod est verius. non magis enim eadem possessio apud duos esse potest, quam ut tu stare videaris in eo loco, in quo ego sto, vel in quo ego sedeo, tu sedere videaris." 中文譯文參見桑德羅‧斯奇巴尼選編，范懷俊、費安玲譯：《物與物權》，頁 349。另可參見賈婉婷：《羅馬物權法》，頁 205。

8 D. 41, 2, 12, 1: "Nihil commune habet proprietas cum possessione: et ideo non denegatur ei interdictum uti possidetis, qui coepit rem vindicare: non enim videtur possessioni renuntiasse, qui rem vindicavit." 中文譯文參見桑德羅‧斯奇巴尼選編，范懷俊、費安玲譯：《物與物權》，頁 369。另可參見賈婉婷：《羅馬物權法》，頁 207。

9 D. 41, 2, 49, 1: "Qui in aliena potestate sunt, rem peculiarem tenere possunt, habere possidere non possunt, quia possessio non tantum corporis, sed et iuris est." 中文譯文參見桑德羅‧斯奇巴尼選編，范懷俊、費安玲譯：《物與物權》，頁 355。

10 弗里德里希‧卡爾‧馮‧薩維尼著，朱虎、劉智慧譯：《論佔有》(北京：法律出版社，2007)，頁 102–118。

11 格勞秀斯著，何勤華等譯：《戰爭與和平法》(上海：上海人民出版社，2005)，頁 151–172；另見唐曉晴：〈拓荒與萬惡之源：財產權正當性論題的反思〉，《浙江社會科學》，第 6 期 (2020)，頁 21–29。

12 他一開始就指：「佔有是原因，取得時效是效果，兩者均為取得所有權的途徑。」然後，又在佔有之性質的標題下說道：「佔有是自然地與所有權連結在一起的，而且不應與所有權分開。」Jean Domat, *Civil Law—In Its Natural Order*, trans. William Strahan (Littleton, CO: Fred B. Rothman, 1981), p. 840.

13 包括《佔有論》(*Traité de la Possession*) 以及《論佔有所產生的時效》(*Traité de la Prescription Qui Résulte de la Possession*) 兩部專著。

14 Robert Jose Pothier, *Tratado del Derecho de Dominio de la Propiedad*, traducido por D. Manuel Deó (Barcelona: Librería de V. Suárez, 1882), pp. 242–272.

15 魯道夫‧薩科、拉法埃萊‧卡泰麗娜著，賈婉婷譯：《佔有論》(北京：中國政法大學出版社，2014)，頁 34。

16 James Gordley and Ugo Mattei, "Protecting Possession," *The American Journal of Comparative Law* 44.2 (Spring 1996): 304.

17 Frederic William Maitland, "The Mystery of Seisin," *Select Essay in the Anglo-American Legal History* (New York: Little, Brown, and Company, 1909), Vol. 3, pp. 591–610.

18 According to Lord Mansfield, the various alterations which have been made in the law for the last three centuries, "have left us but the name of feoffment, seisin, tenure, and, freeholder, without any precise knowledge of the thing originally signified by these sounds." *Bouvier's Law Dictionary* (Philadelphia: Childs & Peterson, 6th ed., 1856), S entry.

19 Gordley and Mattei, "Protecting Possession," pp. 323–326.

20 Geoffrey Cheshire and Edward Hector Burn, *Modern Law of Real Property* (London: Lexis Law Publishing, 14th ed., 1988), p. 25.

21 弗雷德里克‧波洛克著，于子亮譯：《普通法上的佔有》（北京：中國政法大學出版社，2013），頁2。

22 S. F. C. Milsom, *Historical Foundations of the Common Law* (Oxford: Butterworth-Heinemann, 2014), p. 103.

23 Holmes, "Possession."

24 薩維尼著，朱虎、劉智慧譯：《論佔有》，頁4–5。

25 薩維尼著，朱虎、劉智慧譯：《論佔有》，頁22。

26 薩維尼著，朱虎、劉智慧譯：《論佔有》，頁165、181。

27 薩維尼著，朱虎、劉智慧譯：《論佔有》，頁161–162。

28 薩維尼著，朱虎、劉智慧譯：《論佔有》，頁165、172。

29 薩維尼著，朱虎、劉智慧譯：《論佔有》，頁79–80。

30 薩維尼著，朱虎、劉智慧譯：《論佔有》，頁86–88。

31 薩維尼著，朱虎、劉智慧譯：《論佔有》，頁94–95。

32 薩維尼著，朱虎、劉智慧譯：《論佔有》，頁182–183。

33 薩維尼著，朱虎、劉智慧譯：《論佔有》，頁208。

34 薩維尼著，朱虎、劉智慧譯：《論佔有》，頁275。

35 吳香香：〈佔有保護緣由辨〉，載王洪亮等主編：《中德私法研究 (11)：佔有的基本理論》（北京：北京大學出版社，2015），頁6。

36 薩維尼著，朱虎、劉智慧譯：《論佔有》，頁32。

37 小奧利弗‧溫德爾‧霍姆斯著，冉昊、姚中秋譯：《普通法》（北京：中國政法大學出版社，2005），頁165。

38 霍姆斯著，冉昊、姚中秋譯：《普通法》，頁192–193。

39 霍姆斯著，冉昊、姚中秋譯：《普通法》，頁193–194。

40 霍姆斯著，冉昊、姚中秋譯：《普通法》，頁208。

41 霍姆斯著，冉昊、姚中秋譯：《普通法》，頁209–210。

42 霍姆斯著，冉昊、姚中秋譯：《普通法》，頁188–189。

43 薩維尼著，朱虎、劉智慧譯：《論佔有》，〈譯者前言〉，頁13。

44 薩維尼著，朱虎、劉智慧譯：《論佔有》，〈譯者前言〉，頁16。

45 Fernando Luso Soares, "Ensaio sobre a posse como fenómeno social e instituição jurídica," como prefácio da obra do Manuel Rodrigues, *A Posse – Estudo de Direito Civil Português* (Coimbra: Almedina, 4ª Ed., 1999), p. L.

46 彼德羅‧彭梵得著，黃風譯：《羅馬法教科書》（北京：中國政法大學出版社，1996），頁272。

47 Georg Friedrich Puchta, "Zu welcher Klassen von Rechten gehört der Besitz? Beantwortet duerch eine Klassification der Rechte überhaupt von Puchta," *Rheinisches Museum für Jurisprudenz*, Jahrgang 3, Heft 2 (1829), pp. 289–308.

48 薩維尼著，朱虎、劉智慧譯：《論佔有》，頁36–37。

49　弗朗茨・維亞克爾:《近代私法史》(上海:上海三聯書店,2006),頁359。

50　所謂「相對説」是指不以保護佔有本身作為佔有保護的理由,而是通過保護佔有來保護其他權利或法律建制。而「絕對説」則是指佔有保護是為了佔有本身,而不是為其他任何理由。Rudolph von Ihering, *Teoria de la Posesión—El Fundamento de la Protección Posesoria* (Adolfo Posada: Editorial Reus, 2004 reprint), pp. 5–56.

51　Ihering, *Teoria de la Posesión*, pp. 65–66.

52　Rudolph von Ihering, *La Voluntad en La Posesión* (Adolfo Posada: Editorial Reus, 2003 reprint), p. 30.

53　這裡所指的利益是抽象利益,即立法者建立一切法律類型之時具有決定性的利益,而不是具體個案中的利益。Ihering, *La Voluntad en La Posesión*, p. 189.

54　Rudolf Von Ihering, *El Espíritu del Derecho Romano (tomo IV)* (Granada: Enrique Príncipe y Satorres, 1998), p. 1049. 另見唐曉晴:〈Sayigny 與 Ihering 論佔有 —— 一份讀書報告〉,《二十一世紀法學評論》,第3卷,第1期(2008),頁62–72。

55　Werner Schubert, *Die Entstehung der Vorschriften des BGB über Besitz und Eigentumsbertragung* (Berlin: Walter De Gruyter & Co, 1966), p. 62.

56　Schubert, *Die Entstehung*, p. 62.

57　Otto Gierke, *Der Entwurf eines bürgerlichen Gesetzbuchs und das deutsche Recht* (Leipzig: Dunker & Humblot, 1899), p. 294 ff.

58　唐曉晴:〈現代佔有制度賴以構建的原始要素〉,頁83–90。

59　王立棟、任倩霄:〈日耳曼法的權佔、「以手護手」與德國民法典的善意取得〉,載王洪亮等主編:《中德私法研究(11):佔有的基本理論》(北京:北京大學出版社,2015),頁203。

60　Reinhold Johow, *Entwurf eines bürgerlichen Gesetzbuches für das deutsche Reich, Sachenrecht mit Begründung* (Berlin: Reichsdruckerei, 1880), p. 350 f.

61　主要以 António Menezes Cordeiro 為代表。直到其最近期的著作,他還是堅持這一觀點。參看其作品,*A Posse: Perspectivas Dogmáticas Actuais* (Coimbra: Almedina, 1999), pp. 56–57。但主流觀點認為《澳門民法典》第1175條是基於「衡平原則」而採納主觀説,參看 Durval Ferreira, *Posse e Usucapião* (Coimbra: Almedina, 2002), p. 30; 另參看 A. Santos Justo, *Direitos Reais* (Coimbra: Coimbra Editora, 2007), p. 147 ss。

62　維亞克爾:《近代私法史》,頁364。

63　T. F. T. Plucknett, "The Relations between Roman Law and English Common Law down to the Sixteenth Century: A General Survey," *The University of Toronto Law Journal* 3.1 (1939): 30.

64　Peter Stein, *Roman Law in European History* (Cambridge: Cambridge University Press, 1999), p. 64.

65　Plucknett, "The Relations," p. 31.

66　Martin P. Golding, "Jurisprudence and Legal Philosophy in Twentieth-Century America-Major Themes and Developments," *Journal of Legal Education* 36.4 (1986): 441–480, 442.

67　Peter Stein, "The Attraction of the Civil Law in Post-Revolutionary America," *Virginia Law Review* 52.3 (April 1966): 403–434.

68　Oliver Wendell Holmes, Jr., *The Collected Legal Paper* (New York: Harcourt, Brace and Howe, 1920), pp. 155–157.

69　馬克思・卡澤爾、羅爾夫・克努特爾著，田士永譯：《羅馬私法》（北京：法律出版社，2018），頁227。

70　Gordley and Mattei, "Protecting Possession," pp. 300–301.

71　冉昊：〈論英美財產法中的產權概念及其制度功能〉，《法律科學（西北政法學院學報）》，2006年第5期，頁34。

72　Gordley and Mattei, "Protecting Possession," p. 293.

73　霍姆斯：〈法律之道（1890年）〉，載霍姆斯著，姚遠譯：《法學論文集》（北京：商務印書館，2020），頁166。Holmes, Oliver Wendell, Jr., "The Path of the Law," *Harvard Law Review* 10.8 (March 1897), p. 468.

74　霍姆斯著，冉昊、姚中秋譯：《普通法》，頁168。

75　霍姆斯著，冉昊、姚中秋譯：《普通法》，頁205。

76　K・茨威格特、H・克茨著，潘漢典、米健、高鴻鈞、賀衛方譯：《比較法總論》（北京：法律出版社，2003），頁207。

77　霍姆斯著，冉昊、姚中秋譯：《普通法》，頁213。

78　霍姆斯著，姚遠譯：《法學論文集》（北京：商務印書館，2020），〈譯後記〉，頁425。

79　霍姆斯著，冉昊、姚中秋譯：《普通法》，頁246。

80　薩維尼著，朱虎、劉智慧譯：《論佔有》，〈譯者前言〉，頁19。

81　霍姆斯著，冉昊、姚中秋譯：《普通法》，頁182。

82　Frederick Pollock and Robert Samuel Wright, *An Essay on Possession in Common Law* (Oxford: Clarendon Press, 1888). 此書的前半部分（Part I and II）由波洛克（Pollock）書寫，主題為私法上的佔有，後半部分（Part III）的作者為賴特（Wright），專注刑法上的佔有，兩部分互相獨立。

83　霍菲爾德在其著作《基本法律概念》中多次援引霍姆斯的觀點，如針對法律詞語多變的問題，霍姆斯說：「法律的不幸之一在於，觀念因被包裹在術語之中而長期得不到進一步的分析。」參見霍菲爾德著，張書友譯：《基本法律概念》（北京：中國法制出版社，2009），頁27；另見頁11、83、100等。

84　波斯納著，武欣、凌斌譯：《法律理論的前沿》（北京：中國政法大學出版社，2008），頁199。

85　Richard A. Posner, *The Essential Holmes: Selections from the Letters, Speeches, Judicial Opinions, and Other Writings of Oliver Wendell Holmes, Jr.* (Chicago: University of Chicago Press, 1992), "Introduction," p. x.

參考書目

Bouvier's Law Dictionary, 6th ed. Philadelphia: Childs & Peterson, 1856.

Cheshire, Geoffrey and Edward Hector Burn. *Modern Law of Real Property*, 14th ed. London: Lexis Law Publishing, 1988.

Cordeiro, António Menezes. *A Posse: Perspectivas Dogmáticas Actuais*, 2nd ed. Coimbra: Almedina, 1999.

Domat, Jean. *Civil Law—In Its Natural Order*. Translated by William Strahan. Littleton, CO: Fred B. Rothman, 1981.

Ferreira, Durval. *Posse e Usucapião*. Coimbra: Almedina, 2002.

Gierke, Otto. *Der Entwurf eines bürgerlichen Gesetzbuchs und das deutsche Recht*. Leipzig: Dunker & Humblot, 1899.

Golding, Martin P. "Jurisprudence and Legal Philosophy in Twentieth-Century America-Major Themes and Developments." *Journal of Legal Education* 36.4 (1986): 441–480.

Gordley, James and Ugo Mattei. "Protecting Possession." *The American Journal of Comparative Law* 44.2 (Spring 1996): 293–334.

Holmes, Oliver Wendell. "Possession." *American Law Review* 12.4 (July 1878): 688–720.

Holmes, Oliver Wendell. "The Path of the Law." *Harvard Law Review* 10.8 (March 1897): 457–78.

Holmes, Oliver Wendell. *The Collected Legal Paper*. New York: Harcourt, Brace and Howe, 1920.

Ihering, Rudolph Von. *El Espíritu del Derecho Romano (tomo IV)*. Granada: Enrique Príncipe y Satorres, 1998.

Ihering, Rudolph Von. *La Voluntad en La Posesión*. Adolfo Posada: Editorial Reus, 2003 reprint.

Ihering, Rudolph Von. *Teoria de la Posesión—El Fundamento de la Protección Posesoria*. Adolfo Posada: Editorial Reus, 2004 reprint.

Johow, Reinhold. *Entwurf eines bürgerlichen Gesetzbuches für das deutsche Reich, Sachenrecht mit Begründung*. Berlin: Reichsdruckerei, 1880.

Justo, A. Santos. *Direitos Reais*. Coimbra: Coimbra Editora, 2007.

Maitland, Frederic William. "The Mystery of Seisin." In *Select Essay in the Anglo-American Legal History*, vol. 3, 591–610. New York: Little, Brown, and Company, 1909.

Milsom, S. F. C. *Historical Foundations of the Common Law*. Oxford: Butterworth-Heinemann, 2014.

Plucknett, T. F. T. "The Relations between Roman Law and English Common Law down to the Sixteenth Century: A General Survey." *The University of Toronto Law Journal* 3.1 (1939): 24–50.

Pollock, Frederick and Robert Samuel Wright. *An Essay on Possession in Common Law*. Oxford: Clarendon Press, 1888.

Posner, Richard A. *The Essential Holmes: Selections from the Letters, Speeches, Judicial Opinions, and Other Writings of Oliver Wendell Holmes, Jr*. Chicago: University of Chicago Press, 1992.

Pothier, Robert Jose. *Tratado del Derecho de Dominio de la Propiedad*, traducido por D. Manuel Deó, 242–272. Barcelona: Librería de V. Suárez, 1882.

Puchta, Georg Friedrich. "Zu welcher Klassen von Rechten gehört der Besitz? Beantwortet duerch eine Klassification der Rechte überhaupt von Puchta." *Rheinisches Museum für Jurisprudenz* 3.2 (1829): 289–308.

Schubert, Werner. *Die Entstehung der Vorsechriften des BGB über Besitz und Eigentumsbertragung*. Berlin: Walter De Gruyter & Co, 1966.

Soares, Fernando Luso. "Ensaio sobre a Posse como Fenómeno Social e Instituição Jurídica." como prefácio da obra do Manuel Rodrigues. *A Posse–Estudo de Direito Civil Português*. 4th ed. Coimbra: Almedina, 1999.

Stein, Peter. "The Attraction of the Civil Law in Post-Revolutionary America." *Virginia Law Review* 52.3 (April 1966): 403–434.

Stein, Peter. *Roman Law in European History*. Cambridge: Cambridge University Press, 1999.

K・茨威格特、H・克茨著，潘漢典、米健、高鴻鈞、賀衛方譯：《比較法總論》。北京：法律出版社，2003。

小奧利弗・溫德爾・霍姆斯著，冉昊、姚中秋譯：《普通法》。北京：中國政法大學出版社，2005。

王立棟、任倩霄：〈日耳曼法的權佔、「以手護手」與德國民法典的善意取得〉，載王洪亮等主編：《中德私法研究 (11)：佔有的基本理論》，頁 163–205。北京：北京大學出版社，2015。

冉昊：〈論英美財產法中的產權概念及其制度功能〉，《法律科學 (西北政法學院學報)》，第 5 期 (2006)，頁 33–40。

弗里德里希・卡爾・馮・薩維尼著，朱虎、劉智慧譯：《論佔有》。北京：法律出版社，2007。

弗朗茨・維亞克爾：《近代私法史》。上海：上海三聯書店，2006。

弗雷德里克・波洛克著，于子亮譯：《普通法上的佔有》。北京：中國政法大學出版社，2013。

托馬斯・格雷：〈霍姆斯與法律實用主義〉，載黃宗智、田雷選編：《美國法的形式主義與實用主義》。北京：法律出版社，2014。

吳香香：〈佔有保護緣由辨〉，載王洪亮等主編：《中德私法研究 (11)：佔有的基本理論》，頁 3–43。北京：北京大學出版社，2015。

彼德羅 · 彭梵得著，黃風譯：《羅馬法教科書》。北京：中國政法大學出版社，1996。

波斯納著，武欣、凌斌譯：《法律理論的前沿》。北京：中國政法大學出版社，2008。

唐曉晴：〈Sayigny 與 Ihering 論佔有 ── 一份讀書報告〉，《二十一世紀法學評論》，第 3 卷，第 1 期（2008），頁 62–72。

唐曉晴：〈拓荒與萬惡之源：財產權正當性論題的反思〉，《浙江社會科學》，第 6 期（2020），頁 21–29。

唐曉晴：〈現代佔有制度賴以構建的原始要素〉，載唐曉晴著《民法基礎理論與澳門民法的研究》，頁 83–90。廣州：中山大學出版社，2008。

格勞秀斯著，何勤華等譯：《戰爭與和平法》。上海：上海人民出版社，2005。

馬克思 · 卡澤爾、羅爾夫 · 克努特爾著，田士永譯：《羅馬私法》，頁 227。北京：法律出版社，2018。

桑德羅 · 斯奇巴尼選編，范懷俊、費安玲譯：《物與物權》。北京：中國政法大學出版社，1999。

賈婉婷：《羅馬物權法 ── 所有權與佔有》。北京：中國法制出版社，2019。

蓋尤斯著，黃風譯：《蓋尤斯法學階梯》。北京：中國政法大學出版社，2008。

魯道夫 · 薩科 · 拉法埃萊 · 卡泰麗娜著，賈婉婷譯：《佔有論》。北京：中國政法大學出版社，2014。

霍姆斯：〈法律之道（1897 年）〉，載霍姆斯著，姚遠譯：《法學論文集》，頁 148–181。北京：商務印書館，2020。

霍菲爾德著，張書友譯：《基本法律概念》。北京：中國法制出版社，2009。

優斯丁尼著，徐國棟譯：《優斯丁尼法學階梯》。北京：中國政法大學出版社，2005。

第四部

霍姆斯對新實用主義法學的影響

第 10 章

論塔瑪納哈的現實主義法理論
兼與霍姆斯現實主義法學比較

蔡 琳

　　2019年，兩年一度國際法哲學與社會哲學大會(IVR)首屆圖書獎頒給了美國華盛頓大學(聖路易斯)約翰·萊曼校級教授(John S. Lehmann University Professor)布萊恩·塔瑪納哈的新著《法律的概念：一種現實主義視角》(*A Realistic Theory of Law*)。在這本書中，塔瑪納哈教授以當下法哲學中佔據主流的牛津分析法理學為理論對手，提出了一種新的歷史—社會的現實主義法哲學。

　　塔瑪納哈教授所處理的法哲學問題與主流法哲學是一致的：法律的概念。但顯而易見，與主流法哲學相比，其在方法、立場以及理論資源上大異其趣。塔瑪納哈教授的學術觀點脫胎於美國的實用主義傳統與現實主義法學，與牛津傳統的分析法學相去甚遠，在其近期發表的一份研究報告《法理學的實用主義重構：現實主義法理論的特性》(*Pragmatic Reconstruction in Jurisprudence: Features of a Realistic Legal Theory*)中，他還專門解釋並闡明了「現實主義法理論」的實用主義基礎。[1]當然，「現實主義法理論」並非橫空出世，其與之前出版的兩本書——即

*　　本文的撰寫得益於蘇基朗教授、於興中教授主持的「霍姆斯與百年中西法學」研究計劃。在論文寫作與修改中，本人衷心感謝張騏教授、於興中教授、邱昭繼教授、翟小波教授與諸多師友的指教，以及蘇基朗教授提供重要文獻的幫助。

1997年的《現實主義的社會法理論：實用主義和法律的社會學理論》（*Realistic Socio-Legal Theory: Pragmatism and a Social Theory of Law*）[2] 與2001年的《一般法理學：以法律與社會的關係為視角》（*A General Jurisprudence of Law and Society*）[3] 一脈相承。2017年，這本新著甫一出版，華盛頓大學法學院就召集了美國法學界若干法理論研究者開了一個專題研討會，會上學者們提出不少支持或批評的觀點，塔瑪納哈教授也對此做出了回應。[4]

就讀者而言，相對於精微細緻的分析法學論辯，塔瑪納哈的新著無異於一道別樣的風景。但是，當我們談到實用主義或者美國特有的現實主義法學時，我們通常論及霍姆斯、卡多佐、弗蘭克、盧埃林，而塔瑪納哈的理論顯然又獨樹一幟，他的現實主義法理論並非僅呈現為裁判理論中的懷疑主義或現實主義，而試圖更為寬泛、直接回應主流法理學中的一般性問題。[5] 那麼，如何理解在實用主義土壤中生長起來、又關注於一般法理學基本命題的現實主義法理論？它與美國早期實用主義者的理論觀點尤其是霍姆斯的理論又有何差別？它有可能成功嗎？

基於上述問題的考量，本文欲作如下四部分的研究：第一部分闡明塔瑪納哈法理論的實用主義哲學基礎；第二部分討論塔瑪納哈如何推進他對於一般法理學的認識以及基本觀點；第三部分進而討論塔瑪納哈基於實用主義的現實主義法理論的主要內容與爭議；第四部分則探究從霍姆斯到塔瑪納哈現實主義法理論的差異與演變，理解並評價其在現實主義法學源流中的特點與可能存在的問題；第五部分則是一個簡短的結語。需要說明的是：除第一部分闡明塔瑪納哈的實用主義的哲學基礎和思想底色之外，本文二、三、四部分均是在「何謂法理學」這個問題上的逐步推進。通常來說，所謂法理學是指關於法律的一般理論，那麼，這個一般理論意味著什麼？研究什麼？是否必然研究法律的一般性質？第二部分塔瑪納哈關於一般法理學的討論正是圍繞「一般理論」的理解展開，並且他也提出了一般法理學的理論研究框架。第三部分則是在前者的基礎之上，借助於實用主義的基本觀點進一步推進直面分析法學的法概念論，提出現實主義法理論並回答「什麼是法律」這個問題。第四部分將首先對前文塔瑪納哈理論主張進行簡要的總結，並在此基礎上通過對比塔瑪納哈和霍姆斯大法官的觀點，最終討論他的主張是否可能獲得理論上的成功。

當然，本文的討論不可能面面俱到，不僅因為塔瑪納哈現實主義法理論關注焦點本是西方法哲學中的根本性問題，筆者能力有所不逮；而且霍姆斯的理論闡釋空間較大，亦無法盡相比較，故而僅能揭其一隅，擇其要者述之，留待方家指正。

一、實用主義的哲學基礎

美國的法學深受實用主義之影響，塔瑪納哈亦並不例外。但實用主義是一種非常複雜的哲學流派，從早期奠基者皮爾士到當代的布蘭頓，其理論觀點相差極大。或許有人認為，他們之所以都能稱之為實用主義者，那麼他們必然有一種根本性質或觀點上的相似性，而且僅當他們的理論主張符合這些基本要素的時候，他們才能被稱為實用主義者。這樣的看法並不妥當，因為如果我們接受這種觀點，就無異於說實用主義也具有本質主義的觀點，而這恰恰是實用主義不能接受的內容。

塔瑪納哈承認，對他影響最大的實用主義哲學家是皮爾士、詹姆斯、杜威和米德，這幾位學者總體來說都處於古典實用主義陣營；就新實用主義而言，相比先鋒派甚至於走向相對主義的羅蒂來說，普特南對他的影響可能更大。[6]因為實用主義陣營內部觀點分歧較大，[7]而且塔氏之理論建構也並不必基於特定某位學者的實用主義哲學觀點，所以本文並不對實用主義理論詳盡梳理，而僅討論與塔瑪納哈現實主義法理論直接相關的一些哲學觀點或主張。

（一）我們如何認識這個世界？

在塔瑪納哈看來，實用主義在實質性理論主張上相當單薄，更無法作為規範性法理論的基礎，但從現實主義法理論的角度來說，實用主義的啓發主要在方法論層面，實用主義所強調的探究的科學性，雖然在實質內容上空缺，但反而開啓了一種更為有效的、讓我們理解法律世界的方式。[8]

那麼，我們怎麼產生對世界的看法與認識？笛卡爾傳統認為心靈是重要的因素，「我思故我在」，心靈獨立於外在的世界，這是先在的、給定的。但在〈四種不可能的某些後果〉一文中，實用主義哲學奠基者皮爾士[9]針對笛卡爾的觀點提出了相對立的看法，概括來說就是：我們所有關於內部世界的知識都是根據我們關於外部事實知識的假設推理而來，一切認識都邏輯地由先前的認識所決定，與此同時，我們也不能擺脫使用記號（符號）思維的基本方式，[10]思考本質上是借助於符號而進行的。[11]

這些主張改變了認識論中主體與世界之間的關係，不僅如此，皮爾士也推進了從語義向語用的轉變，將符號解釋項與使用符號的行動結合在一起，關注行動與符號，用可被觀察的、無需進一步解釋的行動作為符號意義的最終解釋項。當然，皮爾士本人更注重的是科學探究理論，因此在探究的邏輯上，皮爾士強調突破個體意識而求助於共同體，認為哲學在方法上應效仿科學，[12]這種科學探究的方法論，意味著那些理論、信念、概念產生於人們的行動和實際效果，而不是先在的東西。[13]

詹姆斯在皮爾士的基礎上往前推進了一步，實用主義成為處理一切哲學問題的核心。詹姆斯強調說，實用主義並不代表任何特別的結果，而僅僅是一種方法。[14]而且，詹姆斯更加強調人的生活世界，人的價值、人的利益對於認知的意義。觀念的接受條件比觀念的真值更重要，真理具有一種實用的意義。

至於杜威,他在1917年《復興哲學的需要》中明確提出否定傳統的二元論哲學,由經驗入手對傳統哲學加以改造,並提供了一種自然主義的解釋方式。在他看來,人類與環境相互作用,我們並不是先認識對象,而是先佔有、享有對象的,這種佔有、享有並與對象彼此不可分,因而經驗必定一開始是相對模糊、混沌未開的,相比之下,只是因為有了一個旁觀者,經驗才開始被處理為清楚的觀念。[15] 在此基礎上,杜威堅持經驗的概念化。然而與皮爾士不同,他試圖站在達爾文主義的立場上,用生命的自然演化過程來說明概念的性質、起源,從自然史的角度用生活形式作為前概念的內涵,使概念與人的生存活動相統一。[16] 傳統的經驗觀念認為,經驗首先是一種與知識相關的事情(knowledge-affair),經驗只是認識層面的東西,只具有或然性的認識,經驗是單向的主體的活動的產物。但杜威認為,按照實用主義的經驗觀念,經驗首先是與主客體的相互融合、相互影響和緊密相關的事情。

(二) 實用主義走向相對主義?

實用主義在認識世界時對於主體行動的關注,有可能使實用主義走向另一個方向。羅蒂在《哲學和自然之鏡》中提出了一個著名的鏡式隱喻,在這個隱喻中,人們把心靈看作一面鏡子,認知的基礎建立在它對某種心外之物的準確表象。這意味著,對外部世界的看法完全取決於人的主觀內在。

這個看法可以溯源於詹姆斯,詹姆斯就認為純粹經驗的歸類與我們人的實踐目的無法分開,也正是因為我們的目的、興趣決定了我們從什麼樣的角度去切入純粹經驗,從而決定了經驗與什麼樣的結構相關聯。[17] 詹姆斯在〈意識存在嗎?〉一文中從現象主義的角度論證了:經驗本身無非是一種構成世界的最基本的質料,是「直接的生活之流」,只是由於人們從不同的背景出發,以不同的方式介入它,它才被分離為不同的存在方式。[18] 因此,「我的經驗只關涉到我所同意關涉的事物」。[19] 認識本身可能就是主觀的,而不是被動地完全建立在與人的活動無關的所謂客觀基礎上。

但是,這樣一種相對主義的觀點受到了杜威的批評,杜威和皮爾士一樣,把主體間性作為談論問題的前提。[20] 杜威強調思想和意義是具有群體性的,每個文化群體都自有一套意義體系並形成其語言系統,[21] 因此可以從社會交互性上獲得客觀性。米德也持有類似的看法,在他看來,心理學在首要意義上是社會心理學。心靈通過交流產生,而不是交流通過心靈產生。但是需要注意的是,這些認識並不是單純個體的體驗,從個體人類有機體的觀點去看待心靈是荒謬的,它本質上是一種社會現象,是在社會過程中,在社會的相互作用中產生的,這種社會心理學的觀點使得認識論上的主體性不至於滑向不可通約的相對性。[22] 所以從這個意義上說,實用主義所突破的不僅是經驗主義傳統的基礎主義,還有它的方法論個人主義。[23]

(三) 不存在唯一真理

實用主義者通常關注人們生存以及與這個世界的彼此影響。在詹姆斯看來,這包含了探究的方法論與一種特定的真理觀。對於前者來說,意義呈現為行為的後果,而對於後者來說,所謂真理就是那些遵照它行為就會成功的那些信念。這是一種真理的工具主義觀。[24]

這種真理觀並非個體性的主觀理論,而是我們與外在於我們這個世界之間的互動,是被經驗所檢驗了的。早期一些科學模式中認為真理就是自在自明之理,是已經規定了的絕對真理,例如牛頓力學和歐幾里得幾何原理,但是相對論或非歐幾何的出現說明這些真理是可被修正的,而所謂的理論只是引導我們進行探究和行為的工具,同時也經常會面臨修正或被替代的狀況。因此,對於實用主義者來說,他們反對那種普世性的哲學觀而主張多元的、可變的修正的經驗論,不主張決定論，而主張開放可能性，實用主義強調改進論，強調讓社會變得更好的變革與努力。[25]

基於上述實用主義的基本觀點，塔瑪納哈的法理論具有三個基本特點：

第一，在探究法理學問題的方法論上，實用主義重視觀察的科學研究方式在現實主義法理論中被保持了下來。塔瑪納哈接受科學探究的研究方式，這意味著他強調觀察在法理論的重要地位。塔瑪納哈從人類行動以及與社會的互動關係提出他的理論觀點，在實用主義看來，知識在本質上是語境化的，是鑲嵌在習慣與實踐內的，關於法律的知識也不例外。

第二，早在 1997 年，塔瑪納哈就認為，除了實用主義已是後現代法學非基礎主義的鼻祖，實用主義的基本觀念已經深入到了現實主義法學的潮流之中。實用主義和後現代法學存在一些潛在的共性，但是從後現代的角度去理解實用主義則是一種錯誤的方式。實用主義科學探究中所強調的與社會的關聯與互動意味著普世性的、笛卡爾式觀點會受到批判和拒絕，但實用主義並不一定走向相對主義。而且實用主義陣營中的經典實用主義觀點對於現代性的認可，使得實用主義具有改進社會的理想目標。[26]

第三，陳亞軍認為，古典實用主義內部形成了兩種不同的運思路徑。一種自瓦解「心靈」入手，一種由重塑「世界」發端。前者強調「符號—語言」，顯露出分析哲學的端倪，後者看重「經驗」，展示了現象學——生存論的格調。[27] 前一視角把實用主義當作一種知識論形態的哲學；而對於後者來說，它的方法就是直接描述，它的出發點是前反思的徹底經驗，具有生存論哲學和現象學的特徵。[28] 塔瑪納哈的法理學有可能取徑於兩種實用主義，對於前者來說，拒絕基礎主義的認識論；而對於後者來說，發展出具有現象學取向的法律理論。與分析哲學不同，實用主義讓我們不僅關注我們的概念和語言，同時也關注這個世界。在法律的層面上，這意味著法理論不僅僅關注法律的概念，而且也關注現實的法律現象與真實存在的法律體系。

二、實用主義的「一般法理論」

(一)「一般法理學」的挑戰

　　如果說1997年塔瑪納哈的《現實主義的社會法理論：實用主義和法律的社會學理論》與2001年的《一般法理學：以法律與社會的關係為視角》尚未明確以分析法學作為論戰對象，[29] 2017的新著與近期的一篇文章[30] 則相當明確地揭示出他有異於分析法學的法理論。在分析法學傳統中，自奧斯汀開始就產生了一般法理學和特殊法理學的分野。在這個意義上，一般法理學是指普遍性的法理學，而特殊法理學則依託於具體的文化和法律傳統而存在，分析法學普遍認為一般性法理論是探究法律的基本性質。那麼塔瑪納哈如何挑戰這一觀點呢？

　　在《現實主義的社會法理論》一書中，塔瑪納哈開啓了對一般法理學的核心問題——即「法律是什麼？」的探討。在該書中，塔瑪納哈採納一種功能主義的分析視角，而功能主義大致可分為兩類：一類來自於社會學理論，在社會學理論內部，法律範疇的理解又可區分為兩類：例如涂爾幹、馬林諾夫斯基將社會視為不同部分的組合體，社會的不同部分各自發揮其特有的功能並最終服務於整體。在此觀點影響之下，那些能夠滿足規範性要求的社會規則也就被視為法律；而相對的，以帕森斯、盧曼為代表的法社會學理論則是以國家法作為法律這個概念所指稱的對象，並且高度強調國家法的社會功能。

　　第二類功能主義則是功能現實主義，主要體現為龐德與法律現實主義的基本觀點，也即邏輯實證主義與實用主義的混合體。就其本身而言，它可能並不是一種融貫的理論，而僅是對一種啓蒙理性主義影響下概念化的反抗。塔瑪納哈認為，如果秉持這樣的觀點，認為所謂「法律」就是「法律所做的」，那麼就會出現一個自我指涉的邏輯困境。因為，如果我們認為可以通過觀察法律現象去理解法律，我們也就必然預設我們知道法律是什麼。而這樣的看法，是無法區分法律與非法律的。[31]

因此，在塔瑪納哈看來，可行的只能是第一種功能主義，而如果試圖從功能主義角度去理解法律是什麼，就必須要思考如何整合兩種法律範疇。在初民社會，那些發揮社會功能的規則可以被視為法律；而在現代社會中，國家法的樣態在逐步發生改變，國際法的發展、各個國家或地區的法律制度、法治更是呈現為不同的樣態。因此，如果我們試圖想要在一般意義上知道「法律之所以為法律」的基本特徵，恐怕是難以實現的使命。科學探究只能讓我們知道現象，而不是本質。即便寬泛一點來說，主張「所謂法律就是我們稱之為法律的東西」，[32]我們可以給定範圍去探究特定的法律現象，甚至於說出在給定範圍內某種特定法律觀的本質特徵，但我們卻並沒有辦法獲得一個普遍的、關於法律是什麼的答案。[33]

論述至此，對於「一般法理論」的問題就存在兩種不同的態度：第一種可稱之為「反本質主義」的否定態度，也就是說否認法律存在不變的本質，我們只可能獲得特殊的法理學，無法真正回答一般法理學所提出的問題，因此我們可以徹底否定「一般法理學」這樣一個概念。第二種可能是「反基礎主義知識論」的觀點，即從方法上否定我們探求法律一般性質的可能性。反基礎主義又有兩個支持性論據：一是強調認識本身與行動相關，因此是主體交互性，而不是主客體二元的狀態，我們在認識法律的時候其實也在通過行動本身修正對於法律的看法；二是從社會學的角度來看，人類社會千差萬別，因此無法通過基礎主義的方式去認識法律的本質。

(二) 反基礎主義

在《現實主義的社會法理論》一書中，塔瑪納哈的觀點比較接近於反基礎主義的社會學視角，因為社會的紛繁複雜，法律現象和階段的差異，我們無法統合社會學意義上的規範性法律觀念和國家法的認識，而後者很顯然是分析法學、尤其是哈特去討論法律規則體系時所思考的真正對象。

所謂基礎主義或基礎論，可以作為一種真理理論 (符合型的知識理論)。基礎論有兩個元認識論的用法：它指的是這樣的觀念，即認識論標準是有客觀根據或基礎的；也指這樣的觀念，即認識論是一門先驗的學科，其目標就是使我們所假定的經驗知識合法化，或給他們奠定基礎。[34] 作為符合型的知識論，基礎主義認為「……為了避免無窮遞歸，除非我們可以知道那些自明的原則或規則作為始點。」[35] 所謂認識的基礎論要求論證的單向性，區分基本信念與導出信念；[36] 作為基礎論，必須有一個基本信念，否則其無法得以證成，如果基本信念不能成立，則論證也不可能。因此，基礎主義的認識論往往會認可一些最基本的不可回溯的命題或主張。例如分析法學所主張的描述性理論，其理論探究的方法論可被叫做化約論或是還原論，其中形而上學的化約論是指某種現象可以還原為一些更基礎的現象。這種化約或還原，按照夏皮羅 (Scott Schapiro) 的話來說，接近於靈機一動的直覺，[37] 或者這些關於法概念的觀點僅僅來自於對法律的一種設定。[38]

基礎主義的認識論路徑，並不為實用主義者所接受。早在1997年的書中，塔瑪納哈就在後現代對法律理論的影響這一部分討論並接受了萊特 (Brian Leiter) 的觀點：就認識論的證成結構來說，反基礎主義否定了可以從某一特定的基礎中通過命題的推理得出並可以無限回溯到特定命題的方式。[39] 對於如何理解法律 (的本質)，塔瑪納哈著重批評了分析實證主義忽略現實世界中的法律運作，而沉迷於直覺、思想實驗或是理想化的假設 (idealized assumptions)。[40] 例如夏皮羅 (Scott Shapiro) 假想的美食俱樂部 (cooking club)、格林 (Green) 的天使視角，都顯得空洞而無法真正反映現實的法律世界。當然，這不能說實用主義者一定是反理論的或反對抽象和一般化，因為一般化對於知識來說是必不可少的一部分。[41] 但很顯然，實用主義理論化的途徑與分析實證主義完全不同。

如果承認存在法律之所為法律的普遍性特徵，那也就意味著將一般法理學的研究對象確定為「法律之為法律」的某些特定性質，人們可以通過某一種途徑去認識這些基本特性。這種被尋找基本特性的方式被塔瑪納哈認為是一種尋找「共同概念」的努力，而這種努力在當代多元的法律面前可能遭受失敗，或者也因為遺漏太多有意義的法律現象而失去其意義。[42]

所以塔瑪納哈在《一般法理學》的序言中特別強調：

> 本書所構建的一般法理學也將摒棄過去那種只關注共同點的做法……本書中提出的一般法理學將按照一定的標準來識別各個法律制度之間的共同點以及差異，而這樣做的目的在於理解、比較和評價。這種進路將溝通「一般」與「具體」之間的差異。具體的做法是：將那些對具體情境的考察結果納入一般的框架，同時依據一般的標準來比較各種不同的情形。[43]

就哲學的一面來說，這種尋找基本特性的本質主義也並不為實用主義所認可。對於實用主義者來說，無論是杜威還是詹姆斯，都否定了那種恆久不變的普遍性的真理觀。因此，有人可能會認為，塔瑪納哈與分析法學的分野就在於其哲學立場的不同，塔瑪納哈和分析法學的不同並不是一種內部的爭論，而是一種外部爭論，是我們如何認識法律世界的方法論上的立場差異。這樣的看法是不完整的，關於這個問題的詳盡闡明，是在之後的現實主義法理論之中。

(三) 鏡像命題的否定

讀者們也許已經注意到了，前文中塔瑪納哈對於拉茲等分析法學討論法律性質的批評，主要集中於從社會現實主義的層面去揭示基礎主義立場的缺陷，但是問題在於，如果塔瑪納哈承認法律在不同的社會中會呈現不同的樣態以至於我們無從把握法律之為法律的基本特徵，那麼其一般性法理學的宏願自然也不能實現，反而會陷入相對主義的深淵。而如果不拋棄「一般法理學」的概念，塔瑪納哈也必須採用新的視角去理解法律的一般性，即便不承認存在分析法學意義上的法理學，也應該主張存在另外一種普遍意義上的法理學，換句話說，塔瑪納哈只能主張分析法學並非是達成對於法律一般性理解的正確途徑。

那麼，如果主張存在文化和法律傳統所決定的地方性「特殊法理學」，又如何主張「一般法理學」呢？塔瑪納哈認為，並不能像分析法學那樣尋找「共同概念」，而應該在法律與社會的關係中建構「一般法理學」的理解。基於這樣的認識，塔瑪納哈認為：首要的就是儘管可以承認法律與社會有著密切的互動關係，但在一般法理學的層面，法律與社會之間的關係不能被理解為一一對應關係，法理學的探索需要從社會結構、社會樣態、社會功能中鬆綁，這就是塔瑪納哈在2001年《一般法理學：以法律與社會的關係為視角》一書中特別予以思考並論證的主題。在塔瑪納哈看來，其他法律理論甚至於一定意義上分析法學都可以被視為一種「鏡像命題」的表現，「儘管在這些理論之間存在許多差異，但它們都有一個共同的預設：法律是社會的一面鏡子，它的主要作用就是維持社會秩序」。[44]在這個陳述中，有兩個關鍵的要點：一是法律與社會的對應關係，二是法律社會功能的限定。

首先，塔瑪納哈接受阿貝爾的觀點，認為法律很少能夠完全反映社會，這是一種正常的狀態。[45]在現代社會中，法律多元是一種普遍的狀態，雖然當代的許多與社會、政治和經濟相關的立法會對社會產生直接的影響，但它們在許多方面獨立於社會；不僅如此，法律多元主義者們認為，國家法並不是社會運作的唯一法律，全球化意味著調整人與人之間關係超越了國家法。[46]

如前所述，法律與社會不是一一對應關係，那麼，將法律社會功能限定為維持社會秩序是否成立？

塔瑪納哈和退寧一樣，都承認法律可以實現社會中的一些基本功能，例如解決糾紛，促進合作等等。[47]但是這樣的理解是在現實主義法學的層面實現的。塔瑪納哈接受了盧埃林的功能主義法律工作觀（law-jobs theory），秉持行為主義與解釋主義基本立場，認為「大多數訴諸法律（無論是哪一種法律）的人所關心的並不是社會秩序，那些法律職業者們（特別是律師）從事法律活動時也是如此。從一個外行人的角度來看，法律經常被視為一種權力資源。從律師的角度來看，法律就是他們的競技場。他們主要是從工具性的角度看法律規則的，法律可能是實現的他們特定目標的一個障礙，也可能是一個可資利用的工具。……人們訴諸法律，以及法律的實際運作，常常製造衝突並使之延續。」[48]這種將法律作為一種工具或手段的看法，是現實主義的典型立場。

至於分析法學，塔瑪納哈認為他們實際上也並不能擺脫功能主義的看法，其中最為典型的是夏皮羅的觀點。夏皮羅將法律理解為規劃體系（planning system），這種看法與社會學通常將法律視為實現特定社會功能的看法並沒有太大差別；而且，這兩種思考的途徑，都將會在同樣的地方止步——也就是無法根據功能去區分法律與非法律，[49]而這一點恰恰是分析法學需要回答的問題。因此，鏡像命題的第二點，即法律的主要作用就是維持社會秩序，並非是理解法律概念的恰當途徑。如塔瑪納哈所言：

> 只有在那些已經在很大程度上存在秩序的地方，法律才可能存在。……儘管法律（無論哪一種）可能對維持社會秩序有所幫助，

但它並不是社會秩序得以產生的原因；相反，法律預設了秩序的存在。[50]

可能有學者認為塔瑪納哈並沒有徹底地否定鏡像命題，因為在《一般法理學》一書中，塔瑪納哈僅僅是將法律與社會的關係轉變為構建一般法理學的起點，也就是「在特定的社會域中，在何種程度上法律（國家法、習慣法、國際法、宗教法、自然法、土著法等）是反映主流的習俗和道德的一面鏡子？在何種程度上，法律（國家法、習慣法、國際法、宗教法、自然法、土著法等）有助於維持社會秩序？」[51] 不僅如此，塔瑪納哈認為這些核心的問題也可以作為一般法理學的一些標準，基於這樣的一些研究，塔瑪納哈認為「能夠發現一些可以廣泛適用的、關於法律與社會之關係的概括」，儘管「迄今我們還沒有發現這些模式」。[52] 這些陳述說明塔瑪納哈在《一般法理學》時期並沒有徹底接納反本質主義的立場，而更接近於僅反對鏡像命題中所反映出來的基礎主義的研究路徑。但是其所主張的研究問題和標準的框架已經不再是鏡像命題的內容，而且更為重要的是，這些問題和標準是否真的足以構成一種新的一般法理學？塔瑪納哈自己認為這僅僅是他的一般法理學所探尋的必要起點，「從一定意義上來說都是空洞的」。[53]

（四）「一般法理學」的主張

基於前面的論述，必須重新思考「一般法理學」的含義。塔瑪納哈認為，存在兩種不同的一般法理學的認識，一種是前面討論較多，也作為塔瑪納哈論辯對象的分析法學的一般法理學，這種一般法理學能夠承認法律概念的地域性特徵，但是主張法理論的一般性和普遍性。另一種一般法理學則是以退寧（William Twinning）為代表的一般法理學，這種觀點否定存在法律的本質性特徵，分析法學中所用到的那些基本的法律概念都從地方性法律傳統或文化而來，[54] 所謂的一般法理學應該致力於構造一個能夠適用於全球所有法律體系和法律現象的理論分析框架。[55] 塔瑪納哈與退寧觀點相近，因此，對於後者而言，一般法理學並不會主張法概念的唯一性和普遍性，而秉持法律多元的基本立場。一般法理學並不是僅僅從自己的社會環境出發，而要像退寧那樣，需要一個能夠理解其他法律現象、其他社會秩序的理論框架。[56] 這個理論框架在《一般法理學：以法律與社會的關係為視角》中包含四層內容：

首先，在法概念上，「所謂的法律就是人們在社會實踐中識別並當作『法律』的任何現象。」[57] 很顯然，這是一個相當寬泛的主張。其次，將社會這個概念轉變為「社會域」(social arena)，根據具體研究的目的界定這個社會域的範圍。[58] 第三，法律表現為多種樣態，在法律的社會功能方面，首先認可「在最一般的意義上，說一個社會域是有秩序的，就是說那個社會域中的人們在相互的行為中實現了實質性的合作。」[59] 同時也承認存在多種社會秩序的要素，「法律(特別是國家法)並不是維持社會秩序所必需的。即使法律在某些情況下是必需的，它也往往不是最關鍵的那一個元素……若要發揮作用，國家法必需依賴於其他的社會秩序淵源」。[60] 第四，一般法理學研究的核心問題是：在何種程度上，法律是反映主流習俗和道德的一面鏡子；也在何種程度上，法律有助於維持社會秩序。[61]

對於這樣一種「一般法理學」的看法，Dan Priel 曾經撰文批評。在他看來，這樣退寧式的、建立在描述意義上的一般法理學像一本電話本或是法律市場 (juristic bazzar)，並不會在學術市場上獲得成功。法哲學家對真實世界的法律並沒有興趣，這使得他們只會在自己所熟悉的法體系中推測那些他們認為具有普遍性的東西。[62] 而且更重要的是，退寧這種過於包羅萬象的「法律市場」不可避免會導致批判性視角的喪失，而這一點恰恰是「一般法理學」中所不應或缺的東西。[63] 塔瑪納哈與退寧的基本立場相近，自然也會遇到類似的批評。

當然，塔瑪納哈並不僅僅停留在提出一般法理學的理論框架，他再次求助於實用主義的基本立場與觀點，提出了他的現實主義法理論主張。

三、現實主義的法理論

在提出研究一般法理學的理論框架之後，塔瑪納哈依然需要回答：「什麼是法律？」這是主流法哲學一直追問的法概念，也是避免蕪雜、區分法律與非法律必需思考的問題，[64] 這也是如何彌合社會學意義上的「法律」和國家法兩個不同法律範疇的問題。因此，問題就直接來了：是否存在法律之為法律不變的特性？或者是否存在法律區分於其他社會制度的本質特徵？塔瑪納哈再次借助於實用主義的哲學觀點推進這個問題的研究。

(一) 法律起源和發展的自然主義視角

法律的起源和發展可以有自然主義的解釋視角。這意味著探討法律的起源和發展需要同時考慮生物性的需要和社會合作的需要。例如米德就「發現敵意的直覺」是促進聯合和遵守規範的原因，[65] 塔瑪納哈當然也接受這樣的觀點。在其前言中他專門介紹了亞當·斯密基於人的道德情感去闡釋法律形成的觀點，也在書中以一章的篇幅結合了人類學、考古學、社會學、政治科學和歷史的多重視角而討論法律發生的不同階段。[66] 塔瑪納哈也引述霍姆斯的觀點，接受法律起源於人們的復仇、譴責錯誤行為之傾向的假說。[67]

對於哈特認為法律從初級規則向次級規則發展，構成法律體系的觀點，自然主義傾向的法理論認為，法律的演變和發展並沒有像哈特所描述的那樣理性化與目的化，自然主義的法律發展觀也並不是說法律的發展完全取決於這些自然因素，只是自然因素必然是法律發展的一部分。孟德斯鳩法理論中的文化和地理的差異性對法律的影響也為塔瑪納哈所接受。[68]

自然主義的視角使得塔瑪納哈的現實主義法理學對法律的發展持有一種開放的態度，法律制度的發展總是正在進行中（in the making），[69]而不是已經被固化了的內容。基於自然主義法律起源和發展立場，塔瑪納哈不僅接受亞當·斯密的道德情操論，從人們的情感，生活行為去解釋法律的起源，同樣，塔瑪納哈也從歷史主義與整體論的角度接受法律多元。

（二）歷史主義和整體論

法律是在歷史中成長出來。[70]法律並不是社會生活的鏡像，法律與其他社會領域之間存在著張力，而這種張力促進了法律的發展。例如法律面對社會的需要，主動塑造某種法律規範調整社會生活；也可能落後於社會發展，在社會的壓力之下，被動的改變法律的內容。例如現在的法律中權利的保障，都是在社會變遷中通過一個個的具體判決和社會活動逐步形成的。霍姆斯在《普通法》一書中這樣寫道：

> 法律包含了一國在數個世紀以來的逐步發展，法律並不僅僅是那些教條（axioms）和數學公式那樣的推論。為了理解法律究竟是什麼，我們必須知道它曾經是怎樣的，將來又會變成什麼。[71]

在這種法律觀中，塔瑪納哈認為，重要的一點——也就是分析實證主義不會關注的一點就是，維持法律的穩定性和確定性與適應社會發展需求之間的張力。[72]而對於持有實用主義立場的哲學家或法學家來說，不論是米德、杜威還是霍姆斯，都持有這種整體性的觀點，從互動與張力的視角去理解法律與其他社會領域之間的關係。[73]

因此，一種歷史的、系譜學的視角對於理解法律也是必不可少的。杜威曾經運用歷史學分析去批評既有的契約自由的原則和財產權利自由主義原則，這些原則在18世紀進入法律領域中，是為了解放被封建制所約束的貿易和工業；但到了20世紀之交，立法者開始考慮如何改善社會福利和推進勞動立法。[74] 相較而言，分析實證主義則並不在意法律發展中的多種因素，他們的研究旨趣是非歷史的。這種歷史主義整體論的法律觀可以和法治結合起來，分析實證主義無法解釋法治觀念是如何發展起來，也無法解釋為何在特定的社會中才發展出了法治觀念，而不是在其他的國家。當然，需要注意的是，對於歷史的關注並非是以一種大歷史的觀念去解說法律的發展，塔瑪納哈的歷史法學是結合了社會學法學而來、將法的歷史維度作為法的經驗維度去思考，以此與規範維度的自然法學與概念或分析的實證法學形成對比。當然，不可能有這樣一種寬泛的整體性的法理論，去涵蓋法律的這三種面相，所以在比克斯（Brian Bix）看來，歷史法學的功能也並不是去形成普世理論的宏大敘事，而是有助於實現社會的自我理解，社會情境的經驗性探知。[75]

（三）工具主義、權力和理想

實用主義對社會制度持有一種工具主義觀點。在法學界，代表性法學家是龐德和耶林。當然，工具主義也有理想與現實批判兩個維度。在理想的層面上，工具主義法律觀認為，法律是而且應該是促進社會福利和公共善、維持正當社會秩序的工具，這應該被視為法律的核心功能。但從現實批判的角度來看，事實上法律經常是統治階級維持社會階層和等級制度的工具。對於塔瑪納哈的現實主義法理論來說，其工具主義觀點並非擇一從之，而需要結合這兩種觀點。[76]

歷史上法律確實經常是階級統治的工具，即便在當代，法律也經常保護精英階層的利益，70年代批判法學的興起就是典型一例。[77] 儘

管認識到法律實踐的現實，但實用主義基礎上的現實主義法學並不否
認理想理論的作用。對於實用主義而言，實用主義也往往秉持改造世
界的工具主義思想，因此，不論是目的理性還是工具理性，都不是與
價值無涉，[78] 例如杜威會根據社會目標的理想性主張而發展教育，只
不過實用主義者不會認為某一個特定的看法就一定是普世真理，或是
所有人都必須追尋的價值目標。塔瑪納哈的現實主義理論自然也不例
外。首先，這些價值是現實中存在的，因此，現實主義的理論研究也
必須觀察並認識這些理念。其次，這些價值影響甚至於塑造了現實主
義法理論的實現目標。第三，從實用主義的觀點來看，現實主義理論
本身就承認人們行為是帶有價值指向的活動，[79] 因此，工具主義就是
一種現實主義取向的法律觀。

（四）反本質主義

在塔瑪納哈看來，存在三種理解法律本質的三種潮流：歷史—
社會法學，實證主義以及自然法，而在此基礎上，幾乎所有關於法
律—社會關係的西方理論都是三個要素的不同混合體：習俗/同意；
道德/理性；實證法。[80] 就第一種觀點來說，法律被認為具備兩個基
本特點：一種制度化的體系與具有維持社會秩序的功能。[81] 就第二種
觀點來說，法律不會存在於所有的社會樣態之中，那些初民社會和國
際法是先法律（prelegal）的狀態，這種觀點要求系統化的制度性強制
力（systematic institutional enforcement），國家法就是其典型的代表。[82]
當然，這樣的觀點並不為人類學家和國際法學家所接受。第三種觀
點自然認為法律是正當社會秩序的理性，法律必然包含何謂權利、
何謂正義的觀點，推進社會的共同善。塔瑪納哈並不否認法律應該
是正當的，但是在他看來，那些關於法律的正當性的理論探討並不
一定能使法律變得正當，而且正當化的討論也並非是一般法理學本
身的一部分。[83]

　　繼《一般法理學》中對鏡像命題與反基礎主義的否定，現實主義法理論開始闡明其反本質主義的主張。在塔瑪納哈看來，分析法學與歷史—社會學法學都強調法律的社會功能，都傾向於從功能的角度去理解法律。這裡有存在兩類功能主義：過度包含和包含不足。過度包含的功能主義可以區分為兩類：歷史—社會學的法律觀和分析法學的法律觀。歷史—社會學的法律觀認可功能替代，而且也強調功能的多樣型，因此，這樣的法律與其他規範體系，例如道德、習俗之間就無法區分；而分析法學，以哈特、夏皮羅為代表，雖然將法律理解為制度化的規範體系，但依然無法區分法律與那些俱樂部規則、體育等競爭性規則之間的差別。對於前者來說，導致無法區分法律與其他社會規範的原因是功能替代，而對於後者來說，其原因則是將功能過於限定在特定範圍，而不能排除其他的社會規範也具有類似的社會功能。[84] 功能主義的包含不足和過度包含是一體兩面的事情，無論是法律還是其他社會規則，他們的社會功能都具有多樣性，法律有多種社會功能，而其他社會規則也具有同法律一樣的社會功能。

　　因此，這就說明從功能主義的視角，無法回答「什麼是法律」這樣的問題，也無法彌合社會學意義上的「法律」和國家法兩個不同的法律範疇。[85] 進而，甚至我們也無法通過羅列這些功能上的特性去區分甚至去主張存在永恆不變的法律性質，去區分法律與非法律。

　　而將一般法理學理解為探求法律的本質或必要的性質，對於分析法學來說是普遍的問題（這一點在非實證主義的自然法陣營中也絕不鮮見）。例如拉茲提出法理學是研究那些「必要真理的理論」，「揭示法律本質的那些必要的真理」；[86] 或者科爾曼（Julis Coleman）主張，所謂描述的法理學就是去確認法律概念所蘊含的那些重要的和必要的性質；[87] 再或者是夏皮羅，他認為研究法律的本質就是去研究那些法律所不能不具備的那些特性。對於塔瑪納哈理論論戰對象的拉茲來說，法的一般性理論是要揭示法律之所以為法而必然具有的一些基本要素，這些要素是普適的，並非限定於具體的社會情景或法律制度之中。[88] 但是，對於塔瑪納哈來說，分析法學所提出的這些要素，並沒有反映真實法律世界的全貌。塔瑪納哈認為，通過尋找所謂法律的本質或必要的特徵去認識法律是一種「非歷史」的觀點。他舉例說，假如今天拉茲 1 號從不同的法律制度和體系中提取出一個普遍適用的必要的法律性質 a、b、c，千年之後的拉茲 2 號又從不同的法律制度和體系中提取出普遍的法律性質 a、b、c、d。根據拉茲的理解，這些性質都是普遍有效的，所謂普遍是跨越時空，那麼，拉茲 1 號和拉茲 2 號就是普遍的正確也同時是錯誤的。[89]

在塔瑪納哈看來，其實，拉茲、夏皮羅等分析法學學者所謂不變的本質或自明之理有著時空的限定，這些本質對於高度發展的法治社會可能是一種自明之理，而對於其他社會情景則不是。[90] 相比分析法學，現實主義法理論則主張不同情境下的法律有不同的特徵，而且並不是唯一的，也不是不可改變的東西。[91]

需要補充說明的是，在《一般法理學》一書中，塔瑪納哈討論法律多元時就已經表明了其反本質主義的立場和態度。在他看來，有兩種對法律加以定義的做法：通過社會群體中具體的行為模式或者是通過制度化的實施，這兩種定義彼此是不可兼容的，對於何為法律的理解也存在範圍上的差異性。前者無法將法律與其他維持社會秩序的功能替代物區分開來，後者則無法區分法律的制度性事實和其他類似於運動員協會的制度化規範。但無論何種觀點，都是假設了「法律是某種單一的現象」這樣的本質主義觀點。[92] 所以就其個人來說，他認為可以承認哈特理論中社會描述的那一部分，將哈特的理論重新定性為對國家法律的一種抽象，那麼，國家法只是法律若干種類中的一種，[93] 這樣的觀點可以與法律多元觀兼容。而其本人也主張一種比較寬泛的因襲主義的法律觀，即「法律就是人們在社會實踐中識別並當作『法律』的任何現象」。[94] 這個觀點在新著中又得到了進一步的發展。

（五）法律作為一種社會建構（Social Construction）

　　如果說在不同的情境下彼此標記為法律的東西可以被理解和互通，那麼說明可能還是存在一個對於法律是什麼的一個共同的認識。這是加德納（John Gardner）的批評，塔瑪納哈也認可這個不同語境之間翻譯的可能性意味著共同認識的可能性。[95] 而在方法上，在塔瑪納哈看來，他所主張的識別法律的方式與分析法學並無差別，只不過分析法學只會認可其中的一類，而其則更為開放。[96]

　　延續《一般法理學》中的基本觀點，塔瑪納哈提出，所謂法律就是「人們通過他們的社會實踐辨別出來並且當作『法律』的任何現象」，這本身並不是法律的概念，而是一種因襲主義的識別法律的標準。[97] 需要注意的是，這種觀點是語境依賴的，我們需要首先確定特定社會域才能知道哪些現象被視為法律的現象，是否為法律其實還依賴於給定的情形下法學家的判斷。

　　在這種開放的現實主義法理論中，塔瑪納哈認為可以彌合兩種法律觀，即來自社會交往的基礎規則與工具主義的國家立法。所謂法律，可以統一被理解為一種社會的建構，將法律制度視為法律制度，去觀察他們如何構造，如何運作，這種社會建構是人們通過行動而形成的。[98] 這是一種很典型的實用主義的立場。

　　當然，塔瑪納哈並不認為人們的行為完全決定於社會的制度性結構。人們處於社會制度之中，有諸多非制度性非形式性的理由可以做出不同的行為。因此，在塔瑪納哈看來，確認何者為法律、何者不是，是在人們的日常社會行為的基礎之上被建構，是法律官員與共同體成員的共同認知。[99]

　　Postema對塔瑪納哈這種因襲主義的群體認可下的法概念論提出兩點質疑，在他看來，如果我們觀察某種社會秩序，那麼我們就不可能不借助於某種概念或觀察的路徑，不可能無所依憑去觀察某種社會實踐。而且，這樣的觀察本身並不一定客觀，人們用語言進行思考和表達，而這個語言如何被使用和理解要求人們必須參與到這個語言遊戲之中。而且即便是參與者也並不一定理解準確。[100] 因此，因襲主義無法成為確認法律之為法律的標準。

從寬泛的意義上來說，例如 Dan Priel 認為將法律視為一種社會建構將會面臨一個困境，研究社會建構必然需要歷史學家、社會學家等經驗性的研究，而作為法哲學來說，很難在經驗的基礎上有充足的概念工具去分析和區分法律與其他社會制度。[101] 肖爾 (Frederick Schauer) 的觀點與此類似，在他看來，過於包含、整體性的認識，不僅會讓我們喪失關於法律是什麼的感覺，而且也無法區分法律與其他社會規範之間的差別。[102] 而且，可能也不會有一種法理論可以包容所有法律現象的多樣性，即便是塔瑪納哈將他的觀點限定在社會群體行動形成的慣習上，在此基礎上也根本不可能形成一個真正的法理論，很多法律現象之間的相似性如果用維特根斯坦的家族相似理論去解釋會更為妥當。不僅如此，哈特本人似乎並非沒有考慮到社會慣習命題下規則的多樣性，例如哈特在《法律的概念》一書第一章第三節就考慮到了這個問題。因此，肖爾認為，儘管分析法學的這些理論主張可能並不能全部或是完整地反映法律的全貌，但是他們的理論依然能夠給人以啟發，也提供人們認識法律世界如何運作的有效理論工具。當然，塔瑪納哈的理論也給人們揭示了具體而微的經驗世界，但當一個理論宣稱自己是一個整全性的理論時，也就意味著和其他理論之間的競爭存在著零和博弈的狀態，這意味著只有一個理論會獲勝，而其他的理論都會敗北，這也給自己增加了過強的論證負擔。

四、從霍姆斯到塔瑪納哈

至此，我們可以就塔瑪納哈的理論做一簡單總結。塔瑪納哈教授以一般法理學為研究對象，試圖結合美國實用主義的理論資源回答

「法律是什麼」這個重要的法理學基本問題。他的現實主義法理論所主張之現實主義要求理論家能夠全面的、整體地解釋法律現象，基於實用主義的基本觀念，他認為法律是由實踐所構成的——語境化的、嵌入性的，植根於習俗與共享的期待內的，法律世界就像是馬賽克，只有整體才能拼出法律體系的全貌。但也正是因為這樣求真而整全的傾向，就可能會面臨許多不同的批評。

但是，我們還是回到本文開篇所揭示的塔瑪納哈的理論雄心上來吧！我們很容易發現，塔瑪納哈試圖借助於美國的實用主義和現實主義法學傳統，去回答分析法學傳統的「一般法理學」問題，這有異於霍姆斯以來的美國現實主義法學傳統。當然，現實主義內部並非鐵板一塊，現實主義法學主張之間彼此存在的差異使得我們無法真正去概括現實主義的基本特點，因此這裡的探討必然是初步的，僅著眼於學術發展的縱軸來進行反思：作為學術新星的塔瑪納哈和現實主義法學的先行者霍姆斯的差異何在？塔瑪納哈這種現實主義法理論的新進路是否可行？

筆者在聖路易斯華盛頓大學訪學期間，經常聽到塔瑪納哈教授推崇盧埃林的觀點，卻鮮少提及霍姆斯。就撰寫本文期間的郵件往來中，我兩次問及他對霍姆斯的看法，雖然回答其他問題，例如他對實用主義的看法等等，都相當及時且熱情周到，然而關於霍姆斯他並沒有片言隻字回覆。我想原因是顯明的，塔瑪納哈的理論雄心與問題意識並不是來自於霍姆斯，而是來自於分析法學的；儘管從理論的底色上，我們可以承認塔瑪納哈對於以霍姆斯為代表的現實主義法學的繼受，兩者都直面紛繁複雜的法律現象和法律實踐，但我們也很容易發現塔瑪納哈的理論路線與霍姆斯法理論之間的差異：前者以理論思考與體系化為目標，而後者則拒斥理論化與體系化。

當然，他們的觀點具有相通之處。塔瑪納哈是強調歷史真實性的，其中一個原因與霍姆斯開創的現實主義法學傳統相關。如前所述，塔瑪納哈的理論探索從 1997 年出版的《現實主義的社會法理論》

開始逐步成形，在該書中，塔瑪納哈揭示研究這些一般性問題的理論途徑，並闡明了法的社會理論與分析實證法學的共享觀念。[103] 在這本書中，塔瑪納哈談到了美國法律理論的兩次轉折。在他看來，第一次長遠的變革始於霍姆斯，霍姆斯基於實用主義的理論觀點，推翻了機械法理學的主張，並且主張法律應該服務於人們改造世界的目的，在這樣的影響之下，美國的法理論向工具主義轉化，除了少數經典自然法理論的探討之外，美國法理論很少處理抽象的概念。[104]

就霍姆斯的法理論而言，霍姆斯在〈法律的道路〉中認為，所謂法律，乃是對於法院事實上將會做什麼的預言。[105] 這種觀點為哈特所拒絕。在哈特看來，懲罰的可預測性顯然是法律規則的一個重要面向，但這並不是對法律作為社會規則存在的全部說明。[106] 對於法官來說，法律就是指導他如何行為的規則，而旁觀者才會以預測論的方式去看待法律。所以當我們說我們責罰一個人時，是因為他違反了規則，而不是僅僅表達這種責罰的可能性。[107] 從這個表述來看，哈特所區分規則的內在觀點和外在觀點是對霍姆斯預測論的有效回應，對於社會群體而言，他們接受並使用這些規則成為行為的指引，這是法律的外在觀點，但這種外在觀點無法理解諸如官員、律師將法律作為社會生活中的行為標準，並作為理解義務、主張權利和施以責罰的根據。[108] 那麼，哈特的有效反駁是否說明霍姆斯的預測論就是錯誤、不具有理論意義？

法的「預測論」具有局限性。如同格雷所言，「法律的成熟不外乎是對司法判決的預測，這種觀念是勇敢的、簡練的，也是刺激的；而且如果認為預測理論構成了一種適用於各種目的的一般性法律定義，那麼它也很容易受人質疑。」[109] 但，對於霍姆斯來說，當他將法律定義為對司法行為的預測時，這種實用主義主張意味著法律理解的語境化與工具主義，這種語境與目的依賴於一個有限但卻極其重要的法律視角，也就是為當事人提供法律意見的私人律師的視角。

預測理論並不指引法官，而只是表達作為法官的真相，法律就是他將要作出的判決。[110] 霍姆斯體現出強烈的工具主義傾向，在〈法律的道路〉一文中，霍姆斯就開宗明義地指出，我們研究法律就是研究一種眾所周知的職業。[111] 因此，這種工具主義的、實用主義的法律觀，並不是本質主義的、穩定不變的普遍性法律概念。

人們通常認為霍姆斯是實用主義者，甚至被視為實用主義法學的創立人。或許是因為他也參加實用主義陣營的「形而上學俱樂部」，其裁判理論被認為是現實主義的，但是，格雷認為「我們在霍姆斯的著述中難以認定出任何專屬於實用主義者的論述」。[112] 事實上，霍姆斯的思想可能包含多個面向，除了他立場鮮明地反對自然法學之外，在他的理論主張中，實證主義、實用主義、現實主義、功利主義似乎都有一點，再或者是19世紀的英國和美國的分析哲學再加上一點孔德的實證主義思想以及德國歷史學派的影響。[113] 即便就現實主義的裁判理論而言，有學者研究認為，霍姆斯在他的書中強調並且鼓勵法官裁判時要考慮後果，但他作為法官的判決卻顯示他在裁判的過程中相當重視判決的確定性和穩定性，就好像蘭德爾那樣，錘鍊那些法律原則以使裁判變得更具有客觀性、穩定性和可預測性，霍姆斯和蘭德爾甚至根本不代表現實主義和形式主義的對立，而是真正的「靈魂伴侶」（soul mates）。[114] 霍姆斯的立場有可能被描述為科學現實主義（scientific realism），而這正好是實用主義的對立面——如果實用主義有一個對立面的話。[115]

就法律研究而言，霍姆斯常有精彩的佳句，但其本人並不贊同過於強調理論化與體系化，格雷的研究表明，雖然霍姆斯是古典正統的第一位偉大批判者，但是他本人的哲學雄心卻也吸引他投身於概念排序的古典事業，[116] 不同於許多法律現實主義者，霍姆斯非常看重概念體系在法律學習中的作用，但必須強調的是，霍姆斯認為這種作用只不過是附屬性的。[117] 霍姆斯甚至也並不否認先例和邏輯結構的作用，只不過他認為這些邏輯結構並非永恆不變的東西，而是與社會歷史發展相適應而形成的，因此法律的邏輯僅僅是法律世界的一部分而不是全部。[118]

對於這種建立在法律職業活動上的對法律的非本質主義的理解，塔瑪納哈的基本立場似乎是一致的。他在《一般法理學：以法律與社會的關係為視角》的序言中寫道：

> 儘管本書從性質上說是一部理論性著作，但最初促使我構建一般法理學的，並不是理論研究，而是我在密克羅尼西亞做律師的經驗。密克羅尼西亞的法律和我在法學院學到的法律是截然不同的。[119]

塔瑪納哈試圖認識的紛繁複雜、多樣化的法律現象，而保有對多種法律現象一種開放的，非本質主義的理論態度。但是，對於如何理解法律現象的理論路徑，例如在法概念的探討和理解上，霍姆斯和塔瑪納哈存在很大差異。關於法律歷史的看法就足見一斑。霍姆斯和塔瑪納哈對於歷史法學的研究都是持正面而肯定的態度，霍姆斯說，「而亨利梅因爵士則讓他感到所走過的是一條點綴著鑽石的路。」[120] 儘管塔瑪納哈在論述其歷史主義觀點之時引述了霍姆斯對於歷史法學的讚賞態度，但塔瑪納哈的歷史研究是為了考慮法律制度的生成和發展而主張法律存在樣態的情境性與不同階段的差異性。他的理論主張我們應該看到真實世界和法律世界之間的差異，以文化、歷史、語言、意識形態和修辭為中心，傾向於以闡釋的方式去研究社會和文化並從中認識法律、構建一般法理學理論。然而，即便霍姆斯也會在裁判理論中強調對法律的歷史維度的理解，這種對於歷史研究的關注則是為了鑒別出過時的殘存規範，不排除在必要的情形下，在當代政策之要求的指導下，對普通法進行學說重述。[121] 作為學者的塔瑪納哈教授，儘管有著執業的經歷，但畢竟不像霍姆斯大法官那樣直面司法實踐本身。霍姆斯的「實用主義」——如果用詹姆士的話來說——對真理的唯一考驗就是：「在引領我們的過程中最有效的方法是什麼？」[122]

即便就裁判而言，塔瑪納哈當然也不可能像霍姆斯那樣，認為在疑難案件中，裁判可以「在一道光譜內劃出分界線」，[123] 而是承認法官實際做什麼和應該做什麼的不同理解，並且在此基礎上尋求均衡，尋找一套可用的天平。[124] 如果認為霍姆斯主張的是科學現實主義的話，那麼塔瑪納哈則是歷史－社會進路的現實主義者。塔瑪納哈的現實主義法理論意味著從觀察者的角度，試圖從歷史真實的探究中發現真正的法律現象，將理論主張還原為一種歷史真相的探究。

例如，塔瑪納哈就做過歷史上的現實主義法學是否真實存在這樣的研究。長久以來人們總是傾向於認可歷史上曾經存在過形式主義法學，霍姆斯則作為現實主義法學的代表人物挑戰了形式的、機械的裁判理論，熠熠生輝。但是，經由歷史考古式的研究，塔瑪納哈主張形式主義法學的存在僅僅是一個虛幻的假象。塔瑪納哈發現，所謂現實主義法學其實不過是 1960 和 1970 年代經由法學家們的想象所創造的產物。[125] 從一些 20 世紀初的歷史文獻中，塔瑪納哈考據發現當時的法學家、律師其實都承認普通法裁判中的不確定性，[126] 而在理論世界中，作為現實主義法學對立面的形式主義裁判，則經過三代法學家的創造而逐步成形，他們就是：龐德、弗蘭克和左派現實主義者以及 1970 年代的左翼歷史主義和理論學者。龐德在 1908 年發表於《哥倫比亞法律評論》的〈機械法理學〉一文批評那種機械的法律適用方式，在他看來，隨著社會和經濟的快速變遷，純粹從先例中邏輯地推演出判決變得不合時宜。這樣的批評顯得無的放矢，因為立法的先例整理的不足，法律不可能呈現出機械適用的樣態。而且，可能當時的學者並沒有堅持一種適用法律的形式主義觀點，因此龐德才會引述德國的法律科學作為他所批判的法律形式主義。他所描繪的法律形式主義理論並沒有在法律實務界獲得認真對待，但對後世的法學家卻造成了深刻的影響。後世的法學家不加細究地接受了龐德的觀點，將龐德所描繪的機械法理學視為 1970 年代現實主義法學思潮所要挑戰的對象。無論是龐德還是霍姆斯，哪怕是弗蘭克在此期間也並沒有用形式主義去形容之前的裁判推理方式。但在 1970 年代，在法律史學界和激進的左翼批判法學陣營中，法學家們開始批判法律形式主義。對於是否曾經存在過機械法理學或形式主義法學的公案，其中最重要的兩個否定性證據就是 Gilmore 在 1979 年發表的〈形式主義和作為談判工具的法律〉一文中自認法律形式主義是一種在 1970 年代生創出來的理論主張，以及在 1968 年之前並沒有法律期刊發表過以形式主義、形式主義者為名的文章。[127]

這種尋找均衡、歷史的、整體論的法理論所描繪的法現象，讓我們澄清認識，辨識真相。但在紛繁複雜的歷史現象背後，去尋找一般性理論的努力，如果也用詹姆士的話來形容的話，那就是：

真理，應該存在，卻不存在……經驗使理性殘缺不全。[128]

就塔瑪納哈的現實主義一般法理論來說，肖爾在他的評論文章中認為，塔瑪納哈應該「認真對待霍姆斯」。[129] 這種觀點可以理解為：「認真對待霍姆斯」實際上就是意味著「認真對待非理論化體系化的研究進路」。這種觀點並不是說追尋一般理論和還原法律發展的社會歷史過程不是值得去做的事，而是法律理論研究本身恐怕同樣需要打破另一種意義上的「鏡像命題」，即不能僅僅尋求現實的摹寫。拉茲也曾經討論過類似的問題，在他看來，在邏輯上來說，法概念獨立於我們生活在一個由法律所約束的政治社群之中的事實，它使得法理論可以脫離特定的法律實踐而存在。[130] 因此，即使沒有法概念，依然會存在法律實踐。[131] 而由於存在著沒有法概念的法實踐，所以來自於對所有法律實踐之本質說明的普遍性法理論，使得真誠理解異文化成為可能。

當然，也許可以這麼說，塔瑪納哈的確秉持了霍姆斯的教誨：「一門應當學習的課程是英國法理學學派所發展出的法律理念分析學；另一門課是德國人教給世界的關於同樣觀念的歷史發生學。」[132] 試圖彌合這兩個視角或者主張將一般法理學的法概念與法律實踐密切結合，可能反而會落入塔瑪納哈曾經反對的「鏡像命題」的第一層命題之中。

五、結語

行文至此，介紹與討論都是圍繞著塔瑪納哈對於分析法學傳統的一般法理論的批評和替代性現實主義法理論來展開的，我們或許會認為，不可能有一種法理論包容所有多樣的法律現象，我們畢竟無法真實再現人類社會中所有的法律樣態，而追求整全的結果可能反而使理論喪失了解釋和批判現實的力量；進而，這種真實性的再現與追求，反而可能違反塔瑪納哈本人在《一般法理學》中所反對的鏡像命題。法律與社會秩序並不是一一對應的關係，即便我們能夠了解所有的社會現象，也未見得可以進而理解「什麼是法律」。又或者，如果想在這些紛繁複雜的多樣性中尋找一個普遍的法概念，這恐怕是兩者不可得兼的艱巨使命，要麼，我們必須在紛繁複雜的歷史和社會現象中尋找那些典型性的法律現象作為我們理解法律是什麼的基本模板，要麼我們就只能獲得一個空洞的、缺乏實質內容的法概念。

基於實用主義的法理論通常包含兩個層面的內容：一是法律是由實踐構成的，是習俗的、共享的產物；二是法律是工具性的，是實現社會所欲求之目標的手段，這兩點都表達出了「關於法律的不完整的真實命題」，這種語境性和工具性的綜合，不僅體現在霍姆斯的法學理論之中，杜威的法律哲學也提出了這樣的綜合。[133] 事實上，塔瑪納哈本人的法理論也不外乎此，他並不否認法律是由實踐構成的，是社會建構的產物，甚至於通過歷史——社會的研究去豐富和充實這樣的主張；他也並不否認法律的工具主義，只是僅僅否定法律與維持社會秩序功能上的唯一，只不過，儘管他本人認為受到古典實用主義的影響更深，但從後期的著作中，我們可以發現他的歷史——社會的現實主義法理論已經帶有明顯的現象學色彩，那麼，這種建立在現象學或者經驗基礎上的法概念論是否能夠擺脫空洞的指責，可能還需要進一步地深入探究。

注 釋

1　See Brian Z. Tamanaha, "Pragmatic Reconstruction in Jurisprudence: Features of a Realistic Legal Theory," https://ssrn.com/abstract=3564259.

2　該書獲得 Herbert Jacob 圖書獎提名，Herbert Jacob 圖書獎是美國法律與社會協會頒發的獎項，設立於 1996 年，詳見 https://www.lawandsociety.org/awards.html。

3　該書獲得 Herbert Jacob 圖書獎（2002）以及澳洲悉尼大學朱理思‧斯通法理學研究中心評選的 Inaugural Dennis Leslie Mahoney 法學理論獎（2006），詳見 https://www. sydney.edu.au/law/our-research/research-centres-and-institutes/julius-stone-institute-of-jurisprudence.html。

4　參加會議的學者有：Frederick Schauer、Brian Bix、Gerald Postema、Susan Haack、Edward L. Rubin、Charles Barzun，會議論文刊發於 *Washington University Law Review* 95.5 (2018)。

5　Brian Z. Tamanaha, *A Realistic Theory of Law* (Cambridge: Cambridge University Press, 2017), "Introduction," p. 2.

6　Tamanaha, *A Realistic Theory of Law*, "Introduction," p. 2. 早期著作中塔瑪納哈也專門討論了經典實用主義者皮爾士、杜威和詹姆斯的觀點。Brian Z. Tamanaha, *Realistic Socio-Legal Theory, Pragmatism and a Social Theory of Law* (Oxford: Oxford University Press, 1997), pp. 26–35. 關於新實用主義，1997 年的《現實主義的社會法理論》一書中也大量引述後現代思想以及羅蒂的觀點，因此，並不能說塔瑪納哈教授沒有受到新實用主義的潛在影響。關於新實用主義的不同觀點，筆者和他也曾有過郵件交流，他的回覆是，在新實用主義陣營中，羅蒂是一個敏銳的學者，很有啟發性；但從論證本身來說，他個人更偏好普特南。

7　古典實用主義和新實用主義之間存在不少爭議，哈克甚至認為羅蒂是庸俗的實用主義，不能算做真正的實用主義。Susan Haack, "The Pragmatist Tradition: Lessons For Legal Theorists," *Washington University Law Review* 95.5 (2018): 1049–1082.

8　Tamanaha, *Realistic Socio-Legal Theory*, p. 9.

9　皮爾士是公認的實用主義的奠基者，一般把皮爾士 1878 年 1 月發表的「如何使我們的觀念清楚」的講演當做實用主義的開始，但表達新哲學意義的「實用主義」一詞此後並未在印刷文本中出現，直至 1898 年詹姆斯才在〈哲學的概念和實際效果〉一文中使用了這個詞——並充分肯定了皮爾士的地位。當然，也並不是所有人都認可這樣的觀點，例如陳亞軍就認為 1868 年〈關於據說為人所具有的特殊能力的質疑〉、〈四種無能的後果〉才是實用主義的起點。陳亞軍：〈古典實用主義的分野及其當代效應〉，《中國社會科學》，第 5 期（2014），頁 61。真正提出實用主義概念的是詹姆斯在 1898 年的演講之中。在實用主義陣營中，甚至羅蒂認為皮爾士不過為實用主義提供了一個名稱，而他所論述的許多東西正是實用主義所要竭力避免的。參見陳亞軍：《實用主義：從皮爾士到布蘭頓》（南京：江蘇人民出版社，2020），頁 1。

10 參見陳亞軍：《實用主義》，頁21。

11 參見皮爾士著，塗紀亮、陳波譯：〈對四種能力的否定所產生的某些後果〉，載蘇珊・哈克主編：《意義、真理與行動：實用主義經典文選》（北京：東方出版社，2007），頁69–87。

12 參見陳亞軍：《實用主義》，頁13–14。

13 Tamanaha, A *Realistic Theory of Law*, "Introduction," pp. 2–3.

14 William James, *Pragmatism* (Cambridge, MA: Hackett Publishing Company, 1981), p. 29.

15 陳亞軍：《實用主義》，頁115。

16 陳亞軍：〈古典實用主義〉，頁80。

17 陳亞軍：〈實用主義〉，頁84。

18 陳亞軍：〈實用主義〉，頁90。

19 參見孫寧：〈視角主義：從詹姆士到米德〉，《現代哲學》，第3期（2013），頁74。

20 陳亞軍：〈實用主義〉，頁116。

21 參見杜威著，祝莉萍譯：〈常識與科學探究〉，載蘇珊・哈克：《意義、真理與行動》，頁440。

22 參見米德著，霍桂桓譯：〈心靈、自我與社會〉，載蘇珊・哈克：《意義、真理與行動》，頁463–475。

23 格雷著，陶菁譯：〈霍姆斯與法律實用主義〉，載格雷：《美國法的形式主義與實用主義》（北京：法律出版社，2014），頁106。

24 John Dewey, *Reconstruction in Philosophy* (Boston: Beacon Press, 1948), p. 156.

25 Brian Z. Tamanaha, "Pragmatic Reconstruction in Jurisprudence: Features of a Realistic Legal Theory," Washington University in St. Louis Legal Studies Research Paper No. 20-03-11, *Canadian Journal of Law and Jurisprudence* (forthcoming 2021): 7, https://ssrn.com/abstract=3564259.

26 Tamanaha, *Realistic Socio-Legal Theory*, p. 9.

27 陳亞軍：〈古典實用主義〉，頁60。

28 參見陳亞軍：〈實用主義的現象學意蘊〉，《學術月刊》，第52卷，第1期（2020），頁25–29。

29 1997年的《現實主義的社會法理論》是有批評概念化和本質主義進路的法律理論的內容，但是還不像2017年的新著那樣直接以拉茲、夏皮羅等分析實證主義法理論作為論戰對象。

30 Brian Z. Tamanaha, "Sociological Jurisprudence Past and Present", *Law & Social Inquiry* 45.2 (2020): 517.

31 Tamanaha, *Realistic Socio-Legal Theory*, pp. 103–107.

32 Tamanaha, *Realistic Socio-Legal Theory*, p. 128.

33 Tamanaha, *Realistic Socio-Legal Theory*, pp. 122–128. 這也說明了，塔瑪納哈即便承認法律多元，但依然保留了「法律之為法律」本質特徵的本質主義思考。

34　參見蘇珊・哈克著，陳波等譯：《證據與探究 —— 走向認識論的重構》（北京：中國人民大學出版社，2004），頁 13。

35　Harold I. Brown, *Rationality, the Problems of Philosophy: Their Past and Present* (London: Routledge, 1988), p. 57.

36　蘇珊・哈克著，陳波等譯：《證據與探究》，頁 19。

37　Scott Schapiro, *Legality* (Cambridge, MA: The Belknap Press of Harvard University Press, 2011), p. 17.

38　Brian Z. Tamanaha, "What is 'General' Jurisprudence? A Critique of Universalistic Claims by Philosophical Concepts of Law," *Transnational Legal Theory* 2.3 (2011): 293.

39　Tamanaha, *Realistic Socio-Legal Theory*, p. 3.

40　Tamanaha, "Pragmatic Reconstruction in Jurisprudence," p. 33.

41　Tamanaha, "Pragmatic Reconstruction in Jurisprudence," p. 16.

42　塔瑪納哈著，鄭海平譯：《一般法理學：以法律與社會的關係為視角》（北京：中國政法大學出版社，2012），序言，頁 15；當然，塔瑪納哈將分析法學的一般法理學理解為尋找「共同概念」是否符合拉茲所主張的法律之「必要特性」的理解則另當別論。

43　塔瑪納哈著，鄭海平譯：《一般法理學》，頁 16。

44　塔瑪納哈著，鄭海平譯：《一般法理學》，頁 2。

45　塔瑪納哈著，鄭海平譯：《一般法理學》，頁 162。

46　塔瑪納哈著，鄭海平譯：《一般法理學》，頁 158–160。

47　William Twining, *General Jurisprudence, Understanding Law from a Global Perspective* (Cambridge: Cambridge University Press, 2009), p. 106.

48　塔瑪納哈著，鄭海平譯：《一般法理學》，頁 291–292。

49　Tamanaha, "What is 'General Jurisprudence'?", pp. 296, 298.

50　塔瑪納哈著，鄭海平譯：《一般法理學》，頁 274。

51　塔瑪納哈著，鄭海平譯：《一般法理學》，頁 282。

52　塔瑪納哈著，鄭海平譯：《一般法理學》，頁 284。

53　塔瑪納哈著，鄭海平譯：《一般法理學》，頁 294。

54　Twining, *General Jurisprudence*, p. 17.

55　Tamanaha, "What is 'General' Jurisprudence?" pp. 287–288.

56　Brian Z. Tamanaha, *General Jurisprudence of Law and Society* (Oxford: Oxford University Press, 2001), "Preface", p. xiv.

57　塔瑪納哈著，鄭海平譯：《一般法理學》，頁 238。

58　塔瑪納哈著，鄭海平譯：《一般法理學》，頁 254。

59　塔瑪納哈著，鄭海平譯：《一般法理學》，頁 259。

60　塔瑪納哈著，鄭海平譯：《一般法理學》，頁 274。

61　塔瑪納哈著，鄭海平譯：《一般法理學》，頁 282。

62 Dan Priel, "Two models of jurisprudence," *Transnational Legal Theory* 4.4 (2013), p. 513.

63 Priel, "Two models of jurisprudence," p. 522.

64 例如塔瑪納哈認為，法律多元的觀點過於強調不同社會制度的共性，因此無法用來區分法律與非法律。Tamanha, *A Realistic Theory of Law*, p. 50.

65 Tamanaha, "Pragmatic Reconstruction in Jurisprudence," p. 19, note 84.

66 Tamanaha, *A Realistic Theory of Law*, "Introduction," pp. 4–8.

67 Oliver Wendell Holmes, Jr., *The Common Law*, eds. Paulo J.S. Pereira and Diego M. Beltran (Toronto: University of Toronto Law School, 2011), p. 6.

68 Tamanaha, *A Realistic Theory of Law*, "Introduction," p. 9, 15.

69 Tamanaha, *A Realistic Theory of Law*, "Introduction," p. 3.

70 Tamanaha, *A Realistic Theory of Law*, p. 3.

71 Holmes, *The Common Law*, p. 5.

72 Tamanaha, "Pragmatic Reconstruction in Jurisprudence," pp. 24–25.

73 Holmes, *The Common Law*, p. 8.

74 John Dewey, "Logical Method and Law," *Cornell Law Quarterly* 10.1 (1924): 17–27.

75 Brian Bix, "A New Historical Jurisprudence?" *Washington University Law Review* 95.5 (2018): 1035–1042.

76 Tamanaha, "Pragmatic Reconstruction in Jurisprudence," p. 39.

77 例如批判法學代表性人物鄧肯‧肯尼迪教授將法律教育理解為等級秩序的再造。

78 陳亞軍：〈實用主義〉，頁88。

79 Tamanaha, "Pragmatic Reconstruction in Jurisprudence," p. 46.

80 塔瑪納哈著，鄭海平譯：《一般法理學》，頁5。

81 Tamanaha, *A Realistic Theory of Law*, p. 40.

82 Tamanaha, *A Realistic Theory of Law*, pp. 41, 194.

83 參見塔瑪納哈著，鄭海平譯：《一般法理學》，頁293；Tamanaha, *A Realistic Theory of Law*, p. 42。

84 Tamanaha, *A Realistic Theory of Law*, "Introduction," pp. 43–46.

85 Tamanaha, *A Realistic Theory of Law*, pp. 48–51.

86 Joseph Raz, *Between Authority and Interpretation* (Oxford: Oxford University Press, 2009), pp. 24, 17.

87 Jules Coleman, "Incorporationism, Conventionality, and the Practical Difference Thesis," *Legal Theory* 4.4 (1998): 381.

88 Tamanaha, "Pragmatic Reconstruction in Jurisprudence," pp. 8–9.

89 Tamanaha, *A Realistic Theory of Law*, p. 67.

90 Tamanaha, "Pragmatic Reconstruction in Jurisprudence," pp. 12–13. 關於這個觀點，其他教授有不同的觀點，例如Gerald J. Postema教授認為，分析法學是在19世紀面對寬泛的法律討論的情形下自覺限定討論範圍的方式，因此，這使得眾多真正的法律現象並不能成為分析法學的研究對象，分析法學的研究就局限在那些分析法學家所劃定的區域和概念之上。但是，這並不是說奧斯汀的法律概念限定為權威的命令理論，而是這種限定範圍的法理學思考主宰了我們思考法律的方式。Gerald J. Postema, "Jurisprudence, the Sociable Science," *Virginia Law Review* 101 (May 2015): 871–872.

91　Tamanaha, *A Realistic Theory of Law*, p. 76.

92　塔瑪納哈著，鄭海平譯：《一般法理學》，頁216–221。

93　塔瑪納哈著，鄭海平譯：《一般法理學》，頁191。

94　塔瑪納哈著，鄭海平譯：《一般法理學》，頁238。

95　Tamanaha, *A Realistic Theory of Law*, p. 75.

96　Tamanaha, *A Realistic Theory of Law*, p. 76.

97　Tamanaha, *A Realistic Theory of Law*, pp. 73, 194.

98　Tamanaha, *A Realistic Theory of Law*, p. 80.

99　Tamanaha, "Pragmatic Reconstruction in Jurisprudence," p. 37.

100　Gerald J. Postema, "The Data of Jurisprudence," *Washington University Law Review* 95.5 (2018): 1091.

101　Dan Priel, "Law as a Social Construction and Conceptual Legal Theory," *Law and Philosophy* 38.3 (2019): 267–287.

102　Frederick Schauer, "Lawness," *Washington University Law Review* 95.5 (2018): 1141.

103　Tamanaha, *Realistic Socio-Legal Theory,* "Foreword," Chap. 1, Chap. 5.

104　Tamanaha, *Realistic Socio-Legal Theory,* pp. 6–7.

105　Oliver Wendell Holmes, Jr., "The Path of the Law," *Harvard Law Review* 10.8 (March 1897): 458.

106　H. L. A. Hart, *The Concept of Law* (Oxford: Oxford University Press, 1994), p. 10.

107　Hart, *The Concept of Law*, p. 11.

108　Hart, *The Concept of Law*, p. 88.

109　格雷著，陶菁譯：〈霍姆斯與法律實用主義〉，載格雷：《美國法的形式主義與實用主義》(北京：法律出版社，2014)，頁124–125。

110　參見格雷著，陶菁譯：〈霍姆斯與法律實用主義〉，頁138，142，148。

111　Holmes, "The Path of the Law," p. 61.

112　格雷著，陶菁譯：〈霍姆斯與法律實用主義〉，頁91。

113　Michael H. Hoffheimer, *Justice Holmes and the Natural Law* (New York and London: Garland Publishing, 1992), p. 7.

114　Patrick J. Kelly, "Holmes, Langdell and Formalism," *Ratio Juris* 15.1 (2002): 26–51.

115　Sheldon M. Novick, "Justice Holmes's Philosophy", *Washington University Law Review* 70.3 (1992): 703.

116　格雷著，屠凱譯：〈蘭德爾的正統〉，載格雷：《美國法的形式主義與實用主義》，頁72。

117 格雷著，陶菁譯：〈霍姆斯與法律實用主義〉，頁129。

118 Catharine P. Wells, "Holmes on Legal Method: The Predictive Theory of Law as an Instance of Scientific Method," *Southern Illinois University Law Journal* 18.2 (Winter 1994): 334–335.

119 塔瑪納哈著，鄭海平譯：《一般法理學》，〈序言〉，頁8。

120 霍姆斯：〈以律師為業〉，載霍姆斯著，劉思達譯：《霍姆斯讀本：論文與公共演講選集》（上海：上海三聯書店，2009），頁66。

121 格雷著，陶菁譯：〈霍姆斯與法律實用主義〉，頁121。

122 James, *Pragmatism*, p. 38.

123 格雷著，屠凱譯：〈蘭德爾的正統〉，頁86，注釋180。

124 Brian Z. Tamanaha, "Balanced Realism on Judging," *Valparaiso University Law Review* 44.4 (2010): 1268–1269.

125 在2006年出版的 *Law as a Means to an End: Threat to the Rule of Law* 一書中，塔瑪納哈還是保留了原先的看法，認為事實上曾經在美國法律史上存在過形式主義裁判。但是在2010年出版的 *Beyond the Formalist-Realist Divide* 第一部分就明確說這是一個虛構。

126 Tamanaha, "Balanced Realism on Judging," pp. 1246–1249.

127 Tamanaha, "Balanced Realism on Judging," p. 1256.

128 James, *Pragmatism*, p. 103.

129 Frederick Schauer, "Lawness," p. 1142.

130 Joseph Raz, "Can There be a Theory of law?" in Joseph Raz ed., *Between Authority and Interpretation: On the Theory of Law and Practical Reason* (Oxford: Oxford University Press, 2009), pp. 39–41.

131 陳景輝：〈法理論的性質：一元論還是二元論——德沃金方法論的批判性重構〉，《清華法學》，第6期（2015），頁7。

132 霍姆斯：〈以律師為業〉，頁67。

133 參見格雷著，陶菁譯：〈霍姆斯與法律實用主義〉，頁112。

參考書目

Bix, Brian. "A New Historical Jurisprudence?" *Washington University Law Review* 95.5 (2018): 1035–1042.

Brown, Harold I. *Rationaltiy, the Problems of Philosophy: Their Past and Present*. London: Routledge, 1988.

Coleman, Jules. "Incorporationism, Conventionality, and the Practical Difference Thesis." *Legal Theory* 4.4 (1998): 381–426.

Dewey, John. "Logical Method and Law." *Cornell Law Quarterly* 10.1 (1924): 17–27.

Dewey, John. *Reconstruction in Philosophy*, 2ⁿᵈ ed. Boston: Beacon Press, 1948.

Haack, Susan. "The Pragmatist Tradition: Lessons for Legal Theorists." *Washington University Law Review* 95.5 (2018): 1049–1082.

Hart, H. L. A. *The Concept of Law*, 2ⁿᵈ ed. Oxford: Oxford University Press, 1994.

Holmes, Oliver Wendell. *The Common Law*, edited by Paulo J. S. Pereira and Diego M. Beltran. Toronto: University of Toronto Law School, 2011.

Holmes, Oliver Wendell. "The Path of the Law." *Harvard Law Review* 10.8 (March 1897): 457–478.

Hoffheimer, Michael H. *Justice Holmes and the Natural Law*. New York and London: Garland Publishing, 1992.

James, William. *Pragmatism*. Cambridge, MA: Hackett Publishing Company, 1981.

Kelly, Patrick J. "Holmes, Langdell and Formalism." *Ratio Juris* 15.1 (2002): 26–51.

Novick, Sheldon M. "Justice Holmes's Philosophy." *Washington University Law Review* 70.3 (1992): 703–754.

Postema, Gerald J. "Jurisprudence, the Sociable Science." *Virginia Law Review* 101 (May 2015): 869–902.

Postema, Gerald J. "The Data of Jurisprudence." *Washington University Law Review* 95.5 (2018): 1083–1096.

Priel, Dan. "Two Models of Jurisprudence." *Transnational Legal Theory* 4.4 (2013): 512–523.

Priel, Dan. "Law as a Social Construction and Conceptual Legal Theory." *Law and Philosophy* 38.3 (2019): 267–287.

Raz, Joseph. "Can There be a Theory of Law?" In *Between Authority and Interpretation: On the Theory of Law and Practical Reason*, edited by Joseph Raz, 17–46. Oxford: Oxford University Press, 2009.

Schapiro, Scott. *Legality*. Cambridge, MA: The Belknap Press of Harvard University Press, 2011.

Schauer, Frederick. "Lawness." *Washington University Law Review* 95.5 (2018): 1135–1148.

Tamanaha, Brian Z. *A Realistic Theory of Law*. Cambridge: Cambridge University Press, 2017.

Tamanaha, Brian Z. *Realistic Socio-Legal Theory, Pragmatism and a Social Theory of Law*. Oxford: Oxford University Press, 1997.

Tamanaha, Brian Z. *A General Jurisprudence of Law and Society*. New York: Oxford University Press, 2001.

Tamanaha, Brian Z. *Law as a Means to an End: Threat to the Rule of Law*. Cambridge: Cambridge University Press, 2006.

Tamanaha, Brian Z. "What is 'General' Jurisprudence? A Critique of Universalistic Claims by Philosophical. Concepts of Law." *Transnational Legal Theory* 2.3 (2011): 287–308.

Tamanaha, Brian Z. "Balanced Realism on Judging." *Valparaiso University Law Review* 44.4 (2010): 1243–1270.

Tamanaha, Brian Z. "Sociological Jurisprudence Past and Present." *Law & Social Inquiry* 45.2 (2020): 493–520.

Tamanaha, Brian Z. "Pragmatic Reconstruction in Jurisprudence: Features of a Realistic Legal Theory." [Washington University in St. Louis Legal Studies Research Paper No. 20-03-11] *Canadian Journal of Law and Jurisprudence* (forthcoming 2021). Last revised October 6, 2020. https://ssrn.com/abstract=3564259.

Twining, William. *General Jurisprudence, Understanding Law from a Global Perspective.* Cambridge: Cambridge University Press, 2009.

Wells, Catharine P. "Holmes on Legal Method: The Predictive Theory of Law as an Instance of Scientific Method." *Southern Illinois University Law Journal* 18.2 (Winter 1994): 329–345.

孫寧：〈視角主義：從詹姆士到米德〉，《現代哲學》，第3期 (2013)，頁73–78。

格雷著，陶菁等譯：《美國法的形式主義與實用主義》。北京：法律出版社，2014。

陳亞軍：〈古典實用主義的分野及其當代效應〉，《中國社會科學》，第5期 (2014)，頁60–80。

陳亞軍：〈實用主義的現象學意蘊〉，《學術月刊》，第52卷，第1期 (2020)，頁25–29。

陳亞軍：《實用主義：從皮爾士到布蘭頓》。南京：江蘇人民出版社，2020。

塔瑪納哈著，鄭海平譯：《一般法理學：以法律與社會的關係為視角》。北京：中國政法大學出版社，2012。

霍姆斯著，劉思達譯：《霍姆斯讀本：論文與公共演講選集》。上海：上海三聯書店，2009。

蘇珊·哈克主編，陳波等譯《意義、真理與行動：實用主義經典文選》。北京：東方出版社，2007。

蘇珊·哈克著，陳波等譯：《證據與探究——走向認識論的重構》。北京：中國人民大學出版社，2004。

第 11 章

從霍姆斯到波斯納
法律實用主義的推進、局限與偏離

艾佳慧

一、引子

作為美國歷史上最傑出的最高法院大法官之一，同時也是最有影響的法律思想家，霍姆斯不僅在生前就在法學界獲得了卓越聲望，[1] 其獨創的法律思想和理論學說更深刻影響了不少後世的法學家，而理查・A・波斯納 (Richard A. Posner) 就是其中最著名的一位。

波斯納是美國當代著名法學家，「如果引證率可以測度影響力，那麼當仁不讓，波斯納是在世的最有影響的法學家」。[2] 他不僅是霍姆斯如先知般預言的法律經濟學運動的創始人、開拓者和普及者，更在霍姆斯開闢的法律實用主義道路上，創造了波斯納牌號的實用主義法理學。基於社會科學 (特別是經濟學) 關於行為理論的洞見，波斯納贊同一種法律的「行動」理論，相信和主張一種由霍姆斯開創的實用主義哲學，強調法律是一種實踐知識，而不是一套原則和概念。他認為，面對法學 (特別是其所強調的司法) 必須回答一個個具體問題，由於不可能從一套邏輯嚴密的概念體系或者幾個絕對正確的基本原則中獲得系統、準確的答案，因此就需要從一種後果主義的、經驗主義的、時時同具體問題相聯繫但又貫穿始終的理論出發來研究和解決問題，追求一種「微觀的制度性理解和處置，目的就是要把事辦妥 (而不是好)」[3] (蘇力語)。

霍姆斯於波斯納，既是學術偶像，又是精神導師。霍姆斯的畫像一直掛在波斯納的辦公室就是一個明證，而下文將會提供更多理論和學術上的證據。作為被公認為我們這個時代最像霍姆斯的法學家，波斯納和霍姆斯一樣，都是冷靜超然，甚至冷酷的社會達爾文主義者(想想霍姆斯對優生學的支持以及著名的「三代低能就夠了」，[4] 再想想波斯納的「財富最大化隱含了，如果可以通過奴役社會中最少生產力的公民而推進繁榮，那麼犧牲他們的自由就是值得的」[5])；是熱愛文學並且擅長文字修辭的語言大師(霍姆斯是對文學有天生愛好的資深作家，在法學界留下了諸多精煉深邃的名言警句，[6] 而波斯納不僅擅長隱喻，其文字的精細程度和修辭功底並不亞於霍姆斯)；是極具破壞性又兼具創造性的「偶像破壞者」[7](霍姆斯的〈法律的道路〉就是其揮舞現代化的「掃帚」來清掃古老幽暗法律房間的典範之作，而波斯納更以「多產的偶像破壞者」聞名於世)；是對長期籠罩法律界的法律形式主義陰雲極其不滿，而試圖撥開其理論迷霧的法律實用主義者(霍姆斯指出「重要的不在於外衣本身，而是在於外衣之下的人」，[8] 而波斯納更直接引用葉芝的詩句昭告其實用主義宣言：「赤裸著行走吧，還有更大的事業」[9])。

在霍姆斯的相關著述被引進國內之前，關於霍姆斯，關於法律實用主義，中國法學界的讀者有可能是從波斯納的著作中窺見一斑，因為波斯納基本上每本書都會大量引用霍姆斯，也因為蘇力教授組織翻譯的《波斯納文叢》太有影響力了(當然了，由於筆者對此沒有專門研究，這也許只是誤判)。[10] 可以毫不誇張地說，波斯納就是霍姆斯法律實用主義思想的傳承者和推進者。但問題在於，何謂霍姆斯的法律實用主義思想？波斯納牌號的實用主義法理學在何種程度上傳承了霍姆斯思想？被波斯納進一步推進和傳承的霍姆斯思想本身是否存在某種理論局限和認知偏誤？以及最需要澄清的，波斯納的理論推進在何種程度上是對霍姆斯思想的偏離？這種偏離是否構成了對霍姆斯思想的誤導？這些都是值得進一步深入討論並澄清的理論議題，本文就是針對這些問題的也許並不全面和正確的初步回答。

二、霍姆斯的法律實用主義思想

作為「偉大的異議者」，霍姆斯在最高法院諸多重要的判決中堅持
自己的立場，堅持司法自治和言論自由；作為美國現實主義法學和實
用主義法學思想的開創者和實踐者，霍姆斯認為「法律的生命在於經
驗而不在邏輯」，極力反對法條主義和法律形式主義，反對那種將法
律變成一種脫離實際的概念體系的企圖。他平生最重要的著作是 1897
年 1 月 8 日在波士頓大學發表的演說〈法律的道路〉("The Path of the
Law")，[11] 以及 1881 年出版的《普通法》(*The Common Law*) [12]。

霍姆斯所有的法律思想中最突出的特點就是他的實用主義。[13] 可
以說，他就是美國歷史上最偉大的法律實用主義者。作為其法律實用
主義事業的後繼者和傳承者，波斯納不僅在理論學術，也在司法實踐
中全面落實並推進了霍姆斯的理論，結合霍姆斯如先知般預言的法律
經濟學理論，波斯納更創造了波斯納牌號的實用主義法理學，一種需
要科學精神的，強調經驗、行動和改進的，堅持始終把社會思想和活
動作為實現人類珍視的目標的工具來評價而不是作為目的來評價的新
實用主義。[14] 為了更全面深入地了解波斯納對霍姆斯理論的傳承和推
進，本節將從預測理論、反本質主義思想、道德分離說以及法律的經
驗理論四個看似各自獨立實則緊密相關的理論維度概括霍姆斯的法律
實用主義思想，並將波斯納如何在此基礎上推進創新的梳理工作留待
下一節討論。

(一) 霍姆斯的預測理論

在其著名的演說〈法律的道路〉中，霍姆斯開宗明義地指出了法律
研究的目的就是為了預測，即「我們研究的目標就是預測，預測在什
麼情況下公共權力通過法庭起作用。」[15] 換句話說，法律不過就是對法
官將要所作所為的預測。在霍姆斯看來，法律權利和法律義務本質上

就是預測，「一項所謂的法律義務並非別的，而是一個預測，即，倘若某人作為或不作為某些事情，他將會遭受法庭判決的這種或那種方式的制裁。對於一項法律權利亦是如此。」[16] 霍姆斯的這一定義完全不符合傳統法律的教義，隱藏的是對法律是一個推理系統、一套倫理原則或從一些公認的公理演繹出來的結論的諷刺和反對 ——「如果我們採用我們的朋友壞人的視角，我們會發現他並不在乎什麼公理或是演繹推理之類的事情，他的確想知道的只是麻塞諸塞州或是英格蘭法院實際上可能如何行事。……對於法庭將會如何行事的預測，而不是別的什麼更為矯飾造作的東西，正是我所稱的法律。」[17]

有學者認為，霍姆斯的上述表述隱含了其獨創的兩個理論：壞人理論和預測理論。[18] 但筆者認為這兩個理論其實是一個問題，即霍姆斯眼中的法律不過是「壞人」對法院如何判決的預測，在這裡，「預測」的主體是「壞人」，而「預測」的客體是法院如何判決。因此，預測理論強調的是現實中的法律，把法律視為一個現實的活動和過程而不是一套呆板的概念體系，強調的是一個「壞人」或者一個實用主義者（其本質是一個「趨利避害」的有限理性行動者）的視角，隱含的是需要構建並驗證一些人類行為的模型，目的在於預測和在恰當的時候控制這種行為。因此，霍姆斯的預測說充分體現了其實用主義的法律觀，而且預見了強調成本/收益分析的法律經濟學的到來。

(二) 霍姆斯的反本質主義思想

霍姆斯的法律世界觀非常實用主義。在他看來，世界上並不存在概念性實體，因為一個理念的意義並不在於其定義、形式以及與其他理念之間的關係，而在於它在現實世界中的後果。世界上只有這樣的事實：如果你做了這些行為，就有警員和法官登門拜訪。這些後果不是因為違反了某些概念和原則，而必然是以法律名義展示的國家強力。[19] 法律規則是社會中最強有力的群體的某些顯著觀念的系統化和強制性的體現，並因此會隨著這些觀念和群體的變化而變化。也因此，霍姆斯對那種認為法律就是一套概念和原則，有一個毫無疑問的確定性之來源、僅通過邏輯推演就能得出結論的形式主義法學非常反感。[20] 霍姆斯認為這種形式主義隱含著一種對語言概念的形而上學假設：語詞是有意義的，或者說它們的意義隱含在獨立存在的概念中，即使一個詞看起來有些含混，在邊際條件下使用出現模糊，那也可能是我們沒有界定其確切的含義，或者是我們實際掌握的知識不確定。[21] 這是一種本質主義法律現（或者，一種源自於柏拉圖和亞里士多德的古典進路），對此，霍姆斯完全不認同。

與本質主義的法律概念觀相反，霍姆斯是從實用主義的角度看待以抽象語詞表達的法律概念的，認為法律概念只是為了研究或者交流而確定個別事物的有用工具。從這個意義上說，某個名稱直接指稱一個個別的事物，而一般性的語詞簡要表達了某類或多或少相似的具體實例。[22] 在法律概念語義含混或者在邊際條件下使用模糊之時（也即出現了哈特所指的語義的空缺結構），即使「人類試圖以特殊的理由確定具體事物，但一旦超出一般性語詞無可爭議的使用中心，不管（這個一般性語詞）是否包含個別事物，它的可信度開始降低，（其意義）就取決於語境和目的。」[23] 這就是在反本質主義者霍姆斯對一般性（或抽象）法律概念的理解，根本就沒有什麼確定的實體，而只有隨著語境和目的變化的意義。而就是在此時，法院就必須要放棄那些無望的法律解釋，而不得不充當潛在的立法者（這也是一種「空隙處立法」），把法院的判決格式化成基於目的和語境的對主流願望的考慮（法院判決正當化的需求）並為社會提供清楚的法律規則。

還不僅如此。霍姆斯的反本質主義思想不只要否定概念性實體的存在，更劍指傳統法律觀中最核心的諸多精神實體——比如主觀意圖、蓄意、自由意志等——認為隨著法律日益複雜和科學的日漸進步，精神狀態在法律中的作用肯定會逐步減少，責任更多地被視為一個行為問題而不是一個意圖問題。[24] 比如民事侵權法中被告的責任「將取決於隨著這個行為或在已知條件下的行為的危險程度」，[25]這個標準意味著一個普通人的行為是否應受指責應該根據他是否可以預見其行為將導致另外一個人的危害；再比如，在合同案件中，霍姆斯否認「意圖」這一神秘、無形的概念性實體的存在，相信一種合同責任的客觀理論，認為我們看不見他人的心智，因此在確定法律責任時，就不應該把主觀意圖摻雜進來，而應該代之以一種行為主義和後果主義的態度來判決案件。[26]

(三) 霍姆斯的道德分離說

在〈法律的道路〉一文中，霍姆斯指出雖然法律是我們道德生活的見證人和外在表現，法律的歷史就是一個民族道德的發展史，但是，要學好和弄懂什麼是法律，就必須區分法律和道德。在霍姆斯看來，那種傳統的對法律的認識——認為法律是道德的延續，因此充滿了道德概念；法律是邏輯的，只有從現存概念和教義中推論 (無論是類比還是解釋) 才可以創造出新的教義——只是愚民的和暫時的，因為預測法院會如何作為，這實際就是法律的全部意味。按照其「壞人」理論，道德是不重要的，一個壞人會像好人一樣關心如何躲開國家暴力；並且，由於法律和道德常常不一致，法律使用道德語言是造成混亂的一個來源，因此，最好是從法律中清除所有的道德語言。換個角度看，霍姆斯強調當事人的所言與所行，而不關注當事人的主觀動機，因為道德涉及一個人意欲的東西以及心智的實際內在狀態，法院實際上不可能完全了解。基於此，對於傳統法學強調的「意圖」、「善意」、「過錯」等蘊含道德意味的概念，霍姆斯認為應該它們「放到冷峻的酸液中清洗」並以一種行為主義的態度重新理解。而「通過擺脫毫不必要的法律與道德上的混淆，我們能在釐清我們的思想方面得到相當大的收穫。」[27]

可以很清楚地發現，霍姆斯的道德分離說完全不同於主張法律是人定規則、法律和道德沒有內在和必然聯繫的法律實證主義。正如盧班所言，霍姆斯的目的不是要批評那種認為法律可以處理道德問題並且從道德原則可以推導出法律內容的信仰，他只是認為在法律語言中清除掉那些具有道德意味的詞彙除了「失去來自於道德相關聯的大量歷史和權威的活化石記錄」之外什麼都沒有損失。[28] 自然法和實在法的傳統兩分在霍姆斯這裡似乎沒有意義。更仔細地梳理可以發現，霍姆斯的道德分離說並不否定普遍倫理道德構成法律的基礎，而是反對法律中那些自以為彰顯了個體主觀精神狀態的道德詞彙，因為法院根本不可能有透視當事人主觀意圖的能力。舉例而言，霍姆斯反對責任的主觀標準，而提倡一種應以客觀產生的合理的準則為依據對行為的客觀意義進行判斷的客觀責任標準，認為這項理論既適用於民法也適用於刑法。[29] 在霍姆斯看來，刑法和民法的責任標準都應該是相同的，即具備客觀、外在、可預見性和可責罰性的特質。這種客觀責任標準強調在特定條件下的行為產生的危險程度，認為法庭通過確定一個普通人成為被告時是否知道或應該知道某個行為帶來的危險來判定其是否承擔責任，該標準的適用就能夠實現制止危險行為的目的。在這裡，普通人就是一個懂得「趨利避害」的有限理性行動者（或者霍姆斯所稱的「壞人」），只有去道德化的客觀責任標準可以幫助他有效預測法庭的判決，從而更好地指引和規範自己的行為以避免承擔侵權責任或牢獄之災。這樣一來，霍姆斯的道德分離說不僅隱含了行為主義法律觀，更和預測理論交織在一起呈現出了法律實用主義理論的內在有機關聯。

（四）霍姆斯的法律經驗論

「法律的生命不在於邏輯，而在於經驗。」這是霍姆斯的《普通法》開篇的一句話，現在已經成為最廣為人知的法律格言。但如果將這句話僅僅理解為霍姆斯對蘭德爾形式主義法學的批判，就太小看霍姆斯了。

要真正理解這句話，就必須將之放在前後語境中去考察，下面是霍姆斯《普通法》開篇的一段話：

> 本書旨在提出對普通法的一般看法。為完成這一任務，書中除了使用邏輯推理方法之外還需要運用其他方法。它所要表明的是，要保持一個體系的統一性就需要有特定的結果，當然不僅僅如此。法律的生命並不是邏輯推理的結果，它是經驗的積累。時代需要的是道德和政治上的普遍理論、人們對公共政策的公開的或無意識的直覺，甚至是法官們對某些問題所共有的偏見，這些因素在確定據以制定規範行為準則時，比演繹推理所起的作用要大得多。法律體現了一個國家在漫長歲月中的發展狀況，而且法律不能被看做數學書本上的原理或推論。要知道什麼是法律，我們必須了解它的過去、現在以及將來的發展趨勢。我們必須同時審查它的歷史及其立法的理論基礎。而最艱難的工作在於弄清楚兩者在不同階段是如何結合成新產物的。至今為止，法律的實質在任何時候都帶有人們所理解的方便與實用的特性。而法律的形式、機制以及它在多大程度上達到預期目標則取決於它的過去。[30]

仔細閱讀這段話，可以發現霍姆斯並不一般地反對邏輯推理，而是認為邏輯推理不是法律的全部。在這個問題上，卡多佐看得很清楚，雖然「邏輯的指導力並不總是沿著獨一無二且毫無障礙的道路發揮作用」，但霍姆斯並沒有告訴我們當經驗沉默不語時應當忽視邏輯。[31]但法律應在何時遵照邏輯，又在何時依循經驗？要回答這個問題，必須理解霍姆斯語境中的法律、邏輯和經驗分別是什麼意思。不同於法典化的大陸法系，英美法系的基礎是法官法，而普通法就是法官法的傳統領地，因此，這裡的法律就是通過法庭的判決或先例確立下來的規則。而邏輯，是蘭德爾形式主義法學熱衷的三段論，「每個司法行為都是一個由純粹演繹推理構成的判斷的結果。推理表現出來的就是對適用於某些特定事實的規則的陳述。在具體案件中發現那些特定的事實以及所適用的規則就成為一種邏輯的必需。」[32] 最後，經驗是霍姆斯獨創的概念，其含義非常豐富，它既可以是霍姆斯所稱的「道德和政治上的普遍理論、人們對公共政策的公開的或無意識的直覺，甚至是法官們對某些問題所共有的偏見」，也可以指法律之外的各種力量，某種法律和社會後果之間的因果關係。

懷特正確地指出，這段話表示霍姆斯已經認識到了經驗與邏輯、形式與實質之間存在一種矛盾，其中法律學說的發展反映出一個時代的社會政策變化，但與此同時，法律的發展也因為拘泥於判例而受到限制。[33] 這其中蘊含了一種形式（或邏輯）和實質（或經驗）之間既對立又統一的方法論。由此看來，霍姆斯的法律經驗論不只是簡單地否定邏輯，只不過後世學者大多強調了霍姆斯的經驗面向，而忽視了其肯定邏輯的一面。

由於法庭需要處理的案件既有大量簡單普通的案件，也有少量疑難案件，由於前者只需找法、適法或者遵循先例即可，而後者要求法官進行一些創造性的工作，因此，在筆者看來，「法律的生命不在於邏輯，而在於經驗」這句話可以更準確地概括為「法律運行的生命在於邏輯，而法律續造和法律創新的生命在於經驗。」邏輯的重要性在於，「在無數的訴訟中，法律都是非常清楚的，法官也沒有什麼裁量。他們的確有權在空白之處立法，但那裡常常沒有空白。」[34] 而經驗的重要性在於，在疑難案件的審理中，邏輯演繹和三段論根本無法完成這一任務，此時法官不得不在「空隙處立法」（霍姆斯語）。「法典和制定法的存在並不使法官顯得多餘，法官的工作也並非草率和機械，會有需要填補的空白，也會有需要澄清的疑問和含混，還會有需要淡化──如果不是迴避的話──的難點和錯誤。」[35] 因此，在法官不得不立法之時，決定法律的內容及其發展力量的只能是經驗，是法官對基本的倫理道德、現實的政治權力、某種公共政策、普遍的社會福利（social welfare）甚至因果關係交織混雜的多元因素的權衡考量。

正是在疑難案件的審理中，當法官不得不在「空隙處立法」之時，霍姆斯才表示出了對蘭德爾形式主義法學的不滿。霍姆斯指出，如果只重視法律教條中的邏輯關係，就不可能真正在哲理上掌握法律，因為「法律象徵著一個國家幾個世紀的發展進程，因而發現其哲理在於歷史和人類需求的本性，並不在於其自身的一致性，而這種一致性必將隨著法律的繼續發展而崩潰。」[36] 因此，集中關注如何在「空隙處立法」的霍姆斯司法哲學必然是現實主義和反形式主義的。這種司法哲學一方面認為最好的法官是把法律琢磨得最精確符合，甚至預見到社會中佔支配地位群體的願望的法官，而所謂佔支配地位的群體就是那些順應了歷史潮流的人們；[37] 另一方面又認為在審判中通過權衡所得和所失來實現立法目標是一個法官不可避免的責任，為達到此目的，其呼籲每一個律師和法官都應該懂得經濟學。[38] 在霍姆斯看來，政治經濟學和法律的分化並非是一件好事，並先知般地指出，「理性地研究法律，時下的主宰或許還是『白紙黑字』的研究者，但未來屬於經濟學和統計學的研究者。」[39] 與這一司法哲學相聯繫，霍姆斯在《普通法》中極力讚美了法官的技巧，這些技巧使普通法得以順應那些持久反映了社會需要和政治力量的變化，他相信法律會隨著這些變化而不斷進化。作為法官，霍姆斯尊重反映社會主流看法的立法或者地方官員的自由裁量決定，這導致他比他那些「保守」的法官同事更經常投票支持那些很偏狹的立法和行政法案。[40] 另外，霍姆斯還在其司法實踐中對許多受到合憲性挑戰的聯邦立法和各州立法都採取了寬容態度，他也很少支持政府限制言論自由，這些都反映了他的實用主義法律思想：法律不應成為社會變革的障礙。[41]

雖然可能會有遺漏，但以上四點基本表明了霍姆斯的實用主義法律觀。這裡借用一下波斯納的概括，霍姆斯將法律視為一種上層建築，而無論這個基礎是權力，民主社會的民主輿論，還是各種具體的社會目標和倫理目標，霍姆斯的實用主義進路都要求法律研究者從法律之外，至少是常規定義的「法律」之外尋求對法律的理解和推進。[42]

由於「所有的思想都是社會的，都正在成為行動」，[43] 因此一個霍姆斯意義上的實用主義者堅信我們（包括法律）並非自身的歷史、傳統和先驅者的奴隸，相反，它們只是我們的工具。[44]

霍姆斯的實用主義法律思想是豐富且啟人思考的（用波斯納的話來説，在美國法理學中，霍姆斯仍然是唯一的導師人物），不僅在當時強有力地反擊了蘭德爾的法律形式主義法學，而且為興盛於20世紀20和30年代的現實主義法學運動奠定了基礎，更是在思想和方法論上深刻影響了後來的波斯納法官，並間接造就了波斯納牌號的實用主義法理學。

三、波斯納牌號的實用主義法理學：推進與創新

作為霍姆斯理論的後繼者，波斯納在上述霍姆斯思想的各個方面都有所推進。以下先分而論之，然後結合《法理學問題》一書指出波斯納的理論創新之處。

(一) 波斯納對預測理論的推進

波斯納對預測理論的推進主要體現在，基於新古典經濟學的負外部性理論和成本─收益分析工具，波斯納法官明確指出，法官宣佈的普通法規則給各種社會不可欲的行為都標上了價格，無論是搭便車，還是增加社會成本卻沒有相應收益的負外部性行為。[45] 對於經濟學家而言，這種非市場領域的「價格」被稱作「影子價格」(shadow prices)，[46] 而法律制裁（如果「壞人」預測法庭將會對其行為進行制裁）就像是價格（或者「壞人」如此行動的成本）。如果假設人們對於法律制裁的反應與對價格的反應相同，就可以假設人們對於較為嚴厲的法律制裁的反應是從事更少的會被制裁的行為。[47] 在法律經濟學領域，

我們將這種把法律規則體系類比於市場價格體系、法律後果類似於
「影子價格」的法律強制理論稱之為法律威懾理論。在很大程度上，該
理論其實就是霍姆斯預測理論的改良版（稱之為法經濟學版本或社會
科學版本亦可）。

（二）波斯納對反本質主義思想的推進

在《法理學問題》一書中，緊接著「法律的認識論」，波斯納專編
討論了「法律的本體論」問題。如果說「認識論」討論我們可能知道什
麼，「本體論」研究的就是有些什麼東西就在那裡讓人們去知曉。秉承
霍姆斯的反本質主義思想，波斯納認為，許多似乎是法律核心實
體——比如自由意志、心智、犯罪意圖、法律事實等概念——的虛
幻特點阻礙了對法律的有意義研究，「法律思想不可能因與『實在』世
界相對應就成為客觀的，無論法律具有什麼客觀性，這種客觀性都出
自文化的統一性，而不是出自形而上的實體和嚴格的方法論。」[48] 在
《超越法律》中，波斯納認為實用主義有助於我們對某些起了重大作用
但充滿混亂的概念性實體保持一種恰當的批判態度，因為如果用實際
後果的標準來檢測，就會證明這些實體非常捉摸不定。比如在刑事懲
罰背後，社會主要關心的是危險程度，而不是精神狀態，並且訴訟的
方法也不能使調查事實的人穿過這種危險程度，進入那也許從來就不
存在的、虛無縹緲的思維或精神層面。[49] 更進一步，波斯納，甚至將
霍姆斯的反本質主義思想概括為行為主義法律觀，認為行為主義法律
觀假定人們實際了解自己所處的境況，也了解在這種境況下法律的要
求，但這種理解能力並不需要有一個心智來貯存意圖並指揮其肌肉。[50]

不僅如此，波斯納認為其引領的法律經濟學分析就體現了霍姆斯
的這種行為主義法律觀，因為「用行為主義假定來替換實體化的精神
狀態，這是經濟分析的核心。經濟學中的『效用函數』（utility function）
概念就相當於法律中的『意圖』概念，它概括了追求這種函數的某人的

口味、價值、偏好以及目的。經濟學研究的目的之一就是,要盡可能多地改變參照系中諸多效用函數的因素,即那些神秘的精神實體,而參照系是可以測定的。」[51]他還以其和蘭德斯提煉的故意侵權模型為例,指出從經濟分析的觀點看,完全不需要「主觀意圖」這一概念性實體,過失行為和故意的不正當行為之間的差別僅在於過失侵權者未以足夠的資源來避免造成傷害,而故意的不正當行為則花費了一定的資源來造成傷害而已。[52]因此,在主觀意圖不可獲得的基礎上,面對那些語義模糊的法律概念,波斯納主張要以一種行為主義和實用主義(隱含的是法律經濟學進路)的態度和方法來處置這些問題,「當法律文本之含義不清時,代之以關注案件中所提出的法律文本的不同適用,比較各種適用的實際後果,也許我們會做得好一些。」[53]

(三) 波斯納對道德分離說的推進

前文已指出,霍姆斯的道德分離說僅僅希望清理法律中的道德詞彙(因為法庭不可能洞察當事人的內心世界),但並不否定普遍的倫理道德觀,甚至認為這種凝聚了「重疊共識」的共同體價值和集體道德觀就是法律的基礎之一。在霍姆斯看來,「法律是我們道德生活的見證和外部沉澱。法律發展的歷史也就是我們民族道德發展的歷史。」[54]因此,霍姆斯的這一理論既不同於認為道德高於法律並指導甚至評判法律的自然法,也完全不同於堅持道德和法律必須分離的實在法(或法律實證主義)。作為霍姆斯的後繼者,就此問題,波斯納在「一個實用主義者的宣言」中對此有一個非常精準到位的概括:

> 法律是一種活動,而不是一個概念或一組概念。在法律中,什麼才應許可作為一個論點,這不可能先驗地確定一個邊界。自然法的現代意義並非在於它可以作為支撐實在法的一套客觀規範,而是作為道德和政治論點的一個來源,法官以此來挑戰、改變或闡

述實在法，換言之，是要用它來生產出新的實在法。世界上沒有道德的「實在」（至少是無法用它來判決疑難的法律案件），但也不存在這樣一套在某種程度上先於適用「主權者」命令的司法判決以及確認、修改、擴大和拒絕這一命令的過程的自然法。實在法與自然法之間的界限已不再有什麼意思了，這些概念本身都是空洞的。[55]

不僅如此，波斯納對霍姆斯道德分離說最大的理論推進在於其運用社會學、經濟學等其他社會科學的知識全面批判了法律的道德化以及法律道德化的理論基礎——道德哲學。首先，秉承霍姆斯的反本質主義思想，波斯納運用經濟學的理性選擇理論和成本—收益方法，成功地將法律中的主觀道德詞彙進行了基於「趨利避害」的成本收益的轉換，使得霍姆斯的客觀責任理論有了更堅實的科學（或者經濟學）基礎。接下來，波斯納劍指法律道德化的理論基礎，一套源起柏拉圖和亞里士多德、運用政治哲學和道德哲學認識法律和研究法律的古老傳統。該傳統認為「世界上有一種人的智力可以知道、不受時間地域限制的道德秩序，它為讚美或譴責個人信仰和行為、為法律制度的設計和運作提供了客觀標準，這種觀點一直在西方智識歷史的長廊中迴響」，[56]波斯納批判這種單薄、滯後的道德哲學既無法應對價值和道德多元的現代社會，也無力為疑難案件提供理論指導。相反，面對有爭議的道德問題或者某種「道德兩難」，經濟學分析卻可以避開目的爭辨，將問題引向事實問題和有關手段的思考，從而避免無謂的道德爭論。

需要注意的是，波斯納並不僅僅著力於解構法律的道德化和批判道德哲學，他同時也在進行建構，即極力推進法律的科學化以及提倡用社會科學替代道德哲學。在前者，波斯納指出，雖然在法律推理上，科學方法幾乎沒有什麼用，但如果我們僅僅將科學重新描述為一種系統的、不帶偏見的研究觀念、實踐和職業倫理，其精髓是尊重事實的態度，也許我們就為律師、法官和法律教授確立了一個非常有價值的理想，即判例可能在法律上與科學資料對應，並可能成為推導出科學意義上的而不是法律意義上的、規律式的行為格局的潛在基礎。[57] 這一理想在很大程度上也是霍姆斯的，不僅因為霍姆斯希望法律研究更加量化，也因為科學家和政策分析家其實就是霍姆斯希望法律人充任的角色。在後者，波斯納認為社會科學替代道德哲學是法律理論的必然，因為「法律並非神聖的文本，而只是一種模糊地受到道德和政治信念約束的、通常是乏味的社會實踐。因此，要測度法律解釋以及其他法律提議是否成立，最好是檢查一下它們在事實世界中的後果。」[58] 因此，以一種「想像的道德律」作為分析工具和標準的傳統道德哲學不僅無法證偽而且在檢測法律的實際效果方面完全無能為力，而新興的社會科學傳統由於擁有大量的基於人性假設的分析工具，就不僅能夠遊刃有餘地檢測法律的實際效果，還能夠預測和控制法律的效果以及人們的行為，更重要的是，這種分析還能夠得到檢驗，能夠被證實或者被證偽。[59]

（四）波斯納對法律經驗論的推進

霍姆斯的法律經驗論集中關注疑難案件的審理，關注法官如何在「空隙處立法」，波斯納法律理論的核心同樣是圍繞著疑難案件審理的司法理論，並在此基礎上提出了獨具美國本土特色的司法法理學。不僅如此，除了借助經濟學理論打造其極具創新性的司法理論之外，波斯納還熱衷於研究審理疑難案件的法院和法官（主要是聯邦上訴法院及其法官）。在波斯納的研究履歷中，大量搜集相關資料並運用現代經濟學和統計學的方法和工具分析法院構成和法官行為儼然已成為波斯納司法研究的一大特色。[60] 完全可以說，波斯納就是霍姆斯那一先知般預言 ——「理性地研究法律，時下的主宰或許還是『白紙黑字』的研究者，但未來屬於經濟學和統計學的研究者」——最出色的踐行者。

前文指出，霍姆斯「經驗」中重要的一項內容就是某種規則和後果之間的因果關係，這就要求法官應該是一個科學的政策分析家。因為在疑難案件的審理中，當原則和先例發生衝突之時，「法官就應該受天職召喚，行使完全獨立的選擇特權。」[61]但如果一個政策由於獲得無法撼動的民意支持而具有不可否認的力量，唯一可爭議的是採取什麼手段來實現它的時候，霍姆斯認為每個法律人都應該參與到法律的理性改革的公共事業中來。此時，法官就是一個遵循手段／目的理性的政策分析家。波斯納分享霍姆斯的這一觀點，其理論推進之處有二。其一，希望推動司法的遊戲，使之與科學的遊戲更為接近，因為「拒絕科學的遊戲，一個社會就會遭受各種後果。對於實用主義者而言，這些後果都很重要，一個社會如果不理會這些後果，也許會給它的人民帶來巨大痛苦。」[62]其二，將手段／目的理性置換成經濟學的成本／收益分析，並試圖論證邏輯推理的隱型結構有很多是經濟學的，法律推理滲透了經濟學的或其他政策的考慮因素。在他看來，形式主義推理是「向後看」的，而實用主義推理是「向前看」的，兩者最大的差異就在於是否樂於直面新的問題，而不是完全堅持以昔日的經驗來回答新的問題。[63]

　　以上是波斯納對霍姆斯法律實用主義思想之四個維度的理論推進。接下來以《法理學問題》（也會適當捎帶著《超越法律》）為樣本，探討波斯納牌號的實用主義法理學如何在霍姆斯思想的基礎上實現了理論創新。

　　1990 年出版的《法理學問題》稱得上是波斯納法理學研究的代表作。該書是波斯納 1990 年代陸續出版的「法理學三部曲」（另外兩部是1995 年出版的《超越法律》和 1999 年出版的《道理和法律理論的疑問》）中的第一部，同時也是最具理論性和體系化的一部。在筆者看來，其理論創新主要體現在：

1. 在霍姆斯思想的基礎上，提煉了更具體系性和理論性的實用
　　主義法理學

　　在本書中，波斯納基於美國法律實踐，在霍姆斯開闢的理論道路上，以分析哲學為工具，以實用主義哲學為基本態度，以法律經

濟學為方法，並吸收融合了科學哲學、闡釋學、語言哲學以及文學批判等其他學派理論，就疑難案件司法審判的根本問題提出了一個與關注道德哲學和政治哲學的歐陸法理學完全不同的理論結構體系。可以說，該書是第一部自覺成體系的、對集中關注司法審判的美國法律傳統加以系統哲學闡述的司法法理學著作。具體而言，由於法律並非一個自給自足的演繹體系，而是一種實踐理性的活動，是在現有的知識基礎上對盡可能多的因素的綜合性思考基礎上的判斷，波斯納主張的那種新型的實用主義法理學是一種對法律過程作一種功能性的、充滿政策性的和非法條主義理解的法理學，是一種努力以思想為武器促成更有效行動的、以未來為導向的工具主義法理學。其結論是，「對法理學的傳統的(新傳統的、自由主義的和激進的)恭順應當拋棄，應當按照實用主義來重新理解法律的事業。」[64]這就是波斯納牌號的實用主義，一種以行為主義和後果主義為導向的法理學。

2. 明確並填補了霍姆斯的「空隙處立法」理論

首先，波斯納認為在疑難案件的審理中，法官在「空隙處立法」更多是在法律空白之處尋找甚至決定政策，即「在這空白中，法官一定會被迫努力按照有充分理由的政策來決定案件(在那些具有重大象徵性的案件中，由於其完全超出了美國憲法的一般性和模糊不清的規定，則要根據對美好社會的相像來決定)」，如果尋找出來的政策不止一個，那麼此時「法官必須做出政策選擇，而決定這一選擇的是對不同選擇的後果(即對法治、對訴訟雙方、對經濟、對公共秩序、對文明、對未來——簡而言之——對社會的後果)的調查和評價。」其結論是，「法律疑難案件的決定經常是一種政策分析的產物，而不是一種獨特的法律推理方法的產物。」[65]如果波斯納的理論能被現實接納，那麼就在很大程度上實現了霍姆斯的法學理想，即用面向未來的政策科學替換了陳腐的形式主義法學。

其次，為了幫助法官們更好地實踐這一政策科學，波斯納還貼心地提供了政策分析的四步分析法。第一步，是從相關的立法文本和史料中，從法院和立法機關的制度特點中，以及在連從這些淵源中也無法獲得確定指南時，從社會理想中抽象出一個總體的政策目標（比如財富最大化）來指導司法決定；第二步，政策目標確定之後，法官就應仔細檢查有關先例以及其他材料，從中尋求可能有助於決定手邊案件的資訊；第三步是一個政策判斷，儘管在某些案件中，這一判斷也許很像是一個邏輯演繹，即按照這一政策目標來解決案件；第四步又回到先例，但不是將先例作為權威，而僅僅是把它作為資料，法官希望弄清楚權威性先例是否已經排除了第三步中的政策判斷。[66] 波斯納認為，這一基於政策判斷的四步分析法實際上是大多數法官在處理棘手疑難案件中使用的，但常常是未明示的推理過程。雖然還有一些穩定司法決定和法律學理的方法，比如法官要避免自我矛盾、公開原則（即法官要公開司法決定的理由）、司法自我約束原則等，但這些方法沒有哪個可能徹底消除空白地帶，且這些措施全都基於可爭論的並且也是有爭論的政策判斷之上。可以說，這一基於政策判斷的「四步分析法」就是波斯納版本的「空隙處立法」理論。

3. 波斯納對法律實用主義最大、最醒目的理論創新可能在於其成功地將新古典經濟學的思維和研究方法全面嵌入了霍姆斯開闢的法律實用主義傳統

具體而言，波斯納以一己之力將建立在「趨利避害」人性假設基礎上的理性選擇理論和成本／收益分析改造成了法律實用主義中的行為主義法律觀，並由此整合了霍姆斯的預測理論、反本質主義和道德分離說，不僅使法律實用主義更具科學性和可行性，也使得該理論更能有效解說法官的司法決定。不僅如此，波斯納更創造（在波斯納看來是發現）了財富最大化（或社會成本最小化）這一總體政策目標，並視之為疑難案件之司法決定的客觀基礎。[67] 在他看來，普通法法官們創

造的法律展現了一種令人讚歎的實質一貫性，就好像是法官都希望採用一些會使社會財富最大化的規則、程式和案件結果。[68] 波斯納認為，財富最大化不僅事實上是普通法審判的指南，而且是一種真正的社會價值，是法官這個位置能很好促進的唯一價值（或者總體政策目標──筆者按），因此，它提供的就不僅是精確描述法官應當如何行為的關鍵，而且也提供了批評和改革的正確基礎。[69]

從霍姆斯的時代轉換到波斯納的時代，時間過去了百年，法律科學的發展也日新月異，波斯納領銜的法律經濟學進路就是一種極具顛覆性和影響力的新法學流派。但需要進一步探討的是，以上波斯納對霍姆斯理論的推進和創新哪些屬於真正有價值的推進，哪些其實共享了霍姆斯的理論局限和偏見，又有哪些其實只是對霍姆斯法律實用主義道路的偏離？本文接下來會逐一展開分析。

四、從霍姆斯到波斯納：偏差、局限與斷裂

在筆者看來，從霍姆斯到波斯納的法律實用主義能真正貢獻給現代法學理論的也許是客觀責任理論和行為主義法律觀。在前者，至少在民法領域，法學界基本上接納了以可觀察的客觀標準來判斷行為人的主觀道德狀態，比如侵權法中用以判斷是否構成過失的漢德標準，[70] 財產法中以公開市場和公平市價標準判斷物的實際佔有人是否善意。[71] 在後者，如果法律想要實現其指引人們行為的規範作用，就必須理解「趨利避害」的基本人性，而建立在社會科學特別是經濟學的理性選擇理論基礎之上的行為主義法律觀不僅可以幫助我們理解人們為何守法或違法，更能由此推動有效立法和精準司法。但是，從霍姆斯延續到波斯納一脈的法律實用主義也存在一些值得進一步反思的理論偏差和局限，這種理論局限性甚至隱含了霍姆斯思想內部可能存在一種理論斷裂。以下分而述之。

(一) 單向度的預測理論和斷裂的霍姆斯法律觀

有學者指出霍姆斯的預測理論不是一個完整的法律概念，因為「預測理論與其說是為法律的概念提出法理學解釋，不如說是從律師這個狹窄的視角(對應於壞人的視角)對法律實踐的解釋。」[72] 當然了，從霍姆斯的角度，他可能從來也不在乎這一概念是否完整，因為他關心的更多是行動及其後果，而不是什麼概念性實體。但是，筆者認為，即便是從行動和後果的角度看法律，法律也應該是立法者(或者「空隙處立法」的法官)和「壞人」之間的雙向互動，而不是「壞人」基於預測的單方面行動和後果。

基於行為主義法律觀，不管是「壞人」還是「好人」，均是法律陰影下「趨利避害」的有限理性行動者，「兩利相權取其重，兩害相權取其輕」是其理性選擇的基礎性考量。預測理論正確地指出了「壞人」會根據法庭會如何制裁違法行為的預測再決定是否侵權、是否犯罪以及是否故意違約，此時，法庭的制裁就是違法行為的價碼或成本。若能使「壞人」因存在穩定的法庭制裁而不敢違法，這就實現了法律的威懾作用。但「壞人」何以能夠準確預測法庭對違法行為的制裁？答案只能是法庭對違法行為的制裁必須明確、統一和清晰。用霍姆斯的話來說，就是「將過去判決的原則濃縮成一般性的命題，收集到教科書中，或者立法法規以一種一般性的形式通過，這會使得預測變得更易於記住和理解。」[73] 在英美法系，體現為遵循先例，在大陸法系，這就叫依法判決。

但問題在於，遵循先例和依法判決的前提是簡單案件或者普通案件。因為，只有在這類案件中，才能有效使用邏輯推理，即運用三段論推理把特定的規則運用到已發現的確定事實中，得出一個毋庸置疑的結果。對於「壞人」(趨利避害的普通人)而言，法庭如何判決才很好預測，他才能很容易地根據預測進行行動選擇以避免遭遇公共權力。但是，在疑難案件的審理中，規則根本無法起作用(或者規則的語義模糊，或者規則缺失），法官不得不在「空隙處立法」，此時法官如何在空隙處立法（或者司法性立法）需要建立在對判決之社會結果的準確預測基礎上。但如果作為公共政策決定者的法官往往都不能精確預見其制定的新政策（或者新規則）的結果，你如何能期望普通人（不管是律師還是其委託人）通過預測法院如何判決來決定是否守法呢？

正是在這裡，我們發現預測其實是雙向的。原因在於，只要法律明確，作為私人決策主體的「壞人」就能通過正確預測法庭制裁而決定是否守法以避免遭遇公共權力（背後隱含一種成本/收益的權衡考量），但只要法律不明確或存在空隙，作為公共政策決定者的法官應該如何「空隙處立法」其實更需要通過預測不同決策可能導致的社會後果來做選擇。此時，由於司法決策既未決定也未實施，後果還未呈現，法官便不得不通過預判不同規則下人們的理性行為反應，甚至不同規則下人與人之間博弈互動的納什均衡結果來選擇一個更能實現社會福利的「立法」方案。在疑難案件的審理中，「一般命題不能決定具體案件。結果更多地取決於判斷力和敏銳的直覺而不是清晰的大前提。」[74] 法官不得不根據這種判斷力和敏銳直覺做出預判，再根據這種預判來進行選擇，一旦「立法」方案被選擇並實施，就變成了一個相對明確的規則，從而方便未來的「壞人」們的私人決策。

可以看出，這種法律預測的互動理論其實突顯了前述霍姆斯法律實用主義思想的內在斷裂。前文指出，由於普通人就是一個懂得「趨利避害」的有限理性行動者（或者霍姆斯所稱的「壞人」），霍姆斯的道德分離說不僅隱含了行為主義法律觀，更和預測理論交織在一起呈現出了霍姆斯理論的內在有機關聯。但在很大程度上，上述的有機聯繫更多體現在簡單和普通的案件中，因為只有在普通案件中，法庭更多採用普通人能夠理解並接受的去道德化的客觀行為標準，普通人才能通過有效預測法庭如何決定來避免自己遭遇公共權力。但在疑難案件的審理中，法官的判決不可能建立在形式邏輯的基礎上，當「實質」和

「經驗」複雜多元，連法官自己都說不清楚之時，即使有客觀行為標準也無法幫助法官斷案。如果法官都無法預測自己的判決，又何以讓「壞人」們通過有效預測法庭的制裁來避免違法呢？

（二）主觀的司法判決如何體現正當性？

在簡單案件和普通案件的審理中，或者可以遵循先例（英美法系），或者存在清晰可用的大前提（大陸法系的法典對此有明確的法律規則），法官遵循三段論推理就能在很大程度上抑制法官的主觀恣意以保證判決的客觀性。但在疑難案件的審理中，或者沒有可遵循的先例，或者規則模糊缺失，三段論因此不敷使用，此時法官基於「經驗」和「實質」的判決就很容易導向主觀和不確定。如果我們堅信現代社會的法治具備一種穩定性、統一性和普遍適用性的內在美德，堅信法官的「空隙處立法」不應該違背社會普遍的道德共識和價值共識，那麼在極可能誕生新規則且決定了法律生長之方向的疑難案件中，認為「一個判決只不過體現在特定的時間和地點，一個特定的人的偏好」，[75]進而法官的判決僅僅「受他們的基因和教育、他們的氣質、膽怯和追求的約束，而不是受規則的約束。」[76]這種極具個性化的主觀判決會不會摧毀民眾對司法的信任，甚至進而摧毀法治？

波斯納認為各種現實存在的審判條件使得人們無法現實地相信我們的法官在疑難案件中可能做出客觀的決定，因為在他看來，「似乎法律客觀性只有通過嚴重危及智識研究的統一性才能獲得；而一個多樣化的司法部門又會在解決疑難問題時使法律的方法論弱點暴露的非常明顯。」[77]因此他才認為「訴訟案件的樣本都來自疑難糾紛，在這些糾紛中很難預測法院會如何判決，即使大多數法官都相當可能預測，也許還是難以預測法院的判決結果。」[78]但同是法律實用主義者的卡多佐卻不這麼認為，「法院的標準必須是一種客觀的標準。在這些問題上，真正作數的並不是那些我認為是正確的東西，而是那些我有理由認為其他有正常智力和良心的人都可能會合乎情理地認為是正確的東西。」[79] 這裡似乎存在著對何謂法律客觀性的不同認知和解讀。波斯納的法律客觀性在很大程度上是判決結論的一致性，而卡多佐的法律客觀性指的是法官作出決定的基礎（法價值或法目的）的客觀性。在前者，由於不同法官有不同的教育背景、性別種族差異和意識形態偏見，因此對同一個案件會有完全不同的主觀性判決結論，因而法律客觀性（一致性的判決結論）不可獲得。在後者，由於認同「法律是我們道德生活的見證和外部沉澱」，[80] 認同在既定時代一定存在著某些「重疊共識」意義上的道德共識和價值共識，因此作為疑難案件判決前提的客觀性共識是存在的，在此意義上的法律客觀性也是可以獲得的，困難之處在於如何通過在「空隙處立法」盡可能實現這一作為客觀共識存在的法目的。法目的決定了法律生長的方向，「如果根本不知道道路會導向何方，我們就不可能智慧地選擇路徑。」[81]

正是在波斯納和卡多佐的爭議之處（霍姆斯在此處的態度比較模糊），我們看到了法律方法論中非常重要的「法的發現」和「法的證立」之區分。[82] 波斯納（部分包括霍姆斯，也包括波斯納不太看得上的法律現實主義者）強調「法的發現」（即法律人思考得出某個法律結論的實際過程或「真實」過程），看重法官做出司法判決的個人原因，強調司法裁判的心理學或社會學基礎。認為真正能對案件裁判起作用的是大量法外的因素，雖然這些因素未必出現在判決書中，卻是推動裁判的那只看不見的手。卡多佐相對而言更強調「法的證立」（即法官對其給出的裁判結論提供論據進行論證說理的過程），雖然他並沒有給出證成法目的的論證過程，但他至少認為相對客觀的法目的是法官在疑難案件中進行論證說理的基礎和前提。也正是在這一區分中，我們發現強調司法裁判之法官主觀性的法律實用主義無法證成其判決的正當性，因為在疑難案件的審理中，「法的發現」，即一個判決實際上是如何產生的並不那麼重要——不僅在於發生學上的因果關係往往有多種可能,更在於對法官裁判的內在精神層面無法進行有效的規範、檢驗和評價——「法的證成」,即如何在相對客觀的法目的基礎上組織論證說理、如何產生為裁判活動的參與者(當事人)和受眾(法律人共同體和普通民眾)所能接受的裁判結論,才是獲得司法正當性的必要條件,也是決定法律生長方向的、在「空隙處立法」的法官們應該關注的重點。

(三)軍事隱喻不足以理解作為公共決策主體的法官決策

　　源於自己在內戰期間習得的戰爭經驗,霍姆斯經常把在司法實踐中就疑難案件應該如何判決的預測比作內戰戰場上和上級失聯之後的年輕軍官所作的軍事判斷。不管是法官還是軍官,雖然他們的智力和道德能力時常會因為他們在進行選擇時所面臨的混亂和恐懼而削弱,但在法律和上級命令不清晰之際他們都必須承擔選擇的責任並且對他們的選擇負責。在霍姆斯看來,法律是戰爭的替代品。在沒有現成規則可用的情況下,法官應該明白,他必須像士兵一樣超越命令的範圍。[83] 這實際上就是一個關於司法任務的軍事隱喻。

　　就這個軍事隱喻,波斯納有更生動的解說。在討論制定法的解釋是否存在客觀性的部分,波斯納指出「如果將一個制定法概括為一個命令,很自然,就會把解釋看成是確認法律起草者的要求,而他們的語詞只是解釋的線索。」[84] 接下來,他描述了一個軍事決策的場景:在戰場上,排長需要在獲得連長明確命令的前提下指揮進攻,但如果上級命令因為電台死機而不清楚,此時排長有三個選擇:其一,因為上級命令不清楚而坐守待命;其二,一個有責任心的排長會問自己,假定聯絡沒有中斷,連長會希望他如何行動;其三,在繼續進攻的基礎上,排長或許可以自行選擇如何進攻。波斯納認為,美國法官經常所處的位置就像軍事隱喻中的那個排長,立法機關的命令不清楚,而法官又不能向立法者詢問清楚。此時,由於法治要求法院不能因無法可依而拒絕審理案件，第一種選擇被排除；第二種選擇其實是一種「想像性重構」或者「立法解釋」；第三種選擇更看重法官的自主性和主觀創造性。波斯納的觀點是，在疑難案件的審理中，對立法者的服從不是必須的，因為「即使在軍隊這樣典型的強調遵從、服從和等級的系統中，有時也必須對命令作出解釋，這就是給下屬強加了一種義務，要創造和想像。」[85]

但是，筆者認為，這一軍事隱喻不足以幫助我們理解作為公共決策主體的法官如何在疑難案件中「空隙處立法」。原因有二。其一，在軍事隱喻中，軍事目的是某個上級根據某次軍事行動的具體需求決定的（比如進攻、防守或者偷襲），而法律目的是人類社會長期歷史積澱的產物，是一種集體的產物，體現了一種時代精神和共同體價值。用卡多佐的話來說，「生活塑造了行為的模子，而後者在某一天又會變得如同法律那樣固定起來。法律維護的就是這些從生活中獲得其形式和形狀的模子。」[86]其二，軍事決策往往具有個體性（仰賴於軍事指揮官的個人能力和氣質），而法官在疑難案件中的「空隙處立法」是一種面向未來的、可能影響不特定多數人的公共決策。作為公共決策主體，法官的司法裁判（也包括這一司法裁判中隱含的具體裁判規則）會在長期和整體的意義上影響公眾的行動選擇和社會後果。因此，法官除了需要識別需要實現的法目的和法價值（這是時代精神，也是道德生活的外部沉澱，或者關於法目的和法價值的重疊性共識）之外，更需要在備選的立法方案（或者解釋方案）中選擇一個更能實現這一目的的方案。但若要在備選方案中做出較優選擇，法官必須提前預判不同的具體裁判規則會對未來的不特定多數人帶來何種行為上的指引以及何種策略互動，這種行為指引和策略互動的長期和整體的社會後果會是什麼，哪種社會後果更能實現預定的法目的和法價值。由此可見，法官的公共決策主體角色決定了其思維模式完全不同於軍事行動中的軍事決策。

五、波斯納對霍姆斯思想的偏離

雖然不管是個人氣質還是研究進路，波斯納都是我們這個時代最像霍姆斯的人，但根據筆者對波斯納宣導的法律經濟學理論的深入研究，波斯納結合法律經濟學思想對霍姆斯法律實用主義思想的推進和創新其實在很大程度上偏離了霍姆斯的原意。

(一) 波斯納的價值理論偏離了霍姆斯

波斯納自認是一個實用主義的、有經濟學頭腦的、密爾式的自由派，他更在《超越法律》一書中宣稱密爾式的自由主義不僅與實用主義相互契合，而且與經濟學也相當契合，這三者的混合可以改造法律理論。[87] 在筆者看來，波斯納之所以認為這三者相當契合，是因為密爾式的自由主義為自由放任的市場經濟提供了正當性的理論基礎，而他主張並宣導的經濟學，一種以價格理論為基礎的新古典經濟學，也是市場中心主義的 (這其實就是波斯納所在的芝加哥學派的特色)。至於實用主義，由於波斯納支持的法律實用主義希望用注重後果的「向前看」的政策科學替代「向後看」的形式主義法學，而經濟學正好是可以幫助法官預測和控制社會環境的實用主義工具。

在波斯納看來，如果說源起於霍姆斯的實用主義進路能有助於瓦解形式主義法學的邏輯圖騰，那麼經濟學就能用一些更好的東西替代它，這就是波斯納創造的「財富最大化」倫理。這一倫理隱含了波斯納的社會達爾文思想，因為「財富」指的是一切有形無形的物品與服務之總和，它按兩種價格來衡量：出價 (人們為獲得他們尚未佔有之物品而願意支付的價格) 和要價 (人們出售他們擁有之物品標出的價格)，[88] 而財富是與貨幣相聯繫的，這就是說，沒有支付能力作支持的欲望是站不住的，這種欲望就既不是出價也不是要價。[89]

霍姆斯也是一個社會達爾文主義者，但霍姆斯的價值理論不是建立在財富而是在權力基礎上。在霍姆斯看來，「價值，也就是相互競爭的願望的強度，會隨著不同時代的理想的不同而不同。」[90]因此，他不會使用在市場或者隱蔽的市場中所使用的「支付意願」這一類的概念，因為在他的印象中，意願（willingness）就是要流血犧牲得到自己想得到的東西。[91]舉例而言，工傷事故責任問題在霍姆斯看來「實際上是公眾應該保證那些他們享用其勞動的人的安全在多大程度上可取的一個問題」，[92]而不是波斯納所說的通過責任規則克服交易費用的障礙以實現財富最大化的問題。[93]

只有明瞭霍姆斯和波斯納在價值理論上的偏離，我們才能清楚波斯納對霍姆斯法律實用主義道路的偏離，因為霍姆斯肯定不會接受波斯納這種建立在財富最大化倫理基礎上的法律實用主義。

(二) 波斯納對科學的理解偏離了霍姆斯

什麼是科學？科學對法律有何功用？在這個問題上，波斯納對霍姆斯也有不少的偏離。在波斯納看來，科學是渾用能夠得到的統計證實的受控實驗或自然實驗方法，進行系統經驗研究的學問，而科學能帶給法律人的最重要功能就是預測和控制。[94]因此，由於反形而上學和反教義，波斯納式的實用主義者因此把科學理論當成工具，是有助於人類解說、預測以及——通過解說、預測和技術——理解和控制我們的物理環境和社會環境的工具（經濟學就是最典型的工具性科學），而科學家是一些努力提出可證偽的假說、用資料驗證假說並以此來縮小人類不確定領域的人。[95]根據波斯納，經濟學和統計學就是這樣一類科學，法律經濟學家和實證法律經濟學就是一些運用經濟學和統計學工具提出假說、驗證假說的社會科學家，他們的主要工作就是構建並驗證一些人類行為的模型（比如訴訟和解模型、法官行為模型），目的在於預測和控制這種行為。波斯納看待科學的態度是積極的，不僅行為可預測可控制，以財富最大化為目標的政策科學更應該成為法官判案的規範性要求。

但在霍姆斯看來，「在法律中，我們只能偶爾達到絕對的終極和量的確定性，因為對原告或被告各自不同的判決背後相互競爭的社會目標所代表的價值不可能簡約成數字並且恰如其分地確定。」[96] 對法律人而言，科學不能匯出必然性和規範性，其主要的作用是指出相反的方向，使我們意識到必然性帶來的局限，因為沒有什麼主題是科學教導我們社會干預的缺陷和不足的了，其潛台詞就是法律人接受的科學訓練經常使他們不得不告訴他們的委託人，他們很可能得不到這些東西，除非是付出他無法承受的高昂代價。[97]

因此，雖然霍姆斯和波斯納均認為法律人應該是一個以社會事實和社會科學知識武裝的政策分析家，但波斯納和布蘭代斯一樣，是積極的改良主義者，希望法官能運用其掌握的社會科學知識增進其認定的社會價值（比如財富最大化），而霍姆斯是悲觀的自然主義者，認為社會鬥爭經常是一個零和博弈，對科學的最好運用是讓改革者知道他們無法得到他們想要的結果來壓制改革的熱情。[98] 他也許會欣賞波斯納的熱情和雄心，但未必贊成其認為法律應追求財富最大化的規範主張。

(三) 波斯納的法律經濟學偏離了霍姆斯

在世人看來，開創了法律經濟學偉大事業的波斯納肯定是霍姆斯著名的經濟學預言的落實者。但在筆者看來，波斯納基於新古典經濟學之價格理論建構的法律經濟學體系其實大大偏離了霍姆斯主張法律人應學習經濟學的原意。

首先，我們需要準確理解霍姆斯關於法律經濟學的著名預言——「未來屬於經濟學和統計學的研究者」。雖然在霍姆斯生活的時代，主流經濟學是市場中心主義的自由放任經濟學，人們還相當迷信市場的力量，即相信價格這一「看不見的手」能夠自動配置資源直到實現最優均衡，但霍姆斯對追求最優產量和均衡價格的新古典經濟學並沒有多少了解，他理解的經濟學是初步但強壯的基於機會成本的理性選擇理論，「我們會了解到，如果我們想得到任何東西，我們都必須放棄其他什麼東西，而且我們將學會比較我們的所得和所失，並了解我們的選擇意味著什麼。」[99] 這是一種建立在常識基礎上的經濟學思考，對於法律實用主義而言，就是在疑難案件的審理中，不得不在「空隙處立法」的法官必須考量不同立法方案（背後是不同的司法裁判規則）可能導致的制度機會成本，並進而選擇一種更能實現法目的的、制度機會成本更低的方案。在筆者看來，這完全不是那種追求最優的新古典經濟學思路，而是科斯的比較制度分析的思路。

但波斯納的法律經濟學，其理論基礎卻是新古典經濟學的價格理論，基於連續型變數的最優化模型是其重構部門法理的基本工具。在司法層面，波斯納認為普通法的經濟理論最好被理解為，它不僅是一種定價機制，而且是一種能造成有效率（卡爾多・希克斯意義上的效率）資源配置的定價機制。[100] 在《法律理論的前沿》一書，波斯納更進一步明確指出：

> 法律經濟學最具雄心的理論層面，是提出一個統一的法律的經濟理論。在這一提議中，法律的功能被理解為是促進自由市場的運轉，並且在市場交易成本極高的領域，通過將若市場交易可行就可以期待產生的結果予以法律上的確認，來「模擬市場」。這樣，它就既包括描述性的或者解釋性的層面，又包括規範性的或者改良主義的層面。[101]

概括起來，波斯納的法律經濟學有三大特點，堅持市場中心主義的法律觀是其一；基於連續性假設的最優化模型是其二；法律應追求效率和財富最大化是其三。問題在於，站在霍姆斯的立場，他肯定一個都不認同。因為在霍姆斯的視野中，市場並不必然是法律應該類比的物件,「效率」(不管是帕累托效率還是卡爾多—希克斯效率) 也不見得就是法律制度的價值目標,更不用説「財富最大化」(或社會成本最小化) 了。

更反諷的是,波斯納批評法律形式主義是一種唯理主義,因為這種法律形式主義聲稱,對那些有爭議的形而上學主張和倫理主張,要用純粹的分析手段來推導出有關的真理,但波斯納創造和宣導的法律經濟學由於建立在以微積分數學為基礎的價格理論之上,這種基於連續性思考的理論「神話」更是一種形式主義和唯理主義。

六、代結語:法律實用主義在中國

法律實用主義,不管是霍姆斯的觀點還是波斯納的理論,本質上是對英美法系上訴審司法實踐的理論抽象。在很大程度上,該理論是極具美國本土之地方性的。可能正是因為此原因,在面對中國學者的演講中,基於對法治觀念薄弱國家之政治文化的理解,波斯納對中國司法的建議是一種陳若英概括的「超脱」政策,即「更好的選擇是保持抽象和形式主義,而實質上遠離實踐性和實用主義的考量。」[102] 換句話説,法律實用主義根本不適用於中國,或者鑒於中國國情,應該實用主義地拒絕實用主義。[103]

但問題在於,中國的成文法是否絕對清晰和完全沒有漏洞,以及相對應的,司法實踐中是否存在大前提模糊缺失以致沒法通過三段論推理得出結論的疑難案件?答案如果是肯定的,筆者認為法律實用主義的一些主張和方法,比如行為主義法律觀、客觀責任標準,以及根據案件判決後可能發生的長期、整體社會後果來選擇判決方案,應該可以在中國落地生根。不僅如此,在疑難案件的審理中,由於邏輯和經驗並不是非此即彼,[104] 更由於中國國情更強調法律穩定性和防範法官的主觀恣意,因此基於三段論的邏輯推演具有很強的實用主義功能，關鍵在於如何在識別和明確法目的之後（大前提）之後，基於機制設計理論和博弈論的思想預判不同的解釋方案（具體裁判規則）可能帶來何種社會後果（經驗性的小前提），通過比較哪種社會後果更能接近或實現法目的來選擇解釋方案（結論）。

　　在筆者看來，此時三段論式的法條主義推理其實只是一種實用主義的戰術，[105] 而法條主義和實用主義（形式和實質）之間不可通約的堅硬壁壘已然被打破。至於如何實現這種融合，這應該是另一篇文章討論的論題了。

注　釋

1　傳記作家懷特詳細記載了霍姆斯如何在其生命的第八個十年中獲得了美國法學界幾乎一致的公認。請見愛德華·懷特著，孟純才、陳琳譯：《奧利弗·溫德爾·霍姆斯：法律與本我》（北京：法律出版社，2009），頁407–469。

2　理查·萊西格著：〈多產的偶像破壞者〉，轉引自蘇力：〈《波斯納文叢》總譯序〉，載蘇力：《波斯納及其他》（北京：法律出版社，2004），頁8。

3　蘇力：〈《波斯納文叢》總譯序〉，載理查·A·波斯納著，蘇力譯：《法理學問題》（北京：中國政法大學出版社，2002），頁V。

4　這見霍姆斯在 Buck v. Bell 一案中出具的司法意見書中的一句話。在該案中，霍姆斯認為對低能者實施絕育不僅能阻止智障的延續來說是必要的，而且可以避免人類被缺陷所「吞沒」。對霍姆斯在該案中司法意見的評論，請見愛德華·懷特著，孟純才、陳琳譯：《奧利弗·溫德爾·霍姆斯：法律與本我》，頁503–507。

5　理查·A·波斯納著，蘇力譯：《法理學問題》，頁470。

6　愛德華·懷特對霍姆斯的文學才能有過很高的評價：「如果說『好文筆』是可以理解的概念，霍姆斯就能與美國歷史上的好作家平起平坐，包括法官和非法官。」請見懷特著，孟純才、陳琳譯：《奧利弗·溫德爾·霍姆斯：法律與本我》，頁610。

7　之所以稱霍姆斯和波斯納這樣的「偶像破壞者」極具破壞性又兼具創造性，是因為他們不僅要把法律等同於邏輯演繹（也即法律形式主義）、視法律為道德主張（各類道德哲學）的各種傳統理論掃地出門，更在於他們還努力為法律提供一個創造性的替代方案，即更強調政策意義、工具價值和系統性社會結果的法律實用主義。

8　這是霍姆斯在他撰寫的對蘭德爾編寫的《合同法案例選》的書評中的一句話。Oliver Wendell Holmes, Jr., "Book Notice," *The American Law Review* 14 (March 1880): 233–235.

9 這是波斯納撰寫的《法理學問題》一書的最後一句話。請見理查・A・波斯納著，
  蘇力譯：《法理學問題》，頁584。葉芝詩句的出處，參見葉芝著，裘小龍譯：
  《麗達與天鵝》(桂林：灕江出版社，1987)，頁67。

10 霍姆斯的相關著作最早是在2005年翻譯出版的，而波斯納的《法理學問題》早在
   1994年就被翻譯出版了，《波斯納文叢》的11本書也基本在2002、2003年就被翻
   譯出版，因此，筆者的這個判斷應該可以成立。霍姆斯的相關著作，請見小奧
   利弗・溫德爾・霍姆斯著，冉昊、張中秋譯：《普通法》(北京：中國政法大學出
   版社，2005)；斯蒂文・J・伯頓主編，張芝梅、陳緒剛譯：《法律的道路及其影
   響：小奧利弗・溫德爾・霍姆斯的遺產》(北京：北京大學出版社，2005)；霍姆
   斯著，明輝譯：《法律的生命在於經驗：霍姆斯法學文集》(北京：清華大學出版
   社，2007)；小奧利弗・溫德爾・霍姆斯著，劉思達譯，張芝梅校：《霍姆斯讀
   本：論文和公共演講選集》(上海：三聯書店，2009)。當然了，還有一本傳記，
   愛德華・懷特著，孟純才、陳琳譯：《奧利弗・溫德爾・霍姆斯：法律與本
   我》。最早的波斯納譯著，請見理查・A・波斯納著，蘇力譯：《法理學問題》。

11 Oliver Wendell Holmes, Jr., "The Path of the Law," *Harvard Law Review* 10.8 (March
   1897): 457–478.

12 Oliver Wendell Holmes, Jr., *The Common La*w (Boston: Little, Brown and Company,
   1881).

13 如波斯納所言，霍姆斯和美國眾多實用主義哲學的奠基人過從甚密。他是愛默
   森的崇拜者(愛氏是他們全家的朋友)，又受到杜威的崇拜，同時又是威廉・詹
   姆斯的朋友，並一度是查理斯・桑德斯・皮爾士和N・J・格林的朋友，而且他
   自己也是美國實用主義的奠基人之一。請見理查・A・波斯納著，蘇力譯：《超
   越法律》(北京：中國政法大學出版社，1999)，頁16。

14 理查・A・波斯納著，蘇力譯：《法理學問題》，頁580。

15 Holmes, "The Path of the Law," p. 457.

16 Holmes, "The Path of the Law," p. 458.

17 Holmes, "The Path of the Law," p. 460.

18 相關論述，請見大衛・盧班：〈壞人與好律師〉，載伯頓主編，張芝梅、陳緒剛
   譯：《法律的道路及其影響》，頁41–49。

19 〈法律的道路〉一文在多處展示了這一思想，比如，「一個壞人跟一個好人有同樣
   多的理由希望避免遭遇公共權力……一個根本不在於他的鄰居所信奉和遵守的
   道德規則的人可能很注意避免罰金，而且會盡力避免牢獄之災。」但最著名的還
   是，「對於法庭將會如何行事的預測，而不是什麼別的什麼更為矯飾造作的東
   西，正是我所稱的法律。」Holmes, "The Path of the Law."

20 霍姆斯甚至敵視三段論推理，他喜歡說三段論不會搖尾巴，意思是三段論不
   是有機體，是死的。轉引自波斯納著，蘇力譯：《法理學問題》，頁278，腳
   注3。

21 這是格雷的概括，更多討論，請見湯瑪斯・C・格雷：〈霍姆斯論法律中的邏輯〉，載伯頓主編，張芝梅、陳緒剛譯：《法律的道路及其影響》，頁 135。

22 Oliver Wendell Holmes, Jr., "The Use of Law Schools," in Sheldon M. Novick ed., *The Collected Works of Justice Holmes: Complete Public Writings and Selected Judicial Opinions of Oliver Wendell Holmes* (Chicago: The University of Chicago Press, 1995), vol. 3, p. 474.

23 格雷：〈霍姆斯論法律中的邏輯〉，頁 136。

24 這一反本質主義思想是其經典著作《普通法》一書的主題之一。

25 Holmes, *The Common Law*, p. 162.

26 Holmes, "The Path of the Law," p. 465.

27 Holmes, "The Path of the Law," p. 464.

28 盧班：〈壞人與好律師〉，頁 45。

29 這就是霍姆斯的責任一元論思想，具體論述，請見霍姆斯著，冉昊、張中秋譯：《普通法》，頁 66。

30 Holmes, *The Common Law*, p. 1.

31 本傑明・卡多佐著，蘇力譯：《司法過程的性質》（北京：商務印書館，1998），頁 17，22。

32 John M. Zane, "German Legal Philosophy," *Michigan Law Review* 16.5 (March 1918): 337–338.

33 愛德華・懷特著，孟純才、陳琳譯：《奧利弗・溫德爾・霍姆斯：法律與本我》，頁 183。

34 卡多佐著，蘇力譯：《司法過程的性質》，頁 80。

35 卡多佐著，蘇力譯：《司法過程的性質》，頁 4。

36 Holmes, "Book Notice," p. 233.

37 這是波斯納對霍姆斯司法觀的概括，請見波斯納著，蘇力譯：《法理學問題》，頁 21。一個例證是，霍姆斯曾致信拉斯基，「如果美國人民想要下地獄，作為法官，他的工作就是幫助他們盡快到達那兒。」這是一個典型的法律實用主義陳述。轉引波斯納著，蘇力譯：《法理學問題》，頁 279–280。

38 「我們被要求考慮和衡量立法的目標，以及實現這些目標的途徑和代價。我們知道，要追求某些東西，我們得放棄其他的東西，我們得到教導去權衡我們得到的好處和失去的益處，而且應該明白在做出抉擇時，我們究竟在做什麼。」Holmes, "The Path of the Law," p. 473.

39 Holmes, "The Path of the Law," p. 465.

40 羅伯特・W・戈登：〈法律作為職業：霍姆斯與法律人的道路〉，載伯頓主編，張芝梅、陳緒剛譯：《法律的道路及其影響》，頁 25。

41 波斯納著，蘇力譯：《法理學問題》，頁 22–23。

42 波斯納著，蘇力譯：《法理學問題》，頁 24。

43　Oliver Wendell Holmes, Jr., "John Marshall," in Richard A. Posner ed., *The Essential Holmes: Selections from the Letters, Speeches, Judicial Opinions, and Other Writings of Oliver Wendell Holmes* (Chicago: University of Chicago Press, 1992), p. 160.

44　波斯納著，蘇力譯：《法理學問題》，頁18。

45　波斯納著，蘇力譯：《法理學問題》，頁449。

46　理查‧A‧波斯納著，蔣兆康譯，林毅夫校：《法律的經濟分析（上）》（北京：中國大百科全書出版社，1997），頁6。

47　羅伯特‧考特、湯瑪斯‧尤倫著，史晉川、董雪兵等譯，史晉川審校：《法和經濟學》（上海：格致出版社、上海三聯書店、上海人民出版社，2010），頁3。

48　波斯納著，蘇力譯：《法理學問題》，頁40。

49　波斯納著，蘇力譯：《超越法律》，頁455。

50　波斯納著，蘇力譯：《法理學問題》，頁212。

51　波斯納著，蘇力譯：《法理學問題》，頁213。

52　更多分析，見 William M. Landes and Richard A. Posner, *The Economic Structure of Tort Law* (Cambridge, MA: Belknap Press of Harvard University Press, 2003), pp. 149–189。

53　波斯納著，蘇力譯：《法理學問題》，頁41。

54　Holmes, "Book Notice," p. 458.

55　波斯納著，蘇力譯：《法理學問題》，頁573–574。

56　理查‧A‧波斯納著，蘇力譯：《道德和法律理論的疑問》（北京：中國政法大學出版社，2001），頁3。

57　波斯納著，蘇力譯：《法理學問題》，頁79–89。

58　波斯納著，蘇力譯：《法理學問題》，頁583。

59　艾佳慧：〈韋恩‧莫里森《法理學：從古希臘到後現代》〉，《環球法律評論》，第5期（2006），頁633。

60　研究聯邦法院的著作有，理查‧A‧波斯納著，鄧海平譯：《聯邦法院：挑戰與改革》（北京：中國政法大學出版社，2002）。研究法官的著作有，理查‧A‧波斯納著，蘇力譯：《法官如何思考》（北京：北京大學出版社，2009）；李‧愛潑斯坦、威廉‧M‧蘭德斯、理查‧A‧波斯納著，黃韜譯：《法官如何行為：理性選擇的理論和經驗研究》（北京：法律出版社，2017）。波斯納甚至還運用大量資料和統計方法分析了卡多佐大法官的聲望和司法貢獻，理查‧A‧波斯納著，張海峰、胡建鋒譯：《卡多佐：聲望的研究》（北京：中國檢察出版社，2010）。

61　Oliver Wendell Holmes, Jr., "Law in Science and Science in Law," in Sheldon M. Novick ed., *The Collected Works of Justice Holmes*, vol. 3, pp. 418–419.

62　波斯納著，蘇力譯：《法理學問題》，頁9。

63　波斯納著，蘇力譯：《法理學問題》，頁135–137。

64　波斯納著，蘇力譯：《法理學問題》，頁577。

65　波斯納著，蘇力譯：《法理學問題》，頁167–169。

66　波斯納著，蘇力譯：《法理學問題》，頁 167–168。

67　波斯納甚至論證了財富最大化在何種意義上構成司法決定的倫理基礎，波斯納稱這種隱含於價格或價值理論中的倫理為財富最大化倫理。請見理查·A·波斯納著，蘇力譯：《正義／司法的經濟學》(北京：中國政法大學出版社，2002)，頁 87–119。

68　波斯納著，蘇力譯：《法理學問題》，頁 444。

69　波斯納著，蘇力譯：《法理學問題》，頁 450。

70　漢德標準是英美法系判斷過失的基本標準，在大陸法系，這一標準被稱為理性人標準，其本質仍然是一種客觀標準。對理性人標準的深入探討，請見葉金強：〈私法中理性人標準之構建〉，《法學研究》，第 1 期 (2015)，頁 101–114。

71　由於善意不可觀察，法官在判斷物的實際佔有人是否善意時，只能根據外在客觀標準來判斷，是否在公開市場售賣以及是否以公平市價出售應該是法官最容易獲得的客觀資訊。參見張永健：〈動產所有權善意取得之經濟分析〉，《中研院法學期刊》，第 21 期 (2017)，頁 81–153。

72　Thomas C. Grey, "Holmes and Legal Pragmatism," *Stanford Law Review* 41.4 (April 1989): 826–827.

73　Holmes, "The Path of the Law," p. 458.

74　*Lochner v. New York*, 198 U. S. 45, 76 (1905).

75　Holmes, "The Path of the Law," p. 466.

76　波斯納著，蘇力譯：《法理學問題》，頁 242–243。

77　波斯納著，蘇力譯：《法理學問題》，頁 246。

78　波斯納著，蘇力譯：《法理學問題》，頁 236。

79　卡多佐著，蘇力譯：《司法過程的性質》，頁 54。

80　Holmes, "The Path of the Law," p. 458.

81　卡多佐著，蘇力譯：《司法過程的性質》，頁 63。

82　關於「法的發現」和「法的證立」的相對全面和深入的討論，請見舒國瀅、王夏昊、雷磊：《法學方法論》(北京：中國政法大學出版社，2018)，頁 183–191。

83　格雷：〈霍姆斯論法律中的邏輯〉，載伯頓主編，張芝梅、陳緒剛譯：《法律的道路及其影響》，頁 145。

84　波斯納著，蘇力譯：《法理學問題》，頁 339。

85　波斯納著，蘇力譯：《法理學問題》，頁 340–341。

86　卡多佐著，蘇力譯：《司法過程的性質》，頁 38。

87　波斯納著，蘇力譯：《超越法律》，頁 35。

88　波斯納著，蘇力譯：《法理學問題》，頁 444。

89　波斯納著，蘇力譯：《法理學問題》，頁 446。

90　Holmes, "Law in Science and Science in Law," p. 415.

91　戈登：〈法律作為職業〉，頁 27。

92 轉引自戈登：〈法律作為職業〉，頁28。

93 波斯納著，蘇力譯：《法理學問題》，頁447。

94 波斯納著，蘇力譯：《法理學問題》，頁78–85。

95 波斯納著，蘇力譯：《超越法律》，頁7–8。

96 Holmes, "Law in Science and Science in Law," p. 415.

97 戈登：〈法律作為職業〉，頁29。

98 戈登：〈法律作為職業〉，頁32。

99 Holmes, "The Path of the Law," p. 474.

100 理查‧A‧波斯納著，蔣兆康譯，林毅夫校：《法律的經濟分析(下)》(北京：中國大百科全書出版社，1997)，頁909。

101 理查‧A‧波斯納著，武欣、淩斌譯：《法律理論的前沿》(北京：中國政法大學出版社，2003)，頁6。

102 陳若英：〈超脫或應對：法院與市場規制部門的競爭〉，《北大法律評論》，第14卷，第1期(2013)，頁50–62。

103 請見張芝梅：〈實用主義地拒絕實用主義——對批評波斯納的反批評〉，《法律和社會科學》，第12卷(2013)，頁274–281。

104 筆者贊同布魯爾的一句話，「法律的生命在於：邏輯中充滿著經驗，而經驗又要受邏輯的檢驗。」請見斯科特‧布魯爾：〈從霍姆斯的道路通往邏輯形式的法理學〉，載伯頓主編，張芝梅、陳緒剛譯：《法律的道路及其影響》，頁96。

105 理查‧A‧波斯納著，蘇力譯：《法官如何思考》，頁211。

參考書目

Grey, Thomas C. "Holmes and Legal Pragmatism." *Stanford Law Review* 41.4 (April 1989): 787–870.

Holmes, Oliver Wendell. "Book Notice." *The American Law Review* 14 (March 1880): 233–235.

Holmes, Oliver Wendell. "John Marshall." In *The Essential Holmes: Selections from the Letters, Speeches, Judicial Opinions, and Other Writings of Oliver Wendell Holmes*, edited by Richard A. Posner. Chicago: University of Chicago Press, 1992.

Holmes, Oliver Wendell. "Law in Science and Science in Law." In *The Collected Works of Justice Holmes: Complete Public Writings and Selected Judicial Opinions of Oliver Wendell Holmes*, vol. 3, edited by Sheldon M. Novick, 406–420. Chicago: The University of Chicago Press, 1995.

Holmes, Oliver Wendell. *The Common Law*. Boston: Little, Brown and Company, 1881.

Holmes, Oliver Wendell. "The Path of the Law." *Harvard Law Review* 10.8 (March 1897): 457–478.

Holmes, Oliver Wendell. "The Use of Law Schools." In *The Collected Works of Justice Holmes: Complete Public Writings and Selected Judicial Opinions of Oliver Wendell Holmes*, vol. 3, edited by Sheldon M. Novick, 474–480. Chicago: The University of Chicago Press, 1995.

Landes, William M. and Richard A. Posner. *The Economic Structure of Tort Law*. Cambridge, MA: Belknap Press of Harvard University Press, 2003.

Zane, John M. "German Legal Philosophy." *Michigan Law Review* 16.5 (March 1918): 283–375.

大衛・盧班：〈壞人與好律師〉，載斯蒂文・J・伯頓主編，張芝梅、陳緒剛譯：《法律的道路及其影響：小奧利弗・溫德爾・霍姆斯的遺產》。北京：北京大學出版社，2005。

本傑明・卡多佐著，蘇力譯：《司法過程的性質》。北京：商務印書館，1998。

艾佳慧：〈韋恩・莫里森《法理學：從古希臘到後現代》〉，《環球法律評論》，第5期（2006），頁626–634。

李・愛潑斯坦、威廉・M・蘭德斯、理查・A・波斯納著，黃韜譯：《法官如何行為：理性選擇的理論和經驗研究》。北京：法律出版社，2017。

張永健：〈動產所有權善意取得之經濟分析〉，《中研院法學期刊》，第21期（2017），頁81–153。

張芝梅：〈實用主義地拒絕實用主義——對批評波斯納的反批評〉，《法律和社會科學》，第12卷（2013），頁274–281。

陳若英：〈超脫或應對：法院與市場規制部門的競爭〉，《北大法律評論》，第14卷，第1期（2013），頁50–62。

理查・A・波斯納著，武欣、淩斌譯：《法律理論的前沿》。北京：中國政法大學出版社，2003。

理查・A・波斯納著，張海峰、胡建鋒譯：《卡多佐：聲望的研究》。北京：中國檢察出版社，2010。

理查・A・波斯納著，蔣兆康譯，林毅夫校：《法律的經濟分析（上）》。北京：中國大百科全書出版社，1997。

理查・A・波斯納著，蔣兆康譯，林毅夫校：《法律的經濟分析（下）》。北京：中國大百科全書出版社，1997。

理查・A・波斯納著，鄧海平譯：《聯邦法院：挑戰與改革》。北京：中國政法大學出版社，2002。

理查・A・波斯納著，蘇力譯：《超越法律》。北京：中國政法大學出版社，1999。

理查・A・波斯納著，蘇力譯：《道德和法律理論的疑問》。北京：中國政法大學出版社，2001。

理查‧A‧波斯納著，蘇力譯：《正義／司法的經濟學》。北京：中國政法大學出版社，2002。

理查‧A‧波斯納著，蘇力譯：《法理學問題》。北京，中國政法大學出版社，2002。

理查‧A‧波斯納著，蘇力譯：《法官如何思考》。北京：北京大學出版社，2009。

理查‧萊西格：〈多產的偶像破壞者〉，轉引自蘇力：〈《波斯納文叢》總譯序〉，載蘇力：《波斯納及其他》。北京：法律出版社，2004。

舒國澄、王夏昊、雷磊：《法學方法論》。北京：中國政法大學出版社，2018。

斯科特‧布魯爾：〈從霍姆斯的道路通往邏輯形式的法理學〉，載斯蒂文‧J‧伯頓主編，張芝梅、陳緒剛譯：《法律的道路及其影響：小奧利弗‧溫德爾‧霍姆斯的遺產》。北京：北京大學出版社，2005。

斯蒂文‧J‧伯頓主編，張芝梅、陳緒剛譯：《法律的道路及其影響：小奧利弗‧溫德爾‧霍姆斯的遺產》。北京：北京大學出版社，2005。

湯瑪斯‧C‧格雷：〈霍姆斯論法律中的邏輯〉，載斯蒂文‧J‧伯頓主編，張芝梅、陳緒剛譯：《法律的道路及其影響：小奧利弗‧溫德爾‧霍姆斯的遺產》。北京：北京大學出版社，2005。

奧利弗‧溫德爾‧霍姆斯著，冉昊、張中秋譯：《普通法》。北京：中國政法大學出版社，2005。

奧利弗‧溫德爾‧霍姆斯著，明輝譯：《法律的生命在於經驗：霍姆斯法學文集》。北京：清華大學出版社，2007。

奧利弗‧溫德爾‧霍姆斯著，劉思達譯，張芝梅校：《霍姆斯讀本：論文和公共演講選集》。上海：三聯書店，2009。

愛德華‧懷特著，孟純才、陳琳譯：《奧利弗‧溫德爾‧霍姆斯：法律與本我》。北京：法律出版社，2009。

葉芝著，裘小龍譯：《麗達與天鵝》。桂林：灕江出版社，1987。

葉金強：〈私法中理性人標準之構建〉，《法學研究》，第1期(2015)，頁101–114。

羅伯特‧W‧戈登：〈法律作為職業：霍姆斯與法律人的道路〉，載斯蒂文‧J‧伯頓主編，張芝梅、陳緒剛譯：《法律的道路及其影響：小奧利弗‧溫德爾‧霍姆斯的遺產》。北京：北京大學出版社，2005。

羅伯特‧考特、湯瑪斯‧尤倫著，史晉川、董雪兵等譯，史晉川審校：《法和經濟學》。上海：格致出版社、上海三聯書店、上海人民出版社，2010。

案例

Buck v. Bell, Superintendent, 274 U. S. 200 (1927).

Lochner v. New York, 198 U. S. 45, 76 (1905).

中文出版霍姆斯著作翻譯目錄
（2000–2020）*

2000

霍姆斯著，張千帆、楊春福、黃斌譯：〈法律的道路〉，《南京大學法律評論》，
　　第 2 期（2000），頁 6–19。

2001

霍姆斯著，許章潤譯：〈法律的道路〉，《環球法律評論》，第 23 卷，第 3 期（2001），
　　頁 322–332。並載許章潤編：《哈佛法律評論：法理學精粹》。北京：法律出
　　版社，2011。

霍姆斯著，陳新宇譯：〈法律的道路〉，《研究生法學》，第 4 期（2001），頁 108–
　　116，118。

2006

霍姆斯著，冉昊、姚中秋譯：《普通法》。北京：中國政法大學出版社，2006。

霍姆斯著，汪緒濤譯：〈特權、惡意與故意〉，《研究生法學》，第 3 期（2006），
　　頁 152–158。

2007

霍姆斯著，明輝譯：《法律的生命在於經驗：霍姆斯法學文集》。北京：清華大
　　學出版社，2007。

---

* 　本目錄由宋蕾女士幫助蒐集整理，謹致謝忱。

2008

霍姆斯著，汪慶華譯：〈法律的道路〉，載馮玉軍選編：《美國法學最高引證率經
　　典論文選》。北京：法律出版社，2008。

2009

霍姆斯著，劉思達譯：《霍姆斯讀本：論文與公共演講選集》。上海：上海三聯
　　書店，2009。

2011

霍姆斯著，王進文譯：〈科學中的法律與法律中的科學〉，載許章潤編：《哈佛法
　　律評論：法理學精粹》。北京：法律出版社，2011。

霍姆斯著，譯者不明：〈法律，我們的情人〉，《法制資訊》，第 2 期 (2011)，
　　頁 92–93。

霍姆斯著，譯者不明：〈法律是思想者的職業〉，《法制資訊》，第 11 期 (2011)，
　　頁 84–85。

2012

霍姆斯著，譯者不明：〈如何成為成功的律師〉，《法制資訊》，第 4 期 (2012)，
　　頁 88–90。

伯頓主編，張芝梅、陳緒剛譯：《法律的道路及其影響——小奧利弗‧溫德爾‧
　　霍姆斯的遺產》。北京：北京大學出版社，2012。

2013

霍姆斯著，明輝譯：〈侵權法理論〉，《私法》，第 22 卷，第 2 期 (2013)，頁 163–
　　171。

2015

霍姆斯著，姚遠譯：〈法律的道路〉，《廈門大學法律評論》，第 2 期 (2015)，
　　頁 156–173。

霍姆斯著，陳德銘譯：〈霍姆斯英美刑法論〉，載李曉明、張成敏編：《東吳法學
　　先賢文錄：刑事法學卷》。北京：中國政法大學出版社，2015。

2016

霍姆斯著，姚遠譯：〈理想與懷疑〉，《法制現代化研究》，2016卷，頁238–240。

霍姆斯著，姚遠譯：〈自然法〉，《法制現代化研究》，2016卷，頁241–243。

2017

霍姆斯著，姚遠譯：〈科學中的法律與法律中的科學〉，《法治現代化研究》，第1卷，第2期 (2017)，頁177–188。

霍姆斯著，姚遠譯：〈孟德斯鳩〉，《金陵法律評論》，第2期 (2017)，頁204–211。

2018

霍姆斯著，李俊曄譯：《法律的道路》。北京：中國法制出版社，2018。

霍姆斯著，姚遠譯：〈特免、惡意和意圖〉，《法治社會》，第4期 (2018)，頁43–50。

2019

霍姆斯著，姚遠譯：〈代理關係〉，《蘇州大學學報 (法學版)》，第6卷，第1期 (2019)，頁117–141。

2020

霍姆斯著，姚遠譯：《法學論文集》。北京：商務印書館，2020。

中文出版霍姆斯研究目錄
(2000–2020)[*]

2001

何勤華：〈美國大法官、實用主義法學創始人霍姆斯〉，載何勤華 :《二十世紀百位法律家》。北京 : 法律出版社，2001。

張穎瑋：〈霍姆斯刑法思想評析〉，《中國刑事法雜誌》，第 5 期 (2001)，頁 13–18，23。

2002

吳飛：〈關於「明顯和即刻的危險」規則的評述〉，《新聞大學》，第 1 期 (2002)，頁 33–38。

2003

許章潤：〈法律之道即生存之道──霍姆斯《法律之道》問世百年與中譯感言〉，《環球法律評論》，第 1 期 (2003)，頁 120–128。

2004

徐愛國：〈霍姆斯──20 世紀最偉大的法學家〉，載徐愛國著 :《世界著名十大法學家評傳》。北京 : 人民法院出版社，2004。

張芝梅：〈法律中的邏輯與經驗──對霍姆斯的一個命題的解讀〉，《福建師範大學學報 (哲學社會科學版)》，第 1 期 (2004)，頁 67–70。

---

* 本目錄由宋蕾女士幫助蒐集整理，謹致謝忱。

2005

卡多佐著，董炯、彭冰譯：〈霍姆斯法官〉，載卡多佐著，董炯、彭冰譯：《演講錄：法律與文學》。北京：中國法制出版社，2005。

柯嵐：〈霍姆斯法官的命運〉，《法律方法與法律思維》，2005卷，頁244–257。

張耀宗：〈析論霍姆斯「問題解決」理論在比較教育研究之應用〉，《國民教育學報》，第2期（2005），頁153–168。

2006

秦策：〈霍姆斯法官「經驗」概念的方法論解讀〉，《法律適用》，第11期（2006），頁48–51。

謝濟光、胡曉進：〈言論自由與國家安全——美國聯邦最高法院「明顯而即刻的威脅」原則的歷史演變〉，《廣西社會科學》，第10期（2006），頁119–121。

2007

馬聰：〈霍姆斯大法官的言論自由觀——「明顯且現實的危險」原則的發展〉，《時代法學》，第5期（2007），頁24–31。

馬聰：〈無數對立事物的調和者——吳經熊對霍姆斯的解讀〉，《外國法制史研究》，第10卷（2007），頁447–460。

明輝、李霞：〈霍姆斯法哲學思想的歷史地位及影響〉，《國外社會科學》，第1期（2007），頁54–59。

祝愛珍、王銘：〈論霍姆斯的現實主義法學思想——從「法律的生命不是邏輯，而是經驗」談起〉，《寧德師專學報（哲學社會科學版）》，第3期（2007），頁14–17。

2008

苗金春：〈霍姆斯法律理論述評〉，《濰坊學院學報》，第1期（2008），頁89–92。

馬聰：〈法律中的「經驗」與「邏輯」——霍姆斯大法官「經驗論」解讀〉，《北方論叢》，第5期（2008），頁153–156。

馬聰：〈霍姆斯大法官的「經驗論」解讀〉，《金陵法律評論》，第2期（2008），頁127–132。

馬聰：〈霍姆斯的法學觀〉，《國家檢察官學院學報》，第3期（2008），頁57–63。

2009

明輝：〈法律與道德關系的法理辨析——以霍姆斯「法律預測理論」為視角〉，《清華法治論衡》，第 2 期 (2009)，頁 255–285。

明輝：《霍姆斯：法律實用主義》。哈爾濱：黑龍江大學出版社，2009。

馬聰：《霍姆斯現實主義法學思想研究》。北京：人民出版社，2009。

張傳新：〈霍姆斯經典命題的當代回應——對蘇珊‧哈克及其回應者的簡單評價〉，《法律方法》，第 9 卷，第 1 期 (2009)，頁 78–81。

楊翠：〈霍姆斯的問題法的理論基礎探析〉，《青年文學家》，第 22 期 (2009)，頁 222。

愛德華‧懷特 (White, G. E.) 著，孟純才、陳琳譯：《奧利弗‧溫德爾‧霍姆斯：法律與本我》。北京：法律出版社，2009。

2010

王建坤：〈霍姆斯法律之路中的三重矛盾〉，《書城》，第 3 期 (2010)，頁 82–87。

何帆：〈兩位偉大法官的通信〉，《看歷史》，第 12 期 (2010)，頁 84–85。 並載《政府法制》，第 18 期 (2011)，頁 26–27。

吳經熊著，孫偉編：《吳經熊裁判集與霍姆斯通信集》。北京：中國法制出版社，2010。

姚遠：〈霍姆斯法律觀的內在建構〉，《法制與社會》，第 7 期 (2010)，頁 288。

孫偉：〈近代中西法律文化交流的成功個案——吳經熊與霍姆斯的交往〉，《中共寧波市委黨校學報》，第 32 卷，第 3 期 (2010)，頁 120–123。

童俊：〈霍姆斯的法律思想探析——解讀《法律的道路》〉，《群文天地》，第 10 期 (2010)，頁 175–176。

蔣曉彤、時雲雲：〈法律的生命不在於邏輯而在於經驗——淺談霍姆斯的實用主義思想〉，《黑河學刊》，第 8 期 (2010)，頁 93，125。

劉練軍：〈在自制與能動之間——霍姆斯司法哲學芻議〉，《法制與社會發展》，第 5 期 (2010)，頁 59–67。

2011

王曉光：〈霍姆斯法律思想的現代性分析〉，《法學雜誌》，第 32 卷，第 8 期 (2011)，頁 111–114。

王巖雲：〈霍姆斯的法律預測理論〉，《國家檢察官學院學報》，第 19 卷，第 4 期 (2011)，頁 46–52。

柯華慶：〈法律中的經驗、理性與邏輯——對霍姆斯兩個命題的解讀〉，《清華法律評論》，第 5 卷，第 1 期 (2011)，頁 44–58。

盛愛玉：〈試論霍姆斯的法律與道德分離理論之內容〉，《行政事業資產與財務》，第 8 期 (2011)，頁 139。

2012

任東來、李丹：〈霍姆斯、查菲與言論自由的司法審查標準〉，《南京大學法律評論》，第 1 期 (2012)，頁 327–342。

孟彥儒：〈霍姆斯現實主義法學的現實啟示和評價〉，《華人時刊 (下旬刊)》，第 1 期 (2012)，頁 69。

陳亮：〈法律的生命不在邏輯在經驗〉，《北方文學：中》，第 10 期 (2012)，頁 229。

彭桂兵：〈「明顯而即刻的危險」原則的歷史考察〉，《國際新聞界》，第 34 卷，第 3 期 (2012)，頁 35–41。

劉哲：〈重溫霍姆斯〉，《中國檢察官》，第 8 期 (2012)，頁 45–45。

2013

姚遠：〈以公共政策分析為中心的法律方法論——重訪霍姆斯大法官〉，《華中科技大學學報 (社會科學版)》，第 27 卷，第 4 期 (2013)，頁 70–76，92。

徐偉、陳淋清：〈壞人理論與內在觀點之間〉，《法制博覽 (中旬刊)》，第 2 期 (2013)，頁 65–66。

理查德·艾倫·波斯納 (理查德·波斯納) 著，于子亮譯：〈薩維尼、霍姆斯和佔有的法經濟學分析〉，《中山大學法律評論》，第 11 卷，第 1 期 (2013)，頁 133–160。

2014

王震、胡銘：〈現實主義中尋找中國當代法律的道路——重溫霍姆斯《法律的道路》〉，《浙江社會科學》，第 5 期 (2014)，頁 4–10。

托馬斯·格雷著，田雷譯：〈霍姆斯與法律實用主義〉，載黃宗智、田雷選編：《美國法的形式主義與實用主義》，第 1 版。北京：法律出版社，2014。

威廉·哈布斯·倫奎斯特著，于霄譯：〈佩卡姆、霍姆斯和佈蘭代斯大法官〉，載威廉·哈布斯·倫奎斯特著，于霄譯：《倫奎斯特談最高法院》。上海：上海三聯書店，2014。

蕭然：〈波普爾科學哲學思想對霍姆斯問題解決法的價值〉，《科學導報》，第 17 期 (2014)，頁 294–295。

2015

李霞：〈實用主義的法官法理學——透視霍姆斯大法官的司法哲學〉，《北方法學》，第9卷，第4期 (2015)，頁 29–37。

閆志：〈淺談「法律的生命不在於邏輯，而在於經驗」〉，《法制博覽》，第28期 (2015)，頁 215，214。

楊仁壽：〈霍姆斯的裁判思維〉，《司法週刊》，第1743期 (2015)，頁 2。

2016

武宏志：〈論霍姆斯的「邏輯」和「經驗」〉，《政法論叢》，第6期 (2016)，頁 69–84。

謝小瑤：〈經典言論自由理論的分型及其意蘊——立足密爾與霍姆斯立場的比較解讀〉，《清華大學學報 (哲學社會科學版)》，第31卷，第3期 (2016)，頁 145–159，194。

2017

王欣：〈關於「法律的生命在於經驗而不在於邏輯」的解讀〉，《漳州職業技術學院學報》，第19卷，第2期 (2017)，頁 14–18。

田雷：〈短意見的長歷史——重讀霍姆斯大法官在洛克納訴紐約州案中的反對意見〉，《師大法學》，第2期 (2017)，頁 388–403。

石宗武：〈霍姆斯法律經驗論〉，《法制博覽》，第11期 (2017)，頁 274。

項婷婷：〈「邏輯」與「經驗」：法教義學與社科法學的反省——評《霍姆斯與法律實用主義》〉，《湘江法律評論》，第15卷，第1期 (2017)，頁 420–426。

霍中警：〈法律的生命是什麼——重新解讀霍姆斯的一個經典論斷〉，《成都理工大學學報 (社會科學版)》，第25卷，第5期 (2017)，頁 24–30。

2018

吳經熊：〈附錄：霍姆斯法官的法律哲學〉，載施塔姆勒著，姚遠譯：《現代法學之根本趨勢》。北京：商務印書館，2018。

林家睿：〈霍姆斯的現實主義法學觀點及其發展〉，《法制博覽》，第19期 (2018)，頁 86–87。

2019

宋文林：〈法律的目的在於預測——重新解讀《法律的道路》〉，《法制博覽》，第16期 (2019)，頁 184、186。

楊超偉：〈論法官自由裁量權之適用——從霍姆斯實用主義法學出發〉，《青年時代》，第19期 (2019)，頁 179–180。

2020

甘正氣：〈福爾摩斯與霍姆斯〉，《譯林》，第 3 期（2020）。

曹晶晶：〈試析霍姆斯的法律實用主義〉，《法制博覽》，第 15 期（2020），頁 86–88。

英文出版霍姆斯研究論文及書籍目錄
（2010–2020）

論文

2010

Bushnell, Ian. "Justice Ivan Rand and the Role of a Judge in the Nation's Highest Court." *University of New Brunswick Law Journal* 61.1 (2010): 101–142.

Cate, Irene M. Ten. "Speech, Truth, and Freedom: An Examination of John Stuart Mill's and Justice Oliver Wendel Holmes's Free Speech Defenses." *Yale Journal of Law and the Humanities* 22.1 (Winter 2010): 35–82.

Hong, Quoc Loc. "Constitutional Review in the Mega-Leviathan: A Democratic Foundation for the European Court of Justice." *European Law Journal* 16.6 (November 2010): 695–716.

2011

Cohen, Neil B., and William H. Henning. "Freedom of Contract vs. Free Alienability: An Old Struggle Emerges in a New Context." *Gonzaga Law Review* 46.2 (2010–2011): 353–406.

Epstein, Richard A. "The Protection of Hot News: Putting Balganesh's Enduring Myth about International News Service V. Associated Press in Perspective." *Columbia Law Review Sidebar* 111 (2011): 79–90.

Heyman, Steven J. "The Dark Side of the Force: The Legacy of Justice Holmes for First Amendment Jurisprudence." *William & Mary Bill of Rights Journal* 19.3 (March 2011): 661–724.

Jimenez, Marco. "Finding the Good in Holmes's Bad Man." *Fordham Law Review* 79.5 (April 2011): 2069–2128.

Leon, Fernando Munoz. "Langdell's and Holmes's Influence on the Institutional and Discursive Conditions of American Legal Scholarship." *Revista Chilena de Derecho* 38.2 (May–August 2011): 217–238.

Mendenhall, Allen. "Holmes and Dissent." *Journal Jurisprudence* 12 (2011): 679–726.

Peppers, Todd C. "Justice Hugo Black and His Law Clerks: Match-Making and Match Point." *Journal of Supreme Court History* 36.1 (March 2011): 48–61.

Strasser, Mark. "Mill, Holmes, Brandeis, and a True Threat to Bradenburg." *BYU Journal of Public Law* 26.1 (2011): 37–72.

2012

Cheslik, Julie M. "Will Grassroots Democracy Solve the Government Fiscal Crisis." *Fordham Urban Law Journal* 39.3 (March 2012): 625–638.

Elias, Sian. "JUSTICE for One Half of the Human Race — Responding to Mary Wollstonecraft's Challenge." *Canadian Journal of Women and the Law* 24.1 (2012): 163–179.

Petroski, Karen. "Does It Matter What We Say about Legal Interpretation." *McGeorge Law Review* 43.2 (2012): 359–402.

Porwancher, Andrew. "The Justice and the Dean: Oliver Wendell Holmes, Jr. and John Henry Wigmore." *Journal of Supreme Court History* 37.3 (November 2012): 266–282.

Snyder, Brad. "The House That Built Holmes." *Law and History Review* 30.3 (August 2012): 661–722.

Stepanek, Steve. "The Logic of Experience: A Historical Study of the Iowa Open Meetings Law." *Drake Law Review* 60.2 (2012): 497–560.

2013

DeGabrielle, Don J., and Eliot F. Turner. "Ethics, Justice, and Prosecution." *Review of Litigation* 32.2 (Spring 2013): 279–298.

Feldman, Eric A. "Fukushima: Catastrophe, Compensation, and Justice in Japan." *DePaul Law Review* 62.2 (Winter 2013): 335–356.

Mendenhall, Allen. "Justice Holmes and Conservatism." *Texas Review of Law and Politics* 17.2 (Spring 2013): 305–314.

Simon, Michael H. "Things That I Learned during My First Year on the Bench That I Wish I Had Known as a Trial Lawyer." Symposium: The Future of the Legal Profession, *Stanford Law & Policy Review* 24.2 (2013): 345–352.

2014

Healy, Thomas. "The Justice Who Changed His Mind: Oliver Wendell Holmes, Jr., and the Story behind Abrams v. United States." *Journal of Supreme Court History* 39.1 (March 2014): 35–78.

Imwinkelried, Edward. The Importance of Forensic Metrology in Preventing Miscarriages of Justice: Intellectual Honesty about the Uncertainty of Measurement in Scientific Analysis." *John Marshall Law Journal* 7.2 (Spring 2014): 333–372.

Snyder, Brad. "Rejecting the Legal Process Theory Joker: Bill Nelson's Scholarship on Judge Edward Weinfeld and Justice Byron White." *Chicago-Kent Law Review* 89.3 (2014): 1065–1084.

2015

Bezemek, Christoph. "The Epistemic Neutrality of the Marketplace of Ideas: Milton, Mill, Brandeis, and Holmes on Falsehood and Freedom of Speech." *First Amendment Law Review* 14.1 (Fall 2015): 159–181.

Kang, John. "The Soldier and the Imbecile: How Holmes's Manliness Fated Carrie Buck Symposium: Women in Law." *Akron Law Review* 47.4 (2015): 1055–1070.

Rubinson, Robert. "The Holmes School of Law: A Proposal to Reform Legal Education through Realism." *Boston College Journal of Law and Social Justice* 35.1 (2015): 33–58.

2016

Calabresi, Steven G., and Hannah M. Begley. "Justice Oliver Wendell Holmes and Chief Justice John Roberts's Dissent in Obergefell v. Hodges." *Elon Law Review* 8.1 (February 2016): 1–40.

Farber, Daniel A. "Playing Favorites: Justice Scalia, Abortion Protests, and Judicial Impartiality." *Minnesota Law Review Headnotes* 101 (2016): 23–38.

Kang, John M. "Prove Yourselves: Oliver Wendell Holmes and the Obsessions of Manliness." *West Virginia Law Review* 118.3 (Spring 2016): 1067–1130.

McGinniss, Michael S. "A Tribute to Justice Antonin Scalia." *North Dakota Law Review* 92.1 (2016): 1–18.

Priel, Dan. "Holmes's Path of the Law as Non-Analytic Jurisprudence." *University of Queensland Law Journal* 35.1 (2016): 57–74.

Rinehart, Amelia Smith. "Holmes on Patents: Or How I Learned to Stop Worrying and Love Patent Law." *Journal of the Patent and Trademark Office Society* 98.4 (2016): 896–929.

Vannatta, Seth, and Allen Mendenhall. "The American Nietzsche — Fate and Power in the Pragmatism of Justice Holmes." *UMKC Law Review* 85.1 (Fall 2016): 187–206.

Wasserman, Howard M. "Holmes and Brennan." *Alabama Law Review* 67.3 (2016): 797–854.

2017

Karlan, Pamela S. "Bringing Compassion into the Province of Judging: Justice Blackmun and the Outsiders." *Dickinson Law Review* 122.1 (Fall 2017): 297–310.

Patel, Shubham, and Shivam Yadav. "New Dimensions in Sentencing Vis-a-Vis Rights of Prisoners." *Nirma University Law Journal* 6.2 (July 2017): 31–50.

Syed, Nabiha. "Real Talk about Fake News: Towards a Better Theory for Platform Governance." *Yale Law Journal Forum* 127 (2017): 337–357.

Tracz, Eliot T. "Holmes, Doctrinal Evolution, and Premises Liability: A Perspective on Abolishing the Invitee-Licensee Distinction." *Thurgood Marshall Law Review* 42.2 (Spring 2017): 97–122.

Yoder, Andres. "The Americanism of Justice Holmes." *Campbell Law Review* 39.2 (Spring 2017): 353–412.

2018

Healy, Thomas. "Anxiety and Influence: Learned Hand and the Making of a Free Speech Dissent." *Arizona State Law Journal* 50.3 (Fall 2018): 803–830.

Pearce, Hunter. "Can You Be a Thomist and a Textualist: A Natural Law Defense of Justice Scalia's Jurisprudence." *Faulkner Law Review* 9.2 (Spring 2018): 251–288.

Peppers, Todd C., Matetsky, Ira Brad, Williams, Elizabeth R., & Winn, Jessica. "Clerking for God's Grandfather: Chauncey Belknap's Year with Justice Oliver Wendell Holmes, Jr." *Journal of Supreme Court History* 43.3 (November 2018): 257–293.

Schroeder, Jared. "The Holmes Truth: Toward a Pragmatic, Holmes-Influenced Conceptualization of the Nature of Truth." *British Journal of American Legal Studies* 7.1 (2018): 169–204.

2019

Burns, Kevin J. "Testing Holmes: Pragmatism and Judicial Tests in Holmes' Free Speech Opinions." *Constitutional Studies* 5 (2019): 81–106.

2020

Blasi, Vincent. "Holmes's Understanding of His Clear-and-Present-Danger Test: Why Exactly Did He Require Imminence?" *Seton Hall Law Review* 51.1 (2020): 175–204.

Schauer, Frederick. "Oliver Wendell Holmes, the Abrams Case, and the Origins of the Harmless Speech Tradition." *Seton Hall Law Review* 51.1 (2020): 205–224.

Simon, Jonathan. 'The Criminal Is to Go Free': The Legacy of Eugenic Thought in Contemporary Judicial Realism about American Criminal Justice." *Boston University Law Review* 100.3 (May 2020): 787–816.

書籍

2010

Holmes, Oliver Wendell, Jr. *The Fundamental Holmes: A Free Speech Chronicle and Reader: Selections from the Opinions, Books, Articles, Speeches, Letters, and Other Writings by and about Oliver Wendell Holmes, Jr.* Cambridge: Cambridge University Press, 2010.

2013

Cushman, Clare. *The Supreme Court Justices: Illustrated Biographies, 1789–2012,* 3rd ed. Thousand Oaks, C.A.: CQ Press, an imprint of SAGE Publications, 2013.

Healy, Thomas. *The Great Dissent: How Oliver Wendell Holmes Changed His Mind—And Changed the History of Free Speech in America.* New York: Metropolitan Books, Henry Holt and Company, 2013.

Tractenberg, Paul L., and Deborah T. Poritz, et al. *Courting Justice: Ten New Jersey Cases That Shook the Nation.* New Brunswick, N.J.: Rutgers University Press, 2013.

2014

Hubbs, Graham, and Douglas Lind. *Pragmatism, Law, and Language.* New York: Routledge, 2014.

2015

Coquillette, Daniel R. *On the Battlefield of Merit: Harvard Law School, the First Century.* Cambridge, M.A.: Harvard University Press, 2015.

Knowles, Helen J., and Steven B. Lichtman. *Judging Free Speech: First Amendment Jurisprudence of US Supreme Court Justices.* New York: Palgrave Macmillan, 2015.

Urofsky, Melvin I. *Dissent and the Supreme Court: Its Role in the Court's History and the Nation's Constitutional Dialogue.* New York: Pantheon Books, 2015.

2016

Grant, Susan-Mary. *Oliver Wendell Holmes, Jr.: Civil War Soldier, Supreme Court Justice.* New York: Routledge, 2016.

2017

Dieleman, Susan, and David Rondel, et al. *Pragmatism and Justice.* New York: Oxford University Press, 2017.

Mendenhall, Allen. *Oliver Wendell Holmes Jr., Pragmatism, and the Jurisprudence of Agon: Aesthetic Dissent and the Common Law.* Lewisburg: Bucknell University Press, 2017.

Murray, Anthony. *Justice Holmes: The Measure of His Thought.* Clark, N.J.: Talbot Publishing, an imprint of The Lawbook Exchange, Ltd., 2017.

O'Brien, David M. *Judges on Judging: Views from the Bench.* Washington DC: SAGE/CQ Press, 2017.

2018

Kang, John M. *Oliver Wendell Holmes and Fixations of Manliness.* Abingdon, Oxford; New York: Routledge, 2018.

Kellogg, Frederic Rogers. *Oliver Wendell Holmes Jr. and Legal Logic.* Chicago: The University of Chicago Press, 2018.

Seligman, Scott D. *The Third Degree: The Triple Murder That Shook Washington and Changed American Criminal Justice.* Lincoln, N.E.: Potomac Books, an imprint of the University of Nebraska Press, 2018. Chiefly English with some Chinese.

2019

Budiansky, Stephen. *Oliver Wendell Holmes: A Life in War, Law, and Ideas.* New York: W. W. Norton & Company, 2019.

Vannatta, Seth, and Alexander Lian, et al. *The Pragmatism and Prejudice of Oliver Wendell Holmes Jr.* Lanham, ML: Lexington Books, 2019.

作者簡介

（按筆劃排序）

勾健穎　澳門大學法學院研究生、東南大學法學學士。研究方向為財產法、物權法、土地法及法哲學。

王婧　北京大學法學博士。現任華東政法大學科學研究院副研究員。曾在科隆大學人文學院中國法研究中心訪學。主要著作有《羅斯科·龐德的社會學法理學：一種思想關係的考察》。另有編著、點校著作等3部、譯著2部、期刊論文10餘篇。

史大曉　北京大學法學學士、法學碩士和法學博士。復旦大學法學院副教授、復旦大學教育立法研究基地執行主任。曾於康奈爾大學法學院從事博士後研究，亦曾任美國凱斯西儲大學法學院客座教授、芬蘭東芬蘭大學法學院訪問教授，法國先賢祠—阿薩斯大學(巴黎第二大學)訪問學者。譯有《英格蘭普通法史》、《歐洲法：過去與未來》若干種；著有論文〈法的歷史性與世界性斷想〉、〈薩維尼的遺產〉等若干篇。

艾佳慧　北京大學法學博士、北京大學光華管理學院博士後。現任南京大學法學院副教授，主要研究領域為法理學、博弈論與信息經濟學、司法制度和民事訴訟制度研究。未來的研究方向是將社會科學研究方法引入傳統的法教義學研究領域以促進法學研究的發展。在

Law & Society Review、《中國法學》、《中外法學》、《法制與社會發展》、《法學》、《法商研究》、《法律科學》等中、英文期刊論文 40 餘篇，並在法律出版社、北京大學出版社有多本譯著出版。目前有個人專著在北京大學出版社即將出版。

於興中　蘭州大學文學學士、哈佛大學法學碩士、博士。美國康奈爾大學法學院王氏中國法講席教授、杭州師範大學特聘教授。主要研究興趣為法理學、法律與社會理論、法律文化、香港憲制、司法改革、人工智能與法律及網絡法。著有《法治與文明秩序》、《法理學前沿》等書。

明輝　西南政法大學法學學士、北京大學法學碩士、中國政法大學法學博士。北京航空航天大學法學院教授，兼任法理學與法律史研究中心主任及《北航法律評論》主編，中國法理學研究會、中國法律史研究會、西方法律思想史研究會理事及北京市比較法學研究會常務理事。曾赴美國哥倫比亞大學、美利堅大學訪問學習。出版譯著《法律的生命在於經驗 —— 霍姆斯法學文集》、《荊棘叢 —— 關於法律與法學院的經典演講》、《社會權力與法律文化 —— 中華帝國晚期的訟師》、《法律文化之追尋》、《哈佛法律評論：侵權法學精萃》、《約翰・馬歇爾・哈倫：沃倫法院偉大的異議者》等；在《法學研究》、《清華法學》、《政法論壇》及《法制日報》、《人民法院報》等報刊和文集上發表文章 80 餘篇。

邱昭繼　西北政法學院法學學士、法學碩士、中國政法大學法學博士。西北政法大學教授、長安學者特聘教授、高等教育研究所副所長、陝西省「特支計劃」青年拔尖人才、陝西省普通高校首批「青年傑出人才」、陝西高校青年創新團隊負責人。兼任中國法學會比較法學研究會常務理事。主要研究領域為法理學、馬克思主義法哲學和衛生法學。出版專著2部、譯著5部，發表論文50餘篇。主持並完成國家社科基金專案1項、司法部專案1項。

唐曉晴　中國社會科學院法學博士。澳門大學教授、澳門大學法學院院長、全國人民代表大會常務委員會澳門特別行政區基本法委員會委員、第13屆中國法學會理事。主要研究領域為民法基礎理論、合同法、土地法、法律史、澳門法律文化及法哲學。在歐洲、中國內地、中國台灣及澳門地區學術期刊發表學術論文100餘篇，專著、譯著及編著20餘部。

張芝梅　北京大學法學博士。曾在華僑大學、福建師範大學、中國社會科學院中國社會科學雜誌社任職，目前在中國社會科學院社會學研究所任職。主要著作有《美國的法律實用主義》。另有期刊或論文集論文30餘篇、譯著2部。

翟小波　中國社會科學院法學博士、倫敦大學學院法學博士。澳門大學法學院副教授。學術專長為法哲學、憲法理論和邊沁研究。學術興趣還包括中國法治、犯罪與懲罰理論、法律與科技、實踐倫理學等等。曾在《法學研究》、《中外法學》、*Law and Philosophy* 和 *The Journal of Legal History* 等中外期刊發表多篇論文，也曾在法律出版社、中國法制出版社和劍橋大學出版社等出版專著、編輯著作和譯著若干。

蔡琳　中國社會科學院法學博士。現任南京大學法學院副教授、中德法學研究所研究員。德國基爾大學、美國華盛頓大學(聖路易斯)訪問學者。主要研究領域為法學方法論、西方法哲學。著有《裁判合理性理論研究》、譯著《法律教育與等級制度的再生產》，發表中英文期刊與論文集論文20餘篇。

蘇基朗 澳洲國立大學哲學博士。曾執教新加坡國立大學、香港中文大學、香港科技大學。現任澳門大學學生事務副校長、歷史學講座教授、人文社科高等研究院代院長、法學院禮聘法律史教授等職。曾遊學哈佛大學、劍橋大學及東洋文庫。主要編著、合著及合編書籍有《刺桐夢華錄》、《近代條約港現代化經濟範式的反思》、《明清長三角經濟新論》等。獨著及合著期刊與書籍論文 70 篇以上。

蘇壽富美 多倫多大學安大略教育研究院哲學博士,先後任教於香港中文大學、新加坡國立大學、美國卡內基梅隆大學、美國喬治梅森大學及日本東京城西國際大學。現為香港大學法律學院訪問學者。已出版及即將出版獨著或合著的英、日、中文著作,計有專書2種;期刊、論集論文與書評等近50篇。近期合著包括〈移植的商業仲裁法規範:近代上海書業的故事〉(收入趙雲、吳海傑編:《中國法律改革與全球法律秩序》)及〈法律與市場經濟,公元1000年至1800年〉(收入馬德斌、萬志英編:《劍橋中國經濟史》)。

索 引